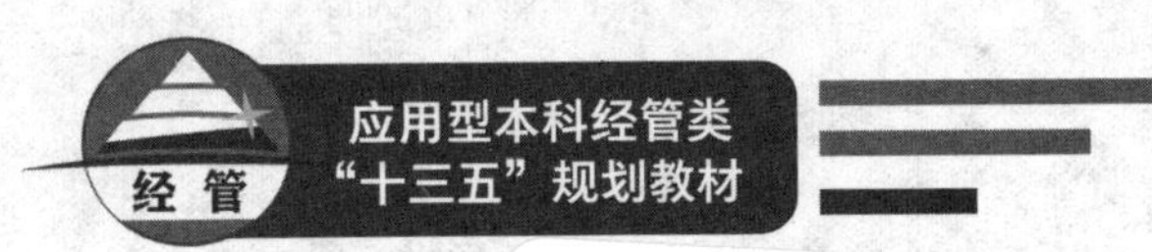

Financial Report Analysis

财务报告分析

（第二版）

主　编　魏亚平
副主编　敖诗文　孙　彤

Present value Inventory Financial analysis Cash flow Balance sheet Cost Paid in capital Financial report Addition Contingent liability Borrowing costs Asset Amounts Equities Contingent asset Cash Prepaid accounts Reserves Current Assets Asset turnover Interest Liabilities Return Accounting

厦门大学出版社 XIAMEN UNIVERSITY PRESS
国家一级出版社
全国百佳图书出版单位

图书在版编目(CIP)数据

财务报告分析/魏亚平主编. —2 版. —厦门:厦门大学出版社,2018.8
(应用型本科经管类"十三五"规划教材)
ISBN 978-7-5615-6655-8

Ⅰ.①财… Ⅱ.①魏… Ⅲ.①会计报表-会计分析-高等学校-教材 Ⅳ.①F231.5

中国版本图书馆 CIP 数据核字(2017)第 209851 号

出 版 人 郑文礼
责任编辑 陈丽贞
封面设计 蒋卓群
技术编辑 朱 楷

出版发行 厦门大学出版社
社　　址 厦门市软件园二期望海路 39 号
邮政编码 361008
总 编 办 0592-2182177 0592-2181406(传真)
营销中心 0592-2184458 0592-2181365
网　　址 http://www.xmupress.com
邮　　箱 xmupress@126.com
印　　刷 厦门集大印刷厂

开本 787 mm×1 092 mm 1/16
印张 24.75
字数 586 千字
印数 1～3 000 册
版次 2018 年 8 月第 2 版
印次 2018 年 8 月第 1 次印刷
定价 50.00 元

厦门大学出版社
微信二维码

厦门大学出版社
微博二维码

第二版前言

随着社会经济的发展和企业管理的不断完善，财务报告分析已成为包括管理者、所有者及专家学者等在内所关注的重点。财务报告是企业经济活动的高度浓缩，诸多数据纵横交错、若明若暗、关联互动，共同讲述企业发展过程中的故事，是各个利益相关者对企业进行观察和透视的一个“窗口”。利益相关者期待透过报告的字里行间，能够对企业的未来前景有所洞察。因此，阅读与分析企业财务报告，学会全面、深入地阅读和分析企业财务报告，已经成为经济社会中利益相关者不可或缺的一项技能，也成为商科各专业学生必备的专业技能之一。

本书立足于在企业经济业务日臻复杂综合的情境下，面对财务报告分析的复杂性及其带来的挑战，以培养学生掌握财务报告分析的基本理论、提升现实工作中全面阅读与分析财务报告的实际应用能力为目标，通过对财务报告分析体系的构建、对财务报告内容的描述与分析，以及对财务报告质量分析的要点与方法的阐述，结合适当的案例引导思考等，提高学生将财务报告中的丰富资料转化成对经营决策与管理有指导意义的信息的能力，包括当前对管理用财务报表分析的要求提升后，学生也能够依据财务报告分析的专业技能进行新的解读与分析。

财务管理实践与财务报告分析始终处在发展变化之中，教材也应及时反映这种变化。因此，编者力求在教材内容、篇章结构、体例形式等方面有所创新。本书在 2012 年第一版的基础上，密切关注经济、管理理论与实践的最新发展，深入探究财务报告中信息变化的脉络与缘由，结合 2014 年《企业会计准则第 30 号——财务报表列报》应用指南和讲解，以及自 2016 年 5 月 1 日始在全国范围内推行的营改增试点工作(财税〔2016〕36 号)对会计信息和财务管理的影响等，对教材内容进行修订，形成第二版的《财务报告分析》教材。

1.本书的特点

(1)逻辑严密、体系完整。以财务报告分析介于财务报表分析和财务分析之间的界定来确定本书的内容架构。即由财务报告分析基础、主要报表分析体系、报告质量分析、综合分析与衍生分析几部分有机组成，构成了一个完整的分析体系。

(2)视角开阔、内容翔实。除了详尽地论述了财务报告分析的基本理论与方法外，将财务报表分析作为全书的基础内容，同时充实对财务报表附注以及其他资料深度分析的内容，包括财务衍生分析和综合分析。同时将企业业务与企业财务相融合，通过多角度拓展学生的分析视野。

(3)吐故纳新、循序渐进。充分结合新企业会计准则的精神和实践框架，在内容安排上力图尊重认知规律，循序渐进，从财务报告基础理论开始，到财务报告分析工具的具体运用,再到完整的财务报告分析过程,层层递进、逐步深入,并以最终章节的综合案例分析作出全面的概括总结,构成了一个完整的财务报告分析知识框架。

(4)体例合理、形式灵活。体例设计合理,每章由学习目标、引导案例、正文、本章小结及章后练习等部分组成。其中,正文部分配合相关内容设有链接案例,练习中均有网络作业,便于利用网络丰富的资讯和实时动态资料进行灵活多样的分析,为学习者设计了一个较为科学合理的认知体系,以帮助其更有效地掌握财务报告的分析要领。

2.本次修订内容

(1)对部分内容进行了充实和完善。①财务报表的结构分析方面,对第二、三、四、五章充实了各报表自身构成之间的匹配分析,以判断报表的结构质量水平;②第七章增加了管理用财务报表解析,阐述了其一般理论与实际应用,并在第九章财务综合分析中结合杜邦分析体系的改进,对其应用进一步举例说明;③对第二、三、四、五章报表趋势与预测内容进行了适当调整,侧重趋势分析,更加突出主题;④第八章财务能力与财务衍生分析方面,对部分能力分析和衍生分析内容进行了细化和拓展。

(2)更新了各章案例和全书的数据资料,使内容更加鲜活,针对性和实用性更强。数据更新至2016年,案例更新素材多取自近三年的上市公司年报,全书的数据资料与举例分析采用同一企业对象,起到了一以贯之反映研究对象全过程变化的作用。对第一版第十章综合案例分析进行了全面更新与改写,向读者展示了财务报告的分析框架、分析方法与分析内容的全貌。

(3)对全书的体例与编排进行改进。体例按引导案例、正文、本章小结及章后练习等排列,调整了章后练习范围。章后练习包括思考题和章后作业,章后作业中安排了一个综合案例贯穿全书始终,以其为分析对象设计本章作业,待全书学习完成后可综合整理为完整的财务分析报告,有助于学生全面系统地运用所学知识。在部分章后练习中插入了"教学微视频",可链接或扫描二维码观看。

全书共分十章,由魏亚平负责全书内容框架的设计和修订总纂、定稿,敖诗文、孙彤协助确定修订内容。第一、七、九章由魏亚平修订;第二、六、十章由敖诗文修订;第三、四、五章由孙彤修订;第八章由敖诗文、孙彤共同修订。

在本书编写及修订过程中,始终得到了厦门大学出版社的大力支持与帮助。作者参考了许多财务报告分析方面的教材以及相关的书报、杂志和网站信息,对其中的精辟论述时有引用,如此众多的研究者和实务工作者的真知灼见令本书作者获益匪浅,请恕难在参考文献中一一注明。天津工业大学研究生宋佳、甄兆静等在全书章后练习及其他资料的整理、撰写方面做了大量工作;劳梦倩在第二版修订中对各章案例资料的搜集与改编,徐梅、杨帆、高雅楠在第二版修订中对第十章综合案例资料的搜集、整理和分析等均付出了辛勤的劳动,在此一并致以最诚挚的谢意。

本书适宜作为高等院校会计学、财务管理、工商管理、金融学等专业以及相关专业的本科教学用书,也适当兼顾研究生学习财务报告分析的需要。由于编者的学识和编写时间所限,书中缺点乃至错误恐难避免,真诚期待读者批评指正,以便下次修订再加以完善。

编者

2018年6月

目 录

第一章

财务报告分析总论

学习目标：通过本章的学习，使学生了解财务报告分析的起源和发展、财务报告分析的内涵，理解企业利益关系人对财务报告信息的需求特点及分析目的，理解财务报告分析的基本框架，财务报告分析的信息基础。初步掌握财务报告分析的基本理论和方法，为进一步学习对财务报告的全面分析与评价奠定必要的基础。

引导案例

财务数据从何而来

万达集团创立于1988年，形成商业、文化、网络、金融四大产业集团，2017年位列《财富》世界500强企业第380名。截至2017年6月30日，万达集团总资产8 826.4亿元，同比增加19.8%。

除了总资产和总收入的增加，万达集团旗下的各项业务——万达商业、万达文化、万达网络科技以及万达金融，各项指标均达到了100%以上的完成率，以及10%以上的同比增长率。即使早前经历了一些股价的波动，但是丝毫不影响万达这个大象在既定的转型之路上狂奔。

自2016年开始，万达集团便不再统计销售收入，对于正处于"去地产化、轻资产化"转型期的万达集团来说，企业的营收数据与利润结构的优化更具有现实意义。

以万达集团曾经最倚重的万达商业来说，在2017年上半年735亿元的收入中，地产业务收入563.4亿元，同比增加11.3%，相对来说已经放缓增长速度。另外，万达商业业务中的租金收入为116.9亿元，同比增加34.3%。从数据上来看，租金在集团利润中的占比不断提高，相较房地产销售的一次性收入，租金这种可持续现金流为企业提供了长远竞争力。财报中还提到，租金的收缴率达到100%。

除了优化资产的利润结构，万达集团近年来通过创新地产开发模式，在资产运营中也赢得了更多的主动权。2017年上半年新发展项目28个，万达广场26个，万达城2个。万达广场全部为轻资产项目，其中投资类轻资产项目14个，合作类轻资产项目12个。此外，万达已有的地产其价值也是相当惊人。在这份财报中，万达集团披露了累计持有的物业面积。其中，一二线城市销售物业面积是3 759.6万平方米，占销售物业面积的63.8%;货值6 244.5亿元,占销售物业货值的78.8%。面积庞大,而且价值成熟且稳定的一二线城市物业也是万达十分优质的资产。

万达商业可以说在上半年很好地完成了王健林的小目标。

可能大家会问:这些资料是怎么得到的?是不是只有企业的内部员工才能知道企业的财务数据,而一般人无从得知?答案是否定的,几乎任何人都可以得到以上的数据,而数据的来源就是企业对外公布的财务报告。

资料来源:根据万达集团官方网站《2017年上半年万达集团工作简报》改编,http://www.wanda.cn/2017/2017_0706/36204.html。

第一节 财务报告分析的起源与发展

财务报告(financial report)是企业对外提供的反映企业某一特定日期的财务状况和某一会计期间的经营成果、现金流量等会计信息的文件,是财务信息的传递手段和表达方式,包括财务报表(financial statement)、报表附注(notes to financial statement)和其他财务报告。财务报告的基本功能是向财务报告使用者提供企业财务状况、经营成果和现金流量等有关会计信息,反映企业管理层受托责任履行情况,有助于财务报告使用者做出经济决策。

财务报告使用者中尽管不乏熟悉甚至精通会计者,但他们往往不是会计专业人员。财务报告如同压缩文件,包含着令人眼花缭乱的大量会计专业规则、职业判断与隐秘的行为动机,财务报告使用者往往不能一眼看透,需要通过解压才能正确理解和运用财务报告所提供的信息,财务报告分析就是这一解压过程。随着社会环境和经济环境的发展,财务报告提供信息的内容与方式也在不断变化,只有通过对财务报告进行深入分析,报告使用者才能解密会计信息的真实含义。

一、财务报告分析的起源

财务报告分析(financial report analysis)始于19世纪中叶西方银行家对贷款者的信用分析。银行为确保发放贷款的安全,一般要求企业提供资产负债表等资料,以了解企业的财务状况和偿债能力。所以最初的财务报告分析,主要是针对企业的偿债能力和信用程度进行调查分析、为银行的贷款决策提供依据的。

随着20世纪初股份制经济和资本市场的发展,企业的大量涌现和企业规模的不断扩大,企业对外部资金投入的需求明显增多,企业要向社会发行股票和债券,作为企业扩展的主要资本提供者的金融机构(如商业银行、投资公司、保险公司)的作用日益增强,这些机构需要一个正规的分析系统对申请借款企业的经营和财务状况进行系统的评估。而许多普通公民也开始作为投资者进入资本市场,广大公众希望了解企业的经营和财务状况,对企业提供的财务报告信息进行分析,以便审慎地做出投资决策。

在这种形势下,系统地财务报告分析随之发展起来,系统地进行筹资分析、投资分析和经营分析成为财务报告分析的基本领域。随着经济发展、体制改革和现代公司制度的出现,财务报告分析在资本市场、企业重组、绩效评价和企业评估等领域的应用也越来越广泛。

二、财务报告分析的发展

未来的财务报告分析必然随着财务会计学、公司理财学、统计学、信息学、计算机技术等学科的发展而不断成熟与完善。

(一)财务报告分析的内容不断增加和扩充

财务报告分析内容与企业的财务报告内容紧密联系。随着市场经济的深入发展,财务报告的内容将会不断充实和增加,未来的企业财务报告将会向财务报告使用者披露未来发展前景,盈利预测、现金流量信息,企业信用评估、人力资源、公允价值分析等信息,这将会引起财务报告分析内容相应的增加与改变。

(二)财务报告分析将广泛利用现代化信息手段

信息技术的迅猛发展,大大提高了财务报告数据分析的能力和速度。未来企业财务报告从信息表格载体到传输方式,再到查询阅览方式,都将向网络转移。网络传输、阅览、搜索将加快财务报告查询速度,同时财务信息的记录与表述也不仅仅靠文字、表格或数字,将会出现图片、音频与视频等多媒体形式的载体。因此,财务报告分析可直接利用计算机对庞大的数据进行快速及时的整理、计算、分类与分析,这样不仅可以提高分析的效率和质量,而且解决了现行分析成本高、时效性差、无法处理特殊事项或偶然事项的缺陷。

(三)财务报告分析更具交互式和针对性

未来的财务报告将是一种以事项会计为基础的,披露更为简明易懂的交互式的实时报告,并且可以设置权限,查询局域信息而不涉及无关的冗余信息,使信息的获取更实用,更有针对性。而财务报告分析也可以根据这种实时报告开发一系列的软件,及时、快速、有效地根据信息需求者的实际需要来甄选信息,使信息的提供者与使用者做到知己知彼,减轻信息的不对称现象。

第二节　财务报告分析的含义与目标

一、财务报告分析的含义

在现代企业制度下,企业的所有者或者投资者、债权者和经营者,以及政府管理部门和社会监督部门的人员等,在与企业进行投资、借贷、交易、管理、监督等活动时,都需要依据财务报告信息对企业状况进行分析。财务会计研究如何向与企业存在直接或间接利益关系的组织和个人,也即利益相关者提供决策相关信息。首先是界定企业利益相关者,其次研究这些人需要做出哪些经济与管理决策,这些决策需要哪些信息,然后研究如何确认、计量与报告交易与事项对他们决策的影响,并以财务报告的形式将这种影响同财务报告信息的使用者(利益相关者)进行沟通。而财务报告分析主要研究企业利益相关者如何解读这些信息,从报告对企业所做的陈述与披露的解读与分析中,评价企业目标的实现程度及其受托责任的履行情况。不同的利益相关者,他们与企业利益相关的性质不一样,其信息需求、对财务报告信息关注的重点、使用的分析方法也就不尽相同,因此形成了财务报告分析的理论与技术要求。

财务报告分析与财务报表分析、财务分析的范围有所不同,财务报表分析主要以财务报表体系作为分析的对象,范围较窄;财务分析以企业全部财务活动作为分析的对象,范围最宽。而财务报告分析与财务报表分析相比,分析对象除财务报表体系外,还包括其他财务报告的大量信息;财务报告分析与财务分析相比,不像财务分析那样面面俱到,过于宽泛,而是较集中于基于外部会计视角、即外部利益相关人所关注的财务能力的分析,着重对企业一定时期的财务状况、经营成果及未来前景进行分析。所以财务报告分析范围介于财务报表分析和财务分析之间。

因此,财务报告分析的内涵可以概括为:财务报告分析是以财务报表和其他有关信息资料为依据和起点,利用财务分析理论及财务分析的一系列专门的方法,遵循规范的分析程序,对企业一定时期的财务状况、经营成果及未来前景进行分析,为改善企业经营状况提供线索,同时在信用决策、评价证券、分析竞争者、控制财务活动运行、预测财务未来发展等方面为财务报告使用者提供依据的一系列分析活动。

二、财务报告分析的作用

从财务报告中可以获得企业的很多信息,财务报告能够全面反映企业的财务状况、经营成果和现金流量情况,但是单纯从财务报告上的数据还不能直接或全面说明企业的财务状况,特别是不能说明企业经营状况的好坏。只有通过分析财务报告,才能看出企业更深层次的信息,说明企业财务状况所处的地位,从而避免被企业财务报告的表面现象所迷惑。做好财务报告分析工作,可以正确评价企业的财务状况、经营成果和现金流量情况,揭示企业未来的报酬和风险;可以检查企业预算完成情况,考核经营管理人员的业绩,为建立健全合理的激励机制提供帮助。

三、财务报告分析的主体与目标

企业财务报告是企业财务会计的“最终产品”,是企业与其利益关系者的链接点,它能全面、系统、综合地反映企业财务状况、经营业绩和现金流量等有关会计信息,并成为广大用户了解企业运营情况的重要信息资料。

财务报告分析的主体是指“谁”进行财务报告分析,即财务报告信息使用人,实际上就是利益相关者。一般而言,与企业有经济利害关系的各方包括企业的投资者、债权人、经营者、供应商、政府机构、公众和竞争对手等,他们与企业利益相关的程度不同,出于不同的目的使用财务报告,所关注的重点和采用的分析程序各不相同。财务报告分析的主体与目标主要体现在以下几方面:

(一)投资者

投资者,包括现有的投资者及潜在的投资者,拥有企业最终资产的剩余要求权,也因此成为企业最终风险的承担者。出于对自身经济利益的关心，投资者分析包括：为寻求投资机会进而获得更高收益而进行的投资分析、为考核企业经营管理者的受托责任的履行情况而进行的企业经营业绩的综合分析与评价，因此最关心的是企业投资回报率水平和风险程度，分析的重点是企业的盈利能力、发展能力和业绩综合分析评价。是为了能够回答以下几方面的问题：企业当前和长期的收益水平高低，企业收益是否容易受重大变动的影响；目前的财务状况如何，企业资本结构决定的风险和报酬如何；与其他竞争者相比，企业处于何种地位。通过分析策划发现有效的投资机会，评估企业的潜在成长性，正确判断企业在资本市场上的投资价值，最终决定自己的投资进退策略。

（二）债权人

债权人是指借款给企业并得到企业还款承诺的人。债权人在将资金或其他资源提供给公司之前，为了确保自身权益的安全，需要了解公司现有的债务负担、既往的信用状况以及目前及未来的持续盈利能力与偿还债务的能力等，以确定债权的风险大小以及是否应该向该公司提供资金与资源。当债权人将资金或资源提供给公司后，便会愈加关心自己的债权是否面临着威胁、能否按时、足额收回。债权人的主要决策是决定是否给企业提供信用，分析的重点是偿债能力、盈利能力和产生现金能力，是为了回答以下几方面的问题：公司为什么需要额外筹集资金；公司还本付息所需资金的可能来源是什么；公司对于以前的短期和长期借款是否按期偿还；公司将来在哪些方面还需要借款。财务报告分析可从不同角度满足债权人对信息的要求。

（三）经营者

经营管理者作为受托责任人，肩负着受托经营管理的责任，因此对公司的营运业绩和持续发展起着直接影响和决定作用。一般来说，为了更好地对企业经营活动进行规划、管理与控制，经营者关心公司的财务状况、盈利能力和持续发展的能力。经营者通过对企业财务报告的分析，与各部门、各管理层一道，结合具体情况解决经营管理中的重大问题，诸如经济前景预测、未来计划的编制、筹资、投资和供产销等决策，实施财务控制、经营业绩的评价考核等，为企业可持续发展制定合理的企业发展战略和策略。

（四）企业员工

企业员工通常与企业存在长久、持续的关系，是最直接的利益相关者。企业的稳定性、工作环境的优劣及获取报酬的前景，直接影响着员工的切身利益。因此，企业的获利能力和偿债能力是员工对财务报告分析关注的重点。

（五）供应商和顾客

供应商如果通过赊销的方式出售产品，即成为公司的债权人，因此他们关注的是企业长期经营的能力、商业信用和偿债能力等。在许多情况下，企业可能成为某个顾客的重要的商品或劳务供应商，因此，顾客关注的是企业连续提供商品或劳务的能力、产品价格、成本和性能以及售后服务等，顾客将通过财务报告分析来预测企业长期发展前景、评估产品价格的合理性和售后服务能力等。

（六）政府管理部门

作为国家利益的代表，政府机构及其他相关部门（包括工商、税务、财政和审计、国有资产管理等部门）也是企业财务报告的使用人。他们使用财务报告是为了履行自己的监督管理职责，其分析的重点是企业发展、社会价值分配等，为制定有效的经济政策和公平、恰当地征税而进行经济政策分析与税务分析，监督和检查企业在整个经营过程中是否遵守国家制定的各项经济政策、法规和有关制定等。

（七）注册会计师

注册会计师为客观、公正地进行审计、避免审计错误、提高财务报告的可信度也要对财务报告进行审计分析。其分析的重点是财务报表及其之间的稽核关系与各种财务能力、经营特性分析。

财务报告信息与主要分析主体的关联性如下图 1-1 所示：

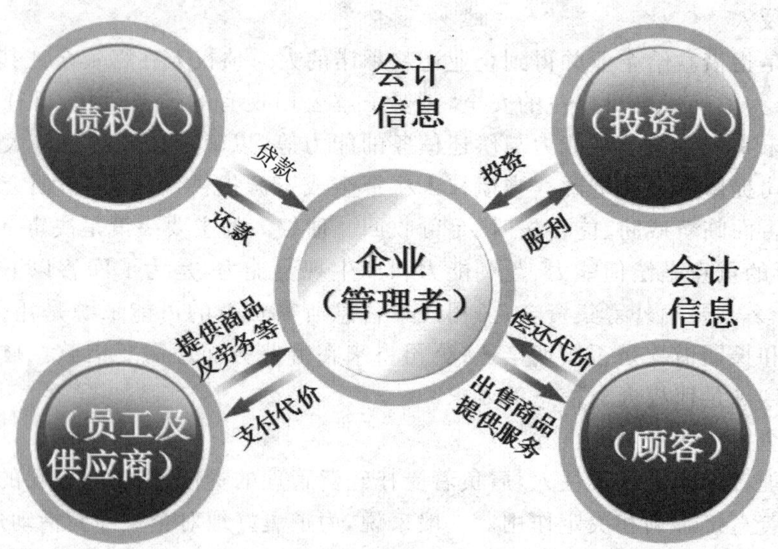

图 1-1　财务报告信息与主要分析主体的关联性

第三节　财务报告分析的基本框架

一、企业经营活动与财务报告的关系

在市场经济环境下，企业总是基于一定的环境和战略从事经营活动。企业的经营活动是企业按照其发展战略和其外部环境之间所进行的资金、物资、信息的交流活动，并直接影响企业经营活动的结果。企业经营活动纷繁复杂，包罗万象，难以一一向外报告。而企业财务报告用“会计特有语言”总结了企业经营活动的财务后果。企业会计系统提供了一种机制，通过这种机制，对企业的经营活动进行确认、计量，以财务报告的形式进行对外报告，从而完成了从企业经营活动到企业财务报告的转化过程。图 1-2 反映了从企业经营活动到财务报告的转化过程关系。

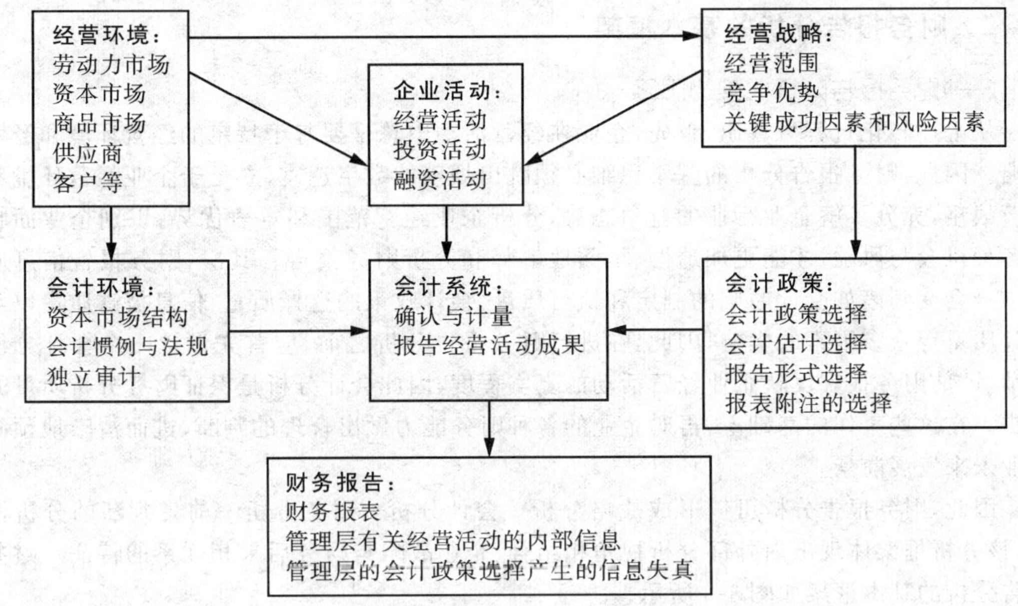

图 1-2 从企业经营活动到企业财务报告的转化过程

资料来源：袁天荣：《企业财务分析》，机械工业出版社，2010 年版。

图 1-2 描述了企业基于特定经营环境和经营战略所从事的经营活动，经过会计环境、会计政策和会计系统的影响和加工，最终表现为财务报告的过程。从中可以看出，在从企业经营活动到企业财务报告的转化过程中，许多因素导致企业财务报告不能真实、完整地反映企业经营活动。这些因素主要是：

(一)会计用特有语言描述企业经营活动

会计特有语言体现于会计准则，会计基于会计准则描述企业的经营活动，这就将难以通过会计准则描述的经营活动排除在会计视野之外。

(二)权责发生制允许多种可选择方法导致信息具有一定的模糊性

权责发生制虽然能够提供公司经营业绩的全面信息，但由于财务会计中的许多主要事项存在多种可供选择的方法，其模糊性导致在实际应用时具有较强的主观性。而会计准则的制定难以完全按照概念框架来进行，这种准则制约下的财务报表可能呈现出各种偏好，有时甚至是以牺牲报表信息的准确性为代价的。

(三)审计准则以及以此为基础的审计行为可能强化财务报表本身的内在缺陷

通过聘请独立的审计机构或人员对企业财务报表进行审计，在一定程度上减少了会计信息的使用风险，提高了会计信息质量。但是，也可能强化了财务报表本身的内在缺陷，因为它认可了某些长期延续下来的会计规则和常规，而这些会计规则和常规本身可能存在缺陷。这样，审计准则以及审计行为就有可能放大会计准则的内在缺陷。

由于会计系统的制度特征并非完美，从企业经营活动到企业财务报告的转化过程中存在许多“噪音”，因而进行财务报告分析时需要通过一定的会计分析过程对其进行必要的调整。

二、财务报告分析的基本框架

（一）财务报告分析框架的思路

从上述转化过程可看出，首先，企业在经营活动中总是要基于特定的经营环境和经营战略。因此，财务报告分析的基本思维必须跳出烦琐的数字迷宫，立足于企业经营环境和经营战略，充分了解企业行业的竞争态势，分析企业经营范围和竞争优势，识别企业面临的各种机会与风险，才能更加透彻、全面地解释和分析财务报告。其次，财务报告信息质量本身会受到诸如会计原则的制定和执行质量、会计政策的选择质量、信息披露质量以及审计质量等众多因素的影响，因此，在进行财务报告分析之前，应首先设计一个会计分析环节，评估财务报表反映企业经营活动的真实程度，因此会计分析是保证财务分析质量的前提。在这些工作的基础上，再对企业的各种财务能力做出合理的判断，进而清晰地预测企业未来发展前景。

因此，财务报告分析可以形成战略分析—会计分析—财务分析—前景判断的分析框架，该分析框架体现出内外部分析视角相结合、企业战略与财务后果相联系的特征。财务报告分析的基本框架如图 1-3 所示。

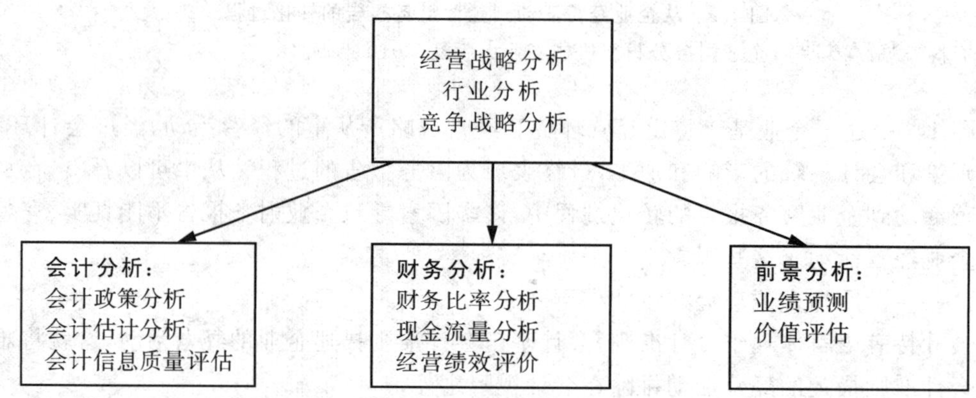

图 1-3　企业财务报告分析基本框架

资料来源：胡玉明：《财务报表分析》，东北财经大学出版社，2008 年版。

（二）财务报告分析框架的内容

基于战略分析—会计分析—财务分析—前景判断的分析框架均可以用于财务报表分析、财务报告分析和财务分析等不同范畴的分析，国内许多教材也未加严格区分，但为了与本书所阐述的财务报告分析含义保持逻辑上的一致性，需对财务报告分析基本框架的内容做一些阐述与说明。

1.战略分析

战略分析（strategy analysis）是财务报告分析的逻辑起点。所谓的战略分析，就是对拟进入行业的整体形势进行分析，或者是针对企业的竞争对手制定战略层面的策略时所进行的分析与规划。通过战略分析，财务报告分析者可以对企业经营活动的经济意义进行定性分析，使后续的会计分析和财务分析奠定于企业现实的管理情境之中。

从战略的高度进行财务报告分析，会涉及因企业经营环境和经营战略定位不同而导致的各种财务关系的影响，而统领这些财务关系的关键是行业特征，行业特征会以各种各样的方式影响财务报告的内在关系以及指标的意义。只有了解企业所处的行业，从而了解其行业特征，财务报告分析者才能真正理解和体会财务报告数据的经济含义。

2.会计分析

会计分析(accounting analysis)旨在评估财务报表披露的会计信息对企业经营活动现实的反映程度，也就是估计企业会计信息的失真程度并做出相应的调整，为财务分析提供客观和有效的数据资料。从广义上来说，会计分析实际上由两部分构成：一是财务报表分析，它依据的基础资料是财务报表，是会计分析的基础部分；二是会计政策分析，通过分析理解企业会计信息处理的原则与方法，了解会计政策的灵活性，评价企业会计处理反映经济业务的真实程度等。

对财务报告分析之前进行会计分析的目的，在于财务报告分析者可以通过评估会计弹性、会计政策与估计的恰当性，评价会计信息扭曲企业经营活动的程度，从而消除报表信息的“噪音”，有助于提高财务分析结论的可靠性。

3.财务分析

财务分析(financial analysis)是有关利益相关主体利用公司相关的会计、统计、税务、经营与管理活动等方面的资料，特别是企业财务报告等表格与文字信息，进行大量的计算、对比，判断企业的财务运行状况和发展趋势，为利益相关者决策提供依据的活动。从总体内容看，财务分析借助于健全的方法体系、系统客观的资料依据，结合企业所处地区、行业、市场、政策等外部环境等，来揭示企业的偿债能力、营运能力和发展潜力等，以便全面、客观地评估公司的营运活动、经营业绩和整体实力以及业绩的可持续性。

4.前景判断

前景判断(prospective analysis)是在财务分析的基础上，对公司未来的风险与价值所做的判断。常用的方法是财务预测和企业估价。随着经济环境的改善和技术的不断进步，通过财务报告披露未来发展前景，盈利预测、现金流量信息，企业信用评估等信息，对企业未来的风险及其价值变化做出预测判断，以吸引更多资本和投资者，就成了更高的目标。因此，前景判断对财务报告分析的要求是：关注企业未来的可能表现，从动态的角度评价企业未来的增长能力和发展趋势。前景判断体现在财务报告分析内容中，是通过对财务报表的预测分析体现的。

(三)财务报告分析框架内容分布的说明

虽然为财务报告分析设置了分析框架，但许多分析只是作为一种扩展分析视野的外围分析，本身并不是财务报告分析内容，为体现分析框架的内容含义与财务报告分析的内在逻辑关系，本书将相应的内容做一些取舍并合理分布。具体如下：

企业战略分析本身不属于财务报告分析内容，从其分析内容来看，分析视角最广，内容综合性强，故归于第九章“综合分析”部分中简述。会计分析包含的两部分内容中，财务报表分析是财务报告分析的主体内容，集中在第二至六章中叙述；而对会计政策分析，只要能在整体上对财务报表的会计质量做出初步判断即可，其分析的大量材料来自财务报表附注，属于其他重要信息分析，因此列入第七章“财务报告其他信息分析”中。此外，管理用财务报表分析也属于这类信息，因此一并列入第七章。财务分析中有关各种财务能力的分析是财务报告分析公认的基本分析领域，其他领域与财务分析多有交叉重合之处，为了界定清晰，凝练内容，故本书仅取其财务能力分析内容进行叙述，并将其集中于第八章“财务能力及财务衍生分析”中叙述；用于前景判断的预测内容穿插于第二至八章有关章节中，本书不再单独论述。

第四节 财务报告分析的信息基础

一、信息基础对财务报告分析的作用

资源的任何配置都是特定决策的结果，而人们做出任何决策都是基于给定的信息，财务报告分析者所掌握的信息程度决定了财务报告分析结论的正确性和可靠性。然而，由于信息不对称的存在，相对于公司的管理层而言，财务报告分析者无法得到完全的内部信息，处于信息劣势。但通过信息源的扩展以及信息的客观处理，依靠对企业所处的行业及竞争战略的了解，以及正确的财务报告分析，可从各类信息源中“提取”出企业管理层所掌握的内部信息，来弥补自身的信息劣势。因此，财务报告分析者只有收集到充分、恰当的相关信息，才能得到科学、合理的财务报告分析结论。由此可见，信息收集是财务报告分析的基础和不可分割的组成部分，对保证财务报告分析工作的顺利进行，提高分析质量与效果都有着重要作用，主要体现在以下三个方面：

(一)信息是财务报告分析的根本依据

没有相关信息，财务报告分析就如“无米之炊”。如果缺乏有关公司经营环境和经营战略方面的信息，就无法分析公司的利润驱动因子和主要风险；没有主要财务报表信息，就无法正确评价公司的财务状况、经营成果和现金流量；如果缺乏有关公司未来发展前景的信息，就无法在现在和未来之间搭起桥梁，判断公司的价值所在。

(二)搜集和整理信息是财务报告分析的重要步骤和方法之一

从某种程度上而言，信息搜集和整理的过程就是财务报告分析的过程。财务报告分析所用的信息并不是取之即来、来之可用的。不同的分析目的和分析要求，所需要的信息是不同的，这些信息在来源、内容和形式上均存在着显著差异，因此，信息的搜集和整理是财务报告分析的基础环节。

(三)信息的数量和质量对财务报告分析的质量和效果影响重大

信息的准确性、完整性和及时性对提高财务报告分析的质量和效果是至关重要的，信息质量包括财务报告本身的质量、信息披露(或传递)的质量。如果使用错误的、过时的或不规范的财务报告分析信息，其结果只能是“输入垃圾”又“输出垃圾”。

二、企业财务报告分析的主要信息来源

财务报告包括财务报表和其他应当在财务报告中披露的相关信息和资料，其中财务报表是财务报告的主要组成部分。财务报表提供的信息既是对企业经营过程及结果的综合反映，也是进行财务报告分析最重要的信息来源。其他应当在财务报告中披露的相关

信息包括财务报表附注、财务情况说明书、注册会计师的审计报告等。完整的财务报告体系如图 1-4 所示。

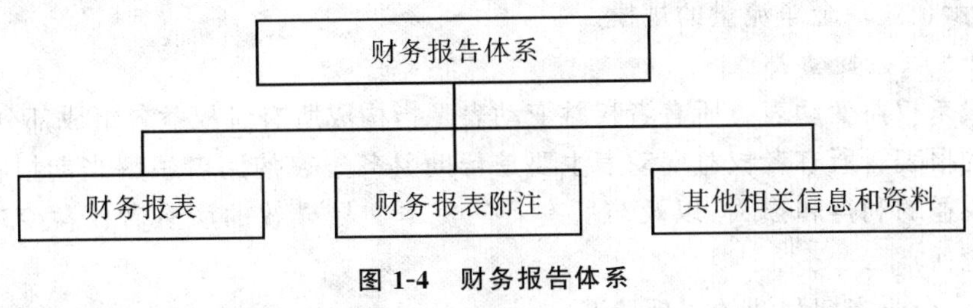

图 1-4　财务报告体系

资料来源:《新企业会计准则》(2007 年)。

(一)企业财务报表

企业财务报表是对企业财务状况、经营成果和现金流量的结构性表述。财务报表主要包括:资产负债表、利润表、现金流量表、所有者权益(或股东权益)变动表。这些财务报表相互联系,从不同的角度说明企业的财务状况、经营业绩和现金流量情况。

1.资产负债表

资产负债表是反映企业一定日期财务状况的财务报表,按月编制和报送,是企业经营管理者必须分析的报表。资产负债表揭示的内容,主要是帮助财务报表使用者了解企业在特定时点的资产、负债、所有者权益的基本情况,分析、评价企业财务状况的好坏,以便作为决策依据。具体内容包括:

(1)揭示企业所拥有的经济资源及其分布与结构情况;

(2)揭示企业资金的来源构成,企业承担的债务和财务风险;

(3)揭示企业权益及其结构情况;

(4)揭示企业偿债能力与财务实力情况;

(5)揭示企业资本结构变化情况以及财务状况的发展前景。

2.利润表

利润表是反映企业一定时期经营业绩情况的财务报表,按月编制和报送,也是企业经营管理者应该分析的报表。利润表揭示的内容,主要是帮助财务报表使用者了解企业经营成果的形成和分配情况,以此来评价企业的获利能力,决定是否投资和再投资;评价企业的偿债能力,决定信贷决策条件;评价企业发展趋势,决定今后工作重点;评价经济指标差异,决定生产经营调整措施和奖罚措施。具体内容包括:

(1)揭示企业当期利润实现情况及各损益项目的构成情况;

(2)揭示企业可供分配的利润总额;

(3)预测企业未来利润的发展。

3.现金流量表

现金流量表是指现金和现金等价物流入和流出情况的财务报表。现金流量表的揭示内容,主要是帮助财务报表使用者了解企业现金流入量和流出量的情况,由此来判断企业在一定时期内,由于经营、投资及筹资活动而引起的资产、负债及所有者权益方面发生的变动情况。具体内容包括:

(1)揭示企业现金流量的来源和去向;

(2)揭示企业现金流量的构成;

(3)揭示企业现金净流量的规模。

4.所有者权益变动表

也称股东权益变动表。所有者权益变动表是指构成所有者权益各组成部分当期增减变动情况的报表。所有者权益变动表主要是帮助财务报表使用者了解当期损益、直接计入所有者权益的利得和损失,以及与所有者的资本交易导致的所有者权益变动的情况。具体内容包括:

(1)揭示企业当期利润的实现情况;

(2)揭示企业所有者权益的利得和损失项目及其总额;

(3)揭示企业因会计政策变更和差错更正造成的累积影响金额;

(4)揭示所有者投入资本和向所有者分配利润的情况;

(5)揭示企业提取的盈余公积;

(6)揭示企业所有者权益各组成部分期初和期末余额及其调节情况。

上述四张报表是我国《企业会计准则》所规定的必须对外报送的主要财务报表,从不同侧面分别反映了企业的三项基本活动。无论是分析企业的经营活动,还是分析筹资或投资活动,都会涉及这四张报表。

(二)财务报表附注

财务报表附注是为便于报表使用者理解报表的内容而对财务报表所作的解释和进一步说明,以及对未能在报表中所列示的项目所做的补充说明,也是财务报告的重要组成部分。财务报表附注主要包括两项内容:一是对报表各要素的补充说明,二是对那些报表中无法描述的其他财务信息的补充说明。由于财务报表本身的局限性,使财务报表所提供的资料受到一定的限制。为了提供更详尽的资料,需要在财务报表附注中对报表的某些项目做进一步的补充说明。按照我国《企业会计准则》的规定,在财务报表附注中至少应披露以下内容:

1.企业的基本情况。

2.财务报表的编制基础。

3.遵循企业会计准则的声明。

企业应当声明编制的财务报告符合企业会计准则的要求,真实、完整地反映了企业的财务状况、经营成果和现金流量等有关信息。

4.重要会计政策和会计估计。企业应当披露采用的会计政策和会计估计,应当披露重要会计政策的确定依据和财务报表项目的计量基础,以及会计估计中所采用的关键假设和不确定因素。

5.会计政策和会计估计变更以及差错更正的说明。企业应当按照《企业会计准则第28号——会计政策、会计估计变更和差错更正》及其应用指南的规定,披露会计政策和会计估计变更以及差错更正的有关情况。

6.报表重要项目的说明。按照资产负债表、利润表、现金流量表、所有者权益变动表及其项目列示的顺序,采用文字和数字描述相结合的方式进行披露。

报表附注对补充说明和解释表内信息具有直接意义，进行财务报告分析应该重视财务报表附注提供的信息。报表附注由于不受众多会计原则的制约，以披露的方式，既可以用文字、图表等来定性分析表内项目，也可用数字来补充说明表内项目的计量结果，为财务报表中高度概括的数字提供进一步的解释，财务报告分析者不仅可以获得更全面的会计信息，而且还能获得特定项目的会计信息，能够满足分析者更全面的信息需求。

三、企业财务报告分析的其他相关信息来源

财务报告分析，如果单纯地就报告而分析报告，其产生的信息所发挥的作用仍然有限。因为企业的经营状况要受到整个国民经济、各个行业部门和企业自身等诸多因素的影响。因此，财务报告使用者除了以财务报告作为分析的主要信息来源外，往往还需要其他相关信息。

（一）其他相关信息

其他相关信息有审计报告、招股说明书、上市公告书、临时公告、管理层所做的预测及展望等，这些信息披露内容均为《上市公司信息披露管理办法》（中国证券监督管理委员会令第40号，2006年12月13日）所规定。2016年开始，证监会加强了上市公司监管，在信息披露方面正在进一步修订上市公司信息披露管理办法。

1.审计报告

审计报告是注册会计师根据审计准则的规定，在实施审计工作的基础上对被审计单位财务报表发表审计意见的书面文件，它是对整个财务报告质量高低的总体评价。注册会计师出具的审计报告对报表信息使用者而言具有很大的价值，有助于报表使用者借助于注册会计师的审计行为初步获得有关企业财务状况是否真实、可靠、合法的"旁证"；特别是当审计报告为非标准审计报告时，进行财务报告分析时要给予高度重视，尽量剔除引发不利意见的错误根源所造成的影响，以期获得客观、真实的会计信息。

2.招股说明书和上市公告书

招股说明书是股票发行人向证监会申请公开发行股票的申报材料的必备部分，是向公众发布的旨在公开募集股份的规范性文件。它是社会公众了解发起人和将要设立公司的情况，做出购买公司股份决策的重要依据。招股说明书通常载明本次发行情况、风险因素、发行人基本情况、业务和技术、同业竞争与关联交易、公司高管人员与公司治理结构、财务会计信息、企业发展目标、募股资金运用、发行定价及股利分配政策等事项。上市公告书是发行人于股票上市前，向公众公告与上市有关事项的信息披露文件。上市公告书除包括招股说明书的主要内容外，还包括以下内容：发行人对公告内容的承诺；股票上市情况；发行人、股东和实际控制人情况；股票上市前已发行股票的情况；招股说明书刊登日志公告书刊登日发生的重要事项；上市保荐人及其意见。

3.临时报告

临时报告是指上市公司在发生法定重大事件时对有关情况的报告。在证券交易中，有关上市公司的信息特别是一些重要事项的信息，会对股票价格产生重大影响。为了使投资者能够平等地了解上市公司的有关信息，防止造成证券交易中的不公平，《证券法》规定，上市公司在发生法定的重大事件时应当制作临时报告。临时报告披露的内容，有可能对企业

未来的经营活动与财务状况产生重大影响,所以在财务报告分析中应当给予高度重视。

4.管理层的讨论与分析

管理层的讨论与分析在招股说明书和定期报告中占有重要位置,体现了管理层对公司现状及其发展前景的基本判断,有助于信息使用者更好地理解公司经营成果、财务状况和现金流量信息,了解公司经营管理水平以及可能存在的风险和不确定因素,把握公司未来的发展方向。管理层讨论与分析要求披露的内容,主要包括报告期内公司经营情况的回顾和对公司未来发展的展望,提供了传统财务报表及其附注所无法提供的信息,赋予信息使用者通过管理层的眼睛透视公司经营实质的机会,满足了信息使用者对信息相关性和前瞻性的更高要求。

案例 1-1

其他相关信息的重要性

2017 年 3 月 31 日,证监会网站第二次披露河南润弘制药股份有限公司(下称"润弘制药")IPO 招股说明书。随后,就有消息传出,证监会第二次披露的润弘制药 IPO 招股说明书《比较财务报表》中 2014 年度列报的财会数据,与 2015 年 11 月 13 日证监会第一次披露的润弘制药 IPO 招股说明书《比较财务报表》中 2014 年度列报的财会数据有巨大的差距。造成差距的项目包括三个方面:

1."预收款项"项目。2015 年、2017 年润弘制药两次预披露的 IPO 招股说明书《合并资产负债表》中 2014 年度"预收款项"金额分别为 9 895.82 万元、7 739.57 万元,这使润弘制药 2014 年度《合并资产负债表》中"预收款项"科目,同一会计年度同一科目下的两个财会数据相差 2 156.25 万元。

2."未分配利润"项目。2015 年、2017 年润弘制药两次预披露的 IPO 招股说明书《合并资产负债表》中 2014 年度"未分配利润"金额分别为 10 769.36 万元、11 833.16万元,前后财会数据相差 1 064.25 万元。

3."销售商品、提供劳务收到的现金"项目。2015 年、2017 年披露的招股说明书《合并现金流量表》中 2014 年度"销售商品、提供劳务收到的现金"金额分别为 41 023.73 万元和 39 532.30 万元,这使得同一会计年度同一科目下的两个财会数据相差1 491.43万元。

另外,润弘制药 IPO 招股说明书(申报稿 2017 年 3 月 28 日报送)在"业务与技术"中,仅仅披露了发生在武汉、抚州的两起公司存在的产品质量问题。但据记者不完全统计,润弘制药至少还涉及浙江、吉林、福建、江西 4 省 10 个批次的药品质量问题,被上述各省食品药品监督管理局通报,被通报存在质量问题的药品涵盖润弘制药生产的长春西丁注射液、硝酸甘油注射液等核心产品,而这些信息却没有在润弘制药 IPO 招股说明书中披露。

润弘制药的案例警示投资者,在做出每项投资决策前,有必要对诸如招股说明书之类的各类财务数据进行核实比较,辨别真伪,才能减少投资失误,做出正确决策。

资料来源:根据《经济视野》杂志(2017 年 4 月 22 日)内容改编。

(二)管理用财务报表信息

管理用财务报表信息是相对于传统财务报表信息而言的。企业所有活动可以划分为两类,一类是经营活动,另一类是金融活动,经营活动和金融活动的成果便是企业业绩。但在评价企业内部财务业绩和经营成果时,传统财务报表往往无法明确地区分经营资产和金融资产的净利润是来自日常经营业务还是金融投资业务,无法找出业绩变化的原因,因此企业要将其调整为管理用财务报表来满足企业内部管理的需要。结合这种思想,管理用财务报表也成为财务分析的其他相关信息来源。相对于传统财务报表,管理用财务报表有更强的逻辑性和合理性,列报项目更加清晰,可理解性也更强。

目前,管理用财务报表在我国尚处于理论完善阶段,短期内管理用财务报表不可能取代传统财务报表,而是只能作为辅助报表为管理层决策提供依据。但是随着企业管理需求的增加,管理层对管理用财务报表的需求会越来越强烈。这种情况下,适时引入管理用财务报表并进行分析,对提高管理层的管理水平具有推动作用。

第五节　财务报告分析的程序与方法

一、财务报告分析的程序

为了保证企业财务报告分析有效进行,提高分析工作效率,保证分析质量,达到分析目的,使财务信息真正发挥其应有的作用,财务报告分析一般应按以下分析程序进行:

(一)明确分析目的

在进行财务报告分析之前,应明确分析目的。如前所述,企业不同利益相关人利用企业财务报告都有自己的特定目的,都希望从财务报告中获取决策有用信息。财务报告分析人员应了解报告使用人的具体要求和需要,并据此明确财务报告分析目的。财务报告分析的目的不仅是财务报告分析的出发点,而且还决定分析范围的大小、所要搜集资料的数量以及分析方法的选择。

(二)搜集和整理分析资料

搜集和整理资料是保障分析质量和分析工作顺利进行的基础性程序。财务报告分析的广度、深度和质量的高低,在很大程度上取决于所掌握的信息资料的真实程度和全面性。为此,资料的搜集整理应根据分析的目的与范围,系统地搜集有关的数据、资料和情报。

财务报告分析的基本资料为会计报表、注册会计师的审计报告、企业的会计政策。其他途径取得的有关资料有:其他专业性机构,如投资咨询服务机构、行业性协会、证券交易所等所提供的有关资料,有关企业预算、计划、总结、规划的材料以及企业管理人员对企业当年度生产经营与未来展望的评价等。

(三)选择分析方法

分析方法服从于分析目的,应当根据不同的分析目的,采用不同的分析方法。如对未来发展趋势的预测,往往采用回归分析法;对流动性的分析,需要用到比率分析法;对计划执行情况的分析，需要用到因素分析法等。采用一定的分析方法，特别是采用一定的财务指标时，还要进行指标计算，并进行层层分解和辨析。

（四）撰写分析报告

编写财务报告分析报告是财务报告分析的最后步骤。分析结束以后，应当将全部分析资料、观点进行综合概括，写出分析报告，提交给信息使用者，以帮助有关方面做出决策。财务分析报告是反映企业财务状况和财务成果意见的报告性书面文件。分析报告要对分析目的做出明确回答，对分析的对象做出中肯的评价，得出明确的分析结论。对分析的主要内容、选用的分析方法、采用的分析步骤也要做简明扼要的叙述，以备审阅分析报告的人了解整个分析过程。此外，分析报告中还应当包括分析过程中发现的矛盾和问题，提出改进措施或建议。

二、财务报告分析的方法

财务报告分析是一个分析判断过程，它的基本目标是识别财务报告项目的数量、比率、发展趋势、重要事项的发生与变化，并搞清这些变化产生的原因，为预测企业未来提供依据。但并不是所有的财务报告使用者都能完全理解财务报告所揭示的真正内涵，这就要求财务报告编制者根据一定的标准，运用适当的方法对其做出进一步的分析，为报告使用者提供方便的参考。一般来说，财务报告分析的方法主要有比率分析法、因素分析法、图解法、综合分析等方法。

（一）比率分析法

比率分析法是通过计算指标之间的比率来分析指标之间关系、揭示经济规律的一种方法。比率分析是根据经济指标之间存在相互依存、相互联系的关系，将两个性质不同但又彼此相关的指标加以对比而计算得出的，是对财务报告信息进行重新组织的结果。比率分析在财务报告分析中处于极为重要的地位，它有利于研究经济活动的客观联系，认识经济活动的规律性，评价公司当前和过去的业绩，并判断其业绩是否能够保持。

根据计算方法的不同，财务比率分析大体可以分为如下三类：

1.相关比率分析

相关比率是指同一时期财务报表中两项相关数值的比率。这一类的比率包括：(1)反映偿债能力的比率，如流动比率、速动比率、资产负债率等；(2)反映营运能力的比率，如存货周转率、应收账款周转率、流动资产周转率等；(3)反映盈利能力的比率，如总资产报酬率、净资产收益率、每股收益等；(4)反映现金流动能力的比率，如现金比率、经营活动现金流量与净利润的比率、现金负债比率等。利用相关比率指标，可以考察有联系的相关业务安排是否合理，以保障企业的业务活动能够顺畅进行。这些比率的具体计算方法和应用见本书后续的相关章节。

2.结构比率分析

结构比率是指财务报表中个别项目数值与全部项目总和的比率，通常表现为各种比重。这一类的比率包括：(1)利润表的结构比率，如营业利润占利润总额的比重、主营业务利润占营业利润的比重等；(2)资产负债表的结构比率，如各类资产占总资产的比重、流动负债占总负债的比重等；(3)现金流量表的结构比率，如经营活动、投资活动和筹资活动的现金流量占总现金流量的比重等。利用结构比率指标，可以揭示部分与整体的关系。不同时期结构比率的比较，还可以揭示结构的变化趋势及其原因。

3.动态比率分析

动态比率是指财务报表中某个项目不同时期的两项数值的比率，又称趋势分析或水平分析。由于企业的经济现象受多方面因素变化的影响，只从某一时期或某一时点上很难完整地分析企业财务状况的发展规律和趋势，必须把若干数据按时期或时点的先后顺序整理为数列，计算出它的发展速度、增长速度等，通过连续若干期财务报告中相同指标或比率的对比，直接观察得出它们的增减变动方向、数额和幅度，才能探索出它的发展规律和发展趋势。

(1)增长量

增长量反映某种经济现象在一定时期内所增加(或减少)的绝对数，是比较期与基期的差额。增长量的计算公式为：

增长量＝比较期数值－基期数值

【例 1-1】青岛海尔股份有限公司利润表中反映 2014 年的净利润为 704 890 万元，2015 年的净利润为 592 508 万元，2016 年的净利润为 669 133 万元。

通过绝对值分析，2015 年较 2014 年相比，净利润下降了 112 382 万元(592 508 万元－704 890 万元)；2016 年较 2015 年相比，净利润增长了 76 625 万元(669 133 万元－592 508万元)，说明 2016 年的效益增长好于 2015 年。

(2)发展速度

发展速度是表明某种经济现象发展程度的比率，它是全部数列中各比较期与基期水平之比。根据比较标准的时期不同，分为定基发展速度和环比发展速度。定基发展速度是各比较期水平与某一固定期间水平对比，环比发展速度是各期水平与前一期水平对比。

$$定基发展速度=\frac{比较期数值}{固定基期数值}\times 100\%$$

$$环比发展速度=\frac{比较期数值}{前期该指标数值}\times 100\%$$

【例 1-2】青岛海尔股份有限公司 2012—2016 年有关销售额、利润、每股收益及每股股息资料如表 1-1 所示：

表 1-1　青岛海尔有关销售额、利润、每股收益及每股股息数据表

项　目	2012	2013	2014	2015	2016
销售额(万元)	7 985 660	8 660 565	9 692 976	8 979 717	11 906 583
税后利润(万元)	436 061	555 128	704 890	592 508	669 133
每股收益(元)	1.218	1.534	0.933	0.706	0.826
每股股息(元)	0.370	0.460	0.492	0.212	0.248

资料来源：青岛海尔股份有限公司 2014—2016 年度财务报告，下同。

以 2012 年作为基年，得出定基发展趋势百分比。以表 1-2 列示如下。

表 1-2　青岛海尔销售额、利润、每股收益及每股股息发展趋势分析表

单位：%

项　目	2012	2013	2014	2015	2016
销售额	100.0	108.5	121.4	112.4	149.1
税后利润	100.0	127.3	161.6	135.9	153.4
每股收益	100.0	125.9	76.6	58.0	67.8
每股股息	100.0	124.3	133.0	57.3	67.0

以分析年的前一年作为基年，得出环比发展趋势百分比。以表 1-3 列示如下。

表 1-3　青岛海尔销售额、利润、每股收益及每股股息发展趋势分析表

单位：%

项　目	2012	2013	2014	2015	2016
销售额	100.0	108.3	111.9	92.6	132.6
税后利润	100.0	127.3	127.0	84.1	112.9
每股收益	100.0	125.9	60.8	75.7	117.0
每股股息	100.0	124.3	107.0	43.1	116.9

从表 1-2 可看出，该企业 2013—2016 年的销售额与 2012 年相比，除 2015 年略有下降外，其余年份保持稳定增长。但税后利润、每股股息和每股收益具有不稳定性，特别是 2015 年，几项指标下降幅度都较大。总体情况来看，各指标之间几年来的定基发展速度不均衡，但后期不均衡差异在逐渐缩小，如果这个趋势能保持下去，企业的经营状况和财务状况将会稳步发展并不断改善。

从表 1-3 可看出，该企业 2013 年—2016 年各项指标发展速度呈起伏状态，尤其是 2014 年、2015 年受经济大环境影响，各项指标下降幅度较大。进入 2016 年，各项指标环比发展趋于平稳，但这类利润类指标的大起大落现象值得注意。

单独观察表 1-2 或表 1-3，可以看出近年发展趋势有很大的差别，对该公司的发展状况难以准确评价。但是如果将两表结合起来观察则会发现，2016 年开始，发展趋势确实开始有所改善。由此可见，在进行发展速度分析时，可将定基发展速度和环比发展速度二者结合起来进行综合分析，以便较全面地掌握公司的发展状况和发展规律。

在使用比率分析的过程中应注意以下四方面：

1.所分析的项目要具有可比性、相关性，将不相关的项目进行对比是没有意义的。

2.对比口径要保持一致，即比率的分子项与分母项必须在时间、范围等方面保持口径一致。

3.选择比较的标准要具有科学性，要注意行业因素、生产经营情况的差异性等因素。

4.要注意将各种比率有机联系起来进行全面分析，不可孤立地看待某种比率，同时要结合其他分析方法，以便对企业的历史、现状和未来有一个详尽的分析和了解。

(二)因素分析法

因素分析法是依据分析指标与其影响因素的关系,从数量上确定各因素对分析指标影响方向和影响程度的一种方法。因素分析法既可以全面分析各因素对某一经济指标的影响,又可以单独分析某个因素对经济指标的影响,在财务报告分析中应用颇为广泛。企业活动是一个有机整体,每个指标的高低都受多个因素的影响,因素分析法从数量上测定各因素的影响程度,可以帮助人们抓住主要矛盾,对企业状况的评价更有说服力。因素分析法主要分为连环替代法和差额分析法。

1.连环替代法

连环替代法是将分析指标分解为各个可以计量的因素,并根据各个因素之间的依存关系,顺次用各因素的比较值(通常为实际数值)替代基准值(通常为基期数值),据以测定各因素对分析指标的影响。连环替代法计算程序如下:

(1)确定某项经济指标是由哪几个因素组成。

(2)确定各个影响因素与分析指标的关系,通常用指标分解法,即将经济指标在计算公式的基础上进行分解或扩展,从而得出各影响因素与分析指标之间的关系式。如对于净资产报酬率指标,可分解如下:

净资产报酬率=销售净利率×总资产周转率×权益乘数×100%

$N=A\times B\times C$

(3)根据分析指标的比较期数值与基期数值列出两个关系式,确定分析对象。例如,对总资产报酬率而言,两个关系式分别为:

基准值关系式:$N_0=A_0\times B_0\times C_0$

比较值关系式:$N_1=A_1\times B_1\times C_1$

(4)以连环顺序将各个因素加以替代,来具体测算各个因素对指标变动的影响方向和程度。

第一次替代:$N_2=A_1\times B_0\times C_0$

第二次替代:$N_3=A_1\times B_1\times C_0$

(5)检验分析结果。即将各因素与分析指标的影响额相加,其代数和应等于分析对象。如果二者相等,说明分析结果可能是正确的;如果二者不相等,则说明分析结果一定是错误的。

A 因素变动的影响:N_2-N_0

B 因素变动的影响:N_3-N_2

C 因素变动的影响:N_1-N_3

下面举例说明连环替代法的步骤和应用。

【例 1-3】仍以青岛海尔股份有限公司为例,列示 2015 年和 2016 年的有关净资产报酬率、销售净利率、总资产周转率和权益乘数的资料,如表 1-4 所示。

表 1-4 青岛海尔公司财务指标表

指　标	2015 年	2016 年
销售净利率(净利润/销售收入)(%)	6.60	5.62
总资产周转率(销售收入/平均资产总额)(次)	1.13	1.15
权益乘数(平均资产总额/股东权益)(倍)	2.11	3.19
净资产报酬率(%)	15.74	20.62

要求:分析各因素变动对净资产报酬率的影响程度。

根据连环替代法的程序和上述对净资产报酬率的因素分解式,可得出:

实际指标体系:5.62%×1.15×3.19=20.62%

基期指标体系:6.60%×1.13×2.11=15.74%

分析对象:20.62%-15.74%=4.88%

在此基础上进行连环顺序替代:

第一次替代:5.62%×1.13×2.11=13.40%

第二次替代:5.62%×1.15×2.11=13.64%

第三次替代:5.62%×1.15×3.19=20.62%(或实际指标体系)

确定各因素对净资产报酬率的影响程度:

销售净利率的影响:13.40%-15.74%=-2.34%

总资产周转率的影响:13.64%-13.40%=0.24%

权益乘数的影响:20.62%-13.64%=6.98%

最后检验分析结果:-2.34%+0.24%+6.98%=4.88%

在应用这一方法时,应明确以下问题:

①分析前提的假设性。所谓分析前提的假设性是指分析某一因素对经济指标差异的影响时,必须假定其他因素不变,否则就不能分清单一因素对分析对象的影响程度。

②因素替代的顺序性。替代因素时,必须按照各因素的排列顺序依次替代,不可随意颠倒,否则就会得出不同的计算结果。确定各因素排列顺序的一般原则是:如果既有数量因素又有质量因素,则先计算数量因素变动的影响,后计算质量因素变动的影响;如果既有实物数量因素又有价值数量因素,则先计算实物数量因素变动的影响,后计算价值数量因素变动的影响;如果同时有几个数量和质量因素,还应区分主要和次要因素变动的影响。

③顺序替代的连环性。连环性是指在确定各因素变动对分析对象的影响时,都是将某些因素替代后的结果与该因素替代前的结果对比,这样能既保证各因素对分析对象影响结果的可分性,又便于检验分析结果的准确性。

2.差额分析法

差额分析法是连环替代法的一种简化形式,是利用各个因素的实际数值与基期数值之间的差额,来计算各因素对分析指标的影响程度。沿用上述表述方法,运用差额分析法可得:

A 因素变动的影响＝$(A_1-A_0)\times B_0\times C_0$

B 因素变动的影响＝ $A_1\times(B_1-B_0)\times C_0$

C 因素变动的影响＝ $A_1\times B_1\times(C_1-C_0)$

【例 1-4】根据前例提供的数据，运用差额分析法分析各因素对净资产报酬率的影响程度。

分析对象：20.62％－15.74％＝4.88％

因素分析：

①销售净利率的影响：(5.62％－6.60％)×1.13×2.11＝－2.34％

②总资产周转率的影响：5.62％×(1.15-1.13)×2.11＝0.24％

③权益乘数的影响：5.62％×1.15×(3.19－2.11)＝6.98％

最后检验分析结果：－2.34％＋％＋0.24％＋6.98％＝4.88％

应当指出，应用连环替代法应注意的问题，在应用差额分析法时同样要注意。除此之外，还应注意的是，在各影响因素之间不是连乘的情况下，运用差额分析法必须慎重。

(三)图解分析法

图表分析法是以各种图表或表格表示企业有关财务状况、经营成果的关系和趋势的一种分析方法。图表分析法的作用在于将复杂的经济活动和效果以形象、直观的形式表达出来，使信息使用者能一目了然，迅速掌握财务状况和经营成果的相关信息。以前例 S 公司数据为例示意如下。

1.对比分析图解法

对比分析图解法，是指用图形的形式，对某一指标的报告数值与基准数值进行对比，以揭示报告数值与基准数值之间的差异，常见的是柱形图。青岛海尔公司 2015 年、2016 年若干指标对比如图 1-5 所示。

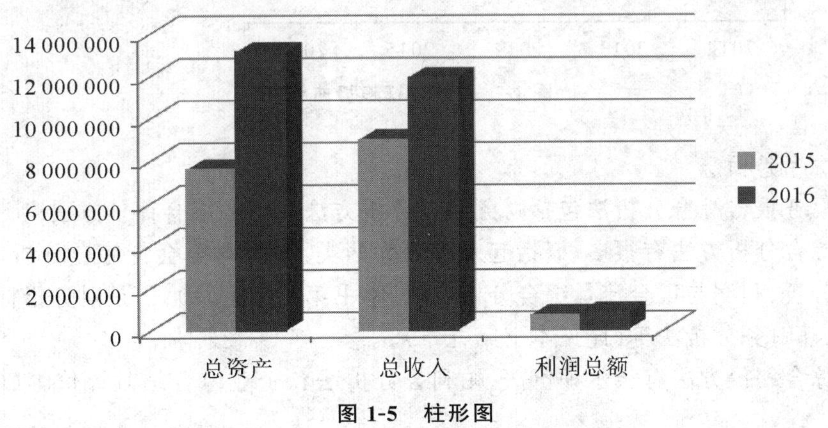

图 1-5　柱形图

2.结构分析图解法

结构分析图解法，是以图形的方式表示在总体中各部分所占的比重。常见的为饼形图。青岛海尔公司 2016 年总资产结构如图 1-6 所示。

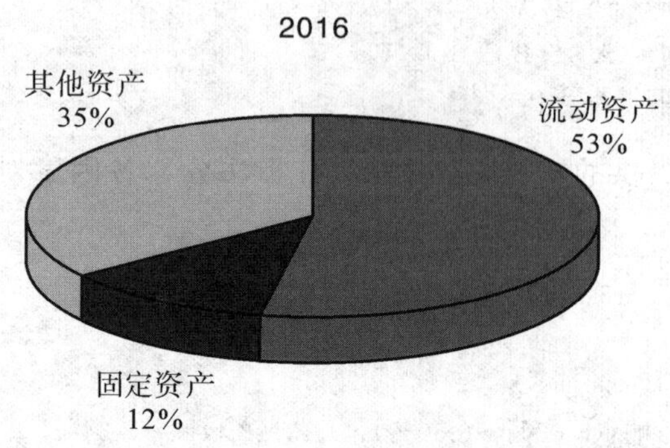

图 1-6 饼形图

3.趋势分析图解法

趋势分析图解法，通常是用坐标图反映某一个或某几个指标在一个较长时间内的变动趋势，形成反映指标变动的趋势曲线，或称折线图。青岛海尔公司 2012—2016 年每股收益、每股股息指标对比如图 1-7 所示。

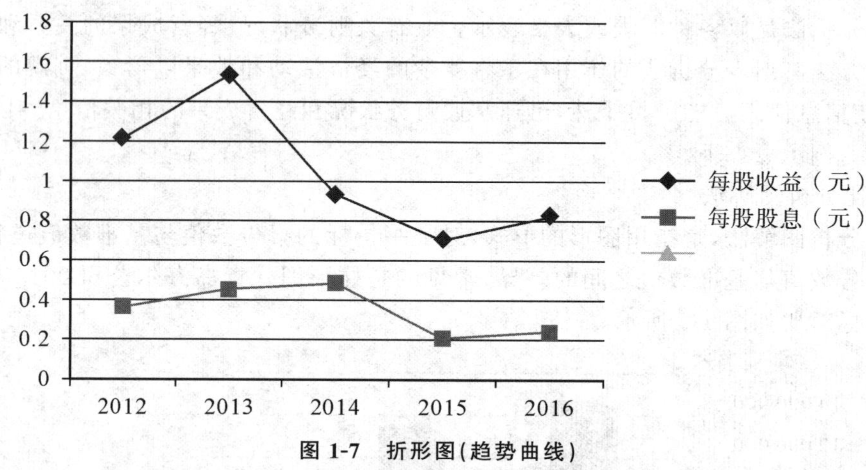

图 1-7 折形图(趋势曲线)

(四)综合分析法

企业财务报告综合分析法包括财务综合分析方法和财务综合评价方法。

财务综合分析方法有很多，概括起来可分为两类：一是财务会计综合分析，如资产与权益综合分析、利润与现金流量综合分析(详见本书第二至七章)；二是财务指标体系综合分析，如杜邦财务分析法等(详见本书第九章)。

财务综合评价方法有沃尔评价法、帕利普分析法和企业综合绩效评价等((详见本书第九章)。

三、财务报告分析应注意的问题

(一)注意评价标准的客观性

在运用财务比率分析判断企业经营境况优劣时，有无一定标准？这是一个既重要又难以回答的问题。企业所处的地理环境、企业生产经营特点、企业所属行业的特点等，对财务比率都有一定的影响。因此，用一个统一的标准比率去评价各行各业的经营业绩和财务状况，是不合理也是不恰当的。此外，比率分析常存在着重“量”不重“质”的问题，比率分析只反映数量性的信息，对诸如管理层道德观、能力等质量性因素未加考虑。如果单纯只分析数量指标的“量”，而忽视了对问题性质的分析，就难免与公司的实际情况发生一定程度的脱节。因此，每个企业应结合自身的特点，参照同行业水平，实事求是地制定评价标准。

(二)注意财务报告自身的局限性

1.会计确认和计量属性是历史成本，所以大多数公司财务报告是对公司以往已经发生的经济业务事项的信息反映，是以历史成本为主要计价基础的，这就使得财务报告所提供的信息缺乏一定的时效性，从而影响到财务分析对未来经济事项的预测结果。虽然我国新会计准则已在金融工具、投资性房地产、企业合并、债务重组和非货币性交易等各项会计准则中规定可以采用公允价值计量，改变了企业财务报告单一的计量属性，但这只限于特定行业和特定事项，未全面改变历史成本计量的固有缺陷。

2.财务报告是在公司具体的会计政策与会计估计的基础之上编制的，不同会计政策与会计估计的运用在一定程度上会影响到公司财务信息的可比性，也进一步影响到财务报告分析结果的合理性和可利用性。

3.财务报告所反映的信息没有涵盖公司所有可资利用的经济资源。一方面，财务报表反映的是符合货币计量前提要求的可计价的经济资源；另一方面，财务报表附注和其他财务报告主要侧重的是企业会计政策和会计估计的选择与确定及其他一些需要特殊说明的事项等，而有关人力资源、产品质量与市场占有率及其他一些内容却未得以全面披露。所以，以此为主要信息依据的分析结果，在反映内容方面难免存在局限性。

4.财务报告在编制过程中存在一定的主观性和其他人为因素的影响，在此基础上所进行的财务报告分析便不可避免地带有人为修饰过的痕迹。企业在决定如何报告其财务状况和经营业绩时，是有一定选择空间的。那些能运用企业财务报告辨别真实和虚假业绩的报告使用者在做出各种决策时，具有很大的优势，而不具有这种优势的使用者则无法准确评价企业现状。

(三)应进行财务报告全面分析

财务报告的主体和核心是财务报表，表与表之间都有紧密的联系，单独分析某个报表是不可能对企业的财务状况、经营业绩和发展趋势有全面了解的。正确的财务报告分析应是全面和系统的，如在分析销售收入时，单看利润表上的销售收入是没有太大意义的，因为有些收入可能是通过赊销方式取得的，并不是所有在利润表中的收入都已变成“真金白银”，这时分析销售收入就要结合资产负债表中的应收账款项目、现金流量表中的销售商品、提供劳务收入的现金栏目中的数字进行分析，如果结合会计报表附注中的有关情况说明则更全面。在做财务报告分析时，一定要重视对报表附注的分析，因为许多在报表中未能反映的信息往往通过附注予以披露，如企业会计政策、会计估计变更、账户余额详细说明、表外负债及风险、或有负债等信息。

（四）应参考其他重要的信息

企业的经营状况要受到整个国民经济、各个行业部门和企业自身等诸多因素的影响。因此，进行财务报告分析时，可以在有关报告信息的基础上，参考其他重要的信息再展开分析。一般情况下，需要参考的信息有：国家宏观经济形势、国家有关的法令和政策，行业主要经济指标、行业技术进步的变化，企业的经营观点，企业新技术、新产品的开发，主要领导者的资历、整个劳动者队伍的素质等。

本章小结

企业财务报告分析能全面、系统、综合地反映企业财务状况、经营业绩和现金流量等有关会计信息，并成为广大用户了解企业运营情况的重要信息资料，它是企业与其利益关系者的链接点。

财务报告分析者所掌握的信息程度决定了财务报告分析结论的正确性和可靠性。财务报告分析以企业财务报表、财务报表附注为主要信息来源，审计报告、招股说明书、管理用财务报表等为其他相关信息来源。

财务报告分析程序为分析工作的展开提供了规范的路径。一般步骤为：明确分析目的，搜索整理分析资料，选择分析方法，撰写分析报告。财务报告分析的方法主要有比率分析法、因素分析法、图解分析法、综合分析法等。

财务报告自身是有局限性的，在编制过程中存在一定的主观性和其他人为因素的影响等。应全面进行财务报告分析，重视对报表附注的分析以及参考其他重要的相关信息。

章后练习

思考题

1.财务报告分析是如何发展起来的？

2.财务报告分析与财务报表分析、财务分析有区别吗？

3.财务报告分析的主体都有哪些？财务报告分析的目的是什么？

4.财务报告信息与主要财务报告分析主体的关联性表现在哪些方面？

5.企业的经营活动是如何转化为财务报告的？

6.导致企业财务报告不能真实、完整地反映企业经营活动的因素有哪些？

7.财务报告分析的信息来源有哪些？

8.财务报告分析的方法有哪几种？

9.运用比率分析法及因素分析法对财务报告进行分析时应该注意什么？

10.财务报告分析自身的局限性主要有哪些方面？

本章作业

(一)练习题

1.A 企业 2015 年和 2016 年有关销售净利率、资产周转率、权益乘数和权益净利率的资料如下表所示：

A 企业 2015—2016 年相关财务数据

指　标	2015 年	2016 年
销售净利润(%)	8	10
资产周转率(%)	2.5	3
权益乘数	1.5	1.1
权益净利率(%)	30	33

要求：

运用连环替代法分析各因素变动对权益净利率的影响程度。

2.B 企业 2015 年、2016 年有关产品产量及成本的资料如下表所示：

B 企业产品产量及成本资料

项　目	2015 年	2016 年
产品产量(件)	1 200	1 500
单位变动成本(元)	12	10
固定总成本(元)	7 200	9 000
产品总成本(元)	21 600	24 000

要求：

运用差额计算法确定各因素变动对产品总成本的影响程度。

3.C 公司 2012—2016 年有关销售额、利润、每股收益及每股股息的资料如下表所示：

C 公司有关销售额、利润、每股收益数据表

年份 项目	2012	2013	2014	2015	2016
销售额(万元)	76 931.4	84 514.7	92 782.2	102 551.6	111 332.8
利润(万元)	49 895	200 178.4	88 620.9	138 542.8	125 526.4
每股收益(元)	1.7	3.47	1.5	2.38	2.16

要求：

以 2012 年作为基年，分别计算定基发展趋势百分比和环比发展趋势百分比，并进行分析说明。

(二)案例与分析

为了便于对企业做全面的分析以及更好地掌握财务报告分析的方法，本书各章后的所有案例分析都选用青岛啤酒股份有限公司 2014—2016 年财务报告资料。对其财务报告分析进行实际操作，系统地掌握财务报告分析的方法，再以实务分析内容撰写各章节报告。全书学习完成后，将各章节报告综合整理为财务分析报告。

本书各章后的案例与分析均为同一表述和要求，不再另作说明。请查阅《青岛啤酒股份有限公司 2014—2016 年度财务报告》作为案例分析资料。要求：

1.阅读公司财务报告

着重阅读最新年度的“管理层讨论”部分，该部分说明了管理层对公司经营状况和经营前景的基本评估，以及一些重要的公司信息，如产品、公司股权结构与治理机制等，还包括一些重要的财务数据综述。通过阅读取得对该公司初步的了解，为后面章节全面进行财务分析打好基础。

2.Excel 实务演练

新建一个 Excel 表格，命名为“图解分析法”，输入案例公司年报资料，分别用对比分析图解法分析该公司总资产、负债和所有者权益这三项近两年的差异；用结构分析图解法分析该公司流动资产、非流动资产近两年所占的比重。

3.章节报告

运用连环替代法分析案例公司权益净利率相关因素变动的影响程度、案例公司当年利润表中净利润的构成特点；结合 Excel 实务演练分析结果，撰写上述财务指标变动结果，并说明变化的原因。

小贴士：本章教学微视频请扫描以下二维码观看

第二章

资产负债表分析

学习目标：通过本章的学习，学生应了解资产负债表的基本结构和构成项目；理解资产负债表分析的意义；掌握资产负债表结构分析的方法以及资产结构和资本结构的适应性分析；重点掌握资产负债表中的项目分析方法，对资产负债表中重要项目进行分析，并结合时间序列对资产负债表主要项目进行趋势分析。

引导案例

巴菲特谈资产负债表

2011年5月，在伯克希尔股东大会期间，有记者采访巴菲特时问："如果投资者决定投资个股，他们应该怎样获取更多信息了解公司？"巴菲特回答："投资者先要想清楚他们是否了解得足够多，是否应得高额的回报。投资者应该像我一样多读公司的财务报表，包括年报和季报。但是如果仔细阅读完这些公开文件，还是不太确定是否了解了该公司业务，他们最好还是不要投资或者去买指数基金。"

记者又问："您在阅读财务报表的时候最关心什么内容？最先阅读什么？"巴菲特回答："我比大多数人更关注公司的资产负债表，当然公司年报里的所有信息我都不会漏过。通过阅读财务报表，我想尽可能了解公司在三年、五年、十年后可能的盈利能力，然后和现在的市场价格做比较。我必须非常正确地理解公司业务的经济特征，如果不能下一个结论，我是不会投资这个公司的。"

事实上，看企业年报或季报时，整套财务报表包括利润表、资产负债表、现金流量表，大多数人会首先看利润表，而且大部分时间用在分析利润表上，有些人甚至只看利润表。而经验丰富的专业投资者却会用很多时间来分析资产负债表。

为什么？

第一，对于公司生存来说，资产负债表比利润表更重要。利润表反映的是外部表现，资产负债表反映的是内部的支撑。汽车跑得快慢很大程度上取决于发动机的动力和底盘的支撑，公司盈利多少很大程度上取决于资产独特性的强弱和投资规模的大小，而且盈利最终会转化为资产的积累。

如果说利润表是水，那么资产负债表就是山；如果说利润表是肉，那么资产负债表就是骨；如果说利润表是软件，那么资产负债表就是硬件；如果说利润表是花，那么资产负债表就是树根和树干。投资最大的风险不是公司发展太慢，而是公司灭亡，让股东血本无归。所以，喜欢长期投资的巴菲特比任何人都更加关注资产负债表。

第二，对于长期股东来说，资产负债表更重要。管理层的业绩主要靠利润来衡量，所以管理层特别重视利润表。但股东的财富主要通过资产负债表来反映，所以股东特别重视资产负债表。巴菲特不会关注公司短期的股价，也就不会关注公司的短期业绩，他关注公司的长期业绩，而长期业绩在很多方面和公司的资产负债相关，资产负债表反映了支撑公司长期发展的财务实力。

第三，利润表只能反映发展快慢，资产负债表才能反映实力大小。利润表反映的是产出，资产负债表反映的是投入。先付出才会得到，先投入才会有产出，最终投入决定产出。利润表反映的是一时的成果，资产负债表反映的是一世的积累，一年赚多少钱远远没有一辈子攒了多少钱重要。利润表反映的是企业一个阶段发展的好坏，资产负债表反映的则是企业生死存亡的根基强弱。资产负债表反映企业财务实力大小，最终实力决定公司竞争优势的大小。

资料来源：根据《巴菲特阅读财报的顺序和逻辑》，《凤凰财经》(2014 年 4 月 18 日)改编。

第一节　资产负债表概述

资产负债表(balance sheet)是企业对外提供的主要财务报表之一，它描述的是企业某一时点财务状况的基本情况，显示在该时点企业所拥有的资产及其结构、这些资产所对应的资金来源渠道和构成等信息。利用资产负债表及其附表、附注所提供的信息，分析者可以了解企业财务状况的详细信息，如企业资产总额是多少，长、短期资产的相应比重如何，企业的资金来源有多少是通过股东筹集，又有多少是通过债务筹集的，两者相应比重如何等等，据以分析企业财务状况是否稳定、财务结构是否合理以及财务风险的高低，从而指导未来的决策。

一、资产负债表项目分类与排列

资产负债表项目分为资产、负债和所有者权益三大类别。

(一)资产(asset)类项目

资产类项目按照资产流动性强弱分为流动资产和非流动资产两类，流动性强的在先，流动性弱的在后。流动资产包括货币资金、以公允价值计量且其变动计入当期损益的金融资产、应收票据、应收账款、预付账款、其他应收款、存货等。非流动资产包括持有至到期投资、长期股权投资、可供出售金融资产、固定资产、无形资产、其他非流动资产等。

(二)负债(liabilities)类项目

负债类项目按照偿还时间的先后分为流动负债和非流动负债两类，一年内或超过一年的一个营业周期内需要偿还的流动负债在先，一年以上需要偿还的非流动负债在后。流动负债包括短期借款、以公允价值计量且其变动计入当期损益的金融负债、应付票据、应付账款、预收账款、应付职工薪酬、应交税费、应付股利、其他应付款等。非流动负债包括长期借款、应付债券、长期应付款、预计负债等。

(三)所有者权益(equities)类项目

所有者权益类项目对于上市公司而言也称为股东权益,按照其不同来源和特定用途分为实收资本(股本)、资本公积、盈余公积和未分配利润四项。

二、资产负债表的格式

资产负债表的格式包括账户式和报告式两种。账户式资产负债表分为左右两部分,左侧列示资产,右侧列示负债和所有者权益。报告式资产负债表分为上下两部分,上部列示资产,下部列示负债和所有者权益。无论是账户式还是报告式,均表现为资产＝负债＋所有者权益的平衡关系。账户式资产负债表基本形式如表 2-1 所示。

表 2-1　资产负债表

编制单位:　　　　年　月　日　　　　单位:千元

资　　产	期末数	期初数	负债和所有者权益	期末数	期初数
流动资产:			流动负债:		
货币资金			短期借款		
以公允价值计量且其变动计入当期损益的金融资产			以公允价值计量且其变动计入当期损益的金融负债		
应收票据			应付票据		
应收账款			应付账款		
预付款项			预收款项		
应收利息			应付职工薪酬		
应收股利			应交税费		
其他应收款			应付利息		
存货			应付股利		
一年内到期的非流动资产			其他应付款		
其他流动资产			一年内到期的非流动负债		
流动资产合计			其他流动负债		
非流动资产:			流动负债合计		
可供出售金融资产			非流动负债:		
持有至到期投资			长期借款		
长期应收款			应付债券		
长期股权投资			长期应付款		
投资性房地产			专项应付款		
固定资产			预计负债		

续表

资　　产	期末数	期初数	负债和所有者权益	期末数	期初数
在建工程			递延收益		
工程物资			递延所得税负债		
固定资产清理			其他非流动负债		
生产性生物资产			非流动负债合计		
油气资产			负债合计		
无形资产			所有者权益：		
开发支出			实收资本(或股本)		
商誉			其他权益工具		
长期待摊费用			资本公积		
递延所得税资产			减：库存股		
其他非流动资产			其他综合收益		
			盈余公积		
			未分配利润		
			归属于母公司所有者权益合计		
			少数股东权益		
非流动资产合计			所有者权益合计		
资产总计			负债和所有者权益(或股东权益)总计		

三、资产负债表分析的内容

(一)资产负债表结构分析

结构分析包括资产结构分析和资本结构分析两部分，其基本思路是计算资产负债表各相关项目占总体的比重。通过结构分析可以初步判断企业资产的分配方式和资本的结构；结合趋势分析，可以进行横向和纵向的对比，从而对企业资产负债表有更深入的认识；同时还可以利用资产结构与资本结构的相互匹配程度，对企业的财务风险进行评价。

(二)资产负债表项目分析

资产负债表各项目能详细体现企业各项经济资源和资金来源的具体情况，对于资产负债表各项目的分析，特别是对于其中比较大项目以及前后期变化较大项目的分析，可以使报表使用者抓住重点并探究其背后隐藏的经营管理信息，进一步对企业的资产质量和资本结构进行评价。

(三)资产负债表趋势分析

在资产负债表分析中进行趋势分析可以帮助财务报告使用者了解资产负债表主要项

目的运行规律和发展趋势，发现时间序列中异常现象并进行深入的分析，对资产负债表的质量做出正确判断；同时利用趋势分析的结论，结合企业的发展变化，对企业的未来进行有效的预测分析，提供企业未来发展水平的展望，为下一步的决策服务提供依据。

四、资产负债表分析的意义

(一)反映资产及其分布状况

资产负债表能够反映企业在特定时点拥有的资产及其分布状况的信息，它体现企业在特定时点所拥有的资产总值、各项资产价值，能够反映各项资产配置之间是否存在合理的比例关系以及企业资产质量的高低等信息。

(二)表明企业所承担的债务及其偿还时间

资产负债表能够表明企业在特定时点所承担的债务、偿还时间及偿还对象，为财务报表使用者分析企业负债筹资的能力、研究企业财务风险的大小提供了完整的信息。

(三)反映所有者权益及其形成原因

资产负债表能够反映在特定时点投资人所拥有的净资产及其形成的原因。所有者权益与负债之间要保持一个合理的比例范围，使资本结构与企业发展战略、经营方式相适应。

(四)反映企业财务状况的发展趋势

一个完整的资产负债表至少可以提供连续两个时期末的数值，以便于报表使用者进行前后期对比。报表使用者可以利用趋势分析法，研究资产负债表主要项目的发展变化趋势，从动态的角度将各个时点企业资产负债表的静态数据串联起来，分析一段时间内财务状况的发展变化过程、特点，并结合企业未来发展变化情况，从中总结其发展规律并预测未来发展趋势。

第二节 资产负债表结构分析

资产负债表结构分析通过测算相关数据部分占总体的比重，并通过纵向与横向的比较，分析企业经济资源配置的合理性和稳定性。资产负债表结构分析主要包括资产结构分析、资本结构分析以及资产资本结构适应程度分析。在分析中，除了应用结构相对数对某项目进行横向和纵向对比分析外，还应特别关注各主要项目之间的配比分析。

一、资产结构分析

(一)流动资产与非流动资产的配比分析

资产按流动性不同分为流动资产和非流动资产两类，分别计算流动资产和非流动资产占总资产的比重，并结合企业所处行业特点，与行业标准水平进行对比分析，与该企业自身历史数据进行趋势分析，可以掌握企业所在行业的特点、经营管理特点和技术装备水平；了解企业资产的基本构成情况和发展变化情况，从而认识企业经营管理的优劣。

不同行业或者同一行业不同企业之间流动资产和非流动资产所占比重能够从一定程度上反映企业资产配置的特点、财务风险的控制水平以及未来盈利能力的高低。在资产结构分析中应特别注意不同类资产的合理配比，即流动资产与非流动资产的比例或在资产总额中所占比重要达到一定的平衡。这个比例的大小应结合企业所处的行业特点、行业内先进水平和行业平均水平等因素加以确定。非流动资产的配置与企业生产经营具有密切的联系，购置非流动资产会长时间、大量占用企业的资金，当企业发展处于产业上升期或高潮期时，非流动资产的比例可以适当加大，即通过扩大生产经营规模以增强企业盈利能力，实现企业与行业周期同步发展。但如果企业所处发展时期是平稳期甚至衰退期，这时候大量配置非流动资产势必造成资金的浪费和财务风险的加大。

（二）经营资产与非经营资产结构分析

按照资产的使用用途可以将企业的资产分为经营资产和非经营资产两类，经营资产主要是指企业用于生产经营的资产，是总资产中扣除非经营资产后的余额，是生产型企业资产的主要组成部分；非经营资产主要是指企业用于投资性的资产，具体包括：以公允价值计量且其变动计入当期损益的金融资产、可供出售金融资产、持有至到期投资以及长期股权投资。不同类型的资产为企业创造价值的盈利模式不同，因此在进行资产结构分析时应测算这两类资产占总资产的比重，并与这两类资产的盈利能力相对比，从而发现企业的盈利模式和企业不同类资产的盈利能力高低。

（三）资产项目结构分析

对资产项目进行结构分析，通过计算企业各项资产占总资产的比重，可以了解企业资产的配置方式，分析流动性不同的各类资产在企业总资产中所占份额，掌握企业资产的变现能力、企业技术装备程度高低和对外投资力度等。对于重要的资产项目如货币资金、应收项目、存货、长期股权投资、固定资产、无形资产等，应特别注意其前后期比重的变化，并与同行业内其他企业进行对比分析。

二、资本结构分析

（一）负债和所有者权益总体结构分析

企业不同的资金来源对企业的求偿权不同，债权人通过对企业的注资，期望实现利息收益，并保证本息的及时收回；股东对企业的投资目的是利用负债资金满足生产经营和投资所需，实现超出负债资金成本的更高收益，发挥财务杠杆效应，提高净资产收益率，使股东财富达到最大化。对负债和股东权益总体的结构进行分析，可以了解企业资本结构的合理程度，评价企业的偿债能力和再融资能力；企业的资本结构也在一定程度上决定了企业未来的盈利能力。

（二）流动负债与非流动负债的配比分析

负债内部的配比分析首先应分别计算流动负债、长期负债占权益总额（负债和所有者权益之和）的比重，并进一步计算全部负债中流动负债与长期负债的比例。通过分析，可以了解企业长短期偿债风险的大小，揭示企业财务风险的高低和对企业经营活动的影响程度。流动负债具有偿还期限短、偿债风险大、资金成本低的特点；而长期负债具有偿还期限长、偿债风险相对较小、资金成本高的特点。基于两类负债不同的特点，一般而言，流动负债主要为日常生产经营融通资金；长期负债主要为非流动资产的配置融通资金，以使资产类型和资金来源相匹配。通过对企业负债结构指标进行纵向和横向的对比分析，结合企业的收入、利润增长幅度以及企业的货币资金规模、现金流量情况，可以发现企业资产和资金来源的配置比例，了解企业对于风险控制的态度，并分析企业偿债压力的大小。

（三）所有者权益中原始投入与自我积累的配比分析

所有者权益（股东权益）包括实收资本（股本）、资本公积、其他综合收益、盈余公积和未分配利润等。所有者权益内部的配比分析首先是计算各项目占权益总额（负债和所有者权益之和）的比重，其次是对所有者权益中各主要项目之间进行配比分析。在所有者权益中，一般而言，不考虑未实现的其他综合收益，实收资本和资本公积代表了企业接受的原始投入，能体现企业的实力；盈余公积与未分配利润代表了企业通过经营和发展历年来形成的自我积累，能体现企业的盈利能力和未来的发展能力。将上述原始投入与自我积累的数值进行对比，计算二者的比率，分析其横向和纵向的变化，可以了解企业所有者权益的构成比例，明确企业通过自我积累发展壮大的程度，进一步分析企业抗风险能力的大小、财务状况的稳健程度、通过经营积累资本的能力强弱和未来融通资金的能力高低。

三、资产结构与资本结构适应程度分析

资产结构与资本结构之间存在着一定的对应关系，这种对应关系可以反映出企业的融资策略和资产管理政策。通常有以下三种配比关系：

（一）稳健型资本资产配比结构

这种配比关系的特点是流动资产中的一部分资金来源通过流动负债筹集，而流动资产中相对资金占用比较稳定的流动资产和非流动资产的资金来源通过长期负债和所有者权益筹集，见表 2-2。由于长期资金面临的短期偿债风险低，但是其融资成本偏高，所以这种结构是一种低风险、低收益的资本资产配比结构，也是大多数企业普遍采用的资本资产配比结构。

表 2-2　稳健型资本资产配比结构

<table>
<tr><td rowspan="2">流动资产</td><td>流动负债</td></tr>
<tr><td rowspan="2">长期负债
所有者权益</td></tr>
<tr><td>非流动资产</td></tr>
</table>

（二）配合型资本资产配比结构

这种配比关系的特点是流动资产由流动负债筹集，非流动资产由长期负债和所有者权益筹集，见表 2-3。在这种对应关系下，企业的资产和资金来源在期限和数额上相互匹配，可以降低企业不能偿还到期债务的风险，同时采取较多的流动负债融资也可以使资本成本保持较低水平。这种对应关系要求企业制定严密的短期融资计划，才能保证现金流动与预期安排一致。但在企业的经济活动中，由于现金流动和各类资产使用寿命的不确定性，往往做不到资产与负债的完全配合，因此配合型关系更多的是一种理想的融资模式，在实际经济活动中比较难以实现。

表 2-3 配合型资本资产配比结构

流动资产	流动负债
非流动资产	长期负债 所有者权益

(三)激进型资本资产配比结构

这种配比关系的特点是流动资产和一部分非流动资产的资金来源通过流动负债筹集,其余的非流动资产资金来源通过长期负债和股东权益筹集,见表 2-4。流动负债融资的成本偏低,但是偿债风险较大,所以这种结构是一种高风险、高收益的资本资产配比结构。一般来说,如果企业经营过程相当顺畅,企业不断有现金流入,那么企业在短期内维持这种状况还可以做到,但不可作为长期战略。

表 2-4 激进型资本资产配比结构

流动资产	流动负债
非流动资产	长期负债 所有者权益

【例 2-1】青岛海尔股份有限公司(以下简称"青岛海尔")资本资产配比结构分析,数据如表 2-5 所示。

表 2-5 青岛海尔资本资产结构分析

项 目	2014 年	2015 年	2016 年
流动资产(万元)	6 602 596.49	5 485 440.15	6 951 618.90
流动负债(万元)	4 608 312.38	3 974 400.14	7 345 285.51
总资产(万元)	8 234 871.96	7 596 071.83	13 125 529.03
流动资产占总资产比重(%)	80.2	72.2	53.0
流动负债占权益资金总额比重(%)	56.0	52.3	56.0

资料来源:青岛海尔股份有限公司 2014—2016 年度财务报告。

从表 2-5 可以看出,青岛海尔从 2014—2016 年随着收购力度的加大,资产总额大幅增加,企业实力不断增强。具体分析公司的资本资产配比结构可以发现,由于收购,使得公司在非流动资产项上增加额较多,特别突出的是无形资产增加,如专有技术、特许使用权、商标权、商誉等。公司流动资产比重逐渐下降,流动负债比重基本稳定。由此可以判断:青岛海尔股份有限公司近三年采取的是由稳健型向配合型转变的资本资产配比结构,公司财务风险仍在可控范围内。

需要注意的是,在分析企业资产负债表结构过程中,必须注意纵向和横向的对比,只有将企业自身的结构比例与该企业以前期数据进行对比、与同行业其他企业或行业标准进行对比才能得出分析结论，单一企业某一期的结构分析对于财务分析的作用不大，因此进行趋势分析以及对对比公司进行选择在结构分析中非常重要。

第三节　资产负债表资产项目分析

资产负债表中资产各项目反映了企业掌握的经济资源及其分布情况，通过对这些项目的分析可以了解企业经济资源的质量，从而评估企业的价值。

企业的资产按照流动性分为两类：流动资产和非流动资产。流动资产的变现能力较强但盈利能力较弱，非流动资产的变现能力较弱但是能长期发挥效用，是企业盈利能力的基础。

一、流动资产项目分析

流动资产是指在一年或超过一年的一个营业周期内变现、出售或耗用的资产，包括货币资金、以公允价值计量且其变动计入当期损益的金融资产、应收票据、应收账款、预付账款、其他应收款、存货、一年内到期的非流动资产等。流动资产的特点包括：占用形态具有变动性，占用数量具有波动性，其周转循环与生产经营周期具有一致性。

(一)货币资金分析

货币资金(cash at bank and on hand)是资金的原始形态，是企业资金运动的起点，是购买与支付的必要手段，它具有普遍可接受性和最强的流动性，包括库存现金、银行存款和其他货币资金。企业货币资金持有水平标志着其经营能力、偿债能力与支付能力的高低，也是投资者分析判断企业财务状况的重要指标。对货币资金的分析主要包括货币资金规模分析和货币资金结构分析两个方面。

1.货币资金规模分析

货币资金的规模是指企业持有货币资金的数量，企业只有保持一定量的货币资金，才能保证企业日常生产经营活动有序进行。如果货币资金大量闲置，会造成投资机会成本的上升，是对企业资源的浪费；如果货币资金不充足，则会严重影响企业的正常经营活动，制约企业的发展，使企业陷入经营困境。一般而言，决定企业货币资金规模的因素主要包括：

(1)行业特征

不同的行业对于支付的需求是不同的，因此存量货币资金的比例会有差异。如金融业，作为偿付能力的来源，对于货币资金有着特殊的需要，在正常情况下其货币资金的规模会高于一般的制造业企业。

(2)企业资产规模和业务规模

一般而言，企业资产总额越大，相应的货币资金规模也就应当越大；业务收支越频繁，企业的货币资金也相应保持较高规模。

(3)企业财务战略

当具有较为明确的发展战略时，企业会为战略方针的落实进行财务准备，因此货币资金的规模应与企业的财务战略相吻合，处于不同财务战略阶段的货币资金规模反映了当时所处时点企业战略方针的执行效果。

(4)企业对货币资金的运用能力和企业的筹资能力

企业货币资金的存量规模要在“效用”和“效益”之间保持平衡，既能够为企业日常经营提供所需资金，又能提高资金的使用效益，降低资金闲置造成的机会成本。如果企业经营者能够对货币资金有效地加以利用，资金在企业内部周转效率高，企业的筹资能力强，企业就可以适当减少货币资金的规模，提高货币资金的获利能力。

对于货币资金规模的分析要结合上面的各项影响因素综合分析，并应与以前时期水平进行对比分析，同时还应根据现金流量表中三项主要活动现金净流量，特别是经营活动现金净流量的大小进行综合分析，了解企业货币资金持有量变化的原因，判断企业货币资金规模是否恰当，是否能满足企业日常经营和偿债的需要。

2.货币资金结构分析

货币资金的结构分析，首先应分析货币资金占全部资产的比重，并且不应只关注某一时点的比重，更应结合其他时点的信息分析其比重变动趋势。企业货币资金的存量从某种角度能够反映企业盈利能力、抗风险能力、把握投资时机的能力以及企业经营策略。以科技巨头亚马逊公司(NASDAQ:AMZN)为例，该公司近五年一直保持较高的货币资金和短期投资水平，且其比重基本保持稳定。2011—2016 年货币资金占总资产比重约 24%，如果考虑变现性强的交易性金融资产，二者合计占总资产比重约达到 32%，即亚马逊公司总资产中约 1/3 为货币类资产，说明公司的收现能力强、风险较小，同时公司可以利用其资金优势，在信息化时代技术更新迭代速度加快的情况下及时抓住投资机会，创造更多的盈利增长点。

其次应分析库存现金、银行存款和其他货币资金占货币资金总额的比重。一般而言，银行存款是企业货币资金中存在形态占比最多的资金；库存现金由于国家对货币资金管理规定的要求，不应持有过多；其他货币资金主要包括外埠存款、银行汇票存款、银行本票存款、信用证保证金和信用卡存款等，由于其使用受到限制，所以也不应占比过多，如果发现其他货币资金占比较高，而且前后期变化较大，则应认真分析报表附注信息，判断其占用是否合理。

最后在企业拥有不同币种货币资金的情况下，利用财务报表附注信息，我们可以分析企业持有不同币种货币的结构变化，结合外汇市场上汇率的走向和趋势，分析企业货币资金的质量、购买力强弱的变化以及对企业汇兑损益的影响。在我国目前的企业结售汇制度下，虽然一般而言企业资产负债表上外币折合人民币余额相对于人民币存款余额比较小，但由于进出口的需要和全球化浪潮，企业日常供销环节对外币的需求量越来越大，在分析外币资金质量时应联系企业的经营特点，分析外币折算汇率的变化对企业财务状况的影响，并结合利润表信息分析外币汇兑损益对企业盈利能力的影响。以青岛海尔为例，2015 年年初其美元折算汇率为 6.1190，2015 年美元升值，期末折算汇率升至 6.4936；相应地，2014 年公司实现汇兑收益 0.61 亿元人民币，2015 年公司发生汇兑损失 1.46 亿元人民币。

(二)以公允价值计量且其变动计入当期损益的金融资产

以公允价值计量且其变动计入当期损益的金融资产(financial assets measured at

fair value and changes recorded into current period profit or loss),可以进一步分为交易性金融资产和指定为以公允价值计量且其变动计入当期损益的金融资产。

交易性金融资产(tradable financial assets)是指企业为了近期内出售而持有的金融资产,满足以下条件之一的金融资产应当划分为交易性金融资产:第一,取得金融资产的目的主要是为了近期内出售;第二,属于进行集中管理的可辨认金融工具组合的一部分,具有客观证据表明企业近期采用短期获利方式对该组合进行管理;第三,属于金融衍生工具。通常情况下以赚取差价为目的从二级市场购入的股票、债券和基金等,应归类为交易性金融资产。

直接指定为以公允价值计量且其变动计入当期损益的金融资产(financial assets that are designated as financial assets measured at fair value and the changes of which are recorded into current period profit or loss)通常是指该金融资产不满足确认为交易性金融资产条件时,企业仍可在符合某些特定条件的情况下按其公允价值计量,并将其公允价值变动计入当期损益。只有符合下列条件之一的情况下才可以在初始确认时指定为以公允价值计量且其变动计入当期损益的金融资产:第一,该指定可以消除或明显减少由于该金融资产的计量基础不同所导致的相关利得或损失在确认或计量方面不一致的情况;第二,企业风险管理或投资策略的正式书面文件已载明,该金融资产组合或该金融资产和金融负债组合以公允价值为基础进行管理、评价并向关键管理人员报告。

对于以公允价值计量且其变动计入当期损益的金融资产的分析,主要包括其规模分析和收益性分析两方面。

1.以公允价值计量且其变动计入当期损益的金融资产规模分析

该类金融资产的持有目的主要是为了获得短期的资金收益,当企业拥有过多货币资金时,为弥补货币资金收益性差的缺点,企业会寻求短期投资,一方面获取投资收益,另一方面又能保证资产的流动性。对该类金融资产的规模分析,应将其与货币资金相结合,将这两项现金类资产的规模进行横向和纵向的对比分析,同时关注货币资金余额所占比重与该类金融资产余额所占比重相互之间的配比变化,以了解会计期末企业现金类资产的配置结构。

2.以公允价值计量且其变动计入当期损益的金融资产盈利性分析

(1)公允价值变动损益分析

利润表中该项目反映了企业持有的以公允价值计量且其变动计入当期损益的金融资产所形成的公允价值变动损益,通过该项目的分析可以了解企业因持有该项资产而形成的现时盈利能力,反映企业对于这类金融资产投资可能发生的收益或损失。但应注意这项损益只是企业账面上的亏损或盈利,属于企业未实现的损益,与企业未来真正变现形成的收益很可能存在差异。

(2)投资收益分析

利润表中“投资收益”包括多项金融资产所产生的投资损益,通过阅读报表附注的信息,可以分析企业持有的以公允价值计量且其变动计入当期损益的金融资产持有期间实际获取的股利和利息收益大小,以及处置这类金融资产所获得的收益或发生的损失。

(三)应收票据分析

应收票据(notes receivable)是企业因销售商品、提供劳务收到的商业汇票,是一种标有一定付款日期、付款地点、付款金额和付款人的无条件支付的流通证券,也是一种可以由持票人自由转让给他人的债权凭证。应收票据是企业未来收取货款的权利,这种权利和将来应收取的货款金额以书面文件形式约定下来,因此它受到法律的保护,具有法律上的约束力。企业可以将自己持有的商业汇票背书转让以取得所需物资,也可以背书后向银行或其他金融机构办理贴现取得所需现金。应收票据到期可以收回款项,但如商业承兑汇票到期,承兑人违约拒付或无力支付票款的,应于收到银行退回的商业承兑汇票、委托收款凭证、未付票款通知书或拒付款证明时,将其转作应收账款。

根据企业会计制度规定,企业持有的应收票据不得计提坏账准备,对于到期不能收回的应收票据在转入应收账款后,再按规定计提坏账准备。因此,如有确凿证据表明企业所持有的未到期应收票据不能收回或收回的可能性不大时,应将其账面余额转入应收账款,并计提相应的坏账准备。

应收票据由于受到法律保护,具有较强的变现性,因此应收票据对于企业而言是一项质量比较高的流动资产。对于应收票据,应分析其金额和比重前后期的变化,并且将应收票据与应收账款结合起来进行对比分析。如果在销售收入水平保持不变或增长的情况下,应收票据比重增加而应收账款比重减少,则意味着企业商业债权质量良好,企业的收现能力较强。

应当注意的是,由于应收票据可以贴现的特点,以及存在到期无法收到款项的可能性,对于应收票据的分析还应注意通过报表附注分析已贴现票据的情况,了解企业或有负债的规模,分析其可能对企业造成的财务风险。

(四)应收账款分析

应收账款(accounts receivable)是因销售商品提供劳务而应向购买单位收取的款项,是企业资产的重要组成部分。影响企业应收账款大小的因素一般有:

第一,同行业竞争。企业为了扩大销售、提高市场占有率,会采用赊销方式,同类企业间的竞争越激烈,赊销使用得越广泛,销货单位占用在应收账款方面的资金就越多。

第二,销售规模。企业在市场上销售的商品越多,占用在流动资产周转各阶段的资金也就越多,因此应收账款会随着销售规模的扩大而增加。

第三,企业的信用政策。企业的信用政策主要是指企业的信用标准、信用条件和收账政策,企业放宽信用标准和信用条件,将会刺激销售,从而增大应收账款余额;企业收账政策不当或收账工作不力,导致应收账款难以及时收回,也会使应收账款余额增大。

此外,企业生产的产品在市场上的需求情况、产品质量和升级换代、季节变化等因素也会影响企业应收账款的占用量。

企业应收账款的形成在提高销售量的同时必然会带来潜在的发生坏账的可能,导致企业资产的贬值,所以企业应收账款的分析主要包括应收账款的规模和变现性两个方面的分析。

1.企业应收账款规模分析

将企业前后期应收账款余额的变动情况与营业收入的变动情况相对比,如果前者的变动幅度大于后者，说明企业的销售收入没有与对应的现金流入相适应，企业依靠扩大信用规模来谋取销售收入的增加，会导致未来发生坏账的可能性增加、营业收入的收现能力下降。同时还可以观察企业应收票据和应收账款的变化，由于应收票据的变现能力高于应收账款，如果出现企业应收票据余额减少而应收账款余额增加的情况，则意味着企业的商业债权质量下降。

分析中还应注意企业突发性产生的应收账款与其对应的营业收入是否合理，是否存在虚增收入、虚增利润的嫌疑；注意企业与其关联方之间产生的应收账款，分析关联方彼此之间是否存在操纵债权债务的可能性。

2.企业应收账款变现性分析

(1)应收账款账龄分析

根据财务报表附注信息，可以分析不同账龄的应收账款前后各期金额的变化、占应收账款总额的比例及其前后期变化。账龄越短的应收账款发生坏账的可能性越低，在应收账款规模合理的情况下企业一年期内的应收账款所占比例越大，企业应收账款的质量越高。

【例 2-2】青岛海尔股份有限公司应收账款账龄分析，数据见表 2-6 和表 2-7。

表 2-6　青岛海尔 2015—2016 年年末应收账款及坏账准备的计提

单位：万元

项　目	2016 年末		2015 年末	
	账面余额	坏账准备	账面余额	坏账准备
单项金额重大并单项计提坏账准备的应收账款				
按组合计提坏账准备的应收账款	1 258 518.15	33 793.74	636 467.71	31 823.39
单项金额虽不重大但单项计提坏账准备的应收账款	7 124.39	7 124.39	12 461.33	12 461.33
合　计	1 265 642.54	40 918.13	648 929.04	44 284.71

资料来源：依据青岛海尔 2016 年年报整理。

表 2-7　青岛海尔 2015—2016 年年末应收账款账龄分析

单位：万元

账　龄	2016 年末		2015 年末	
	账面余额	坏账准备	账面余额	坏账准备
1 年以内	1 228 140.65	32 274.86	614 028.89	30 701.44
1～2 年	20 075.21	1 003.76	17 715.47	885.77
2～3 年	7 939.88	396.99	1 073.33	53.67
3 年以上	2 362.41	118.12	3 650.02	182.50
合计	1 258 518.15	33 793.74	636 467.71	31 823.39

资料来源：依据青岛海尔 2016 年年报整理。

从表 2-6 可以发现，2016 年青岛海尔应收账款期末余额为 1 224 724.42 万元，比

2015年年末的604 644.23万元增加了620 080.19万元，增长了1.03倍，增幅较高。但根据表2-7仔细分析其账龄组合，发现当年应收账款的增加主要为一年以内应收账款增加所致：公司一年内应收账款账面余额增加614 111.76万元，而坏账准备仅增加1 573.42万元，虽然2016年公司应收账款期末余额增幅较大，但新增的应收账款发生坏账的可能性较小。该公司连续两年年末余额中95%以上均为一年内到期的应收账款，且坏账准备计提金额不大，所以其未来发生坏账损失的可能性较小，应收账款变现能力较强。

(2)应收账款坏账准备政策分析

应收账款坏账准备的确认标准及计提方法主要包括：

①单项金额重大并单项计提坏账准备的应收账款。单项金额重大的应收账款是指占应收账款期末余额比例较大或单项金额较大超过一定设定标准的应收账款，在资产负债表日应对其进行单独减值测试，根据其未来现金流量现值低于其账面价值的差额计提坏账准备。

②单项金额虽不重大但单项计提坏账准备的应收账款。对于有确凿证据表明可收回性存在明显差异的应收账款，应单独进行减值测试，根据其未来现金流量现值低于其账面价值的差额计提坏账准备。

③组合计提坏账准备的应收账款。对单项测试未减值的应收账款，按类似的信用风险特征划分为若干组合，再按这些应收账款组合资产负债表日的余额，按比例计算确定减值损失，计提坏账准备。

应收账款确认减值损失、计提坏账准备后，如有客观证据表明其价值已恢复，且客观上与确认该损失后发生的事项有关(如债务人的信用评级已提高等)，原确认的减值损失应当予以转回，计入当期损益。但是，该转回后的账面价值不应当超过假定不计提减值准备情况下该应收账款在转回日的摊余成本。

根据以上关于应收账款减值准备计提和转回的规定，可以看出坏账准备的计提和转回含有较强的人为因素和主观判断，所以不能排除企业利用坏账准备的计提和转回调节利润的可能性。依据财务报表附注可以分析不同金额和风险程度的应收账款计提坏账准备的合理性、计提比例和计提金额的变化，如果发现前后期数字有较大幅度变化，则应详细阅读报表附注中的解释，结合审计报告的内容和企业当年的实际业绩重点加以分析。

3.应收账款周转情况分析

应收账款周转情况的好坏是衡量企业信用政策是否恰当和收款政策是否有效的重要标志。衡量应收账款周转速度的指标包括应收账款周转率、应收账款周转天数、应收账款平均收账期等(具体指标计算可参见本书第八章)。一般来说，应收账款的周转次数越快、周转天数越短，说明企业应收账款转变为货币资金的速度越快，发生坏账损失的可能性越小。

通过比较应收账款前后期周转速度的变化，并将企业的应收账款周转速度与行业平均值、行业内先进水平进行对比，可以分析企业应收账款周转速度的快慢以及应收账款变现能力的高低。

(五)其他应收款分析

其他应收款(other receivables)是企业除应收票据、应收账款、应收股利、应收利息和预付账款以外的各种应收暂付款项。主要包括:应收的各种赔款、罚款,应收出租包装物租金,应向职工收取的各种垫付款项,应收的各类政策性退税,应收已支付的保证金,预付账款转入等。投资方向子公司提供除注册资本以外的资金时往往也通过其他应收款项目核算。

企业应当定期或者至少于每年年度终了,对其他应收款进行检查,预计其可能发生的坏账损失,并计提坏账准备。对于不能收回的其他应收款应当查明原因,追究责任;对确实无法收回的,按照企业的管理权限,经股东大会或董事会等类似机构批准,作为坏账损失,冲销提取的坏账准备。

根据其他应收款的核算范围,其他应收款的金额不应占比较高,如果出现占比较高、前后期变化较大的情况,则应引起足够的警惕,辨别企业是否利用其他应收款隐匿了一些不合理挂账。如有的企业无偿为股东等个人提供借款,通过"其他应收款"长期挂账;或者利用该账户隐藏一些不合理的交易,隐匿收入或隐藏短期投资以达到逃税的目的。通过审阅财务报表附注,对其他应收款进行账龄分析和坏账准备分析,关注与关联方发生的其他应收款,分析是否存在大股东占用上市公司资金、抽逃资本金、虚构利润等行为。

需要注意的是,由于其他应收款还核算母子公司之间正常的往来款项,所以当母公司的其他应收款余额高于合并数时,其差额很可能反映了母公司间接提供给子公司除注册资金以外的经营性资金支持。

(六)存货分析

存货(inventory)是指企业在日常活动中持有的以备出售的产成品或商品、处在生产过程中的在产品、在生产过程或提供劳务过程中耗用的材料和物料等。存货的确认条件包括:与该存货有关的经济利益很可能流入企业,该存货的成本能够可靠地计量。

存货应当按照成本进行初始计量,存货成本包括采购成本、加工成本和其他成本。原材料、商品、低值易耗品等通过购买而取得的存货的成本由采购成本构成;在产品、半成品、委托加工物资、产成品等通过进一步加工而取得的存货的成本由采购成本、加工成本以及为使存货达到目前场所和状态所发生的其他成本构成。企业应当采用先进先出法、加权平均法或者个别计价法确定发出存货的实际成本。

资产负债表日企业存货按照成本与可变现净值孰低原则计量,当其可变现净值低于成本时,提取存货跌价准备,计入当期损益。以前减记存货价值的影响因素已经消失的,减记的金额予以恢复,并在原已计提的存货跌价准备金额内转回,转回的金额计入当期损益。

存货是企业非常重要的流动资产,其经常占用企业大量的资金,对于存货的分析主要包括规模分析、结构分析、变现性分析和周转性分析几个方面。

1.存货规模分析

存货的规模受行业特点、供求关系、采购方式和采购策略等多个因素的影响。存货应保持合理的规模,存货过少将不足以平衡原材料的供应速度、生产速度和销售速度,会影响企业生产经营活动的连续性;但是存货过多,说明原材料或产成品积压过多,造成资金大量闲置而不能用作其他用途,从而影响企业的经济效益,增大企业的短期偿债风险。

结合财务报表附注,可以分析存货的金额大小、存货占总资产的比例前后期是否发生较大幅度的变化。一般而言,当企业营业收入增加时,相应的存货规模也会增加,但是如果存货的增幅与营业收入的增幅不一致,前者大于后者,特别是企业的产成品存货增幅较大,则企业有可能存在积压呆滞存货,会降低企业存货未来的变现性,拖累企业未来的经营净现金流量。当然也应注意,上述的分析是建立在前后期数据具备可比性的基础之上的,如果因为企业当期的投资行为导致企业的合并范围有所变化,则应通过财务报表信息,剔除不可比因素后再进行对比分析。以青岛海尔为例,2016 年海尔以现金方式向通用电气购买其家电业务相关资产(简称 GEA),并将 GEA 纳入合并范围,合并范围的变化使得 2016 年青岛海尔的营业收入、归属于上市公司股东的净利润、存货余额等项目均不能与 2015 年的数据直接进行对比,而必须结合报表资料,剔除不可比项目后再进行对比分析,这样的结论才更加真实可靠。

2.存货结构分析

存货的结构是指原材料、在产品和库存商品占总存货的比重。由于各类存货在再生产过程中的作用不同,因此对于存货的分析不应只观察其总规模的大小,还应具体分析各类存货在企业全部存货中的配比关系。

原材料存货是维持企业再生产过程的必要物质基础,所以其规模应能够保证再生产活动的顺利进行,同时由于通货膨胀和供求关系的影响,企业有时会积累一部分原材料存货以减轻未来价格变动对企业的负面影响,因此原材料存货比例的适当增加可能是企业结合市场环境有意识调整的结果,会提高存货的质量。

在产品是保证企业生产正常进行的存货,受生产规模和生产周期的影响,在企业正常生产经营条件下,在产品存货应保持一个比较稳定的比例。

库存商品是存在于流通领域的存货,它不是保证再生产过程持续进行的必要条件,企业持有库存商品存货的目的是销售后收回货币资金并获取利润,因此库存商品存货在满足市场供应的前提下应充分流转,其金额比例不应占据存货的过大比重。例如,对于服装服饰行业来说,由于周转速度极快,其库存商品存货不应占比过多,否则容易形成积压呆滞存货,最终降低企业的盈利能力。

3.存货变现性分析

存货的变现性分析首先要针对存货跌价准备进行分析,分析存货跌价准备的计提是否合理,跌价准备转回和转销是否合理,分析企业存货发生贬值的可能性,以及企业是否存在利用存货跌价准备调节利润的可能性;其次存货的变现性分析还应了解财务报表附注中有关存货担保、抵押方面的说明,如果企业存在此类情况,会增加存货未来变现的风险;最后还应结合企业的销售情况进行分析,如果企业的销售收入有较大幅度的增加,则显示企业生产的产品受到市场的欢迎,企业所拥有的存货能够满足生产和销售的需要,其变现能力较强。以青岛海尔为例,2016 年存货年末余额较 2015 年大幅增长了 77.9%,主要是由于年末应对客户订货量增加而加大采购和生产以及收购通用电气相关资产所致。但进一步分析可以发现,2016 年存货计提的跌价准备占存货年末账面余额的 3.43%,与 2015 年的 3.49%基本持平,公司存货的质量较好。

4.存货周转性分析

存货是企业重要的流动资产,其周转情况的好坏是衡量企业存货管理水平的重要标志,同时其周转速度的快慢也与产品的盈利能力密切相关。存货的周转性高低主要通过存货周转率等指标来衡量,存货周转率是一个动态的内部管理指标,年存货周转率是用年营业成本除以存货全年平均余额计算得到，反映了年度内存货周转的次数，是衡量和评价企业购入存货、投入生产、销售收回等各环节管理状况的综合性指标（以上具体指标计算可参见本书第八章）。

存货周转率指标的好坏反映企业存货管理水平的高低，它影响到企业的短期偿债能力，是存货分析的一项重要内容，通常越大越好。一般来讲，存货周转率越快，存货的占用水平越低，流动性越强，存货转换为货币资金或应收账款的速度越快，因此提高存货周转率可以提高企业的变现能力。在提高存货周转速度方面，西班牙的 ZARA 公司提供了非常好的样本，其创造的供应链快速反应模式使得 ZARA 存货周转速度相当快捷。相关数据显示，ZARA 每年存货周转次数达到 12 次左右，而其他即使运作一流的服装企业其存货周转次数也仅能达到每年 3～4 次。跟一般的服装品牌通过陆路和海运等相对平价的运输方式不同，ZARA 为确保快速上新的节奏，其产品多采用空运。在 ZARA 总部的仓库里，所有衣服停留不会超过 3 天，店铺每周会向总部下单两次进行补货。ZARA 高效的供应链管理水平使得公司即使在市场消费动力不足的情况下依然保持了高营收水准。

同时还应注意，分析一个企业存货周转速度的快慢，应将存货周转速度进行前后期的纵向对比，以及和同一时期内行业平均值、行业内先进水平进行横向对比，以此判断企业存货的管理效率。

【例 2-3】青岛海尔股份有限公司存货周转率分析，数据见表 2-8。

表 2-8　青岛海尔存货周转率分析表

项　目	2013 年	2014 年	2015 年	2016 年
全年营业成本（万元）	——	7 017 040.16	6 471 712.46	8 212 688.22
年末存货余额（万元）	690 891.29	902 164.09	856 353.35	1 523 794.24
存货周转率（次）	——	8.81	7.36	6.90

注：以上数字均以调整后金额为准。

资料来源：青岛海尔 2014—2016 年年度报告。

根据表 2-8 可以发现，青岛海尔存货周转速度近三年呈现逐渐下降的趋势，这主要是由于其扩张步伐加快所致：2015 年公司收购海尔集团海外白电资产，2016 年收购通用电气家电业务相关资产，这些收购行为使公司资产规模扩大，但同时公司的营收并没有与存货同步增长，未来应关注公司对资产的整合能力以及公司竞争能力的提升对存货周转速度的影响。

（七）其他流动资产项目分析

1.预付账款分析

预付账款（advances to suppliers）是指企业按照购货合同的规定预先支付给购货方的款项，是购货企业向销货企业提供的一种商业信用。预付账款会占用企业的流动资金，影响企业资金的周转，造成企业货币资金的短缺。同时预付账款是企业已经支出的一种商业债权，未来有可能不能及时收到所购的商品、劳务或收到的商品、劳务不符合预期的质量要求，因此会给企业带来资金的损失，影响企业正常的生产经营活动。预付账款增长较多还可能预示着企业在购销业务中议价能力的降低，或企业将资金提供给关联方造成企业资产变现力的下降，所以一般企业的预付账款不应在流动资产中占有较大比例。

需要注意的是，由于预付账款还核算母子公司之间正常的往来款项，所以当母公司的预付账款余额高于合并数时，其差额很可能反映了母公司间接提供给子公司除注册资金以外的经营性资金支持。

2.应收股利、应收利息分析

应收股利(dividends receivable)是指企业因股权投资而应收取的现金股利以及应收其他单位的利润，包括企业购入股票实际支付的款项中所包括的已宣告发放、但尚未领取的现金股利和企业对外投资应分得的现金股利或利润等，但不包括应收的股票股利。

应收利息(interests receivable)是企业交易性金融资产、持有至到期投资、可供出售金融资产、贷款等应收取的利息。企业购入的一次还本付息的持有至到期投资持有期间取得的利息，不在"应收利息"项下核算，而是在"持有至到期投资"项下核算。

应收股利和应收利息是企业变现力较好的流动资产，具有较强的可回收性，但一般其金额占流动资产的比重不大，如果出现前后期较大幅度的下降，则反映企业对外股权投资或持有金融资产的收益下降，应结合投资收益中的相关报表附注，分析其产生的原因和对企业流动资产变现能力的影响。

3.一年内到期的非流动资产、其他流动资产分析

一年内到期的非流动资产(current portion of non-current assets)反映企业将于一年内到期的非流动资产项目金额，主要包括一年内到期的持有至到期投资、长期待摊费用和一年内可收回的长期应收款等，相较于非流动资产其变现能力有所提高，并且改善了企业的短期偿债能力。

其他流动资产(other current assets)是指除货币资金、短期投资、应收票据、应收账款、其他应收款、存货等流动资产以外的流动资产，如企业待处理流动资产净损益等，一般其变现性较差，但金额不大，对企业流动资产的质量影响不大。

二、非流动资产项目分析

非流动资产(non-current assets)是指超过一年或超过一年的一个营业周期变现的资产，主要包括可供出售金融资产、持有至到期投资、长期应收款、长期股权投资、投资性房地产、固定资产、在建工程、无形资产、长期待摊费用等。非流动资产为企业多个会计期间服务，形成企业的长期资产，是企业资产中比较稳定的经济资源。

(一)可供出售金融资产分析

可供出售的金融资产(financial assets available for sale)是指初始确认时即被指定为可供出售的非衍生金融资产，以及除了以公允价值计量且其变动计入当期损益的金融资产、贷款和应收款项、持有至到期投资以外的金融资产。

1.可供出售金融资产与交易性金融资产会计处理的区别

可供出售金融资产的会计处理与交易性金融资产的会计处理有类似之处，但也有不同。具体包括：

(1)持有意图不同

交易性金融资产持有的意图主要是为了近期出售，相对而言，可供出售金融资产持有

意图不明确。

(2)交易费用的处理方法不同

二者初始确认时都按公允价值计量，但交易性金融资产相关交易费用计入当期损益，可供出售金融资产相关交易费用计入初始入账金额，构成成本的一部分。

(3)期末公允价值变动的处理方法不同

资产负债表日都按公允价值计量，但交易性金融资产其公允价值变动计入当期损益，可供出售金融资产其公允价值变动计入其他综合收益。

(4)计提减值损失的要求不同

交易性金融资产不需要计提减值损失，但可供出售金融资产可以计提减值损失，而且原已确认的减值损失符合一定的条件，可以予以转回。

2.可供出售金融资产的分析

(1)可供出售金融资产的减值分析

以公允价值计量的可供出售金融资产发生减值时，将原直接计入其他综合收益的因公允价值下降形成的累计损失予以转出并计入当期损益。在确认可供出售金融资产减值损失后，随后如有客观证据表明该金融资产价值已恢复，且客观上与确认该损失后发生的事项有关，原确认的减值损失予以转回。

以成本计量、在活跃市场中没有报价且其公允价值不能可靠计量的权益工具投资，或与该权益工具挂钩并需要通过交付该权益工具结算的衍生金融资产发生减值时，将其账面价值减记至按照类似金融资产当时市场收益率对未来现金流量折现确定的现值，减记金额确认为减值损失，计入当期损益，该金融资产的减值损失一经确认不予转回。

通过阅读会计报表附注，分析企业按公允价值和成本计量的两类可供出售金融资产的分布，计算各类所占比重，对比各类前后期账面价值的变化，结合资产减值损失信息，分析可供出售金融资产当期计提或转回的减值损失对企业资产质量的影响。

(2)可供出售金融资产的收益分析

可供出售金融资产的收益可以分为两类：期末计入其他综合收益的公允价值变动金额和持有或处置该项资产实际取得的收益。所以通过阅读报表附注中“其他综合收益”可以了解期初期末公允价值变动的原因和结果；通过“投资收益”可以比较前后期可供出售金融资产在持有期间获得的收益以及处置该项资产产生的收益大小变化，从而对企业利润的形成过程有更深入的了解。

(二)持有至到期投资分析

持有至到期投资(held-to-maturity investments)是指到期日固定、回收金额固定或可确定，且企业有明确意图和能力持有至到期的非衍生金融资产。通常情况下，能够划分为持有至到期投资的金融资产，主要是债权性投资，比如从二级市场上购入的固定利率国债、浮动利率金融债券等。股权投资因其没有固定的到期日，因而不能划分为持有至到期投资。持有至到期投资通常具有长期性质，但期限较短(1 年以内)的债券投资，符合持有至到期投资条件的，也可将其划分为持有至到期投资。

持有至到期投资按照取得时的公允价值与相关交易费用之和进行初始计量，按照摊余成本进行后续计量；以摊余成本计量的持有至到期投资发生减值时，会计期末资产负债表上反映的“持有至到期投资”为摊余成本扣除减值准备后的余额。

1.持有至到期投资的特征

(1)到期日固定、回收金额固定或可确定

相关合同明确了投资者在确定的时间内获得或应收取现金流量的金额和时间，因此从投资者角度看，如果不考虑其他条件，在将某项投资划分为持有至到期投资时可以不考虑可能存在的发行方重大支付风险。

(2)有明确意图持有至到期

投资者在取得投资时意图明确，准备将投资持有至到期，除非遇到一些企业所不能控制、预期不会重复发生且难以合理预计的独立事件，否则将持有至到期。

(3)有能力持有至到期

企业有足够的财务资源，并不受外部因素影响将投资持有至到期。如果存在下列情况之一，表示企业没有能力将具有固定期限的金融资产投资持有至到期：

① 没有可利用的财务资源持续地为该金融资产投资提供资金支持，以使该金融资产投资持有至到期。

② 受法律、法规的限制，使企业难以将该金融资产投资持有至到期。

③ 其他表明企业没有能力将具有固定期限的金融资产投资持有至到期的情况。

2.持有至到期投资的分析

(1)分析持有至到期投资前后期金额的变化

根据上述持有至到期投资重分类的规定和会计处理原则，可以发现持有至到期投资是企业一项收益稳定、可控的优质资产，所以会计期末持有至到期投资如果增加，则应判断企业该项资产质量较高。

(2)分析持有至到期投资的减值情况

在资产负债表日，应当对持有至到期投资进行减值测试，如果有客观证据表明持有至到期投资发生了减值的，应当按照其账面价值与预计未来现金流量现值之间的差额确认减值损失，并计提减值准备。持有至到期投资确认减值损失后，若有客观证据表明该项投资价值已经恢复，原确认的减值损失应当予以转回，但该转回的账面价值不应当超过假定不计提减值准备情况下该项投资在减值转回日的摊余成本。

如果由于出现企业不可控的因素导致持有至到期投资发生资产减值，则应视减值准备的大小和客观环境的变化，对该项资产的可收回性和可变现性进行重点分析。

(3)分析持有至到期投资重分类的情况

阅读报表附注中是否出现持有至到期投资重分类为其他金融资产，如果出现，则需分析其原因并分析对于财务报告的影响。

(4)分析持有至到期投资的投资收益

一般来说，持有至到期投资的投资收益要高于银行同期存款利率，所以通过对照投资收益，可以分析该项资产是否已经带来收益，收益大小如何，对企业利润贡献程度如何等。

(三)长期股权投资分析

长期股权投资(long-term equity investments)是指投资方对被投资方能够实施控制或具有重大影响的权益性投资，以及对其合营企业的权益性投资。

1.长期股权投资的类型

长期股权投资依据对被投资单位产生的影响，分为以下三种类型：

(1)能够实施控制的权益性投资

控制是指投资方拥有对被投资方的权力，通过参与被投资方的相关活动而享有可变回报，并且有能力运用对被投资方的权力影响其回报金额。

投资方能够对被投资方实施控制的，被投资方为其子公司，投资方应当将其子公司纳入合并财务报表的合并范围。

(2)具有重大影响的权益性投资

重大影响是指投资方对被投资方的财务和经营决策有参与决策的权力，但并不能够控制或者与其他方一起共同控制这些政策的制定。在通常情况下，当投资方直接或通过其子公司间接拥有被投资方20%或以上表决权股份，但未形成控制或共同控制的，可以认为对被投资方具有重大影响，除非有确凿的证据表明投资方不能参与被投资方的生产经营决策，不能对被投资方施加重大影响。

此外，在确定能否对被投资方实施重大影响时，还应考虑投资方和其他方持有的现行可执行潜在表决权在假定转换为对被投资方的股权后产生的影响，如被投资方发行的现行可转换的认股权证、股票期权及可转换公司债券等的影响。如果这些潜在表决权在转换为对被投资方的股权后，能够增加投资方的表决权比例或是降低被投资方其他投资者的表决权比例，从而使得投资方能够参与被投资方的财务和经营决策，应当认为投资方对被投资方具有重大影响。

投资方能够对被投资方实施重大影响的，被投资方为其联营企业。

(3)对合营企业的权益性投资

合营安排是指一项由两个或两个以上的参与方共同控制的安排。共同控制是指按照相关约定对某项安排所共有的控制，并且该安排的相关活动必须经过分享控制权的参与方一致同意后才能决策。合营安排可以分为共同经营和合营企业，长期股权投资仅指对合营安排享有共同控制的参与方(即合营方)对其合营企业的权益性投资，不包括对合营安排不享有共同控制的参与方的权益性投资，也不包括共同经营。

除能够实施控制的权益性投资、具有重大影响的权益性投资和对合营企业的权益性投资外，企业持有的其他权益性投资，应当按照金融工具确认和计量准则的规定，在初始确认时划分为以公允价值计量且其变动计入当期损益的金融资产或可供出售金融资产。

2.长期股权投资分析

长期股权投资的最终目标是为了获得较大的经济利益，这种经济利益可以通过分得利润或股利获取，也可以通过其他方式取得，如被投资单位生产的产品为投资企业生产所需的原材料，在市场上这种原材料的价格波动较大，且不能保证供应，在这种情况下，投资企业通过所持股份，达到控制或对被投资单位施加重大影响，使其生产所需的原材料能够直接从被投资单位取得，而且价格比较稳定，保证其生产经营的顺利进行。但是如果被投资单位经营状况不佳，或者需要进行破产清算，则投资企业作为股东，也需要承担相应的投资损失。由于长期股权投资持有期限长、占用资金多，而且通常不能随意出售，所以具有一定的投资风险。因此，对于长期股权投资的分析主要应从收益和风险两个方面进行。

(1)长期股权投资规模和投资方向分析

长期股权投资是企业的一项重要的资产配置,通过对长期股权投资余额增减变动的分析,可以了解企业对外投资规模的变动;通过对现有和新增减的被投资单位年度内投资额增减变动的分析,可以明确企业投资方向和投资策略;通过对不同投资方式(货币资金、固定资产、土地等非货币资源)的分析,可以评价对外投资对企业资产结构的影响。

(2)长期股权投资盈利性分析

通过分析被投资单位的财务状况和经营成果以及年度内为企业投资收益所做的贡献,可以判断企业长期股权投资的质量。在分析合并报表时,由于子公司已经纳入合并范围,所以根据合并报表附注信息,主要分析权益法下投资收益的质量。权益法下被投资单位当年实现的利润或发生的亏损均会对投资企业的长期股权投资账面价值产生影响,因此通过对权益法下长期股权投资期初期末余额增减变动的原因进行分析,可以了解企业已确认的长期股权投资收益大小以及企业实际获得的现金股利或利润大小,考察企业长期股权投资收益对利润总额的贡献程度,分析投资收益的实际收现能力对投资活动现金净流量的影响。在母公司的财务报表中,对子公司和联营企业、合营企业的投资均能够体现出来,所以应同时分析长期股权投资两种会计处理方法对母公司财务状况和经营成果的影响。由于成本法下投资收益能与现金流量相配合,权益法下投资收益和现金流量一般不匹配,投资收益会产生一定的"泡沫"成分,所以对于这两种方法的投资收益应分别分析其对利润表和现金流量表的影响大小。

对长期股权投资盈利性分析还应结合长期股权投资期初期末的变化以及投资收益中的"处置长期股权投资产生的收益"项目,分析长期股权投资处置的结果以及产生的损益对企业财务状况和经营成果的影响。

(3)长期股权投资风险分析

在资产负债表日,"长期股权投资"反映的是"长期股权投资"期末余额与"长期股权投资减值准备"的差额。资产负债表日,企业对长期股权投资要检查是否存在可能发生减值的迹象,当存在减值迹象时应进行减值测试确认其可收回金额,按可收回金额低于账面价值部分计提减值准备。

通过分析长期股权投资减值准备在一定期间内的增减变化,可以研究企业长期股权投资的质量。特别应注意的是,会计准则规定,长期股权投资一经计提减值准备,以后期间不得转回,这样就减少了会计上盈余操纵的可能性,体现了谨慎性原则,比较准确地反映了投资风险的大小。

(四)投资性房地产分析

投资性房地产(investment properties)是指企业为赚取租金或资本增值,或两者兼有而持有的房地产,投资性房地产应当能够单独计量和出售。房地产是土地和房屋及其权属的总称,在我国,土地归国家或集体所有,企业只能取得土地使用权,因此房地产中的土地是指土地使用权,房屋是指土地上的房屋等建筑物。随着我国社会主义市场经济的发展和完善,房地产市场交易日益活跃,企业持有的房地产除了用作自身管理、生产经营活动场所和对外销售之外,出现了将房地产用于赚取租金或增值收益的活动,因此需要将投资性房地产单独作为一项资产核算和反映,与自用的厂房、办公楼等房地产和作为存货的房地产加以区别，从而更加清晰地反映企业所持有的房地产的构成情况和盈利能力。

投资性房地产主要包括：①已出租的土地使用权；②持有并准备增值后转让的土地使用权；③已出租的建筑物。但下列各项不属于投资性房地产：①自用房地产，即为生产商品、提供劳务或者经营管理而持有的房地产；②作为存货的房地产，如企业已完工的待售商品房。

1.投资性房地产的特点

(1)投资性房地产的持有目的是为了赚取长期租金或增值

投资性房地产不是用于销售，也不是为了耗用。在我国一些地区，房地产交易市场日渐完善，房地产已经具备相当的流通性。但根据会计准则的定义，用于销售以获取差价的房地产，应界定为存货而不是投资性房地产，只有为了赚取租金或资本增值而持有的房地产才能列为投资性房地产。

(2)投资性房地产是一种经营性活动

投资性房地产的主要形式是出租建筑物、出租土地使用权，这实质上属于一种让渡资产使用权行为，应确认为其他业务收入。房地产租金就是让渡资产使用权取得的使用费收入，是企业为完成其经营目标所从事的经营性活动以及与之相关的其他活动形成的经济利益总流入。投资性房地产的另一种形式是持有并准备增值后转让的土地使用权，尽管其增值收益通常与市场供求、经济发展等因素相关，但目的是增值后转让以赚取增值收益，因而也是企业为完成其经营目标所从事的经营性活动以及与之相关的其他活动形成的经济利益总流入。

(3)投资性房地产的后续计量模式

投资性房地产企业按照成本进行初始计量，在资产负债表日对投资性房地产有两种后续计量模式：成本模式和公允价值模式。企业通常应当采用成本模式对投资性房地产进行后续计量，只有在满足特定条件的情况下，即有确凿证据表明其所有投资性房地产的公允价值能够持续可靠取得，也可以采用公允价值模式进行后续计量。但是同一企业只能采用一种模式对所有投资性房地产进行后续计量，不得同时采用两种计量模式。

①采用成本模式进行后续计量的投资性房地产，应当按照固定资产或无形资产的有关规定按月计提折旧或进行摊销，计提的折旧或摊销的成本计入其他业务成本。相应地，投资性房地产取得的租金收入或处置投资性房地产的收入均计入其他业务收入。

投资性房地产存在减值迹象的，还应当按照资产减值的有关规定进行处理，计提减值准备。已经计提减值准备的投资性房地产，其减值损失在以后的会计期间不得转回。

②采用公允价值模式进行后续计量的投资性房地产，不对投资性房地产计提折旧或进行摊销，应当以资产负债表日投资性房地产的公允价值为基础调整其账面价值，公允价值与原账面价值之间的差额计入公允价值变动损益。

企业对投资性房地产的计量模式一经确定，不得随意变更。只有在投资性房地产比较成熟，有确凿证据表明投资性房地产的公允价值能够持续可靠取得，可以满足采用公允价值模式条件的情况下，企业才能将投资性房地产的计量从成本模式转为公允价值模式。已采用公允价值模式计量的投资性房地产，不得从公允价值模式转为成本模式。

2.投资性房地产的分析

对于投资性房地产的分析，首先应明确企业采用成本模式还是公允价值模式对其投资性房地产进行后续计量，是否在会计期间内转换了计量模式。一般而言，稳健的成本计量模式更适合我国的上市公司，由于公允价值计量模式会导致企业每期的会计利润波动，受房地产市场价格波动影响较大，在带来高额收益的同时还存在房价下跌导致的财务风险，不利于企业树立财务状况长期稳定的良好形象，也容易使财务报告使用者形成公司利用公允价值计量操纵利润的印象。同时，公允价值提高带来的税收增加、年末进行公允价值评估产生的评估成本、一旦由成本计量模式转换为公允价值计量模式则不能再转回等因素，都使得企业不愿意贸然采用公允价值计量。

应充分结合财务报表附注的信息对投资性房地产进行分析：

(1)投资性房地产规模分析

通过企业投资性房地产年度内增减变动的情况，了解企业所拥有的投资性房地产规模变化，了解企业投资的策略。

(2)投资性房地产结构分析

通过计算投资性房地产占总资产的比重，分析投资性房地产在企业资产中的地位和作用，分析企业资产配置的特点。

(3)投资性房地产变现能力分析

利用减值准备的信息分析投资性房地产未来的变现能力。特别要注意的是，根据会计准则的规定，采用公允价值模式计量的投资性房地产，不需要计提减值准备；但是采用成本模式计量的投资性房地产，有可能计提减值准备。减值准备一经计提，以后期间不得转回。所以在对减值准备进行分析时，应关注其计提金额的大小，以及对当期财务状况和经营成果的影响，并判断未来的变现能力大小。

(4)投资性房地产获利能力分析

结合其他业务收支、公允价值变动损益、其他综合收益中涉及投资性房地产的信息，可以了解企业投资性房地产对利润的贡献程度，并预测其未来的获利能力。

(五)固定资产和在建工程分析

固定资产(fixed assets)是企业为了生产商品、提供劳务、出租或经营管理而持有的资产，一般是指企业使用期限超过一年的房屋、建筑物、机器、机械、运输工具以及其他与生产、经营有关的设备、器具、工具等。固定资产是企业的劳动手段，也是企业赖以生产经营的主要资产，生产过程中可以长期发挥作用，长期保持原有的实物形态，但其价值则随着企业生产经营活动而逐渐地转移到产品成本中去，并构成产品价值的一个组成部分。从会计的角度划分，固定资产一般分为生产用固定资产、非生产用固定资产、租出固定资产、未使用固定资产、不需用固定资产、融资租赁固定资产、接受捐赠固定资产等。

固定资产具有单位价值高、使用期限长、变现力差等特点，所以对于固定资产的分析应从规模、结构、折旧、减值准备、利用效率、在建工程等几个方面进行。

1.固定资产规模分析

固定资产规模分析包括两部分：固定资产的原值、净值分析，固定资产的比重分析。通过财务报表附注可以观察企业年度内固定资产原值、累计折旧和净值的增减变化情况，如果当年企业新增的固定资产大于减少的固定资产，说明企业处于继续扩大固定资产规模的过程中。可以结合现金流量表投资活动现金流量中"处置的固定资产、无形资产和其他长期资产收到的现金"与"构建固定资产、无形资产和其他长期资产支付的现金"对照分析，从另一个侧面分析企业固定资产规模变化和现金流变化之间的关系。

固定资产比重分析则是通过计算年初年末固定资产账面价值(固定资产净值减固定资产减值准备后的余额)占总资产的比重及其变化，以判断固定资产比重是否合理。分析研究固定资产在资产总额中比重是否合理，应结合企业自身生产经营特点和所处行业的标准来判断，比重过高会造成资金浪费，过低又会影响生产经营业务的发展。

应当注意的是，固定资产因为出售、报废或毁损导致的处置损益分别计入营业外收入和营业外支出，在对固定资产规模进行分析时应结合会计报表附注里营业外收支中的非流动资产处置利得或损失的信息进行分析，研究这项利得或损失的大小对企业利润表的影响，分析企业是否利用变卖资产的方式弥补经营中产生的亏损，从而达到美化利润表的目的。

2.固定资产结构分析

在会计报表附注中一般会提供企业所拥有的房屋与建筑物、生产设备、运输设备、办公设备等固定资产在一定期限内增减变动的信息。可以通过计算企业各项固定资产占全部固定资产的比重及其变化，研究企业固定资产中占比例较大的项目和其前后期的变化情况，分析企业各类固定资产的配置情况。

3.固定资产折旧分析

固定资产折旧是在固定资产使用寿命内，按照确定的方法对应计折旧额进行系统分摊。我国现行会计准则规定，除以下情况外，企业应对所有固定资产计提折旧：①已提足折旧仍继续使用的固定资产；②单独估价作为固定资产入账的土地。

企业计提固定资产折旧的方法包括年限平均法、工作量法、加速折旧法等，企业应当根据固定资产所含经济利益预期实现方式选择不同的方法。影响固定资产折旧的主要因素包括：①固定资产原值；②固定资产预计残值；③固定资产预计使用寿命。固定资产折旧是以固定资产原值减去预计净残值的余额作为折旧基数，并在预计使用寿命的折旧年限内计提折旧。

《企业会计制度》规定，企业应当根据固定资产的性质和消耗方式，合理地确定固定资产的预计使用年限和预计净值，并根据科技发展、环境及其他因素，选择合理的固定资产折旧方法和折旧政策。企业已经确定并对外报送或备置于企业所在地的有关固定资产预计使用年限和预计净残值、折旧方法等，一经确定不得随意变更，如需变更，应仍然按照上述程序，经批准后报送有关各方备案，并在会计报表附注中予以说明。

综上所述，对于固定资产折旧的分析应注意观察固定资产折旧方法和折旧政策前后期是否保持一致。由于固定资产预计使用年限和预计净残值的确定含有主观判断的成分，所以应着重分析其确定是否合理。

4.固定资产减值准备分析

在资产负债表日，企业应当对固定资产进行检查，如存在减值的迹象，应进行减值测试，确认其可收回金额，按可收回金额低于账面价值部分计提减值准备，减值损失一经计提，在以后会计期间不再转回。

资产负债表日“固定资产”项目的账面价值是固定资产原值扣除累计折旧和固定资产减值准备后的余额。固定资产减值准备核算通常是在年末或指定的核算期末根据实际情况来进行。在无证据表明减值已发生的情况下，一般不做账务处理，因此不同会计期间的减值损失与时间的推移或正常使用之间不存在必然的联系。

根据企业会计准则中资产减值准则的规定，流动资产中的应收账款、存货和非流动资产中持有至到期投资、可供出售金融资产，这些资产计提减值准备后如果情况发生变化可以转回，但是对于非流动资产中的长期股权投资、成本法计量模式的投资性房地产、固定资产、在建工程和无形资产，这些资产减值损失一经确认，在以后会计期间不得转回。从理论上讲，这样就压缩了企业利用非流动资产减值准备的提取与冲回操纵利润的空间，提高了会计盈余信息质量。

计提固定资产减值准备，主要是为了弥补历史成本的不足，也是为了更为真实地反映企业资产的价值。但是企业也有可能利用计提固定资产减值准备进行盈余管理，虽然会计准则给出了资产减值准备计提的条件和标准，并规定固定资产减值准备一经计提不得转回，但是在判断资产的可收回金额时还是存在一定的主观性，从而为企业盈余管理留下了空间。所以如果报表附注中显示固定资产减值准备发生了较大的变化，应引起报表分析者的注意，应进一步查找附注中关于资产减值准备的说明，分析减值准备发生的变化对企业财务状况和经营成果的影响。

5.固定资产利用效率分析

固定资产利用效率反映了企业利用固定资产生产出产品并提供给外部使用者的能力高低，一般用固定资产周转率来反映。该指标是主营业务收入与固定资产平均原值的比值，数值越高，说明固定资产越被充分利用。通过比较固定资产周转率前后期的变化，可以分析企业固定资产的利用效率是否有所提高，也能够从另一个侧面反映企业闲置固定资产的情况。

6.在建工程分析

在建工程(construction in progress)是指企业固定资产的新建、改建、扩建，或技术改造、设备更新和大修理工程等尚未完工的工程支出。资产负债表中“在建工程”金额包括交付安装的设备价值、未完建筑安装工程已经耗用的材料、工资和费用支出、预付出包工程的价款、已经建筑安装完毕但尚未交付使用的工程等可回收金额。本项目根据“在建工程”科目的期末余额减去“在建工程减值准备”科目的期末余额后的金额填列。

企业应当定期或至少于每年年度终了，对在建工程进行全面检查，如果有证据表明在建工程已经发生了减值，应当计提减值准备，减值准备一经计提以后年度不能冲回。

对于在建工程的分析包括在建工程年度内变化分析和减值准备分析两方面。在建工程的动态变化能反映企业未来的新增产能和利润增长点，所以通过报表附注中在建工程账面价值的变化方向和变化幅度、重大在建工程项目变动情况和工程进度分析，并结合固定资产的变化，可以分析企业未来的发展趋势；而在建工程减值准备反映了企业在建工程未来价值实现的程度，对于研究在建工程的质量有很大的借鉴作用。

案例 2-1

獐子岛:行踪莫测的扇贝

獐子岛集团(简称“獐子岛”)的主打产品为虾夷扇贝,凭借长海县得天独厚的地理位置,缔造了国内最大的“海底银行”。2014 年 10 月 31 日獐子岛发布声明,称因北黄海遭遇异常的冷水团,其在 2011 年和 2012 年播撒的 100 多万亩虾夷扇贝几近绝产,决定对受灾底播虾夷扇贝存货进行核销处理,合计影响净利润 7.63 亿元。受此影响,獐子岛 2014 年前三季度的业绩也“大变脸”,由上半年的盈利 4 845 万元转而变为亏损约 8.12 亿元,最终獐子岛 2014 年净利润亏损了 11.89 亿元。

公告一经出炉,市场为之哗然。为证自身清白,獐子岛出具了中科院海洋研究所的数据,表明当年 1—8 月水温波动异于常年。而根据招股说明书中的内容,獐子岛每月均会组织一次苗种生长情况的调查,既然早已得知气候异常,为何没有早作准备?

经过一个多月的核查,獐子岛再次发布公告,称在监管部门的调查中,没有发现此前质疑的“投苗存货造假”“大股东占用资金”等问题。且就此次事件,公司董事长自愿承担 1 亿元的灾害损失。

此次事件并没有随着调查的结束而结束。2015 年 6 月 1 日晚,獐子岛发布公告称,于 2015 年 5 月 15 日启动春季底播虾夷扇贝抽测活动,抽测调查结果显示,公司底播虾夷扇贝“尚不存在减值的风险”。这引发了众多投资者的质疑:“难道扇贝又游回来了?”根据该公告,这个结论来源于公司 2015 年 5 月 15 日启动的春季底播虾夷扇贝抽测活动。该公告称,抽测涉及 2012 年、2013 年、2014 年底播未收获的海域 160 余万亩,共完成抽测点位 75 个。

对于投资者的疑问,獐子岛董事会秘书孙福军回应道,此次抽测与 2014 年抽测范围并没有重叠,抽测的 2012 年底播虾夷扇贝种植海域也不存在重叠部分。“去年的损失已经在财务上进行处理,此次抽测是对新海域进行的抽测。”孙福军说。

耐人寻味的是在发布上述公告的当天,獐子岛同时发布公告称:“公司正在筹划非公开发行股票相关事宜,公司股票自 2015 年 6 月 1 日开市起停牌。”

“在 A 股牛市的时候推出这一重大‘利好’,獐子岛的用意是在增发。”锐财经证券分析师王政 6 月 2 日上午接受《华夏时报》记者采访时说道:“只是来得实在突兀的‘利好’有些耐人寻味。同日连发这样的两则公告,很容易导致投资者质疑,更何况獐子岛已有‘前科’。”

过去 15 年来,证监会累计发出了近千张罚单,财务造假因违规成本较低,成为 A 股第一大“忽悠”。虽有如此多的先例在前,很多公司仍然无法停下此类造假的脚步。原因之一是财务造假一旦开始就很难停下来;原因之二则是出于上市公司的融资需求,如若业绩下降,公司所面临的很可能就是股价下跌、融资能力下降、未来用以支撑经营的资金不足的困境。为了避免这种情况,很多上市公司宁愿铤而走险伪造财务数据,也不愿意公布自己的真实业绩。这些造假的上市公司光鲜的外表背后,隐藏着众多投资者避无可避的地雷。一个健全的资本市场,不能仅依赖于政府部门的监管,同样需要上市公司自律的企业精神。

资料来源:根据《华夏时报》(2015 年 6 月 6 日)改编。

(六)无形资产、开发支出和商誉分析

1.无形资产的分析

无形资产(intangible assets)是指企业拥有或者控制的没有实物形态的可辨认非货币性资产,主要包括专利权、非专利技术、商标权、著作权、土地使用权、特许权等。应当注意的是,由于商誉无法与企业自身相分离从而不具有可辨认性,因此商誉不构成无形资产的组成部分,应单独在资产负债表中列示。

(1)无形资产的特点

①不具有实物形态。无形资产代表的是企业拥有的某些特殊权利或优势,因此在使用过程中不会产生有形损耗。

②垄断性和共享性并存。一方面无形资产具有垄断性,有些无形资产如商标权、专利权等受法律保护,禁止非持有者无偿使用;而专有技术、秘诀等虽不受法律保护,但只要能确保秘密不泄露,实际上也具有垄断性。另一方面无形资产也具有共享性,在有偿转让后可以由几个主体同时共有,例如某项商标权被出让后,依据协议,出让企业和受让企业可以同时使用该项商标权,使得商标权发挥更大的效益。

③在创造经济效益方面存在较大不确定性。无形资产一方面能给企业带来远远高于其成本的经济效益,企业无形资产越丰富,则其获利能力越强,市场竞争力越强;但是另一方面,由于无形资产的有效期不稳定,加上技术进步、激烈的市场竞争等因素,无形资产所提供的经济效益很难准确地加以确定。

(2)无形资产的后续计量

无形资产的后续计量主要包括以下三个方面:

①判断无形资产的使用寿命是否确定。无形资产使用寿命有限的,应当估计该使用寿命的年限;无法预见无形资产为企业带来经济利益期限的,应当视为使用寿命不确定的无形资产。

②对无形资产进行摊销。使用寿命有限的无形资产应在其使用年限内进行摊销,使用寿命不确定的无形资产不应摊销。应摊销金额为其成本扣除预计残值后的金额,已计提减值准备的无形资产,还应扣除已计提的无形资产减值准备累计金额。使用寿命有限的无形资产,其残值应当视为零,但下列情况除外:有第三方承诺在无形资产使用寿命结束时购买该无形资产,或可以根据活跃市场得到预计残值信息,并且该市场在无形资产使用寿命结束时很可能存在。

③对无形资产计提减值准备。会计期末对于因技术陈旧、损坏、长期闲置等原因导致其可收回金额低于其账面价值的无形资产,企业应当计提无形资产减值准备,且在以后会计期间不得转回。

由上述关于无形资产的规定可以看出:会计期末资产负债表上列示的“无形资产”表示企业会计期末已拥有的无形资产原值扣除累计摊销额、减值准备后的账面价值。

(3)无形资产的分析

对于无形资产的分析主要包括规模和结构的分析以及盈利性分析两个方面。

①无形资产的规模和结构分析。通过企业年度内无形资产规模和变动情况以及无形资产占总资产的比重分析,反映企业拥有的无形资产对企业经营活动的影响程度。一般

而言,企业控制的无形资产增多,表明企业重视对于无形资产的培育和利用,会增强企业的可持续发展能力和竞争能力。

②无形资产的盈利性分析。根据财务报表附注提供的信息,可以了解企业无形资产的构成,分析企业拥有哪些无形资产,这些无形资产是否具备技术先进性以及能否为企业带来未来的经济效益。

需要注意的是,由于无形资产特殊的计量属性,企业自行开发和自然生成的无形资产,如自创商誉以及内部产生的品牌等不被确认为无形资产,不会反映在资产负债表中,作为无形资产重要组成部分的人力资源、企业长期形成并被社会认可的社会责任感、企业所拥有的良好的企业文化等资源也没有在资产负债表中体现,而这些账外无形资产的存在往往能够给企业带来超额收益。因此对于无形资产盈利能力的分析常需要分析者结合企业的基本情况、企业所处行业的特点、该行业的技术先进性、企业在行业内所处的位置等与财务状况分析有关的因素综合加以研究和判断。

2.开发支出的分析

对于企业自行研究开发的无形资产,会计准则将企业内部研究开发项目的过程分为两个阶段,即研究阶段与开发阶段。

(1)研究阶段

研究是指为获取并理解新的科学或技术知识而进行的独创性的有计划调查。研究阶段是探索性的,是为进一步的开发活动进行资料及相关方面的准备,其目的在于发现新知识,并期望利用这种知识能开发出新材料、新产品或新的配方技术,或对现有产品的性能、质量进行较大的改进。由于研究是一个技术可行性的探索阶段,已进行的研究活动将来是否会转入开发、开发后是否会形成无形资产等均具有较大的不确定性,因此研究阶段的支出直接计入当期损益。

(2)开发阶段

开发是指在进行商业性生产或使用前,将研究成果或其他知识应用于某项计划或设计,以生产出新的或具有实质性改进的材料、装置、产品等。开发阶段是将研究成果应用于实践,将技术转化为产品的阶段,因而带来经济效益的确定性较高。开发阶段的支出只要符合企业会计准则规定的条件就应进行资本化处理,计入资产负债表中的“开发支出”(development costs)。当研究开发项目达到预定用途转为无形资产时,企业内部研发项目开发阶段的支出至预定用途前所发生的支出总额确认为无形资产的成本。从开发支出的规定可以看出:会计期末资产负债表上列示的“开发支出”,表示会计期末企业内部研发项目中已经成功的开发支出。这样的规定有利于提高企业自主创新的积极性,增加企业科技含量,有利于企业的长期发展。

企业的开发支出规模和项目反映了企业的研发实力和对于自主研发的重视,为企业未来竞争力的提高奠定了基础。通过对企业报表附注中关于开发支出的说明,可以了解企业有哪些正在开发的项目,年度内开发支出的增减额,有哪些开发支出作为研究阶段的费用计入当期损益,又有哪些开发支出已经达到预计使用用途转为无形资产,正在开发的项目对企业未来资产增值的影响程度以及对提升企业竞争力的作用等。

3.商誉的分析

商誉(goodwill)是指能在未来期间为企业经营带来超额利润的潜在经济价值,或一家企业预期的获利能力超过可辨认资产正常获利能力(如社会平均投资回报率)的资本化价值。商誉的特点是:

(1)没有实物形态。

(2)具有不可辨认性。商誉融入企业整体,具有黏合性,因而它不能单独存在,也不能与企业其他各种可辨认资产分开来单独出售。

(3)难以对各构成商誉的无形因素计价。商誉的价值只有在把企业作为一个整体来看待时才能按总额加以确定,在企业合并时确认的商誉价值与建立商誉过程中所发生的成本没有直接的联系。

(4)商誉的确认是指"正商誉",不包括"负商誉"。即把"企业合并成本大于合并取得被购买方各项可辨认资产、负债公允价值份额的差额"作为商誉处理,企业合并成本小于合并取得被购买方各项可辨认资产、负债公允价值份额的差额产生的负商誉则计入当期损益。

(5)只有外购的商誉亦即合并商誉才能确认入账,自创商誉不能入账。即使在商誉的形成过程中费用的发生与商誉的形成有某种关系,也应确认为费用。其理由在于无法确定哪笔支出是专为创立商誉而支出,无法确定发生支出的受益期有多长,因此根据会计的稳健性原则,将这些支出均作为费用处理。

(6)根据我国的《企业会计准则》,只有对于非同一控制下的企业合并才有可能确认商誉,对于同一控制下的企业合并,并不确认商誉。

(7)商誉持有期间不再摊销,但每年均要进行减值测试,并且资产减值损失一经确认,在以后会计期间不得转回。

商誉的价值反映了一个企业包括生产管理水平、经营业绩、销售渠道、人员素质、地理环境、历史声誉等诸多因素在内的整体素质,同时也体现了企业未来的发展前景,一般能够为企业带来超额收益。但是超额盈利能力具有不确定性,自从 20 世纪 90 年代以来,并购溢价越涨越高,有时达到惊人的地步,但事实证明高溢价收购未必会给企业带来超额盈利能力。因此对于商誉的分析,要结合会计报表信息,分析企业是否因当年合并而产生新增的商誉,了解原有商誉减值测试的技术参数,分析其合理性和减值测试结果,对企业整体未来的获利能力和获利趋势进行判断。

(七)递延所得税资产分析

递延所得税资产(deferred tax assets)是指对于可抵扣暂时性差异,以未来期间很可能取得用来抵扣可抵扣暂时性差异的应纳税所得额为限确认的一项资产。

《企业会计准则第 18 号——所得税》规定,所得税会计应采用债务法,即通过比较资产、负债等项目按照企业会计准则规定确定的账面价值与按照税法规定确定的计税基础之间的差异,将该差异的所得税影响确认为递延所得税资产或递延所得税负债,并在此基础上确定所得税费用。

对当期所得税产生影响的差异分为永久性差异和暂时性差异。

永久性差异是指某一会计期间,由于会计准则和税法在计算收益、费用或损失时的口径不同,所产生的税前会计利润和应纳税所得额之间的差异,这种差异在本期发生,不会在以后各期转回,不会产生递延所得税资产或递延所得税负债。

暂时性差异是指资产或负债的账面价值与其计税基础不同产生的差额。由于二者的不同,产生了在未来收回资产或清偿负债的期间内,应纳税所得额增加或减少并导致未来期间应交所得税增加或减少的情况,在这些暂时性差异发生的当期,一般应当确认相应的递延所得税资产或递延所得税负债。

根据暂时性差异对未来期间应纳税所得额的影响,可将之分为可抵扣暂时性差异和应纳税暂时性差异。

可抵扣暂时性差异是指在确定未来收回资产或清偿负债期间的应纳税所得额时,将导致产生可抵扣金额的暂时性差异。该差异在未来期间转回时会减少转回期间的应纳税所得额和应交所得税金额。在可抵扣暂时性差异产生当期,应当确认相关的递延所得税资产。

应纳税暂时性差异是指在确定未来收回资产或清偿负债期间的应纳税所得额时,将导致产生应税金额的暂时性差异。该差异在未来期间转回时会增加转回期间的应纳税所得额和应交所得税金额。在应纳税暂时性差异产生当期,应当确认相关的递延所得税负债。

1.递延所得税资产的确认

可抵扣暂时性差异一般产生于以下情况,企业应当在这些情况发生的当期符合有关条件时确认相关的递延所得税资产:

(1)资产的账面价值小于其计税基础

资产的计税基础是指企业收回资产账面价值过程中,计算应纳税所得额时按照税法规定可以自应税经济利益中抵扣的金额,即该项资产在未来使用或最终处置时允许作为成本或费用于税前列支的金额。当资产的账面价值小于其计税基础时,从经济含义来看,资产在未来期间产生的经济利益少,按照税法规定允许税前扣除的金额多,则企业在未来期间可以减少应纳税所得额并减少应交所得税,符合有关条件时,应当确认相关的递延所得税资产。

(2)负债的账面价值大于其计税基础

负债产生的暂时性差异实质上是税法规定就该负债可以在未来期间税前扣除的金额。当负债的账面价值大于其计税基础时,意味着未来期间按照税法规定与该项负债相关的全部或部分支出可以从未来应税经济利益中扣除,减少未来期间的应纳税所得额和应缴所得税,符合有关条件时,应当确认相关的递延所得税资产。

2.递延所得税资产的分析

由上面的分析可以发现:递延所得税资产只是企业税务规划的结果,会导致企业前期多交税后期少交税,并不代表企业真正意义上的资产,不能作为企业偿债的保证,但是会相应减少本期的现金流,增加未来的现金流。

对于资产负债表附注中递延所得税的明细资料,应关注报表附注中企业本期期末已抵销的和未经抵销的递延所得税资产项目及其前后期金额变化,分析该项资产对企业本期和未来期间现金流的影响程度。

(八)长期待摊费用和其他非流动资产分析

长期待摊费用(long-term prepaid expenses)是指企业已经支出,但摊销期限在一年以上(不含一年)的各项费用,包括开办费、租入固定资产的改良支出及摊销期在一年以上的固定资产大修理支出、股票发行费用等。应由本期负担的借款利息、租金等不得作为长期待摊费用。

为了正确计算企业当年及以后各年度的经营成果，按照权责发生制原则，长期待摊费用应在受益期限内分期平均摊销。长期待摊费用属于长期资产，但本身没有价值，不能转让，也不能为企业清偿债务，只能由企业的所有者和债权人来负担，所以企业的所有者和债权人不希望企业有较多的长期待摊费用存在。

其他非流动资产(other non-current assets)是指除资产负债表上所列非流动资产项目以外的其他周转期超过一年的长期资产，主要包括特准储备物资、冻结存款、冻结物资、涉及诉讼中的财产、预付设备及工程款等。

对于长期待摊费用和其他非流动资产的分析，主要分析其金额及其占资产总额比重的变化。一般来说，其比重越大，表明企业未来负担的费用越重，企业资产发挥的效用越低。

第四节　资产负债表权益类项目分析

资产负债表右侧显示的是企业获取经济资源的资金来源，主要包括负债和吸收所有者的投资，研究这些项目可以分析企业资本结构的合理性以及企业风险的大小。

一、负债分析

负债(liabilities)是企业承担的、以货币计量的在将来需要以资产或劳务偿还的债务，它代表着企业偿债责任和债权人对资产的求索权。负债是由企业过去的交易或者事项形成的，预期会导致经济利益流出企业的现时义务。负债一般按其偿还速度或偿还时间的长短划分为流动负债和长期负债两类。

(一)流动负债分析

流动负债(current liabilities)是指将在一年或超过一年的一个营业周期内偿还的债务，主要包括短期借款、交易性金融负债、应付票据、应付账款、预收货款、应付职工薪酬、应交税费、应付利息、应付股利、其他应付款、一年内到期的非流动负债、递延收益、其他流动负债等。

1.融资活动形成的流动负债分析

(1)短期借款分析

短期借款(short-term borrowings)是企业向银行或其他金融机构等借入的期限在一年以下(含一年)的各种借款。我国目前的短期借款按照目的和用途分为若干种，主要有流动资金借款、临时借款、结算借款等等。按照借款方式的不同，短期借款还可以分为保证借款、抵押借款、质押借款、信用借款。

对于短期借款的分析首先应着重于其绝对数量和结构数的前后期变化分析。短期借款筹资相对于长期借款筹资而言，其优点在于借款利率比长期借款低，取得程序较长期借款简单，借款总额可以根据需要随时调整，随企业的需要安排，便于灵活使用等等。特别是在银行为了防范风险，对发放中长期贷款一般比较谨慎、利率也较高的情况下，短期借款就成为很多企业最为重要的财务资源通道。但短期借款最突出的缺点是短期内要归还，会降低企业资产的流动性，对企业形成较高的财务风险。其次应分析短期借款的报表附注资料，了解短期借款的类型并分析不同类型的短期借款对企业偿债能力和财务风险的影响。

(2)以公允价值计量且其变动计入当期损益的金融负债

以公允价值计量且其变动计入当期损益的金融负债(financial liabilities measured at fair value and whose movements are included in the profit and loss of the current period)可进一步分为交易性金融负债和直接指定为以公允价值计量且其变动计入当期损益的金融负债。

交易性金融负债(tradable financial liabilities)属于衍生金融工具，主要是为了近期内出售或回购。满足以下条件之一的金融负债，应当划分为交易性金融负债：第一，承担该金融负债的目的主要是为了近期内出售或回购；第二，属于进行集中管理的可辨认金融工具组合的一部分，且有客观证据表明企业近期采用短期获利方式对该组合进行管理；第三，属于衍生工具。

直接指定为以公允价值计量且其变动计入当期损益的金融负债(financial liabilities that are designated as financial liabilities measured at fair value and the changes of which are recorded into current period profit or loss)是指对于包括一项或多项嵌入衍生工具的混合工具，符合以下条件之一，企业可以将整个混合工具直接指定为以公允价值计量且其变动计入当期损益的金融负债：第一，该指定可以消除或明显减少由于该金融负债的计量基础不同而导致的相关利得或损失在确认和计量方面不一致的情况。第二，企业的风险管理或投资策略的正式书面文件已载明，该金融负债组合或该金融资产和金融负债组合，以公允价值为基础进行管理、评价并向关键管理人员报告。

"以公允价值计量且其变动计入当期损益的金融负债"期末贷方余额反映企业承担的该项负债的公允价值。资产负债表日，该项金融负债的公允价值高于其账面余额的差额，借记"公允价值变动损益"科目；公允价值低于其账面余额的差额贷记"公允价值变动损益"科目。因此对于该项金融负债的分析应结合利润表附注中"公允价值变动损益"的解释进行分析，研究该项目形成的衍生金融工具是否对企业造成了财务风险以及是否给企业提供了获利的能力。

(3)其他融资活动形成的流动负债分析

其他融资活动形成的流动负债主要包括一年内到期的长期借款(current portion of non-current liabilities)和应付利息(interests payable)。这两个项目的金额如果出现比较大的增长，则说明企业面临到期债务的偿债风险，企业必须有足够的货币资金来保证偿债的需要和流动性的需要，否则会使企业的日常经营资金周转发生困难，造成流动比例下降，偿债能力恶化，使企业陷入财务困境。

2.营业活动形成的流动负债分析

(1)商业债务分析

商业债务是指在日常经营活动中发生的与其他企业之间的债务往来关系，主要包括应付票据、应付账款、预收账款和其他应付款。商业债务一般均为企业可以无偿占用的供应商资金，是企业非常重要的流动负债资金来源。

应付票据(notes payable)是指由企业出具的、允诺在短期内支付一定金额给持票人的一种书面凭证。在我国,应付票据是用来核算企业在商品购销活动中由于采用商业汇票结算方式而发生的、用来明确债权债务关系、具有法律效果的商业汇票。

应付账款(accounts payable)是指因购买材料、商品或接受劳务供应等而发生的债务,是买卖双方在购销活动中由于取得物资与支付货款在时间上不一致而产生的负债。应付账款从某种程度看是企业无偿占用供应商的资金,所以在保证偿还的情况下,应付账款的增加可能意味着企业财务状况的稳定和议价能力的增强。

预收账款(advances from customers)是指买卖双方协议商定,由购货方预先支付一部分货款给供应方而发生的一项负债。作为流动负债,预收账款不需用货币抵偿,而是要求企业在短期内以某种商品、提供劳务或服务来抵偿。预收账款某种程度上能够反映企业未来期间营业收入的水平,如果企业预收账款较多,预示着企业生产的产品具有较强的市场竞争力,从而为未来期间的营收提供了保证。

其他应付款(other payables)是指企业在商品交易业务以外发生的应付和暂收款项,是企业除应付票据、应付账款、应付工资、应付利润等以外的应付、暂收其他单位或个人的款项,如应付经营租入固定资产和包装物的租金、存入保证金、应付统筹退休金等应付其他单位和个人的零星款项。其他应付款通常在一个营业周期内偿还,其金额不应过高。分析时可以着重分析其金额占流动负债的比重以及前后期的变化,如果出现"其他应付款"长期大额挂账的情况,可能意味着企业存在隐匿收入、偷逃税款的情况。

在分析商业债务时一般从以下几点出发:

①关注应付票据和应付账款的金额变化。应付票据和应付账款都是在商品购销活动中产生的,二者虽然都代表了企业利用商业信用获得的短期融资,但是由于应付票据较应付账款具有强制性,债权人持有合法的债权凭证要求债务人偿还债务,所以如果随着企业存货或营业成本的增加,企业应付票据相应增加而应付账款相应减少,则意味着企业强制性的流动负债增加,企业的偿债能力下降。

②分析短期借款和应付票据的金额变化。如果企业的短期借款减少,而应付票据增加,有可能是因为企业改变流动负债融资结构,票据融资增加,银行贷款融资减少所致。

③判断企业议价能力的强弱。将企业流动资产中的应收票据、应收账款、预付账款与流动负债中的应付票据、应付账款和预收账款结合起来进行数量变动分析,上述项目均为企业日常供销活动中和供应商、客户的往来款项,如果上述项目中的流动负债增加而流动资产减少,说明企业具有较强的议价能力,企业产品受到市场欢迎,具备较强的竞争力。同时由于企业具有良好的信誉,在供应商和客户那里可以获得更多的流动负债融资,使企业财务负担减少的同时,增强了企业资产的流动性,提高了经营活动现金流。

(2)应付职工薪酬分析

应付职工薪酬(employee benefits payable)是指企业为获得职工提供的服务或解除劳动关系而给予的各种形式的报酬或补偿,包括短期薪酬、离职后福利、辞退福利和其他长期职工福利。应付职工薪酬是企业的一项成本支出,同时也代表企业对职工利益的一种保障。对应付职工薪酬的分析主要包括:

①对报表附注中应付职工薪酬进行分析。通过其本期增加和减少的金额,分析企业是否随着效益的增加给职工创造更多的利益;通过期末余额的增减变化,研究企业偿债压

力的大小和对职工利益的保障程度。

②结合企业生产成本和期间费用分析人工成本对盈利能力的影响程度。计算人工成本的比重,分析其增减变化的方向和幅度,判断人工成本对企业生产经营和未来盈利能力的影响。

③计算单位员工创造的营业收入或利润,衡量员工的生产效率。

对应付职工薪酬的分析还可以结合企业员工薪酬制度和员工结构进行分析,了解企业对员工的激励机制,分析员工专业构成、技术水平和知识结构对提升企业未来盈利能力的保障程度。

(3)应交税费分析

应交税费(taxes payable)是指企业按照税法规定计算应交纳的各种税费,包括增值税、消费税、营业税、所得税、资源税、土地增值税、城市维护建设税、房产税、土地使用税、车船使用税、教育费附加、矿产资源补偿费等。应交税费属于企业的强制性流动负债,需要企业按时偿还,这样才能保证企业职工和国家的利益,为企业的长远发展打下基础。对应交税费的分析,主要分析其各项税费前后期金额的变化幅度和方向,研究对企业短期偿债能力和现金支付压力的影响。一般来说,该项目占全部负债的比重前后期变化不应过大,并且应与企业的营业收入水平和利润水平相适应。如果该项目持续增长或一直维持较高水平,则一定程度上反映了企业不能按时交纳税款,这可能是企业产生财务危机的信号之一。

3.收益分配形成的流动负债分析

收益分配形成的流动负债主要是指应付股利(dividends payable)。应付股利是指企业经股东大会或类似机构审议批准分配的现金股利或利润。但企业分配的股票股利,不通过应付股利项目核算。

上市公司定期对投资者进行现金分红,将有利于投资者发现该公司的市场价值,从而提升公司品牌、信用等级和市场竞争力;有利于上市公司再融资和快速发展。证监会一直在加强对上市公司现金分红的监督和管理,督促上市公司规范和完善利润分配的内部决策程序和机制,增强现金分红的透明度;完善分红监管规定,加强监督检查力度;引导上市公司完善现金分红机制,通过现金分红回报投资者,使上市公司现金分红的稳定性得到持续性改善。

由此可见应付股利属于企业的强制性流动负债,是企业对于投资者应承担的责任。如果企业的利润分配方案中现金股利的分配越来越高,表明企业有足够的货币资金以应对未来现金的支出,同时也反映了企业重视投资者回报的态度,这对未来提高公司价值具有积极的意义。当然也应注意,企业的利润分配政策应和企业的生产经营和发展战略相适应,过多支付现金股利对企业的现金流和未来投资规模的进一步扩大会产生较大的压力,也间接影响了股东未来的收益,所以企业应在利润分配和留存收益之间进行权衡,以股东利益最大化为目标,制定合理的股利分配政策。因此对应付股利的分析,应着重分析其股利分配政策、前后期余额的增减变动幅度和方向,通过对企业和同行业其他企业的对比分析,正确评价企业股利分配政策的合理性、合规性和对企业未来发展的影响。

(二)非流动负债分析

非流动负债(non-current liabilities)是指偿还期在一年以上或者超过一年的一个营业周期以上的负债。按照筹措方式不同,主要包括:长期借款、应付债券、长期应付款、专项应付款、预计负债、递延所得税负债和其他非流动负债。

1.长期借款分析

长期借款(long-term borrowings)是指企业向银行或其他金融机构借入的期限在一年以上(不含一年)的各项借款,企业资产负债表中"长期借款"项目反映的是会计期末企业尚未归还的长期借款本金和利息之和。长期借款一般用于企业的固定资产购建、固定资产改扩建工程、固定资产大修理工程和满足流动资产的正常需要等方面。

企业有能力举借长期借款,至少应符合以下条件:

(1)企业实行独立核算,自负盈亏,具有法人资格,有健全的机构和相应的企业管理人才;

(2)资金用途合理合法,具有借款项目的可行性报告;

(3)具有一定的物资和财产保证,担保单位具有相应的经济实力;

(4)具有偿还贷款本息的能力;

(5)财务管理和经济核算制度健全,资金使用效果良好;

(6)在有关金融部门开立账户并能办理结算。

所以,如果企业有能力举借长期借款,也从一个侧面反映出企业具有一定的经济基础和经营实力,能够从银行等金融机构筹集资金。

对长期借款进行分析时,应对长期借款数额及其占负债总额的比重、长期借款会计期间内的增减变动情况、长期借款利息水平对企业未来偿债风险和现金支付压力的影响、长期借款的用途及其未来产生收益的高低,以及长期借款对企业财务状况的影响进行详细分析,判断企业融资能力的高低,并进一步评价企业的长期偿债能力。

2.应付债券分析

应付债券(debentures payable)是企业向社会筹集资金的一种形式,其特点是筹资对象广、期限长、数额大、成本高、筹资风险大、限制条件多。

企业根据国家有关规定,在符合条件的前提下,经批准可以发行公司债券、可转换公司债券、认股权和债券分离交易的可转换公司债券以及优先股、永续债等金融工具。对于企业发行的优先股、永续债、可转换公司债券等金融工具,应根据金融负债与权益工具区分的相关规定进行分类,对符合金融负债条件的按金融负债处理,对符合权益工具的按权益工具处理。因此,应付债券包括:一般公司债券和归类为金融负债的可转换公司债券、优先股、永续债等。

对应付债券进行分析时,应分析企业应付债券的金额及比重变化;应付债券的利率、到期日及企业偿还债券的能力;应付债券的发行对企业融资能力、发展能力和资本结构的影响等。一般而言,企业能够具有发行应付债券的资格,说明企业实力较强,财务状况和经营成果符合有关规定。所以应付债券的增加一般也意味着企业具有良好的财务管理基础,企业的资产管理效率较高,企业的盈利能力较强。

3.长期应付款分析

长期应付款(long-term payables)是指企业除长期借款和应付债券以外的其他各种长期应付款项,包括融资租入固定资产的租赁费、具有融资性质的延期付款购买资产发生的应付款项等。

融资租赁是指实质上转移了与资产使用权有关的全部风险和报酬的租赁。其所有权最终可能转移,也可能不转移。符合下列一项或数项标准的,应当认定为融资租赁:①在租赁期届满时,租赁资产的所有权转移给承租人;②承租人有购买租赁资产的选择权,所订立的购买价款预计将远低于行使选择权时租赁资产的公允价值,因而在租赁开始日就可以合理确定承租人会行使这种选择权;③即使资产的所有权不转移,但租赁期占租赁资产使用寿命的大部分;④承租人在租赁开始日的最低租赁付款额现值,几乎相当于租赁开始日租赁资产公允价值;⑤租赁资产性质特殊,如不做较大改造,只有承租人才能使用。

具有融资性质的延期付款购买资产所发生的应付款项是指延期支付的购买价款超过正常信用条件,在实质上具有融资性质,由此形成的应付款项应计入长期应付款。

上述方式使得企业能及时获得所需的固定资产,迅速形成生产能力,但不需立即支付相应的款项,在尚未偿还价款或尚未支付完租赁费用前,形成企业的一项长期负债,减轻了企业的即时支付压力。对长期应付款进行分析时应重点分析长期应付款金额的变化,通过长期应付款方式取得的长期资产对企业规模和实力的影响以及这些长期资产对企业未来盈利能力的影响等,以充分发挥借入资金的杠杆效用。

4.专项应付款分析

专项应付款(payables for specific projects)是企业接受国家拨入的具有专门用途的款项所形成的、不需要以资产或增加其他负债偿还的负债,如新产品试制费拨款、中间试验费拨款和重要科学研究补助费拨款等。

专项应付款本质上是企业取得政府作为企业所有者投入的具有专项或特定用途的款项,属于国家拨入有指定用途的权益性资本的投入。专项应付款按规定用途使用后,最终体现的是国家以投资者身份向企业投入的资本,享有企业相应的所有权,国家与企业之间是投资者与被投资者的关系。

专项应付款与政府补助的主要区别在于政府是否是以企业所有者的名义提供资金。《企业会计准则第16号——政府补助》明确指出:政府补助是指企业从政府无偿取得货币性资产或非货币性资产,但不包括政府作为企业所有者投入的资本。即政府补助是无偿的,政府并不因此而享有企业的所有权,企业未来也不需要以提供服务、转让资产等方式偿还。

专项应付款作为企业的负债,具有专款专用、不需要以资产或新的负债偿还的特点,对于专项应付款,会计核算规定需核销的部分在报批后冲销该项负债,对于不需上交原拨款部门的款项转为企业的资本公积。专项应付款的期末余额反映企业尚未转销的专项应付款余额。

对专项应付款进行分析时应分析其金额的大小和前后期的变化,通过报表附注信息了解企业获得专项应付款的用途,分析项目完成后对企业未来发展的影响。

5.预计负债分析

企业在生产经营活动中会面临诉讼、债务担保、产品质量保证等具有较大不确定性的经济事项,这些具有不确定性的或有事项可能会对企业的财务状况和经营成果产生较大影响。企业应当提前考虑或有事项可能会给企业带来的风险,及时确认计量或披露相关信息,如果符合负债的定义及其确认条件,应当及时予以确认。

根据负债的定义,负债按履行义务的时间和金额确定与否可分为三类:第一类是企业对履行义务的时间和金额能够控制的负债,即确定性负债;第二类是企业对履行义务的时间和金额的控制存在风险的负债,即预计负债;第三类是企业对履行义务的时间和金额不能完全控制的负债,即或有负债。

由此可见,预计负债(provisions)是介于确定性负债与或有负债之间的一种负债,具有以下基本特征:

(1)预计负债是企业过去的交易或事项形成的现时义务,包括法定义务和推定义务。

(2)履行该义务很可能导致经济利益流出企业。

(3)预计负债的结果具有风险性,但可合理估计。

预计负债在资产负债表中应与其他非流动负债项目区别开来,单独反映。在财务报表附注中,一般应包括以下内容:①预计负债的种类、形成原因以及经济利益流出不确定性的说明;②各类预计负债的期初、期末余额和本期变动情况;③与预计负债有关的预期补偿金额和本期已确认的预期补偿金额。

在对预计负债进行分析时应对报表附注中预计负债期初期末的变化、产生的原因进行研究,判断预计负债转变为确定性负债的金额大小及其对企业财务状况的影响。由于预计负债会导致企业资源流出企业,对企业未来的现金流量、偿债能力都有负面的影响,所以一般情况下企业预计负债增幅越大,说明企业面临的风险越大,对企业未来发展越不利。

6.递延收益分析

递延收益(deferred income)是指待确认的政府补助收益。政府补助是指本公司从政府无偿取得的货币性资产或非货币性资产(但不包括政府作为所有者投入的资本),主要划分为与资产相关的政府补助和与收益相关的政府补助两种类型。

与资产相关的政府补助是指企业取得的用于购建或以其他方式形成长期资产的政府补助。企业取得与资产相关的补助不能直接确认为当期收益,应当确认为递延收益,自相关资产达到预定可使用状态时起,在该资产使用寿命内平均分配,分次计入以后各期的营业外收入;相关资产在使用寿命结束前被出售、转让、报废或发生毁损的,应将尚未分配的递延收益余额,一次性转入资产处置当期的营业外收入。

与收益相关的政府补助是指除与资产相关的政府补助之外的政府补助。与收益相关的用于补偿以后期间相关费用或损失的政府补助,取得时确认为递延收益,在确认相关费用的期间计入营业外收入,用于补偿已发生的相关费用或损失时取得时直接计入当期营业外收入。

根据会计报表附注,应重点分析递延收益中所包括的两类政府补助的形成原因、各类补助的期初期末余额及当期增减变化情况,分析政府对企业的补助力度,判断政府补助对企业未来财务状况的影响以及已确认的递延收益对于企业利润的贡献程度。

7.递延所得税负债分析

递延所得税负债(deferred tax liabilities)是指根据应税暂时性差异计算的未来期间应付所得税的金额,应纳税暂时性差异会增加转回期间的应纳税所得额和应交所得税金额。在应纳税暂时性差异产生当期,应当确认相关的递延所得税负债。

(1)递延所得税负债的确认

应纳税暂时性差异通常产生于以下情况,企业应当在这些情况发生的当期符合有关条件时确认相关的递延所得税负债:

①资产的账面价值大于其计税基础

一项资产的账面价值代表的是企业在持续使用或最终出售该项资产时将取得的经济利益的总额，而计税基础代表的是一项资产在未来期间可予以税前扣除的金额。资产的账面价值大于其计税基础，该项资产未来期间产生的经济利益不能全部税前抵扣，两者之间的差额需要交税，产生应纳税暂时性差异。符合有关条件的，应确认相关的递延所得税负债。

②负债的账面价值小于其计税基础

一项负债的账面价值为企业预计在未来期间清偿该项负债时的经济利益流出，而其计税基础代表的是账面价值在扣除税法规定未来期间允许税前扣除的金额之后的差额。因负债的账面价值与其计税基础不同产生的暂时性差异，本质上是税法规定就该项负债在未来期间可以税前扣除的金额。负债的账面价值小于其计税基础，则意味着就该项负债在未来期间可以税前抵扣的金额为负数，即应在未来期间应纳税所得额的基础上调增，增加应纳税所得额和应交所得税金额，产生应纳税暂时性差异。符合有关条件的，应确认相关的递延所得税负债。

(2)递延所得税负债的分析

由上面分析可以发现，递延所得税负债只是企业进行税务规划的结果，会导致企业前期少缴税后期多缴税，具有推迟交纳所得税的作用。因此一方面它可以被看作是企业从政府获取的一笔无息贷款，另一方面它又会减少企业未来的现金流。对于递延所得税负债的分析，应关注报表附注中本期期末已抵销和未经抵销的递延所得税负债项目及其前后期金额发生的变化，分析其对企业本期和未来期间现金流的影响程度。

案例 2-2

万科：资产负债率创上市以来最高，流动比率创 24 年来最低

2017 年半年报显示，截至 6 月 30 日，万科实现销售金额 2 771.8 亿元，同比增长 45.8%；实现净利润 100.5 亿元，同比增长 41.7%。9 月 4 日晚间，万科又公布了 8 月份简报：2017 年 1—8 月，万科累计实现销售金额 3 497.8 亿元，较上年同期的 2 375.2 亿元同比增长 47%，已与去年全年销售金额 3 647.7 亿元相差无几。

然而，万科迅猛增长的销售金额背后，正酝酿着诸多债务上的隐患。查阅万科 2017 年半年报，不难发现万科的资产负债率已攀升至上市以来最高位。截至 6 月 30 日，万科资产负债率高达 82.66%，已经超过 2016 年全年资产负债率 2.12 个百分点。对此，万科有关方面对《国际金融报》记者表示，对于房地产企业而言，更有参考价值的是净负债率。然而万科的净负债率也在连年攀升。2017 年上半年，万科的净负债率为 19.61%，同比上升 5.43 个百分点。有息负债合计有 1 391.6 亿元，占总资产比例为 15.0%。有息负债中，短期借款和一年内到期的有息负债合计 501.4 亿元，占比为 36.0%。万科董秘在万科中期推介会上透露，公司净负债率保持在行业内非常低的水平，且目前持有货币现金 1 076 亿元。

对此，某高级顾问对记者表示，虽然万科目前持有 1 076 亿元的货币现金，但从半年报统计的数据来看，已披露的一年内需还的借款就达 501 亿元，500 多亿的资金余

量，相对于目前万科 3 000 多亿的盘子，不能说宽裕。

单位：亿元

	2017-06-30	2016-12-31	2016-06-30	2015-12-31	2015-06-30	2014-12-31
短期借款	134.20	165.77	28.51	19.00	4.77	23.83
一年内到期的非流动负债	367.20	267.73	264.41	247.46	232.98	204.49
长期借款	657.36	564.06	367.87	338.29	277.94	345.37
应付债券	232.83	291.08	253.83	190.16	116.14	116.12
有息负债合计	1 391.59	1 288.64	914.62	794.91	631.83	689.81
货币资金	1 075.63	870.32	718.68	531.80	446.13	627.15
所有者权益合计	1 611.58	1 616.77	1 381.74	1 363.10	1 178.00	1 158.94
净负债率	19.61%	25.87%	14.18%	19.30%	15.76%	5.41%

有息负债合计＝短期借款＋一年内到期的非流动负债＋长期借款＋应付债券

净负债率＝(有息负债－货币资金)/净资产，净资产＝所有者权益合计

两个因素的存在使得万科的未来偿债能力令人担忧，分别是较低的流动比率和上升的利息支出。截至 6 月 30 日，万科的流动比率已降至 1.20，为 1993 年以来最低水平；速动比率为 0.47，自 2011 年以来持续低于 0.5。此外，由于融资规模扩大，万科应付利息较 2016 年末大增八成至 6.83 亿元，这或许也会影响到其偿债能力。

资料来源：根据《国际金融报》(2017 年 9 月 6 日)报道整理。

二、所有者权益分析

所有者权益又称为股东权益，是指企业资产扣除负债后由所有者享有的剩余权益，主要包括投入资本、资本公积、盈余公积和未分配利润等。

(一)投入资本分析

投入资本(paid-in capital)是指所有者在企业注册资本的范围内实际投入的资本。所谓注册资本是指企业在设立时向工商行政管理部门登记的资本总额，即全部出资者设定的出资额之和。注册资本是企业的法定资本，是企业承担民事责任的财力保证。在股份有限公司，投入资本表现为实际发行股票的面值，也称为股本；在其他企业，投入资本表现为所有者在注册资本范围内的实际出资额，也称为实收资本。

上市公司股本会计期间内发生变化的几种主要方式包括：增发配售新股、送股、转增股、可转换公司债券转为股本、重组债务转为股本等。

增发配售新股是指上市公司以原股本为基础，通过向指定投资者或全部投资者额外发行股份募集资金的融资方式，发行对象一般为原股东、机构投资者、社会公众或特定机构，发行价格一般为发行前某一阶段平均价格的某一比例。股票增发配售有利于股份制企业建立和完善自我约束、自我发展的经营管理机制；有利于股份制企业筹集资金，满足生产建设的资金需要。

送股是上市公司用未分配利润以发放股票作为红利，将利润转化为股本。送股后上市公司的资产、负债、股东权益的总额结构并没有发生改变，其导致的变化仅限于股东权益内部，但总股本增大，每股净资产降低。

转增股是指上市公司用资本公积金按权益折成股份转增，转增股本并不是对股东的分红回报，它可以不受公司本年度可分配利润的多少及时间的限制。转增股本并没有改变股东的权益，但却增加了股本的规模，因而客观结果与送股相似。

可转换公司债券是指在一定条件下可以被转换成公司股票的债券。可转债具有债权和期权的双重属性，其持有人可以选择持有债券到期，获取本息；也可以选择在约定的时间内转换成股票，享受股利分配或资本增值。

重组债务转为股本也称债转股，是指债务人将应支付的债务转为资本，同时债权人将债权转为股权的债务重组方式，债转股的结果是债务人减少负债的同时增加股本（实收资本），债权人减少债权的同时增加一项权益性投资。

对上市公司股本的分析应充分利用财务报表附注中列示的公司股本变动情况表的信息，了解年度内上市公司股本结构中有限售条件的股份和无限售条件的股份各自所占的比例及年度内的变化情况，分析企业年度内由于增发配售新股、转增股、送股或其他事项使股份总数、股本账面余额发生的变化，从而判断未来股价的走势和投资价值。

（二）资本公积和其他综合收益分析

1.资本公积分析

资本公积（capital surplus）是指企业收到的投资者超出其在企业注册资本（或股本）中所占份额的投资以及其他资本公积。在企业“资本公积”账户下，分别设置“资本（股本）溢价”和“其他资本公积”两个明细账户。

“资本（股本）溢价”主要核算：投资者投入资本的溢价，债转股形成的资本溢价，同一控制下企业合并形成的资本溢价等。

“其他资本公积”主要核算：按权益法核算的长期股权投资中，投资方应享有被投资单位实现的除净损益、其他综合收益和利润分配以外的所有者权益的其他变动金额的份额；权益结算的股份支付在等待期内确认的成本费用等。

对于企业资本公积的分析，应利用报表附注中提供的信息，了解企业年度内资本公积增减变动的原因，分析资本公积规模对企业总资本的影响以及未来转增股本的可能性大小。

2.其他综合收益分析

其他综合收益是企业会计准则规定的直接计入当期所有者权益的利得或损失。主要包括：可供出售金融资产公允价值变动形成的利得或损失；权益法核算的长期股权投资，投资方应享有被投资单位实现的其他综合收益的份额；持有至到期投资重分类为可供出售金融资产形成的利得或损失；存货或自用房地产转换为采用公允价值模式计量的投资性房地产形成的利得或损失；外币报表折算差额等。

其他综合收益是企业已经确认但尚未实现的收益，其各项目的大小及规模变化可以一定程度上反映企业未来可能实现的收益，从而对企业的收益有一个较全面的认识。但其他综合收益毕竟属于未实现收益，应注意其和本期已实现的净利润之间的差异，例如公允价值变动形成的利得或损失，出售时很有可能随着资本市场的波动，其最终收益与之前确认计入其他综合收益的利得差异很大，因此应谨慎评价这部分收益对利润的贡献程度。

（三）盈余公积分析

盈余公积（surplus reserve）是指企业按照规定从净利润中提取的企业积累资金，分为法定盈余公积和任意盈余公积。法定盈余公积按照税后利润的10%提取，法定盈余公积累计额已达注册资本的50%时可以不再提取。任意盈余公积主要是公司制企业按照股东大会的决议提取，提取与否及提取比例由股东大会根据公司发展的需要和盈余情况决定，法律不做强制规定。任意盈余公积金属于股东的合法权益，计提的目的是为了偿还特定的债务或减少以后年度可供分配的利润等，其主要用途是为了扩大再生产。

盈余公积的用途主要包括：

1.弥补亏损

企业发生亏损时，应由企业自行弥补。弥补亏损的渠道主要有三条：一是用以后年度税前利润弥补。按照现行制度规定，企业发生亏损时可以用以后五年内实现的税前利润弥补。二是用以后年度税后利润弥补。企业发生的亏损经过五年期间未弥补足额的，尚未弥补的亏损应用所得税后的利润弥补。三是以盈余公积弥补亏损。企业以提取的盈余公积弥补亏损时，应当由公司董事会提议，并经股东大会批准。

2.转增资本

企业将盈余公积转增资本时，必须经股东大会决议批准。在实际将盈余公积转增资本时，要按股东原有持股比例结转。盈余公积转增资本后留存的盈余公积数额不得少于注册资本的25%。

3.分配股利

原则上企业当年没有利润不得分配股利，如为了维护企业信誉，用盈余公积分配股利必须符合下列条件：①用盈余公积弥补亏损后该项公积金仍有结余；②用盈余公积分配股利时，股利率不能太高，不得超过股票面值的6%；③分配股利后，法定盈余公积金不得低于注册资本的25%。

4.扩大企业生产经营

盈余公积的提取实际上是企业当期实现的净利润向投资者分配利润的一种限制。提取盈余公积本身属于利润分配的一部分，提取盈余公积相对应的资金，一经提取形成盈余公积后，在一般情况下不得用于向投资者分配利润或股利。企业提取的盈余公积无论是用于弥补亏损还是用于转增资本，均是企业所有者权益内部结构的转换，如企业以盈余公积弥补亏损时，实际是减少盈余公积留存的数额，以此抵补未弥补亏损的数额，并不引起企业所有者权益总额的变动；企业以盈余公积转增资本时，也只是减少盈余公积结存的数额，但同时增加企业实收资本或股本的数额，也并不引起所有者权益总额的变动。

盈余公积属于企业生产经营所得中留存在企业内部尚未向投资者分配的利润，是企业一项非常重要的自有资金来源。企业的盈余公积属于已拨定的留存收益，是为了约束企业过度分配而由有关法规规定企业必须存留的收益积累，盈余公积的数额越大表明企业的财务状况和经营成果越强，企业未来自我融资、自我发展的能力越强。在对盈余公积进行分析的过程中，应了解其规模的大小以及期初期末增减变化的数额，分析企业盈利能力的高低、财务状况的稳健程度以及盈余公积对企业未来融资需求的保障程度。

(四)未分配利润分析

未分配利润(undistributed profits)是企业未做分配的、在以后年度可继续进行分配的利润。从数量上来看,未分配利润是期初未分配利润加上本期实现的净利润,减去提取的各种盈余公积和分出的利润后的余额,该余额反映了上市公司累积未分配利润或累计未弥补亏损。未分配利润属于企业未拨定的留存收益,相对于盈余公积而言,企业对于未分配利润的使用有较大的自主权,受国家法律法规的限制比较少。

对未分配利润进行分析时首先应分析其规模大小,规模越大,说明企业自身积累越多,对未来经营和发展能够提供更多的自有资金;同时应结合企业的股利分配政策,了解企业利润分配方案的内容以及对企业现金流量和留存收益的影响;最后可以结合每股未分配利润指标进行分析,每股未分配利润是指企业当期未分配利润总额与发行在外总股本数的比值,每股未分配利润越多,表明该公司盈利能力越强,同时也意味着该公司未来分红、送股的可能性比较大。

第五节　资产负债表趋势分析

资产负债表的趋势分析是指将资产负债表中的主要项目和相关财务分析指标按照时间的先后顺序列示,利用时间序列对分析期与前期数值进行对比,能够反映企业的发展动态,揭示财务状况的变化过程,判断引起变动的主要因素,评估企业财务状况的优势和劣势,并在此基础上对资产负债表进行预测。

利用时间序列进行对比分析时,既可以进行总量指标的前后期对比分析,也可以将相对指标进行对比分析,但后者的应用更广泛,原因在于不同会计期间资产总额不等,造成资产各项目之间的绝对数值不具备可比性,而相对数值可以克服这个缺点。

一、对资产负债表主要项目总量指标进行趋势分析

一般而言,由于总量指标进行对比分析可比性较差,所以可用于总量指标趋势分析的项目主要是资产负债表中的大类项目余额,如资产总额、负债总额以及所有者权益总额,通过这些项目的对比,可以从总体上分析企业资产负债表中主要项目的变化过程,研究企业资本结构的变化和资产的流动性大小。

【例 2-4】青岛海尔股份有限公司 2012—2016 年资产负债表主要项目总量指标趋势分析。数据见表 2-9。

表 2-9　青岛海尔 2012—2016 年年末资产负债表和利润表主要项目

单位:万元

项　目	2012	2013	2014	2015	2016
资　产	4 968 832	6 109 279	8 234 872	7 596 072	13 125 529
负　债	3 426 218	4 106 193	5 042 572	4 351 910	9 367 492

续表

项　目	2012	2013	2014	2015	2016
股东权益	1 542 614	2 003 086	3 192 300	3 244 162	3 758 037
营业收入	7 985 660	8 660 565	9 692 976	8 979 717	11 906 583
净利润	436 061	555 977	704 890	592 508	669 133

通过表 2-9 可以看出:2012 年至 2016 年青岛海尔总资产增长 164.2%,以 2012 年为基础,其中负债增长 173.4%,股东权益增长 143.6%,负债增幅大于股东权益增幅,因此资产负债率由 2012 年的 69.0%上升至 2016 年的 71.4%,但仍在 70%上下两个百分点内波动。结合 2012—2016 年度实现的收入和利润可以发现,青岛海尔连续五年收入和利润保持增长态势,收入共增长 49.1%,净利润共增长 53.4%。初步分析可以发现,公司一直处于扩张状态,财务风险基本稳定、可控,但由于快速扩张,资产规模大幅增加,营业收入增幅尚未达到资产增幅,会导致总资产周转率下降,公司未来应充分挖掘现有资产的潜力,实现收入的持续稳定增长,提高资产的利用效率。

通过总量指标的趋势分析,可以预计在未来一段时间内,青岛海尔仍将保持扩张趋势,资产负债率控制在 70%左右,营业收入继续保持增长,应密切关注总资产周转率的变化。

二、对资产负债表主要项目比重进行趋势分析

比重分析也称为结构分析,主要是对资产负债表中的重要项目计算其金额占全部资产的比重并分析其趋势变化。由于相对指标排除了不同时期总资产规模不同的影响,使同一项目在不同时期具有可比性,因此在趋势分析中得到广泛利用。

【例 2-5】青岛海尔股份有限公司 2012—2016 年资产负债表主要项目比重趋势分析。数据见表 2-10。

表 2-10　青岛海尔 2012—2016 年资产负债表主要项目比重

单位:%

项　目	2012	2013	2014	2015	2016
流动资产	79.9	80.6	80.2	72.2	53.0
非流动资产	20.1	19.4	19.8	27.8	47.0
流动负债	63.1	62.3	56.0	52.3	56.0
非流动负债	5.9	4.9	5.3	5.0	15.4
全部负债	69.0	67.2	61.2	57.3	71.4
股东权益	31.0	32.8	38.8	42.7	28.6
货币资金	32.8	33.8	37.9	32.6	17.9
短期借款	2.2	1.9	2.8	2.5	13.8
长期借款	0.1	N/A	N/A	0.4	11.8%

通过表 2-10，首先分析总资产中流动资产和非流动资产的比例分布，近三年青岛海尔流动资产比重逐步下降，而非流动资产比重逐步上升。通过报表信息可知，青岛海尔并未转向“重资产经营模式”的资产配置，非流动资产的上升主要源于近三年的国际化和企业扩张，2016 年由于非同一控制下收购 GEA，导致当年固定资产较期初增长 84.46%，无形资产增长 398%，开发支出增长 1 069.91%，商誉增长 5 251.57%，所以预计公司在扩张速度减缓后其流动资产比重仍会维持在 80%左右，非流动资产比重维持在 20%左右的水平。

其次分析权益总额中负债和股东权益的配比比例，从 2012—2015 年公司的资产负债率呈现持续下降趋势，说明公司一直在稳健地降低其负债水平，财务风险控制效果良好。但 2015 年突然从 57.3%跃升至 71.4%，仔细分析这种改变背后的原因，发现同样是收购 GEA 导致负债，尤其是长短期借款、应付职工薪酬都大幅度增加(参照表 2-10 长短期借款比重和货币资金比重的变化)。可以预见的是公司不会马上偿还完全部借款，未来一段时间内，公司的财务费用会上升，将导致利润受影响，经营活动净现金流会减少，同时资产负债率还会在高位水平维持一段时间。

三、对资产负债表相关指标进行趋势分析

资产负债表反映截至某一时点企业所拥有的资源和对应的资金来源。运用资产负债表项目构建的相关财务指标，可以更加明确地揭示企业的财务状况和经营成果，这些指标的计算可以参见第八章相关内容。这些指标主要包括反映偿债能力的流动比率、速动比率、现金比率和资产负债率；反映营运能力的应收账款周转率、存货周转率、流动资产周转率、固定资产周转率和总资产周转率；反映盈利能力的总资产净利率和净资产收益率。用这些指标不同时期的数值构建时间序列，通过趋势分析，可以发现企业在控制财务风险、提高资产使用效率和增强盈利水平方面的业绩以及存在的问题，从而对企业在较长时间内的经营管理效果有更深刻的认识，并可以从某种程度上推测企业未来的发展趋势。

【例 2-6】青岛海尔股份有限公司 2012—2016 年资产负债表主要财务指标趋势分析。数据见表 2-11。

表 2-11 青岛海尔 2012—2016 年主要财务指标

项 目	2012	2013	2014	2015	2016
流动比率	1.27	1.30	1.43	1.38	0.95
速动比率	1.04	1.11	1.24	1.17	0.74
现金比率(%)	52.0	54.3	68.0	62.3	32.1
资产负债率(%)	69.0	67.2	61.2	57.3	71.4
应收账款周转率(次)	21.92	20.32	20.15	13.95	13.02
存货周转率(次)	11.49	11.61	12.43	9.62	9.55
固定资产周转率(次)	16.27	16.13	15.56	11.37	9.94
总资产周转率(次)	1.79	1.57	1.42	1.13	1.50
总资产净利率(%)	1.4	12.1	11.8	8.8	10.3
净资产收益率(%)	4.4	31.3	27.2	18.4	20.8

通过表 2-11 中偿债能力指标连续五年的变化可以发现，由于 2016 年收购 GEA 事件，导致短期偿债能力和长期偿债能力都有所下降。由于公司货币资金充足，所以预计下一年度偿还了短期借款后，短期偿债能力指标会有所提升，但长期偿债能力指标很难马上得到改进。

通过表 2-11 中营运能力指标连续五年的变化可以发现，公司资产利用效率有待改进。周转率指标近三年呈现下降趋势，这与公司的持续扩张有关，要根据以后会计期间对营业收入增幅的预计，来进一步分析未来周转率指标是否会有所改进。

同样也可以观察出，由于近年的扩张，使得反映盈利能力的指标也呈现下降趋势。综上所述，未来这些指标的走向要视公司并购后整合的力度和效果而定，可以预见的是在短期内，这些指标不会马上有非常大的改进。

总之，利用时间序列可以比较清晰地发现资产负债表主要项目和相关指标的发展变化过程，判断企业对于其经济资源的利用程度、企业资本结构的合理性和企业管理质量的高低，从而对资产负债表在较长时间内的发展变化形成一个更完整的认识。

本章小结

本章介绍了资产负债表的基本结构和内容，并在此基础上对资产负债表的资本资产结构及相互匹配程度进行分析；对资产负债表主要项目进行了详细的分析和解读，强调充分利用资产负债表报表附注的信息，在理解各主要项目会计处理方法的基础上，研究各项目质量的好坏及其对资产负债表总体质量的影响；最后结合趋势分析方法形成对资产负债表的总体认识。

需要注意的是，在分析企业资产负债表过程中，必须注意纵向和横向的对比，只有将企业自身的情况与该企业以前期进行对比，与同行业其他企业或行业标准进行对比，才能得出更加全面、深刻、准确的分析结论。

章后练习

思考题

1.如何理解资产负债表的基本结构和平衡关系？

2.为什么资产负债表能够反映企业的财务风险？

3.资本资产配比结构有哪几种形式？每一种形式的特点是什么？

4.如何结合资产负债表、利润表和现金流量表对货币资金进行分析？

5.以公允价值计量且其变动计入当期损益的金融资产与可供出售金融资产的区别和联系是什么？如何对它们进行分析？

6.应收账款的周转好坏是否会影响企业未来的盈利能力？

7.存货结构分析中库存商品存货的比重是不是越低越好？

8.影响固定资产周转速度的因素有哪些？

9.母公司和合并报表中长期股权投资的差额体现了什么？对母公司和合并报表长期股权投资进行分析时应重点关注哪些方面？

10.投资性房地产的特点是什么？对于投资性房地产的分析应包括哪些方面？

11.递延所得税资产和递延所得税负债如何进行确认？这两个项目对资产负债表有何影响？

12.商业债权和商业债务如何结合起来分析企业营运资金管理的水平？

13.长、短期银行借款对企业偿债能力的影响是什么？

14.对于应付债券如何进行分析？

15.预计负债和或有负债的区别在哪些方面？如何进行分析？

16.上市公司股本变动都有哪些情形？

17.为什么要对自我积累和投入资本进行对比分析？

18.盈余公积的作用是什么？如何进行分析？

19.未分配利润如何进行分析？

20.为什么要运用时间序列对资产负债表进行趋势分析？分析时应用的方法有哪些？

本章作业

(一)练习题

1.A 公司是一家制造业上市公司，其 2014—2016 年相关数据如下表所示：

A 公司 2014—2016 年资产负债表相关数据

单位：万元

项　目	2014	2015	2016
流动资产	494 278	594 999	808 029
非流动资产	115 868	137 990	158 764
流动负债	161 830	241 999	289 880
非流动负债	5 549	9 885	116 475
股东权益	442 767	481 105	560 438
总资产	610 146	732 989	966 793

要求：

(1)分析该公司总资产规模的变化；

(2)分析该公司资产的配置结构及其变化；

(3)分析该公司资金来源的配置结构及其变化；

(4)分析该公司资本资产结构及其变化；

(5)计算该公司连续三年的流动比率和资产负债率，并分析其财务风险的大小。

2.B公司为一家白酒上市公司，其2015—2016年相关数据如下表所示：

B公司2015—2016年资产负债表相关数据

单位：万元

项　目	2015	2016
营业成本	——	801 572
存货账面余额	557 452	671 779
减：存货跌价准备	3 801	3 776
存货账面价值	553 651	668 003
其中：原材料、包装物	53 191	42 521
在产品、自制半成品	376 684	506 668
库存商品	123 776	118 814

要求：

(1)计算并分析该公司存货的构成比例及其变化，结合白酒行业的特点，分析其结构变化对存货质量的影响；

(2)计算该公司存货跌价准备占存货账面余额的比值，通过其连续两年的变化，判断存货的变现能力；

(3)计算该公司2016年存货周转次数和周转天数。

3.C公司为一家传统中医药制造和销售上市公司，其2014—2016年有关资料如下表所示：

B公司2014—2016年资产负债表相关数据

单位：万元

项　目	2014	2015	2016
应收票据	32 054	32 538	91 845
应收账款	62 475	86 465	92 579
预付账款	14 338	17 441	22 073
应付账款	185 180	182 058	218 103
预收账款	28 425	18 460	26 116
营业收入	——	968 587	1 080 876

要求：

(1)通过该公司连续三年商业债权和债务的数量变化，分析该公司营业活动中与供应商、客户货款往来的特点，判断其议价能力的高低；

(2)计算2015—2016年连续两年应收账款周转次数和周转天数，并分析该公司应收账款变现能力的大小。

(二)案例与分析

1.Excel 实务演练

新建一个 Excel 表,命名为"资产负债表分析",输入案例公司年报资料,利用该公司的资产负债表,在 Sheet1 中对该公司近三年的资产负债表进行分析,包括对资产、负债、股东权益各项目匹配程度进行分析;对资产资本配比结构和资产负债表主要项目进行分析,可以借助同行业的公司进行对比,分析公司资产负债表各项目及总体的质量。在 Sheet2 中对该公司近三年的资产负债表表进行趋势分析,并预测公司未来财务状况发展趋势。

2.章节报告

结合本章理论分析框架,根据上述分析数据,撰写案例公司 2016 年资产负债表质量分析报告。

小贴士:本章教学微视频请扫描以下二维码观看

第三章

利润表分析

学习目标：通过本章的学习，使学生了解利润表的性质和作用，理解利润表的格式与结构特征；掌握利润表中各项目含义及质量特征；能够运用利润质量分析方法对利润形成过程的一般规律、现金获取质量和相应资产的增值状况进行分析；掌握利润表趋势分析方法。

引导案例

利润表分析的必要性

2015年6月23日，北大荒农业股份有限公司（以下简称北大荒）发布公告称，公司收到中国证监会《行政处罚及市场禁入事先告知书》，坐实北大荒虚增利润逾5 000万元。

调查结果显示，2011年11月至12月，北大荒鑫亚经贸有限责任公司向北大荒青枫亚麻纺织有限责任公司销售4 071.03吨亚麻时，与青枫亚麻串通，另签订虚假合同，每吨加价4 600元，虚增2011年度利润1 600.58万元。同时，北大荒鑫亚委托鸡东县忠旺粮库代理收购、保管及销售水稻。2011年，忠旺粮库将代理北大荒鑫亚保管的35 325.87吨水稻烘干整理后剩余33 600.51吨，与北大荒鑫亚的经办人赵亚光联系确定价格后，销售取得含税收入7 420.96万元，北大荒鑫亚此项业务为亏损。为了不暴露亏损并完成目标任务，北大荒鑫亚通过伪造合同等方式，使本项水稻销售共确认含税收入1.14亿元，导致虚增利润3 524万元。

据了解，2008年8月，北大荒出资设立了北大荒鑫亚。2010年8月，北大荒将所持北大荒鑫亚51%的股权转让给黑龙江北大荒米业集团有限公司，但在实际工作中，北大荒鑫亚仍直接归北大荒管理。2013年3月，北大荒米业将所持北大荒鑫亚51%股权以0元转让给北大荒。在2011年度至2013年度报告中，北大荒一直将北大荒鑫亚披露为其全资子公司。

根据调查我们可以发现，北大荒的利润虚增是从2011年就开始的，那么为什么直到2015年才被发现呢？除了北大荒巧妙地利用财务手段掩盖其虚增的利润之外，最主要的还是人们忽略了对其利润表的分析。事实上，这已经不是北大荒第一次因“撒谎”受罚。北大荒自2012年多元化转型并开始进军房地产和金融业以来，不断陷入“私拆借款”“独董屡屡提出反对意见”“出售子公司疑云”“王亚伟概念”“地租疑被侵占”等舆论漩涡。因此,加强利润表分析,尤其是对其利润形成过程及其质量的分析,是防范上市公司财务造假、遵守资本市场"游戏规则"的必要手段之一。

资料来源:根据金羊网—《羊城晚报》(广州)(2015年06月24日)改编。

第一节 利润表概述

利润表(income statement or profit and loss account),也被称为损益表,是反映企业在一定会计期间(如月度、季度、年度)经营成果的财务报表。利润表是一种动态的时期报表,主要揭示企业一定时期内的收益或亏损情况。

一、利润表的项目分类

利润表项目分为收入、成本费用和其他项目三大类别。

(一)收入类

收入(revenue)是指企业在日常活动中形成的、会导致所有者权益增加的、与所有者投入资本无关的经济利益的总流入。收入具有以下特点:一是收入形成于企业的日常活动中,包括销售商品、提供劳务、让渡资产使用权产生的,而不是从偶发的交易或事项中产生的;二是收入可能表现为经济利益流入从而导致企业资产的增加或负债的减少,或二者兼有;三是收入能引起企业所有者权益的增加;四是收入的本质是经济利益的流入,包括销售商品收入、提供劳务收入和让渡资产使用权收入,不包括为第三方或客户代收的款项,如增值税、代收利息等。

(二)成本费用类

这里的成本(cost)费用(expense)类项目是一个广义的概念,包括利润表中所有引起企业净利润下降的因素,如营业成本、管理费用、财务费用、销售费用、资产减值损失以及所得税等。严格地说,成本是指企业为生产产品、提供劳务而发生的各种耗费;费用是指企业为销售商品、提供劳务等日常活动所发生的经济利益的流出。企业应将当期已销产品(或商品)以及已提供劳务的成本转入当期的费用。由于费用是为了取得收入而发生的,因此费用的确认应当与收入的确认相联系。确认费用应遵循权责发生制原则和配比原则。

(三)其他项目类

其他项目主要包括除上述收入、成本费用项目之外的其他利润表项目,如公允价值变动收益(损失)、投资收益、营业外收入、营业外支出、其他综合收益以及综合收益等。

二、利润表的格式

利润表是根据"利润=收入-费用"的基本关系,依据权责发生制原则编制的。在实际编制中,不同国家和企业对财务报表信息的需要不完全一样,在利润表中收入和费用的排列方式也不完全相同,一般包括单步式和多步式两种格式。单步式利润表通常采用左右对照的账户式结构，左边反映各种费用及损失类项目，右边反映企业各种收入和利得类项目，两者相减的差额，即为本期实现的净利润(或净亏损)总额。多步式利润表通常采用上下加减的报告式结构，分步骤计算净利润。此外，普通股或潜在普通股已公开交易的企业，以及正处于公开发行普通股或潜在普通股过程中的企业，还应当在利润表中列示每股收益信息。

从单步式和多步式两种利润表的编制格式对比来看，单步式利润表的优点是比较直观、简单，易于编制，但缺点在于不能揭示出利润各构成要素之间的内在联系，诸如营业利润、利润总额等中间性信息无法直接从利润表中得到；多步式利润表恰好能弥补单步式利润表的缺陷，能清晰地反映企业净利润的形成步骤，准确揭示利润表各构成要素之间的内在联系，提供了丰富的中间信息，但不足之处在于加减步骤较多，计算烦琐，且容易让报表使用者产生收入和费用的配比有先后顺序的误解。

我国利润表的编制采用多步式格式。具体如表 3-1 所示。

表 3-1　利润表

编制单位：　　　　　　　　　　年　月　　　　　　　　　　单位：元

项　　目	本期金额	上期金额
一、营业收入		
减：营业成本		
营业税金及附加		
销售费用		
管理费用		
财务费用		
资产减值损失		
加：公允价值变动收益(损失以“－”号填列)		
投资收益(损失以“－”号填列)		
其中：对联营企业和合营企业的投资收益		
二、营业利润(亏损以“－”号填列)		
加：营业外收入		
减：营业外支出		
其中：非流动资产处置损失		
三、利润总额(亏损以“－”号填列)		
减：所得税费用		
四、净利润(净亏损以“－”号填列)		
五、其他综合收益的税后净额		
(一)以后不能重分类进损益的其他综合收益		

续表

项　　目	本期金额	上期金额
1.重新计量设定受益计划净负债或净资产的变动		
2.权益法下在被投资单位不能重分类进损益的其他综合收益中享有的份额		
(二)以后将重分类进损益的其他综合收益		
1.权益法下在被投资单位以后将重分类进损益的其他综合收益中享有的份额		
2.可供出售金融资产公允价值变动损益		
3.持有至到期投资重分类为可供出售金融资产损益		
4.现金流量套期损益的有效部分		
5.外币报表折算差额		
六、综合收益总额		
七、每股收益		
(一)每股基本收益		
(二)稀释每股收益		

利润表中各项目之间的联系可通过下列计算公式表示：

营业利润＝营业收入－营业成本－营业税金及附加－销售费用－管理费用－财务费用－资产减值损失±公允价值变动损益＋投资收益 (3-1)

利润总额＝营业利润＋营业外收入－营业外支出 (3-2)

净利润＝利润总额－所得税费用 (3-3)

综合收益总额＝净利润＋其他综合收益的税后净额 (3-4)

三、利润表分析的内容

(一)利润表结构分析

利润表结构分析主要关注企业利润表自身结构所包含的质量信息，通过将利润表中主要的“阶段性”利润概念与相关项目进行对比分析，揭示企业利润质量状况。

(二)利润表项目分析

利润表项目分析通过对利润表的主要“阶段性”利润概念进行深入剖析，揭示利润形成过程的一般规律、现金获取质量和相应资产的增值状况。

(三)利润表趋势分析

利润表趋势分析主要是通过分析企业获取收入和控制成本费用的能力，结合宏观经济、行业、企业经营战略等信息对收入和成本费用的影响，综合分析和预测企业利润规模的发展水平和趋势。

四、利润表分析的意义

(一)解释、评价和预测企业的经营成果和获利能力

利润表反映的是企业在一定期间内所有的收益(包括营业收入、公允价值变动收益、投资收益和其他收益)与所有的费用(包括营业费用、其他费用与损失),并据以计算出该期间的利润(或损失)总额。利用利润表可以评价企业经营效率和成果,评估投资价值和报酬,从而能够衡量一个企业在经营管理上的成功程度。比较和分析利润表中各项收入、费用、利得、损失的构成要素,比较企业前后各期和行业间的主要利润率指标,还可以了解企业的获利能力,并可据以预测企业在未来一定时期内的盈利趋势。

(二)解释、评价和预测企业的偿债能力

企业的偿债能力受多种因素的影响,而获利能力的强弱是决定偿债能力的一个重要因素,因为归根到底,借款本金和利息的偿还都需要由借款所产生的效益决定。尤其对于企业的长期债权人而言,更看重企业的未来发展。如果企业的获利能力不强,影响资产的流动性,就会使企业的财务状况逐渐恶化,进而影响企业的偿债能力。因此,通过分析和比较利润表中的相关信息,可以间接地解释、评价和预测企业的偿债能力,尤其是长期偿债能力,并揭示偿债能力的变化趋势。

(三)为企业管理者的经营决策提供重要参考

企业管理者利用利润表可以考核企业利润计划的完成情况,分析利润增减变动的原因,以便进一步找出管理中的漏洞和弊端;通过对利润的形成进行结构分析,找出利润的主要来源渠道,有助于完善经营管理,提高经营管理水平和经济效益。

(四)评价和考核企业管理者的绩效

利润表中的各项数据,实际上体现了企业在生产、经营和理财方面的管理效率和效益,是对企业经营绩效的直接反映,是经营者受托责任履行情况的真实写照,因而是所有者考评经营者受托责任履行情况的重要依据。

第二节　利润表结构分析

多步式利润表按照企业收益形成的主要环节,通过营业利润、利润总额、净利润和综合收益四个层次分步披露企业的收益,并详细地揭示企业收益的形成过程。利润表结构分析是将利润表的主要“阶段性”利润概念与相关项目进行对比分析,揭示企业利润质量状况。

(一)核心营业利润与其他利润对比分析

营业利润是企业从营业活动中获得的利润。企业营业利润的多少,代表了企业的总体经营水平和效果。由于新准则下营业利润口径的扩展,除经营活动产生的利润(即“核心营业利润”,详见本章第三节)外又增加了“投资收益”、“公允价值变动损益”和“资产减值损失”三项指标,因此笼统分析营业利润这一指标已失去原有意义,需对其构成进一步分析。对于一个具有发展前景的经营主导型企业而言,其核心营业利润应该远远高于其他利润(如投资收益、公允价值变动损益等)。一方面,投资收益中来源于资本市场的证券

投资收益部分，其收益是没有保障的，不能期望它经常地、定期地发生。另一方面，公允价值变动损益实质上是一种已确认但尚未实现的损益，资产持有期间的公允价值变动即浮盈并未落袋为安，不是企业实实在在的利益。如果该项目占比较大，表明未来利润结构的波动性会较大。因而，核心营业利润是经营主导型企业核心竞争力的体现，若营业利润中的其他利润占比较大，则不应给予过高评价。

（二）营业利润与营业外损益对比分析

营业活动是企业赚取利润的基本途径，营业利润是企业经常业务利润，具有相对稳定、可持续发生等特征。国内外大量实证研究结果表明，营业利润的持续增长是企业盈利持久性和稳定性的源泉。而营业外损益（主要为处置非流动资产收益）则属于一次性收入、偶然业务利润，不具有可持续性，因而并不能代表企业的盈利能力。如果一个企业的偶然业务利润占了大部分，则可能意味着该企业在自身所处行业中处境堪忧，需要以其他方面的收入来维持收益，这无疑是很危险的。

【例 3-1】青岛海尔股份有限公司营业利润与营业外损益对比分析。数据如表 3-2 所示。

表 3-2　青岛海尔营业利润与营业外损益对比分析

项　　目	2014 年	2015 年	2016 年
营业利润（万元）	830 032.67	645 822.68	711 755.47
营业外收入（万元）	37 833.54	61 846.27	142 304.03
营业外支出（万元）	10 227.4	9 591.62	35 739.47
营业外收支净额（万元）	27 606.14	52 254.65	106 564.6
利润总额（万元）	857 638.81	698 077.33	818,320.03
营业利润占利润总额比重（%）	96.78	92.51	86.98
营业外收支净额占利润总额比重（%）	3.22	7.49	13.02

资料来源：青岛海尔股份有限公司 2014—2016 年度财务报告。

从表 3-2 可以看出，由于受到合并报表范围调整和报告期内行业持续低迷的影响，2015 年青岛海尔营业利润和利润总额较上一年度显著下降，虽在 2016 年有所回升，但仍低于 2014 年水平。同期营业外收入均大幅增加，导致营业外收支净额从 2014 年开始持续快速增长，年均增幅接近 100%。因此，2014—2016 年期间，虽然营业利润仍然是利润总额的绝对来源，但营业外损益在利润总额中的份额明显增长。由于营业外损益主要来源于处置非流动资产和政府补助，具有一定的偶发性，对利润的贡献并不稳定，因此值得公司予以关注。

（三）内部利润与外部利润对比分析

内部利润是指依靠企业生产经营活动取得的利润，具有较好的持续性。外部利润是指通过政府补贴、税收优惠或接受捐赠等从公司外部转移来的收益。一般来说，外部收益的持续性较差，外部收益比例越大，收益的质量越低。这是因为，补贴收入或税收优惠等受到国家政策及其他宏观政策影响很大，一旦国家政策发生变化，补贴或优惠减少，这些企业就可能由“优”变“劣”。当然，如果企业能够在较长时间内享受政策优惠，则其收益水平将在此期间内有一定的保障。

(四)净利润与其他综合收益对比分析

在综合收益观下，综合收益可以表示为“综合收益＝净收益＋其他综合收益”，其中净收益(净利润)就是传统意义上的税后利润，其他综合收益指的是除净收益以外在各个会计期间内的其他非企业所有者交易引起的权益变动。与净利润相比，综合收益包括了那些未实现的、超越损益表的利润和损失的要素，能更好地反映当期净资产的全面变动情况。而我国现行会计准则也充分体现了综合收益观，将“公允价值变动损益”“资产减值损失”作为直接计入利润的利得和损失纳入利润表，使利润表中包含部分“其他综合收益”(未实现资产持有利得和损失)的内容，而另一部分的“其他综合收益”项目在利润表中列示于净利润之下，最后通过“综合收益总额”项目全面揭示企业净利润与其他综合收益的合计金额。

基于此，综合考察净利润和其他综合收益两项指标，才能更加真实地反映企业的价值增值。但同时也应注意，由于公允价值计量方法不可避免地带有主观估计因素，因此其他综合收益分析的准确性会受到一定影响。

第三节　利润表项目质量分析

一、营业利润质量分析

营业利润是企业从营业活动中获得的利润。根据我国现行会计准则的规定，营业利润的口径有所扩展，将“投资收益”“公允价值变动损益”“资产减值损失”等项目纳入其范畴。企业营业利润的多少，代表了企业的总体经营水平和效果。通常企业营业利润越高，效益越好。

对营业利润的质量分析主要关注三个方面：一是营业利润构成分析；二是营业利润与现金流量表中相关项目的配比分析；三是营业利润与资产负债表中相关项目的配比分析。通过考察营业利润形成过程、现金获取质量和相应资产的增值状况，以期综合反映营业利润质量。

(一)营业利润构成分析

由上述公式 3-1 可看出，营业利润由三部分构成，即由经营活动产生的利润(营业收入－营业成本－营业税金及附加－销售费用－管理费用－财务费用)、由投资活动产生的利润(投资收益)和未实现的利得和损失部分(资产减值损失和公允价值变动损益)。

1.经营活动产生的利润分析

由于新会计准则下营业利润口径的扩展，因此在分析经营活动产生的利润时，需要建立一个新的分析指标，即核心营业利润，用来描述企业经营活动产生的利润。核心营业利润考虑营业收入、营业成本、营业税金及附加、期间费用(销售、管理和财务费用)等因素，其计算公式为：

核心营业利润＝营业收入－营业成本－营业税金及附加－期间费用　　(3-5)

因此对于核心营业利润的质量分析主要是对上述各项因素的质量分析。

(1)营业收入分析

营业收入(operating revenue)是指企业自身营业活动所取得的收入,包括主营业务收入和其他业务收入。企业取得营业收入是其生产经营业务的最终环节,是企业生产经营成果能否得到社会承认的重要标志。同时,营业收入还是很多经济指标计算的基数。值得注意的是,新会计准则取消了主营业务和其他业务的划分,将二者统一列示在营业收入中,但该结构性的信息在报表分析中仍有重要影响,不可忽视。因此,对该项目的准确分析至关重要。具体分析包括以下四点:

①营业收入的品种构成分析。对于大多数企业而言,都从事多种商品或劳务的经营活动。在从事多品种经营的条件下,企业不同商品或劳务的营业收入构成对信息使用者具有十分重要的意义:占总收入比重大的商品或劳务是企业过去业绩的主要增长点,利用品种构成信息可以预测企业未来的盈利趋势。

②营业收入的地区构成分析。当企业为不同地区提供产品或劳务时,营业收入的地区构成对信息使用者也具有重要价值:占总收入比重大的地区是企业过去业绩的主要增长点。从消费者的心理与行为特征来看,不同地区的消费者对不同品牌的商品具有不同的偏好,不同地区的市场潜力则在很大程度上制约企业的未来发展。

③关联方交易在营业收入中的构成分析。关联方交易与财务报表粉饰并不存在必然联系,如果关联方交易确定以公允价值定价,则不会对交易的双方产生异常的影响。但事实上,有些企业的关联方交易采取了协议定价的方法,定价的高低取决于公司的需要,使得利润在关联方之间转移,而这种利润很难有相应的现金流入,导致质量很差。此外,由于关联方之间的密切联系,关联方之间可能为了"包装"某个企业的业绩而人为地制造一些业务。因此,信息使用者要关注财务报表附注对于关联方交易的披露,分析其交易价格、交易实现时间等方面的非市场化因素的合理性。

④主营业务收入和其他业务收入的比例构成分析。主营业务收入是指企业经营主营业务所取得的收入。其他企业收入是指企业除主营业务以外的其他销售或其他业务所取得的收入,如材料销售、代购代销、包装物出租等收入。在正常情况下,主营业务收入应当构成营业收入的主要来源,其他业务所占比重不应过大。若企业其他业务收入比重过大,则有副业冲击主业之嫌,表明企业的资源占用可能不尽合理。由于新会计准则实施后,营业收入不再区分主营业务收入和其他业务收入,因此需结合财务报表附注中对营业收入的解释做进一步分析。

(2)营业成本分析

营业成本(operating cost)是指与营业收入相关的,已经确定了归属期和归属对象的成本。在不同类型的企业中,营业成本有不同的表现形式。在制造业或工业企业中,营业成本表现为已销售产品的实际生产成本,可根据已销产品的数量和实际单位成本计算得出;在商品流通企业中,营业成本表现为已销商品的成本,即商品采购成本,是商业企业为销售商品而在采购时支付的成本。

营业成本包括主营业务成本和其他业务成本。与营业收入一样,在新准则中取消了主营业务成本和其他业务成本的划分,将二者统一列示在营业成本中,因此需结合财务报表附注中的内容详细分析。具体分析包括以下两点：

①营业成本自身的分析。企业营业成本水平的高低，既有企业不可控的因素(如受市场因素的影响而引起的价格波动)，也有企业可以控制的因素(如在一定市场价格水平条件下，企业可以通过选择供货渠道、采购批量等来控制成本水平)，还有企业通过成本会计系统的会计核算对企业成本的处理。因此，对营业成本自身提高或降低的评价应结合多种因素进行。

②营业成本与营业收入的配比分析。从企业利润的形成过程看，企业的营业收入减去营业成本后的余额为毛利(gross profit)，毛利与营业收入之比为毛利率(gross profit margin)。企业必须有毛利(毛利率非负)，经营活动才有可能产生利润。一般来说，追求一定规模的毛利和较高的毛利率是企业的普遍心态，也代表了企业较强的竞争优势。在具体分析中，应结合行业、企业经营情况等分析毛利率的合理性，若毛利率过高或过低，应进一步分析原因。

如果企业拥有较高毛利率，可能是因为：企业所从事的产品经营活动具有垄断地位，垄断地位会为企业带来较高的毛利率，在这种情况下，应该关注企业所拥有的垄断地位会保持多久；企业所从事的产品经营活动如果由于各种原因具有较强的核心竞争力，会比同类企业的毛利率高，在这种情况下，应该关注企业长期保持其核心竞争力的能力；企业所从事的产品经营活动由于行业周期性波动而出现暂时的走高，在这种情况下，应该关注企业所从事行业的周期变化规律；企业由于多生产产品导致产大于销、存货积压而引起毛利率提高，在这种情况下，应该关注企业的产品生产决策是基于市场的未来需求还是纯粹的决策失误；企业会计处理不当，故意选择调高毛利率的手段，在这种情况下，应该关注注册会计师出具的审计报告的意见类型与措辞。

如果企业拥有较低毛利率，可能是因为：企业所生产产品的生命周期已经到达衰退期，在这种情况下，通常会伴随全行业的毛利率下滑，此时，应关注企业在产品转型、产品开发方面的状况，分析企业未来盈利模式的变化情况；企业所生产的产品品牌、质量、成本和价格等在市场上没有竞争力，在这种情况下，应关注企业的核心竞争力体现在哪些方面，企业有无发展前景；企业会计处理不当，故意选择调低毛利率的手段，在这种情况下，同样应该关注注册会计师出具的审计报告的意见类型与措辞。总之，无论哪种情况造成的毛利率下降，都意味着企业产品的单位盈利能力在下降。

(3)营业税金及附加分析

营业税金及附加(sales tax and extra charges)是指企业日常活动应负担的税金，具体包括：①营业税。营业税是对提供劳务、转让无形资产或者销售不动产的单位和个人征收的一种税。营业税按照营业额和规定的税率计算应纳税额。②消费税。消费税是对在我国境内生产、委托加工和进口规定的烟、酒、化妆品等应税消费品的单位和个人征收的一种税。消费税的征收根据不同的应税消费品以固定的比例税率或定额税率来计算。③城市维护建设税。城市维护建设税是国家对缴纳增值税、消费税、营业税的单位和个人就其实际缴纳的“三税”金额为计税依据而征收的一种税。④资源税。资源税是国家对在我国境内开采矿产品或生产盐的单位和个人征收的一种税。资源税的应纳税额，一般按照应税产品的课税数量和规定的单位税额计算。⑤教育费附加。教育费附加是为了加快发展地方教育事业、扩大地方教育经费的资金来源而征收的一种税。它以各纳税单位和个人实际缴纳的增值税、消费税和营业税的税额为计税依据，按一定的附加率计征。

分析营业税金及附加时，应将该项目与企业的营业收入配比，并进行前后期间的比较。因为企业在一定时期内取得的营业收入要按国家规定交纳各种税金及附加。如果二者不匹配，则可能说明企业有"偷、漏税"之嫌。

(4)销售费用分析

销售费用(selling expense)是指企业在销售商品、提供劳务的过程中发生的费用，包括应由企业负担的包装费、运输费、广告费、装卸费、保险费、展览费、租赁费(不含融资租赁费)和销售佣金、销售人员的薪酬以及专设销售机构的经常性费用等。

销售费用是随时间推移而发生的，与当期商品销售直接相关，而与产品的产量、产品的制造过程无直接关系，因而在发生的当期从损益中扣除。从销售费用的功能来分析，有的与企业的业务活动规模有关(如运输费、装卸费、整理费、包装费、保险费、销售佣金、差旅费等)，有的与企业从事销售活动人员的待遇有关(如销售人员的薪酬)，有的与企业的未来发展、开拓市场、扩大品牌知名度等有关(展览费、广告费等)。从企业管理层对上述各项费用的有效控制看，尽管管理层对诸如广告费、销售人员的工资和福利费等可以采取控制或降低其规模等措施，但这种控制或降低将会影响相关人员的积极性，也会对企业长期发展带来不利影响。因此，具体分析时应注意以下两点：

①销售费用水平。一般来说，在企业的产品结构、销售规模、营销策略等方面变化不大的情况下，企业的销售费用规模变化不会太大。这是因为，变动性销售费用会随着业务量的增长而增长，固定性销售费用则不会有较大变化。如果分析中发现在某些特定会计期间，企业的销售费用在年度间出现了巨额变化，无论数额增减，都很有可能是进行会计调整的结果，这时应特别关注注册会计师出具的审计报告。

②销售费用率。销售费用率是销售费用与营业收入的比率，反映了销售费用的有效性。在企业业务发展时，由于面临激烈的竞争，销售费用率在合理范围内的上升能在一定程度上反映企业所面临的市场竞争环境。

(5)管理费用分析

管理费用(administrative expense)是指企业行政管理部门为组织和管理生产经营活动而发生的各项费用，包括由企业统一负担的管理人员的薪酬、差旅费、办公费、劳动保险费、待业保险费、业务招待费、研究支出、董事会会费、工会经费、职工教育经费、咨询费、诉讼费、商标注册费、技术转让费、排污费，矿产资源补偿费、聘请机构中介费、修理费、房产税、土地使用税、车船使用税、印花税、审计费用以及其他管理费用。

对管理费用分析时，一方面，与销售费用一样，从企业管理层对各项管理费用的有效控制来看，尽管管理层可以对诸如业务招待费、研究支出、董事会会费、职工教育经费、涉外费、租赁费、咨询费、审计费、诉讼费、修理费、管理人员的薪酬等采取控制或降低其规模等措施，但是这种控制或降低会影响相关人员的积极性，同样对企业的长期发展不利。另一方面，管理费用中的折旧费、摊销费等是企业以前各个会计期间已经支出的费用，对这类费用的处理更多地受企业会计政策的影响，不存在控制其支出规模的问题。因此，对于管理费用的分析与销售费用一样，在企业的组织结构、管理风格、管理手段、业务规模等方面变化不大的情况下，企业的管理费用规模变化不会太大。此外，管理费用率是管理费用与营业收入的比率，反映管理费用的有效性，正常情况下也不应出现较大波动。

(6)财务费用分析

财务费用(financial expense)指企业在生产经营过程中为筹集资金而发生的各项费用，包括企业生产经营期间发生的利息净支出(减利息收入)、汇兑净损失(减汇兑收益，有的企业如商品流通企业、保险企业进行单独核算，不包括在财务费用里)、金融机构手续费以及筹资发生的其他财务费用等。特别地，在利润表中，"财务费用"项目所反映的是利息收入、利息支出以及汇兑损失的净额，因而数额可能是正数，也可能是负数。正数表明为利息、融资净支出；负数则表明为利息、融资净收入。

财务费用在经营期间发生的利息支出构成了企业财务费用的主体，与销售费用和管理费用不同，财务费用更多地表现为与贷款规模、贷款利率和贷款环境的关联性。因此在分析时应注意：

①贷款规模。如果因贷款规模的原因导致计入利润表的财务费用下降，企业则会因此而改善盈利能力。但同时也应注意到，企业可能会因贷款规模的降低而限制其发展。

②贷款利率。从企业融资角度看，贷款利率水平主要取决于一定时期资本市场的供求关系、贷款规模、贷款期限、贷款的担保条件以及贷款企业的信誉等。当然企业选择固定利率贷款或浮动利率贷款，所承担的利率水平也是不同的。一般而言，企业的财务费用与利率水平正相关。

③贷款环境。企业外部融资环境的改变也会引起企业财务费用发生改变。如果是由于企业融资环境恶化，导致企业贷款规模减少而相应降低财务费用；或由于经济不景气，政府宏观下调贷款利率而导致财务费用节约等，都不应给予过高的评价。

由于企业财务费用的变化主要反映企业的理财状况，通常认为与企业经营活动的相关性不显著，因此一般不测算财务费用率。但当企业的贷款融资主要用于补充流动资金和拓展企业的经营活动时，财务费用率(财务费用与营业收入的比率)也可以说明企业的产品经营活动对贷款使用的有效性。

综上分析，将核心营业利润与营业收入相比，计算得到核心营业利润率，该指标可用来衡量企业经营活动的基本盈利能力。此外，将该指标值与目标值、历史同期值以及对比其他企业值等进行比较，可以对企业经营活动的盈利能力进行更全面准确地分析。

【例 3-2】青岛海尔股份有限公司核心营业利润分析。数据如表 3-3 所示。

表 3-3 青岛海尔核心营业利润分析

项　目	2014 年	2015 年	2016 年
营业收入(万元)	9 692 976.39	8 979 716.60	11 906 582.52
营业成本(万元)	7 017 040.12	6 471 712.46	8 212 688.22
营业税金及附加(万元)	40 454.71	39 732.21	68 776.53
销售费用(万元)	1 257 978.16	1 310 835.02	2 125 410.32

续表

项目	2014年	2015年	2016年
管理费用(万元)	681 311.48	655 379.69	838 244.21
财务费用(万元)	−25 664.86	−51 389.34	72 089.48
核心营业利润(万元)	721 856.78	553 446.56	589 373.76
销售费用利润率(%)	12.98	14.60	17.85
管理费用利润率(%)	7.03	7.30	7.04
核心营业利润率(%)	7.45	6.16	4.95

资料来源:青岛海尔股份有限公司2014—2016年度财务报告。

由公式(3-5)可以计算出2014—2016年度核心营业利润。从表3-3可以看出,企业核心营业利润呈现先下降再上升的变化态势,与前面分析的营业利润的变化趋势一致,但与营业收入变化趋势不符。2016年的营业收入大幅增加,较2014年上升了22.84%,而核心营业利润同期下降了18.35%。究其原因,主要是由于2016年销售费用和财务费用增加所致,尤其是销售费用较2014年增加了66.17%,远超同期营业收入的增加幅度。同时,销售费用利润率呈逐年上升趋势,这一方面反映出市场竞争激烈,但同时也表明企业在费用控制方面需要进一步提升、改进。企业核心营业利润率逐年下降,表明企业经营活动盈利能力有所下降,这对于经营活动主导型的企业而言,是必须给予足够重视的。

2.投资活动产生的利润分析

随着资本市场的逐步完善,在投资活动中获取收益或承担亏损已经成为企业正常经营活动不可分割的一部分,甚至是利润总额的重要组成部分。因此,我国现行会计准则将"投资收益"项目纳入营业利润的范畴。投资收益(investment income)是指企业以各种方式对外投资所取得的收益(或发生的损失)。投资收益是企业对外投资的结果,是企业除了正常的生产经营取得利润之外的第二条获取收益的途径。

企业保持适度规模的对外投资,表明企业具备较高的理财水平。同时也应注意到,投资是通过让渡企业的部分资产而换取的另一项资产,即通过其他单位使用投资者投入的资产所创造的效益而分配取得的,或通过投资改善贸易关系等手段达到获取利益的目的。正是由于对外投资这种间接获取收益的特点,其投资收益的高低及其真实性不易控制。企业的投资收益主要来源包括:金融资产处置收益、金融资产持有期间取得的利息及股利收益、长期股权投资转让收益、成本法确认的长期股权投资收益、权益法确认的长期股权投资收益。投资收益分析通常包括以下几方面:

(1)投资收益核算方法选择分析

对于长期股权投资而言,有成本法和权益法两种核算方法。投资企业对其子公司的投资采用成本法核算。在被投资单位宣告分派的现金股利或利润时,投资方按照享有的份额确认投资收益。在处置长期股权投资时,将实际收到的金额与长期股权投资账面价值的差额计入投资收益,投资企业对合营企业和联营企业的投资采用权益法核算。当被投资企业实现净利润或者发生净亏损时,投资企业应当按照投资比例确认当期投资收益。

处置采用权益法核算长期股权投资时，除将实际收到的金额与长期股权投资账面价值的差额计入投资收益外，还需要将资本公积转入投资收益。

对于交易性金融资产而言，它是以公允价值计量且其变动计入当期损益的资产。在资产负债表日，企业应将公允价值的变动计入公允价值变动损益。处置该金融资产和负债时，其公允价值与初始入账金额之间的差额被确认为投资收益，同时将公允价值变动损益转入投资收益。

对于可供出售金融资产而言，在持有期间取得的利息和现金股利，应当计入投资收益。资产负债表日，可供出售金融资产应当以公允价值计量，且公允价值变动计入资本公积。处置该资产时，应将取得的价款与账面价值之差计入投资收益，同时将资本公积转入投资收益。

对于持有至到期投资与贷款和应收款项而言，在持有期间，企业应采用实际利率法，按照摊余成本和实际利率计算确定利息收入，将利息收入计入投资收益。处置该投资时，应将所取得价款与持有至到期投资账面价值之间的差额计入投资收益。

综上所述，对于上述各项金融资产而言，公允价值计量属性的引入并没有改变投资收益的数额。因此，在分析中，应主要关注长期股权投资的投资收益核算方法的选择是否正确，因为不恰当地采用成本法可以掩盖企业的投资损失，或转移企业的资产；而不恰当地采用权益法则可以虚报企业的投资收益。

(2)投资收益与核心营业利润的相关性分析

从会计核算的过程中看，企业的投资收益主要与企业的对外投资活动有关，企业核心营业利润主要与经营活动有关，因此二者在数量上并没有直接关系。但在我国部分上市公司中，往往在企业扭亏为盈或保持盈利势头的关键年份，出现了二者在数量上互补性变化的态势。即在企业核心营业利润较高的年份，投资收益往往较低；而在企业核心营业利润较低，企业实现目标利润总额和净利润的压力较大的年份，投资收益往往会以较高的金额帮助企业扭亏为盈或继续保持盈利形象，充当了“中流砥柱”的角色。因此，企业在投资收益数量上的变化是否合理，一方面可以通过对注册会计师出具的审计报告的措辞进行分析，另一方面也可以通过对企业的投资方向进行结构分析来加以验证。

(3)投资收益的持久性分析

投资收益包括长期股权投资收益和金融资产投资收益。一般而言，长期股权投资所取得的投资收益是企业在正常的生产经营中所取得的可持续投资收益。对于投资者而言，投资收益是被投资企业生产经营状况好转带来的投资回报，这部分的可持续发展能力较强，质量相对较高；而当投资收益项目主要来源于偶然性或一次性收入，如出售金融资产得到的投资收益时，就需要结合财务报表附注详细分析获取投资收益的项目及原因。如果上市公司的证券投资在总投资中的比例很高，且其中投资其他上市公司证券所占的比例也很高，那么该上市公司的投资收益会随着证券市场的波动而变化，其可持续获利能力会比较差。因此，需要综合判断投资收益对企业盈利能力的长期影响。

【例 3-3】青岛海尔股份有限公司投资收益分析。数据如表 3-4 所示。

表 3-4　青岛海尔投资收益数据

项　　目	2014 年	2015 年	2016 年
投资收益(万元)	119 258.00	132 030.22	161 971.74
投资收益占营业利润比重(%)	14.37	20.44	22.76

资料来源:青岛海尔股份有限公司 2014—2016 年度财务报告。

从表 3-4 可以看出,企业投资收益逐年稳步上升,虽然对于营业利润的贡献率远低于核心营业利润,但与前面分析的核心营业利润逐年下降的变化态势不同,投资收益所占比重呈逐年上升态势。通过进一步分析投资收益构成,可以发现 2016 年投资收益的增长主要由于“处置可供出售金融资产产生的投资收益”一项大幅增加所致,这一方面表明企业对外投资取得了较好的成效,另一方面也说明该投资收益并不是持续的利润增长来源,未来其对营业利润的贡献还具有较大的不确定性。同时,还应注意的是,根据报表附注中披露的信息,各年度间“权益法核算的长期股权投资收益”占比均超过一半以上,尤其是 2016 年占投资收益的 60.14%。这部分投资收益的现金回款状况需进一步结合现金流量表进行考察。如果现金回款额过低,则不能给予投资收益较高的评价。

3.未实现的利得和损失分析

“公允价值变动损益”和“资产减值损失”均为未实现的利得和损失。我国现行会计准则将二者纳入营业利润的范畴中,旨在更便于信息使用者了解这些因素对企业当期利润的影响,有助于更科学地评价其经营业绩。

(1)公允价值变动损益分析

公允价值变动损益(profit and loss on the changes in fair value)反映企业按照相关准则规定应当计入当期损益的资产或负债公允价值变动净损益。通过列示公允价值变动损益,利润表可以较为全面地反映企业的收益状况,使投资者更便于了解企业因公允价值变动而产生的损益数量及占企业全部收益的比重,有助于更好地分析决策。

公允价值变动损益的实质是一种已确认但尚未实现的损益,只有将相应的投资类资产处置时,原来计入公允价值变动损益的金额转入投资收益后,才形成企业实实在在的利益。该项目的引入,一方面是反映出上市公司的动态利润变动,体现了促进企业可持续发展的理念;另一方面,从服务投资者决策的需要出发,只有当投资企业已经实现收益并表现为企业净资产增加时,才能计入投资收益科目,充分反映了其稳健性。由于只有在相关资产处置之后获得的收益才是到手的收益,资产持有期间的公允价值变动即浮盈并未落袋为安,因此该部分是不能用于向股东进行现金分配的。对于公允价值变动损益的分析要注意以下两点:

①通过考察公允价值变动损益项目的规模大小及其在利润中所占的比例来评价企业利润结构的波动性。由于公允价值变动损益属于未实现的资产持有损益,并不会为企业带来相应的现金流入或流出,因此尽管交易性金融资产等项目采用公允价值变动损益计量模式后会大大提高会计信息的相关性,但同时也将导致企业当期业绩更大程度地受到资本市场价格波动的影响,增加其未来发展的不确定性。

②如果此项目在利润中所占比重过大,则在一定程度上表明企业的主体经营活动的

盈利能力较差，未来利润结构的波动性会较大。

(2)资产减值损失分析

资产减值损失(impairment loss of assets)在利润表中单独列示。新准则将原来分别计入管理费用、营业外收支净额以及投资收益等项目的资产减值准备加以合并，反映各项资产发生的减值损失。

新准则除了在利润表中单独列项资产减值损失项目外，还改变了固定资产、无形资产、长期股权投资等项目在减值准备计提后可以转回的做法。该规定消除了一些企业通过计提秘密准备来进行利润调节的可能性，从而在一定程度上限制了利润的人为操纵空间。事实上，计提资产减值准备，一方面减少了资产价值，另一方面也形成一项费用，减少了企业的利润。因此，对资产减值损失项目的分析作用在于，通过资产减值损失项目的规模大小及减值率，可以分析和评价企业资产管理的质量和盈余管理倾向。虽然在经营活动中资产出现减值是很正常的现象，但高水平的企业管理者，会适时增加优良资产，适时处置或出售不良资产，并在整个过程中充分获取利润，实现企业资产的保值增值。因此，经常出现大规模资产减值损失的企业，或者是进行盈余管理的信号，或者反映了企业在债权管理、存货管理、固定资产管理和投资管理等方面存在着管理漏洞或者重大决策失误。对资产减值损失的分析要注意以下三点：

①结合财务报表附注，了解资产减值损失的具体构成情况。资产负债表中的有关资产项目(如存货、固定资产、无形资产等)是按该项目的账面余额扣除资产减值准备后的净值列示的。因此，需结合报表附注信息，将有关资产项目的减值损失与减值前的资产账面余额相比较，判断有关资产项目减值的幅度(减值率)，从而为合理预测企业未来财务状况和业绩提供帮助。

②将当期各项资产减值情况与企业历史同期情况、行业水平配比，以评价过去，掌握现在，分析其变动趋势，预测未来。

③资产减值损失的确认本质上属于会计估计问题，受主观因素影响较大。但在某些特殊年份，一些企业为了达到集中亏损或者转亏为盈的目的，可能会出现朝着一个方向发展的情况：或者本年度的估计都朝着加大亏损的方向发展，或者本年度的估计全部朝着有利于盈利的方向发展。这种利用资产减值损失进行利润操纵的行为需要特别注意。

(二)营业利润与现金流量表中相关项目的配比分析

对营业利润与现金流量表中相关项目进行配比分析，可以判断企业营业利润的现金获取质量。根据上述对营业利润的结构分析可见，营业利润主体上是由核心营业利润和投资收益两大部分组成，在与现金流量表的配比分析中也应关注这两方面。

1.利润表中的核心营业利润与现金流量表中的经营活动现金流量的配比分析

(1)可比性处理

由于利润表是按照权责发生制原则编制的，而现金流量表是按照收付实现制编制的，这导致利润表中的核心营业利润与现金流量表中的经营活动现金流量二者在计算口径上的不一致，因此首先需要进行可比性处理。利润表中的核心营业利润在计算口径上已经减除了当期的固定资产折旧、其他长期资产价值摊销、财务费用，但没有减除企业的所得税费用。现金流量表中的经营活动产生的现金流量净额的计算中并不考虑固定资产折旧和其他长期资产价值摊销，但却减除了企业缴纳的所得税；而企业支付的利息则作为现金流量表的筹资活动产生的现金流出项目。因此，按照上述思路将核心营业利润调整为同口径核心营业利润，才与现金流量表中经营活动产生的现金流量净额口径一致，可以进行数量比较。

同口径核心营业利润＝核心营业利润＋固定资产折旧＋其他长期资产价值摊销＋财务费用－所得税费用　　(3-6)

(2)配比分析

在企业稳定发展的条件下，同口径核心营业利润应与经营活动产生的现金流量净额在数量上大体相当。如果经营活动产生的现金流量净额过小，则应该具体分析原因：

①企业收款不正常，导致回款不足，从而引起现金流量表中的经营活动产生的现金流量净额恶化。通过比较企业利润表中近两年营业收入的数据、资产负债表年末与年初商业债权(应收账款与应收票据之和)的规模变化、资产负债表年末与年初商业负债(应付账款与应付票据之和)的规模变化，以及现金流量表中近两年的售货回款情况，就可以对企业售货回款情况是否正常做出判断。

②企业付款出现不利于现金流量表中经营活动产生的现金流量净额增加的变化，如企业“购买商品、接受劳务支付的现金”等项目出现不利于现金流量表中经营活动产生的现金流量净额的重大变化。

③企业存在不恰当的资金运作行为。如某些企业“支付的其他与经营活动有关的现金流量”数额巨大，“其他”活动成了主流活动。

④企业在经营活动的收款和付款方面主要与关联方发生业务往来。在这种情况下，企业与关联方之间的业务往来无论是在核心营业利润的各要素(如营业收入、营业成本、销售费用、管理费用等)的确定上，还是在各项经营活动的现金流量的流出规模与时间的控制上，均具有较强的“可操作性”。在这种情况下，很难按照一般报表之间的逻辑关系进行分析。

⑤企业报表编制有错误。企业可能由于各种原因将现金流量表编错，从而也使得信息使用者难以根据一般的逻辑关系进行分析。

2.利润表中的投资收益与现金流量表中的投资活动现金流量的配比分析

(1)可比性处理

在企业以长期股权投资和长期债权投资为主的情况下，企业利润表中的“投资收益”项目的金额仅代表了权责发生制条件下按照长期投资会计处理的基本惯例与原则确认的收益。在关注收益规模的同时，还应关注其产生现金流量的能力。因此在进行对比分析之前，首先需要进行可比性处理。按照企业当期是否发生投资转让可分为以下两种情况：

①企业当期没有发生投资转让的情况。与当期投资收益相对应的现金回款金额为：

现金回款金额＝“取得投资收益收到的现金”＋“应收股利”(年末数－年初数)＋“应收利息”(年末数－年初数)　　(3-7)

其中，“取得投资收益收到的现金”取自现金流量表，“应收股利”和“应收利息”取自资产负债表。

②企业当期发生了投资转让的情况。由于投资收益中所包含的投资转让收益一般都会最终带来现金流入,因此可比性处理时,可在投资收益的基础上扣减投资转让收益,然后与按照上式计算的现金回款金额进行对比即可。

(2)配比分析

一般而言,在企业稳定发展的条件下,企业的投资收益应产生足够的现金回款金额,尽量减少泡沫利润。对于上述两种不同情况,分析的重点都是按权益法和成本法确认的投资收益以及利息产生现金流入量的能力。

一方面,从根本上说,由于存在权益法下确认的企业对外投资收益,因此企业所确认的投资收益永远会大于该投资收益所对应的现金回款额,因为被投资方不可能将净利润全部作为现金股利分掉。在权益法下确认的投资收益不能引起企业货币回收的部分,将形成泡沫利润和泡沫资产,即不能带来现金流入、没有现金支付能力的所谓利润和资产,该利润和资产极有可能成为未来的投资损失和不良资产。因此,应特别关注投资收益巨大、现金回款额不足所引起的泡沫利润和泡沫资产情况。根据以往的经验数据,投资活动主导型的企业良性发展的特征是:“以权益法确认投资收益的现金回款额大于相应投资收益的1/3”。

另一方面,由于新准则对子公司的投资由原来的权益法改为按成本法核算,即只有在子公司分派现金股利的情况下,母公司才能将分得的现金股利确认为投资收益。新准则的此项规定会使母公司的“投资收益”产生现金流入量的能力因此而大大提升,泡沫利润与泡沫资产情况会在很大限度上得以消除,从而有利于改善相关利润和资产的质量。

(三)营业利润与资产负债表中相关项目的配比分析

新会计准则在会计观念上有所变化,强化了资产负债表观念,淡化了利润表观念。也就是说,利润应该是建立在资产真实价值基础上的资产利用效果的最终体现,应该更加体现企业资产在价值转移、处置以及持有过程中的增值质量。因此,与上述分析思路一样,仍将营业利润分解为核心营业利润和投资收益两部分,分别与资产负债表中相应的经营资产和投资资产对应进行分析,以针对性地考察企业经营资产与投资资产的相对增值质量,从而更为准确地评价企业各类资产的盈利能力。

1.资产负债表中经营资产的增值质量分析

(1)“广义核心营业利润”的概念

为了分析核心营业利润和经营资产之间的对应关系,需要建立一个新的概念——广义核心营业利润。

$$\text{广义核心营业利润}=\text{核心营业利润}-\text{经营资产减值损失}\pm\text{投资性房地产等经营资产的公允价值变动损益} \quad (3\text{-}8)$$

广义核心营业利润进一步扩大了利润的概念范围,反映了经营资产整体的价值变化。尽管经营资产减值损失和投资性房地产等经营资产的公允价值变动损益的规模在一定程度上反映了会计估计的内容,并主要取决于市场变化因素,但是在恰当地确认和计量这种价值变化的基础上,广义核心营业利润能够更好地反映全部经营资产在价值转移和持有过程中的增值状况。

(2)经营资产的增值质量分析

经营资产的增值质量可以通过计算经营资产报酬率进行分析与评价。

$$经营资产报酬率=\frac{广义核心营业利润}{平均经营资产}\times 100\% \tag{3-9}$$

经营资产报酬率数值表明经营资产盈利能力的强弱。经营资产的盈利能力较强意味着企业在经营资产方面管理质量较高,产品在市场上有明显的竞争优势;经营资产的盈利能力较弱则可能意味着企业在经营资产方面存在着不良占用(或非经营性占用)、资金周转缓慢、产品在市场上没有竞争优势等。此时,在管理上,企业应该考虑的重点是提高内部资产的利用率、消除不良占用和提高产品在市场上的竞争力等。在现有经营状况难以为继的情况下,企业还应当考虑进行产品结构的战略调整。需要注意的是:由于经营资产种类繁多,不同经营资产的利润贡献方式可能存在较大差异。例如,企业在从事一般经营活动的同时兼营投资性房地产业务,投资性房地产业务的租金收入与普通产品销售收入对利润的贡献方式就显然不同。因此,应特别关注经营资产的结构性差异对企业利润贡献造成的不同影响。

【例 3-4】青岛海尔股份有限公司经营资产增值质量分析。数据如表 3-5 所示。

表 3-5　青岛海尔经营资产增值质量分析数据

项　目	2014 年	2015 年	2016 年
核心营业利润(万元)	721 856.78	553 446.56	589 373.76
经营资产减值损失(万元)	22 318.46	30 629.30	49 054.84
经营资产公允价值变动损益(万元)	0	0	0
广义核心营业利润(万元)	699 538.32	522 817.26	540 318.92
经营资产总额(万元)	7 723 183.29	6 814 237.64	11 856 115.96
经营资产报酬率(%)	—	7.19	5.79

资料来源:青岛海尔股份有限公司 2014—2016 年度财务报告。

从表 3-5 可以看出,广义核心营业利润与核心营业利润变化趋势一致,均呈现先下降再上升的态势。同时,经营资产减值损失在各年度间呈现上升趋势,在恰当地确认资产减值损失的前提下,该数值的上升在一定程度上反映出企业资产管理质量有所下降。2016 年经营资产报酬率较 2015 年有所下降,表明企业经营资产的盈利能力有所下降。值得注意的是,该数值还需与同行业其他企业或行业标准进行对比,才能得出进一步分析结论。

2.资产负债表中投资资产的增值质量分析

(1)广义投资收益的概念

与核心营业利润分析思路一样,建立广义投资收益的概念。

$$广义投资收益=投资收益-投资资产减值损失\pm 金融资产的公允价值变动损益 \tag{3-10}$$

广义投资收益扩大了投资收益的概念范围,反映了投资资产整体的价值变化。尽管投资资产减值损失和金融资产的公允价值变动损益的规模在一定程度上反映了会计估计的内容，并主要取决于市场变化因素，但与“广义核心营业利润”一样，在恰当地确认和计量这种价值变化的基础上，广义投资收益能够更好地反映全部投资资产在处置和持有过程中的增值状况。

(2)投资资产增值质量分析

投资资产的增值质量可以通过计算投资资产报酬率进行分析与评价。

$$\text{投资资产报酬率}=\frac{\text{广义投资收益}}{\text{平均投资资产}}\times 100\% \quad (3\text{-}11)$$

投资资产报酬率数值表明投资资产盈利能力的强弱，投资资产的盈利能力较强意味着企业投资资产获利能力较强，对外投资效益较高，但也有可能意味着企业在对外投资的收益等方面存在较大的虚假和泡沫成分；当投资资产报酬率数值较低时，既可能表明企业投资资产获利能力较弱，也有可能意味着企业在对外投资的收益确认和减值准备等方面存在着较大的主观随意性：即用会计方法使企业当期财务业绩下降。在企业对外投资的盈利能力确实减弱的情况下，企业考虑的重点应该是做出继续持有还是出售有关投资的决策，或者通过加强对投资对象的管理来增强对外投资的盈利能力；在因企业对外投资的收益确认和减值准备等方面存在着较大的主观随意性而使企业当期财务业绩下降时，其会计处理的恰当性可以参考注册会计师的审计意见。需要注意的是：由于投资资产涉及交易性金融资产和非流动资产中的诸多形态的投资资产，不同形态的投资资产产生投资收益在确认和计量方法上存在较大差异，如金融资产处置收益、长期股权投资转让收益、成本法和权益法确认的投资收益以及利息收益等。因此，应特别关注不同投资资产在利润确认方面所存在的差异。

【例 3-5】青岛海尔股份有限公司投资资产增值质量分析，数据如表 3-6 所示。

表 3-6　青岛海尔投资资产增值质量分析数据

项　　目	2014 年	2015 年	2016 年
投资收益(万元)	119 258.00	132 030.22	161 971.74
投资资产减值损失(万元)	0	2.5	0
投资资产公允价值变动损益(万元)	11 236.34	−9 022.31	9 464.80
广义投资收益(万元)	130 494.34	123 005.41	171 436.54
投资资产总额(万元)	511 688.67	781 829.64	1 269 413.07
投资资产报酬率(%)	—	19.02	16.72

资料来源：青岛海尔股份有限公司 2014—2016 年度财务报告。

从表 3-6 可以看出，在考虑未实现的利得和损失的情况下，2015 年的广义投资收益较 2014 年出现小幅下降。各年度间投资资产公允价值变动损益波动较大，主要系衍生金融工具价格波动所致。2016 年投资资产报酬率较 2015 年有所下降，表明企业投资资产的盈利能力有所下降。值得注意的是，由于投资收益受外部因素影响显著，投资资产报酬率本身具有较大的不确定。

二、利润总额质量分析

利润总额是由营业利润加上营业外收入、减去营业外支出构成的,即利润总额不仅包括了营业利润,还包括了直接计入损益的利得和损失。对利润总额的分析,一方面要关注其绝对数,一般数值越高表明企业盈利能力越强;另一方面,必须重点对利润总额的构成进行分析,其中营业利润在前文已做详细分析,这里重点分析营业外收入和营业外支出项目。

(一)营业外收入

营业外收入是指企业发生的与其日常活动无直接关系的各项利得,主要包括非流动资产处置利得、盘盈利得、捐赠利得、确实无法支付而按规定程序批准后转作营业外收入的应付款项等。营业外收入作为一项利得,一方面与营业外支出不存在配比关系;另一方面,此项收入具有不经常性特点,对企业当期业绩的影响不可小视。特别需要注意的是,如果当期利润总额主要来源于营业外收入,而非营业利润,则说明企业经营活动不景气,不应对其盈利能力给予过高评价。

(二)营业外支出

营业外支出是指企业发生的与其日常活动无直接关系的各项损失,主要包括非流动资产处置损失、盘亏损失、公益性捐赠支出、非常损失等。与营业外收入和营业收入的对比关系一样,营业外支出与营业成本相比,营业外支出的数额同样不应过大,否则是不正常的。如营业外支出中的非流动资产处置损失数额过大,可能意味着企业前期少提折旧或摊销,而待到这些非流动资产清理时,导致清理亏损很大。所以,如果经常发生固定资产清理净损失且数额较大,就意味着前期少提折旧、虚增利润。正是因为如此,新会计准则要求利润表中的"非流动资产处置损失"项目单独予以列示。此外,如果营业外支出数额较大,还应关注下列问题:①是否是企业的经营管理水平较低;②是否为关联方交易,转移企业资产;③是否有违法经营行为,如违反经济合同、滞延纳税、非法走私商品;④是否有经济诉讼和纠纷等。

尤其值得关注的是,近年来,上市公司相互担保风险急剧放大。在一些亏损公司的年报中发现,因担保而确认的预计负债和营业外支出是导致巨额亏损的重要因素。根据"或有事项"会计准则的规定,企业为他人担保发生的损失和风险,按到期是否收回及预期收回的可能性,计提预计损失,计入营业外支出,减少当期利润。更为严重的是,相互担保的发展引发了上市公司担保圈(或担保链、担保网)的出现,担保圈使得那些原本互不关联的上市公司通过相互担保被连接在一起,如果圈内有一家公司资金链断裂,就可能引发"多米诺骨牌效应",不仅会将圈内公司拖下水,还可能波及整个资本市场和金融体系,甚至会触发区域金融危机。

三、净利润质量分析

净利润是利润总额减去所得税费用后的余额。所得税费用是指企业在会计期间内发生的利润总额,经调整后按照国家税法规定的比率,计算交纳的税款形成的费用。在很多情况下,利润总额并不等于应纳税所得额,造成二者差异的原因在于存在许多纳税调整因素，除了包括第二章中介绍的暂时性差异、永久性差异之外，还有单项留利和亏损弥补等。单项留利是指经国务院或财政部批准的税前单项留利。应弥补亏损是指经营性亏损，不包括政策性亏损。政策性亏损直接由国家预算拨款弥补，不涉及纳税所得额的调整。经营性亏损有两种处理方法：按规定可由税前利润弥补的，则需进行纳税额的调整；按规定应由税后利润弥补的，则不需进行纳税额的调整，直接由税后利润或盈余公积弥补。

净利润是企业经营业绩的最终结果，也是企业利润分配的源泉。净利润的增长是企业成长性的基本表现。在分析净利润增长率时应结合主营业务收入增长率给予评价，当净利润增长率高于主营业务收入增长率时，表明企业主营业务的获利能力在不断提高，企业具有良好的发展前景。

四、每股收益质量分析

普通股或潜在股已公开交易的企业，以及正处于公开发行普通股或潜在普通股过程中的企业，还应当在利润表中列示每股收益信息。其中，基本每股收益仅考虑当期实际发行在外的普通股股数，该指标是由归属于普通股股东的当期净利润（即当期净利润扣除优先股应分的股利）除以发行在外的普通股加权平均数计算得到的；稀释每股收益是以基本每股收益为基础，假设企业所有发行在外的稀释性潜在普通股均已转换为普通股，从而分别调整归属于普通股股东的当期净利润以及发行在外普通股的加权平均数计算而得的每股收益。每股收益信息包括基本每股收益和稀释每股收益。每股收益信息是股东比较关心的指标，显然，每股收益越高，表明股东的报酬越高。不过，企业有时出于稀释股价的考虑，会发放股票股利，这样每股收益也会相应地下降。因此，在分析每股收益时，除了将每股收益进行前后各期对比之外，还应考虑股本数额变化的影响，应考虑股本数额变化的影响，使其比较建立在可比的基础上。

五、其他综合收益质量分析

在我国现行会计准则下，单独列示“其他综合收益的税后净额”和“综合收益总额”两个项目，便于信息使用者掌握企业全面的收益情况。综合收益是指企业在某一期间除与所有者以其所有者身份进行的交易之外的其他交易或事项所引起的所有者权益变动。“综合收益总额”项目反映企业净利润与其他综合收益扣除所得税影响后的净额相加后的合计金额。“其他综合收益的税后净额”项目反映企业根据企业会计准则规定未在损益中确认的各项利得和损失扣除所得税影响后的净额，根据会计准则的规定分为下列两类列报：一是以后不能重分类进损益的其他综合收益项目，主要包括重新计量设定受益计划净负债或净资产的变动，权益法下在被投资单位不能重分类进损益的其他综合收益中享有的份额。二是以后将重分类进损益的其他综合收益项目，主要包括权益法下在被投资单位以后将重分类进损益的其他综合收益中享有的份额，可供出售金融资产公允价值变动损益，持有至到期投资重分类为可供出售金融资产损益，现金流量套期损益的有效部分，外币报表折算差额等等。

其他综合收益与净利润都会导致所有者权益的增加（其他综合损失与亏损则会导致所有者权益的减少）。二者的区别在于：前者是直接计入所有者权益（资本公积），而后者是先计入当期损益再作为未分配利润(或未弥补亏损)计入所有者权益。对其他综合收益的分析,主要是结合财务报表附注中对其具体内容的披露,考察其具体构成情况。

案例 3-1

三棵树之殇:靠"吃软饭"粉饰业绩

"三棵树,马上住。"说起这句广告词,可能很多人都有所耳闻。在两度冲击 IPO 未果后,曾冠名央视东方时空栏目的三棵树涂料股份有限公司(以下简称三棵树)第三次向 IPO 发起了冲击。然而《北京商报》记者发现,已经筹划上市多年的三棵树虽然公司营业收入、净利润均呈逐年增长态势,但扣除非经常性损益后的净利润已经出现下滑,同时政府补贴在业绩中的占比也越来越重,"吃软饭"现象越发严重。如果公司的财政补贴出现下滑甚至被取消,三棵树的业绩可能会受到极大影响,而不断上升的资产负债率,将意味着出现一定的财务风险。

公司招股说明书显示,自 2012 年以来,三棵树的营业收入和净利润均呈现了稳步增长的态势,营业收入由 8 亿多元增长到了 12 亿元,净利润也在 2013 年破亿元。然而,根据数据显示,2012 年、2013 年、2014 年、2015 年 1—6 月,公司的营业利润分别为 7 927万元、1.05 亿元、1.01 亿元以及 2 071 万元,但利润总额却分别为 9 373 万元、1.18 亿元、1.28 亿元以及 4 529.5 万元。通过对比不难发现,报告期内,公司的利润总额不但大于公司的营业利润,还掩盖了营业利润在 2014 年出现下滑的窘况。

对于出现上述现象的原因,公司在招股说明书中给出了解释,是由于报告期内的政府补助所致。2012—2014 年,公司计入损益的政府补助金额分别为 1 829 万元、1 993 万元以及 2 848.6 万元,分别占当期利润总额的 19.52%、16.85%、22.17%。值得一提的是,三棵树在今年上半年更是得到了政府的慷慨扶持,数据显示,公司在今年前 6 个月获得了 2 755 万元的政府补助,而当期利润总额仅为 4 529 万元,补贴金额占利润总额比例达 60.84%。

虽然公司营收、净利润的数字看起来很亮眼,但若观察三棵树扣除非经常性损益后的净利润,则是另一番景象。2012 年,公司扣除非经常性损益后的净利润为 6 491.76 万元,2013 年为 8 659.7 万元,而到了 2014 年,公司扣除非经常性损益后的净利润则下滑到了 8 013.32 万元。

除了业绩有些"软"外,三棵树的财务压力也开始凸显。数据显示,最近三年及一期内,公司的资产负债率分别为 46.35%、32.58%、42.92%及 47.54%,除 2013 年因控制借款规模而致使资产负债率下降外,公司 2014 年及 2015 年上半年的资产负债率一直呈上升态势。

与此同时,三棵树的净资产收益率也在逐年下降。报告期内,公司扣除非经常性损益后的加权平均净资产收益率分别为 21.57%、23.9%、18.97%和 2.38%。而一旦上市成功,公司的募投项目还将加大固定资产规模以及折旧费用,收益率有进一步下降的风险。

资料来源:《北京商报》(2015 年 12 月 07 日)报道。

第四节　利润表趋势分析

决定企业利润的因素主要有两点,一是企业在现有资产的基础上产生收入的能力,二是在创造收入的基础上控制成本和费用的能力。因此,对于利润的趋势分析应从这两方面进行。

一、对企业收入的趋势分析

收入趋势进行分析的基础是企业过去年度的收入,核心是对未来收入增长率的预测。这里的收入包括营业收入和投资收益两部分。对于经营主导型企业而言,其营业收入是最主要的组成部分。基于历史数据,首先对过去几年的营业收入处于上升、下降还是平稳状态进行基本判断,在此基础上,详细分析未来营业收入是继续过去的状态,还是会发生逆转。在判断营业收入未来发展趋势的过程中,更多地需要了解宏观经济信息、行业信息、企业战略和经营信息等。

(一)宏观经济发展趋势的影响

绝大多数企业的营业收入和宏观经济形式密切相关。一般情况下,当经济形势扩张时,经济对于石油、电力、煤炭等能源产品,以及钢材、水泥、金属等原材料的需求会马上产生正面影响,从而推动这些产品企业的营业收入提高;同样地,经济形势扩张会导致社会收入和财富的增加,从而导致对消费品、休闲旅游等产品和服务的需求增加并推动这一类企业营业收入的增加。但不同之处在于,宏观经济形势对消费、服务等的推动作用往往会有一定时间的滞后。反之,当经济形势紧缩时,经济和社会对这些产品的需求减少,自然会导致这些企业营业收入的降低。

(二)行业信息的影响

行业信息对企业营业收入变化也有重大影响。行业整体处于朝阳阶段还是夕阳阶段,行业内部尚未充分竞争还是已经过度竞争,对企业未来营业收入都有不同的影响。

(三)企业自身一些特殊经营状况的影响

企业自身一些特殊经营状况也会对未来营业收入产生影响,对于一些以订单生产为特征的企业影响尤为显著。如对于飞机制造企业而言,企业已经或即将签署的重大合同会对未来营业收入有很大影响。因为飞机供货合同往往是提前若干年签订,每一笔合同的开始实施都对企业收入有重大影响。如果今后几年有重大飞机供货合同开始实施,则必须考虑其对营业收入的影响。又如,企业在过去一年中开展重大的广告推广活动,其效果很可能表现在明年的营业收入中,因此,在预测未来营业收入时不应忽视该因素的影响。

通过上述分析,可以得到企业营业收入未来期间内的增长率,也可以相应预测未来期间内的营业收入水平。

二、对企业成本与费用科目的趋势分析

一般来说，除非有可以预测得到的特殊情况，可以假设未来各个成本、费用项目占营业收入的比率维持不变。做出上述假设的根本原因是大部分成本、费用的发生是和收入水平呈比较稳定的比例关系的。收入、成本与费用的变化发展就像人体各个器官的发育一样，绝大多数情况下会维持正常的比例关系。一旦有比例关系呈现显著不正常的状态，很可能有利润操纵之嫌。这里需要注意的是，使用过去的成本费用率来预测未来的成本费用项目是基于企业的内外部环境未发生巨大变化的前提，一旦这些方面在未来年度中发生重大变化，就需要在预测过程中调整成本费用率。对企业成本与费用的趋势判断需要考虑的因素与影响营业收入的因素基本一致。

（一）宏观经济发展趋势的影响

绝大多数企业的成本费用和宏观经济形式密切相关。一般情况下，当经济收缩时，往往营业收入会降低，而各个成本费用项目占营业收入的比率也会提高。原因在于当经济收缩时，企业可能不得不削减员工队伍、关闭工厂等，这些收缩行为都会导致企业支付比较高的费用，提高这些费用项目占营业收入的比例。

（二）行业信息的影响

行业信息对企业成本和费用变化也有重大影响。当行业整体处于过度竞争的形势下，企业成本、费用会比营业收入增长得快，相应的成本费用率可能会呈上升趋势，该数值的变化趋势反映了行业的激烈竞争状态。

（三）企业自身一些特殊经营状况的影响

当企业的资产资本结构、成本控制措施等方面发生重大变化时，成本费用率也会相应发生变化。如果企业有重大在建工程项目即将完工并转为固定资产，就需要调整折旧费用占营业收入的比率；如果企业将大幅度削减长期负债，就需要调低利息费用的比率；如果企业正在进行大规模的压缩成本费用、增加经营效率的活动，也需要调整相应的成本费用率。

不同企业的业务模式不同，成本费用的构成也会有一定的区别。一般与企业持续经营有关的经营性成本费用项目主要包括：产品成本、坏账费用、折旧费用、利息费用（财务费用）、员工报酬费用、管理费用、租赁费用、广告推广费用、研发费用、所得税费用、中介费用以及其他费用。大部分企业的利润表不单独列示所有这些成本费用科目，基本将它们综合成营业成本、销售费用、管理费用、财务费用和所得税费用。因此，在预测成本费用科目的时候应尽量从报表附注等信息来源中取得各个单项费用的具体额度，分别预测每个成本费用项目，然后综合成以上五个主要成本费用科目。在上述信息不全的时候，也可以直接预测上述五个主要成本费用科目。

综上所述，该分析不仅仅局限于财务报表本身，分析者还应该对企业的经营策略、商业模式等问题加以综合考虑。结合对收入和成本费用的趋势分析与预测，可以得到企业未来营业利润的预测值。一般而言，营业利润之后的非经常性损益科目是难以预测的，一般预测为零，除非有充足的依据对其进行比较可靠的预测。如果企业已决定在下期要出售一部分资产并会产生一部分盈余，这种情况下，非经常性损益科目可以预测不为零。营

业利润加(减)非经常性损益之后得到利润总额,乘以预测的所得税率,得到所得税费用。利润总额再减去所得税费用,得到对净利润的预测值。

利润表趋势分析主要是指对不同时期利润表的各项指标进行对比以确定其增减差异和变动趋势的分析,它可以帮助报告使用者了解企业利润的变动趋势,了解企业利润变动的原因,在此基础上预测企业未来的利润水平,从而为决策提供依据。

【例 3-6】对青岛海尔海尔股份有限公司 2014—2016 年利润表进行趋势分析及预测,各年数据如表 3-7 所示。

表 3-7 青岛海尔 2014—2016 年利润表数据

单位:万元

项　　目	2014 年	2015 年	2016 年
一、营业收入	9 692 976.39	8 979 716.60	11 906 582.52
减:营业成本	7 017 040.12	6 471 712.46	8 212 688.22
营业税金及附加	40 454.71	39 732.21	68 776.53
销售费用	1 257 978.16	1 310 835.02	2 125 410.32
管理费用	681 311.48	655 379.69	838 244.21
财务费用	−25 664.86	−51 389.34	72 089.48
资产减值损失	22 318.45	30 631.80	49 054.84
加:公允价值变动收益	11 236.34	−9 022.31	9 464.81
投资收益	119 258.00	132 030.22	161 971.74
其中:对联营企业和合营企业的投资收益			
二、营业利润	830 032.67	645 822.68	711 755.47
加:营业外收入	37 833.54	61 846.27	142 304.03
减:营业外支出	10 227.40	9 591.62	35 739.47
其中:非流动资产处置损失			
三、利润总额	857 638.81	698 077.33	818 320.03
减:所得税费用	152 748.67	105 569.28	149 186.60
四、净利润	704 890.13	592 508.05	669 133.43

1.利润表整体趋势分析

由表 3-7 可以看出,2014—2016 年,营业利润、利润总额及净利润均呈现先下降再上升的变化态势。其中,营业利润在 2015 年下降,主要是受合并报表范围调整和报告期内行业持续低迷的影响;2016 年有所回升,主要是受收购 GEA 后并表的影响。剔除上述非持续变化因素,公司原有业务均实现正常稳步增长,具有较好的盈利前景。利润总额在 2016 年有较大幅度增长的原因是其营业外收支净额增幅较大。营业外收支净额占利润总额 13.02%,较同期增长 73.97%。营业外收入较同期增长 130.09%,主要来源于处置非流动资产和政府补助。值得注意的是，营业外收入具有偶发性，因而对利润的贡献并不稳定。各年度扣除所得税费用后的净利润与利润总额保持稳定比例，无异常变化。

2.营业利润构成分析

营业利润主要由经营活动产生利润、投资收益、未实现的利得和损失三部分构成。该企业未实现的利得和损失部分（资产减值损失和公允价值变动损益）数额较小，可忽略不计，主要分析经营活动产生的利润和投资收益对营业利润的贡献。根据公式计算得到2014—2016年核心营业利润，如表3-8所示。

表3-8　青岛海尔股份有限公司2014—2016年营业利润构成数据

项目	核心营业利润		投资收益		营业利润
	数额（万元）	比例（%）	数额（万元）	比例（%）	数额（万元）
2014年	721 856.78	82.81	119 258.00	14.37	830 032.67
2015年	553 446.56	85.70	132 030.22	20.44	645 822.68
2016年	589 373.76	86.97	161 971.74	22.76	711 755.47

由表3-8可以看出，该企业在2014—2016年，营业利润和核心营业利润呈现先下降再上升的变化态势，而投资收益则呈逐年上升趋势。核心营业利润在营业利润中所占比例具有绝对优势，结合资产负债表分析，企业属于经营活动主导型。同时，企业投资收益不断增长，反映出企业持续良性发展，盈利能力不断增强。

3.利润表各项变动分析

采用定基分析法，以2014年为基期，分别计算2015年和2016年利润表中各项目变动额和变动率，如表3-9所示。

表3-9　青岛海尔股份有限公司2014—2016年利润表变动分析

项　目	2015年		2016年	
	变动额（万元）	变动率（%）	变动额（万元）	变动率（%）
一、营业收入	−713 259.79	−7.36	2 213 606.13	22.84
减：营业成本	−545 327.66	−7.77	1 195 648.10	17.04
营业税金及附加	−722.50	−1.79	28 321.82	70.01
销售费用	52 856.86	4.20	867 432.16	68.95
管理费用	−25 931.79	−3.81	156 932.73	23.03
财务费用	−25 724.48	100.23	97 754.34	−380.89
资产减值损失	8 313.35	37.25	26 736.39	119.80
加：公允价值变动收益	−20 258.65	−180.30	−1 771.53	−15.77
投资收益	12 772.22	10.71	42 713.74	35.82
其中：对联营企业和合营企业的投资收益				

续表

项　　目	2015 年		2016 年	
	变动额（万元）	变动率（%）	变动额（万元）	变动率（%）
二、营业利润	－184 209.99	－22.19	－118 277.20	－14.25
加：营业外收入	24 012.73	63.47	104 470.49	276.13
减：营业外支出	－635.78	－6.22	25 512.07	249.45
其中：非流动资产处置损失				
三、利润总额	－159 561.48	－18.60	－39 318.78	－4.58
减：所得税费用	－47 179.39	－30.89	－3 562.07	－2.33
四、净利润	－112 382.08	－15.94	－35 756.70	－5.07

由表 3-9 可见，与 2014 年相比，企业 2015 年营业利润、利润总额和净利润均呈现明显下降态势，主要系合并报表范围调整和行业持续低迷导致营业收入下降所致。2016 年营业收入大幅增加，但由于销售费用及财务费用快速增长，导致上述三项利润指标虽较 2015 年有所回升，但仍低于 2014 年水平。因此，在上述趋势分析的基础上，预测企业未来营业利润、利润总额和净利润呈企稳回升的态势，但也应注意对期间费用的控制，还应注意营业外收入对利润的不确定性影响。

本章小结

本章分析了利润表的结构特征、主要项目的含义及各项目之间的关系，从利润自身构成、与现金流量表中相关项目的配比分析以及资产负债表中相关项目的配比分析三个方面进行利润质量分析，重点在于分析利润形成过程的一般规律、现金获取的质量和相应资产的增值状况。在利润质量分析的基础上，综合分析和预测企业利润规模的发展水平和发展趋势。

需要注意的是，在分析企业利润表的过程中，必须注意纵向和横向的对比，只有将企业自身的情况与该企业以前期进行对比、与同行业其他企业或行业标准进行对比，才能得出更加全面、深刻、准确的分析结论。

章后练习

思考题

1.利润表的重要意义表现在哪些方面？

2.利润表中各项目之间有什么联系？

3.营业收入的质量分析主要包括哪几方面？应该注意哪些问题？

4.企业拥有较高毛利率与较低毛利率的原因分别有哪些？

5.财务费用的分析与销售费用和管理费用分析有什么不同？

6.如何选择投资收益核算方法？

7.如何对企业投资收益与核心营业利润的相关性进行分析？

8.对资产减值损失进行分析时应该注意哪些？

9.利润表中的核心营业利润与现金流量表中的经营活动现金流量如何进行配比分析？

10.怎样对利润表进行趋势与预测分析？

本章作业

(一)练习题

1.A公司营业收入品种构成和营业收入构成如下：

A公司营业收入产品构成表

单位:万元

产品类别	2015年	2016年
空调器	1 039 105.06	964 801.70
电冰箱	1 161 482.47	1 322 859.97
电冰柜	211 364.93	230 918.60
小家电	95 916.04	98 260.89
其　他	365 912.49	370 618.59
合　计	2 873 780.99	2 987 459.75

A公司营业收入构成

单位:万元

类　别	2015年	2016年
主营业务收入	2 873 780.98	2 987 459.76
其他业务收入	73 083.57	53 344.18
总　计	2 946 864.55	3 040 803.94

要求：

从营业收入的产品构成、主营业务收入和其他业务收入的比例构成对A公司的营业收入进行分析。

2.B公司2015—2016年营业利润数据见下表：

B 公司营业利润表

单位:万元

项　目	2015 年	2016 年
营业收入	1 253 496	1 396 902
减:营业成本	1 052 033	1 153 535
营业税金及附加	7 334	15 450
销售费用	2 148	3 143
管理费用	117 624	133 513
财务费用	114 732	－25 485
加:公允价值变动收益	－2 431	－5 283
投资收益	0	－2 354
营业利润	－42 806	109 109

要求：

(1)计算企业毛利率、销售费用率、管理费用率,并分析各指标年度间变化情况；

(2)计算核心营业利润及核心营业利润率,并分析年度间增减变动情况及其原因；

(3)对各年度企业营业利润的结构进行分析；

(4)评价各年度企业的营业利润质量。

3.B 公司 2015—2016 年有关经营成果资料见下表：

B 公司经营成果资料(部分)

单位:万元

项　目	2015 年	2016 年
营业利润	－42 806	109 109
营业外收入	75 008	26 895
营业外支出	2 184	4 553
利润总额	30 018	131 451
所得税费用	4 609	25 477
净利润	25 409	105 974

要求：

(1)计算营业外收支净额,并分析指标年度间变化情况；

(2)对各年度企业利润总额的结构进行分析；

(3)评价各年度企业的经营成果。

(二)案例与分析

1.Excel 实务演练

新建一个 Excel 表,命名为“利润表分析”,输入案例公司年报资料,对该公司 2014—

2016 年的利润结构和主要利润项目进行分析；运用水平趋势分析法，预测公司未来发展趋势。

2.章节报告

结合本章理论分析框架，结合 Excel 实务演练分析结果，撰写案例公司 2014—2016 年利润表质量分析报告。

小贴士：本章教学微视频请扫描以下二维码观看

第四章

现金流量表分析

学习目标：通过本章的学习，使学生了解现金流量表的性质和作用，理解现金流量表的结构特征及其数据关系；掌握现金流量表中各项目含义及质量特征；能够运用经营、投资及筹资三类活动现金流量变化规律，对各类活动现金流量净额变化状况的质量进行分析；掌握现金流量趋势分析的主要方法，并预测企业未来现金流量状况，从而为决策提供依据。

引导案例

现金流量有着不可替代的重要性

长期以来，传统的企业价值考核体系都把利润作为考核企业经营状况的最重要指标之一。但随着财务管理实践中现金流量不足导致企业破产的情况不断出现，现金流量越来越受到经营者、投资方的高度关注，成为现代企业价值考核体系最重要的指标之一，甚至在企业发展的某个阶段，它的重要性超过了利润。管理者、投资者已形成了这样一个共识：如果把利润比作一个人的肌肉，现金流就是血液，是一个人的命脉。

在一个开放的经济体系中。一个企业即使销售下降，利润减少，也可以维持生存；但一旦现金流量与企业生命周期不匹配，除非企业筹资能力很强，否则很难化险为夷。现实也证明了这一点：不少企业经营方式科学、合理，经济规模不断扩大，但由于没有可支付的现金，一个时段内的窘迫就可以把企业的美好蓝图搁浅。如世界上最大的酒店之一PrimeMomt，在巅峰之时，它曾实现收入4.1亿美元，利润7 700万美元，而且收入较之上年增长了11%。尽管收益如此耀眼，但由于酒店缺乏现金（经营活动现金流量为净流出1 500万美元），无法偿还债务，而在一年后不得不申请破产。大名鼎鼎的美国通用汽车公司也曾三年中有两年经营活动现金流量为负数。2009年，通用汽车获得了联邦救助资金，宣布破产。

以上例证和管理实践证明，现金流量有着不可替代的重要性，现金流量才是决定企业生死存亡的关键因素。在对企业的财务报告进行分析时，应该更加关注企业现金流量表，对其进行详细的分析，才能发现企业现金流量存在的问题，从而为企业决策提供更有价值的信息。

资料来源：根据《财会研究》2015年第5期改编。

第一节　现金流量表概述

现金流量表(cash flow statement),是反映企业在一定会计期间内现金和现金等价物流入和流出情况的财务报表。其中,现金(cash)是指企业的库存现金以及可以随时用于支付的存款。现金等价物(cash equivalents)是指企业持有的期限短、流动性强、易于转换为已知金额的现金、价值变动风险很小的投资,通常包括三个月内到期的债券投资等。现金流量(cash flow)是某一段时间内企业现金和现金等价物流入和流出的数量。现金流入包括企业销售商品、提供劳务、出售固定资产、向银行借款等取得现金;现金流出包括购买原材料、接受劳务、构建固定资产、对外投资、偿还债务等支付现金。现金流量表的主要目的是反映企业会计期间内经营活动、投资活动和筹资活动等对现金及现金等价物所产生的影响。

一、现金流量表的项目分类

企业所从事的各种经济活动,经常会引起现金流入与流出。我国企业通常将现金流量分为以下三类:

(一)经营活动产生的现金流量

经营活动是指除企业投资活动和筹资活动以外的所有交易和事项,包括销售商品或提供劳务、经营性租赁、购买货物、接受劳务、制造产品、广告宣传、推销产品、缴纳税款等。经营活动的现金流量是企业现金的主要来源,如果把现金比喻为企业的血液,那么经营活动产生的现金流量代表了企业自身的"造血"能力。

(二)投资活动产生的现金流量

投资活动是指企业长期资产的购建及不包括在现金等价物范围内的投资及其处置活动,包括取得或收回权益性证券的投资,购买或收回债券投资,购建和处置固定资产、无形资产和其他长期资产等。投资活动产生的现金流量代表了企业对内扩大再生产、对外扩大投资的"放血"能力。

(三)筹资活动产生的现金流量

筹资活动是指导致企业资本及债务规模和构成发生变化的活动,包括吸收投资、发行债券、借入资金、分配利润、偿还债务等。筹资活动产生的现金流量反映了当企业自身"造血"能力不足时依赖外界"输血"的能力及为此付出的代价。

二、现金流量表的格式

现金流量表是根据"现金流入－现金流出＝现金净流量"的关系式,依据收付实现制原则编制的。我国企业现金流量表采用直接法编制,如表 4-1 所示。

表 4-1　现金流量表

编制单位：　　　　　　　　　　　　　年　　月　　　　　　　　　　　　　单位：元

项　　目	本期金额	上期金额
一、经营活动产生的现金流量		
销售商品、提供劳务收到的现金		
收到的税费返还		
收到的其他与经营活动有关的现金		
经营活动现金流入小计		
购买商品、接受劳务支付的现金		
支付给职工及为职工支付的现金		
支付的各项税费		
支付的其他与经营活动有关的现金		
经营活动现金流出小计		
经营活动产生的现金流量净额		
二、投资活动产生的现金流量		
收回投资收到的现金		
取得投资收益收到的现金		
处置固定资产、无形资产和其他长期资产收回的现金净额		
处置子公司及其他营业单位收到的现金净额		
收到其他与投资活动有关的现金		
投资活动现金流入小计		
购置固定资产、无形资产和其他长期资产所支付的现金		
投资支付的现金		
取得子公司及其他营业单位支付的现金净额		
支付其他与投资活动有关的现金		
投资活动现金流出小计		
投资活动产生的现金流量净额		
三、筹资活动产生的现金流量		
吸引投资收到的现金		
取得借款收到的现金		
收到其他与筹资活动有关的现金		
筹资活动现金流入小计		
偿还债务支付的现金		

续表

项　　目	本期金额	上期金额
分配股利、利润或偿付利息支付的现金		
支付其他与筹资活动有关的现金		
筹资活动现金流出小计		
筹资活动产生的现金流量净额		
四、汇率变动对现金及现金等价物的影响		
五、现金及现金等价物净增加额		
加:期初现金及现金等价物余额		
六、期末现金及现金等价物余额		

三、现金流量表分析的内容

(一)现金流量表结构分析

现金流量表结构分析包括两个部分:一是对现金流量本身的结构分析,二是对三项活动各自现金流量的结构分析。通过对现金流入、现金流出和现金净流量的结构分析,可以反映本期的现金流量主要构成,并进一步表明现金净流量形成的原因及合理性;通过对经营、投资及筹资三项活动现金流量的结构分析,可以归纳出现金流量的变化规律,从而对企业现金流量表有更深入的认识。

(二)现金流量表项目分析

现金流量表各项目能详细体现企业现金和现金等价物流入和流出的具体情况。对于现金流量表各项目的分析,特别是对其中占比较大项目以及前后期变化较大项目的分析,可以使报表使用者抓住重点并探究其背后隐藏的经营管理信息,进一步对企业现金流量质量进行评价。

(三)现金流量表趋势分析

在现金流量表分析中充分利用趋势分析法,可以帮助财务报告使用者了解现金流量表主要项目的运行规律和发展趋势,发现时间序列中的异常现象,并进行深入的分析,对现金流量质量做出正确判断;同时利用趋势分析的结论进行有效的预测分析,提供企业未来发展水平的展望,为下一步决策提供依据。

四、现金流量表分析的意义

(一)说明企业在一定时期内现金流入和流出的原因

现金流量表能够说明企业在一定时期内现金流入和流出的原因,从而有利于分析和评价企业经营、投资和筹资活动的有效性。现金流量表以现金的流入和流出反映企业在一定期间内的经营、投资和筹资活动的动态情况,反映出企业现金流入和流出的全貌,从而可以较为全面地评价企业各项活动的效果。

(二)说明企业的偿债能力和支付能力

从理论上说,关于企业流动性、偿债能力和支付(股利)的信息可以通过资产负债表所反映的财务状况和利润表所提供的净收益信息来反映,但由于资产负债表和利润表都是按照应计制(权责发生制)编制的,不能反映现金的实际流入和流出,使其评价作用受到限制。通过现金流量表可以了解企业是否有足够的现金偿还到期债务、支付股利和进行必要的固定资产投资,了解企业现金流转的效率和效果,为投资者和债权人决策提供直接和有效的依据。

(三)分析企业未来获取现金的能力

通过现金流量表所反映的企业过去一定期间的现金流量及其他生产经营指标,可以了解企业现金的来源和用途是否合理,了解经营活动产生的现金流量及企业在多大程度上依赖外部资金,可以据此预测企业未来现金流量,为企业编制现金流量计划、组织现金调度、合理节约地使用现金创造条件。同时,也有助于投资者和债权人做出投资和信贷决策。

(四)有助于分析企业的收益质量

利润表反映一个企业的经营成果,净利润是体现企业经营业绩最重要的一个指标。但是,利润表是按照权责发生制原则编制的,不能反映企业经营活动产生了多少现金。通过编制现金流量表,并与净利润相比较,就可以从现金流量的角度了解净利润的质量。正如有些专家所言,“利润是预期的,现金是现实的”,毕竟实实在在的现金流才能真正代表企业获得了真实的收益。

第二节 现金流量表结构分析

现金流量表分段揭示来自经营活动、投资活动和筹资活动的现金流入总量、现金流出总量及净流量等信息。因此,现金流量表的结构分析可以分两个方面:一是分析现金流入、现金流出和现金净流量的结构特征和质量含义;二是分析经营活动、投资活动和筹资活动各自的结构特征和一般规律。

一、各类现金流量的结构分析

(一)现金流入的结构分析

现金流入结构反映企业的各项业务活动现金流入的比例,包括经营活动、投资活动和筹资活动的现金流入在全部现金流入中的比例,以及各项业务活动中不同渠道流入的现金在该类别现金流入量和总现金流入量中所占的比例。

一般而言,在企业现金流入量总额中,经营活动产生的现金流入量占有较大比例,特别是主营业务活动产生的现金流入量明显高于其他活动产生的现金流入量。当然,企业因类型不同,这一比例也可能存在差异。

(二)现金流出的结构分析

现金流出结构反映企业全部现金流出量中经营活动、投资活动和筹资活动分别所占的比例,以及在这三项业务活动中不同渠道流出的现金在该类别现金流出量和总现金流出量中所占的比例。

一般而言,企业经营活动产生的现金流出量,在企业总现金流出量中所占比例较大,而且具有一定的稳定性,各期变化幅度不会太大。而投资活动和筹资活动产生的现金流出量会因企业各期的财务政策不同而存在较大差异。从稳定性上看,也经常具有偶发性。例如,随着交付投资款、偿还到期债务、支付股利等活动的发生,当期该类活动的现金流出量便会出现剧增。因此,在对企业现金流出结构进行分析时,应结合企业具体情况,不同期间不应采取同一衡量标准。

(三)现金净流量的结构分析

现金净流量结构反映企业经营活动、投资活动和筹资活动的现金净流量占企业全部现金净流量的比例,也就是企业本年度创造的现金及现金等价物净增加额中以上三项活动的贡献程度。

通过现金净流量结构分析,可以明确反映出本期的现金净流量主要为哪类活动所产生,并以此来说明现金净流量形成的原因是否合理。一般来说,一个企业在生产经营正常、投资和筹资规模不变的情况下,现金净流量越大,则企业活力越强。如果企业的现金净流量主要是由于经营活动产生的现金净流量引起的,可以反映出企业收现能力强,坏账风险小,其营销能力不错;如果企业现金净流量主要是由投资活动产生的,甚至是由于处置固定资产、无形资产和其他长期资产引起的,这可能反映出企业生产经营能力衰退,从而处置非流动资产以缓解资金矛盾,但也可能是企业为走出不良境地而调整资产结构,这还需结合资产负债表和利润表做深入分析;如果企业现金净流量主要是由于筹资活动引起的,则意味着企业将支付更多的股利和利息,企业未来的现金净流量必须更大,才能满足偿付的需要,否则企业就可能承担较大的财务风险。

二、各项活动现金流量的结构分析

(一)经营活动现金流量的结构分析

对于经营活动主导型的企业而言,经营活动的现金流量是企业短期内最主动和最稳定的用以维持经常性资金流转和扩大再生产的现金流。企业经营活动的现金流量净额主要用于以下用途:

1.补偿本年度固定资产、无形资产等长期经营性资产的折旧与摊销

由于长期经营性资产的特性,很难通过采用“处置”的方式全部补偿取得资产过程中的现金流出量,因此对于现金流转正常的企业而言,固定资产、无形资产等长期经营性资产在取得过程中的现金流出量的正常补偿途径应该是其在未来经营使用中,通过“固定资产折旧、无形资产摊销和长期资产摊销”的方式来分期补偿。而分期补偿的补偿速度取决于折旧速度和摊销速度,其中折旧速度主要取决于企业所选择的折旧政策,摊销速度主要取决于企业取得相应资产时的预计拥有时间。可见,在具体实践中,补偿速度具有一定的主观性。

2.支付利息费用

企业借款的用途主要分为三类:一是日常经营性使用,二是对外股权投资和债权投

资，三是购建固定资产等长期经营性资产。在现金流量表中，无论企业借款的用途为何，所发生的利息费用引起的现金流出量均归于筹资活动现金流出量。但从根本上说，处于正常经营期间的企业不能指望通过股东投资和借款等筹资活动的现金流入量来支付利息，而应该依靠其自身的经营活动的现金流量净额来支付。

3.支付本年现金股利

企业宣布发放的现金股利一般是以本年度净利润和累计可供股东分配的利润为基础确定的。因此，对于经营活动主导型的企业而言，当期的营业利润应是净利润的重要贡献者，从而对现金股利的分配起到重要作用。这就要求企业当期经营活动产生的现金流量对当期的现金股利支付有较强的保障能力。

4.补偿本年度已经计提但应由以后年度支付的应计性费用

对于企业的这类应计性费用，尽管所引起的现金流出量在未来，但由于其用途在本期，因此也应由在本会计期间的经营活动现金净流量对其进行补偿。

5.为企业扩张活动提供资金支持

尽管企业的投资收益产生的现金流量可提供本企业对内扩大再生产、对外扩大投资所需的资金，但由于投资收益产生的现金流量受到资本市场价格波动、被投资者的盈利能力和现金支付能力等影响，相对于经营活动而言，企业作为投资者缺乏对其的直接控制性。因此，企业通常为了掌握对现金流量规划的主动性，更期望自身的经营活动现金流量用于上述用途后仍有富余，可用作企业对内扩大再生产、对外进行股权和债权投资的资金支持。

综上分析，在企业稳定发展阶段，经营活动现金流量除了要维持企业经营活动的正常运转外，还应该有足够的补偿经营性长期资产折旧与摊销，以及支付利息和现金股利的能力，并能为企业扩张提供支持。尽管对于企业经营活动现金流量的各类支付要求具有较强的主观性，但就一般规律而言，良性发展的企业经营活动现金流量净额应该远大于零。

【例 4-1】青岛海尔股份有限公司经营活动现金流量结构分析，数据如表 4-2。

表 4-2 青岛海尔经营活动现金流量结构分析

单位：万元

项　　目	2014 年	2015 年	2016 年
经营活动现金流量净额	676 936.13	560 416.70	805 470.46
固定资产折旧、油气资产折耗、生产性生物资产折旧	77 915.45	95 509.9	214 955.83
无形资产摊销	5 096.17	5 441.01	24 132.55
长期待摊费用摊销	2 963.89	4 469.51	3 284.37
分配股利、利润及支付利息	149 078.34	176 420.92	180 704.48
余额	441 882.28	278 575.36	382 393.23

从表 4-2 可以看出，企业各期经营活动现金流量净额除补偿当期的非付现成本(固定资产等折旧、无形资产摊销及长期待摊费用摊销)、支付利息费用、支付股利外，仍有较充足的资金可以用以支持企业对内对外扩张发展。但同时也应注意到，用于支持企业扩张

发展的资金有下降趋势，主要是由于 2015 年，尤其是 2016 年固定资产折旧、无形资产摊销及支付利息有较大幅度增长所致，这正是企业对内扩大再生产的体现。青岛海尔经营活动现金流量结构合理，应给予较高评价。

（二）投资活动现金流量的结构分析

企业投资活动的现金流量分为两类：对外投资现金流量和对内投资经营性长期资产现金流量，两类投资活动的现金流量净额反映了企业当期对外和对内采用的发展战略。对于对外投资现金流量净额而言，如果净额小于零，表明当期企业的对外投资以扩张为主流，反之说明当期企业的对外投资以回收为主流；同样，对于经营性长期资产所引起的现金流量净额而言，如果净额小于零，表明当期企业的经营性长期资产以增加为主流，反之说明当期企业的经营性长期资产以调整或收缩为主要特征。

因此，就其一般规律而言，投资活动现金流量净额在整体上反映了企业利用现金资源对外和对内的扩张状况。

（三）筹资活动现金流量的结构分析

筹资活动现金流量的运作状况表现为适应性，即适应企业经营活动和投资活动的需要：在企业经营活动和投资活动需要现金支持时，筹资活动应该及时、足额地筹到相应的资金，净额往往大于零；反之，在企业经营活动和投资活动产生大量现金时，筹资活动应该及时清偿相应贷款，避免不必要的利息支出，净额往往小于零。可见，所谓高质量的筹资活动的现金流量应该表现为在时间和数量上均满足企业经营活动和投资活动的需要，且无超过实际需求的债务融资、无融资后被无效益占用和融资后长期闲置等不当融资行为。

因此，就其一般规律而言，筹资活动现金流量净额在整体上反映了企业融资状况和成效。

第三节　现金流量表项目质量分析

一、经营活动产生的现金流量分析

（一）经营活动现金流入项目分析

1.销售商品、提供劳务收到的现金

该项目反映企业由于销售商品、提供劳务导致的现金流入，包括企业本年销售商品、提供劳务收到的现金（含销项增值税），以及以前年度销售商品、提供劳务本年收到的现金和本年预收的款项。因本年销售、本年退回商品和以前年度销售、本年退回商品支付的现金应从本项目中扣除。

该项目是经营活动现金流入的主体，是企业最重要的现金来源，直接决定了企业取得现金流量的能力大小。因此，正常情况下，这部分的数额越大越好。同时，该项目还应与利润表中的营业收入对比分析，可以判断企业销售活动收现率的情况。一般情况下，较高的收现率表明企业产品适销对路，市场环境良好；较低的收现率则意味着企业存在大量赊销,增大了坏账风险。当然,在分析具体问题时,还应结合企业的营销政策全面分析。

2.收到的税费返还

该项目反映企业收到返还的所得税、增值税、营业税、消费税、关税和教育费附加等各种税费返还款。

该项目往往只有外贸出口企业、国家财政扶持领域的企业或地方政府支持的上市公司才可能涉及,且通常数额不大,分析时应注意与营业收入的配比。

3.收到其他与经营活动有关的现金

该项目反映企业经营租赁收到的租金、罚款收入、流动资产损失中由个人赔偿的现金收入等其他与经营活动有关的现金流入。

该项目具有不稳定性,正常情况下数额不大。

【例 4-2】青岛海尔股份有限公司经营活动现金流入项目分析,数据如表 4-3 所示。

表 4-3　青岛海尔经营活动现金流入项目分析

项　目	2014 年	2015 年	2016 年
销售商品、提供劳务收到的现金(万元)	10 293 421.55	11 081 519.83	13 653 655.24
占经营活动现金流入比重(%)	98.91	98.58	98.53
销售活动收现率(%)	106.19	123.41	114.67
收到的税费返还(万元)	37 491.85	61 221.79	79 896.46
占经营活动现金流入比重(%)	0.36	0.54	0.58
收到其他与经营活动有关的现金(万元)	75 889.70	98 961.55	123 376.66
占经营活动现金流入比重(%)	0.73	0.88	0.89
经营活动现金流入(万元)	10 406 803.10	11 241 703.16	13 856 928.35

从表 4-3 可以看出,青岛海尔经营活动现金流入项目所占比例合理,各年度中"销售商品、提供劳务收到的现金"均占绝对份额,且呈现持续增长的态势,尤其是 2016 年较 2014 年增长了 32.64%。进一步考察销售活动收现率指标可以发现,各年度数据均大于 1,整体上表明企业产品市场竞争力较强,同时企业商业信用政策合理。同时需要指出的是,销售活动收现率指标需要结合同行业其他企业或行业标准进行对比,才能得出进一步的分析结论。

(二)经营活动现金流出项目分析

1.购买商品、接受劳务支付的现金

该项目反映企业由于购买商品、接受劳务导致的现金流出,包括企业本年购买商品、接受劳务实际支付的现金(含进项增值税),以及本年支付以前年度购买商品、接受劳务的未付款项和本年预付的款项。本年发生的购货退回收到的现金应从本项目中扣除。

该项目是经营活动现金流出的主体,正常情况下,这部分的数额也较大。同时,该项目应与利润表中的主营业务成本对比分析,可以判断企业购买商品的付现率情况。一般情况下,较高的付现率表明企业商业信用质量较低;较低的付现率则可能意味着企业资金较为紧张。当然，还应结合交易对手的营销政策具体分析。此外，对于经营活动现金流量质量良好的企业，该项目应与销售商品、提供劳务收到的现金相配比，在数额上应小于后者。

2.支付给职工及为职工支付的现金

该项目反映企业本年实际支付给职工的工资、奖金、各种津贴和补贴、社会保险等职工薪酬（包括代扣代缴的职工个人所得税）。不包括支付给离退休人员的各项费用和支付给在建工程人员的工资等。由于非货币性福利无须支付现金，所以该项目与“应付职工薪酬”账户的借方发生额并无直接对应关系。

该项目在分析时，往往通过计算与职工人数的比例数来分析人均工资水平是否正常。可以通过与历史水平对比，揭示是否存在操纵利润而故意压低人工费用的造假行为；可以通过与行业水平对比，来衡量企业在人力资源管理方面的水平。

3.支付的各项税费

该项目反映企业本年发生并支付、以前各年发生本年支付及预交的各项税费，包括所得税、增值税、营业税、消费税、印花税、房产税、土地增值税、车船使用税、教育费附加等。不包括计入固定资产价值、实际支付的耕地占用税等。

该项目分析时应注意与企业的生产经营规模相适应。但增值税是价外税，应予剔除。此外，还应将支付的各项税费项目与利润表的营业税金及附加和所得税项目进行比较，借此对企业报告年度的相关税费支付状况做出判断。

4.支付其他与经营活动有关的现金

该项目反映企业经营租赁支付的租金，支付的差旅费、业务招待费、保险费、罚款支出等其他与经营活动有关的现金流出。

该项目具有不稳定性，一般来说数额不应过大。对其中数量较大的重要项目单独列示，分析产生原因。

【例 4-3】青岛海尔股份有限公司经营活动现金流出项目分析，数据如表 4-4 所示。

表 4-4　青岛海尔经营活动现金流出项目分析

项　　目	2014 年	2015 年	2016 年
购买商品、接受劳务支付的现金（万元）	7 366 772.66	8 104 758.79	10 131 180.50
占经营活动现金流出比重（%）	75.71	75.88	77.62
购买活动付现率（%）	105.41	125.48	123.61
支付给职工以及为职工支付的现金（万元）	752 273.64	786 506.50	1 213 105.99
占经营活动现金流出比重（%）	7.73	7.36	9.29
支付的各项税费（万元）	627 158.13	730 457.14	634 810.27
占经营活动现金流入比重（%）	6.45	6.84	4.86
支付的其他与经营活动有关的现金（万元）	983 662.54	1 059 564.03	1 072 361.13
占经营活动现金流入比重（%）	10.11	9.92	8.22
经营活动现金流出（万元）	9 729 866.97	10 681 286.47	13 051 457.89

从表4-4可以看出，青岛海尔经营活动现金流出项目所占比例合理，各年度中“购买商品、接受劳务收到的现金”均占最大份额，数值上均低于同期“销售商品、提供劳务收到的现金”，呈现出“现金流入”大于“现金流出”的正常态势。但也应注意到，“购买商品、接受劳务收到的现金”各年度呈现持续增长的态势，尤其是2016年较2014年增长了37.53%，超过了同期“销售商品、提供劳务收到的现金”的增长速度。进一步考察购买商品付现率指标可以发现，各年度数据均大于1，且有增长趋势，这表明企业的资金较为充足，同时也可能是由于企业信用质量下降所致。需要注意的是，购买活动付现率指标同样需要结合同行业其他企业或行业标准进行对比，才能得出进一步的分析结论。

(三)经营活动现金流量净额的质量分析

1.经营活动现金流量净额小于零

经营活动现金流量净额小于零，表明企业通过正常的商品购、产、销所带来的现金流入不足以支付上述经营活动引起的现金流出。一般而言，当企业经营活动现金流量净额小于零时，往往说明企业生产的产品销路不畅、回款能力较差，或者成本、费用控制水平较差，付现数额较大。如果企业正处于初创期，由于生产阶段的各个环节都处于“磨合”状态，设备、人力资源的利用率相对较低，材料的消耗量相对较高，因而导致企业的成本消耗较高。同时，企业为开拓市场，可能会投入较多资金推广产品。在这种特殊时期，企业经营活动的现金流量可能会表现为“入不敷出”的状态。但如果企业在正常生产经营期间仍出现这种状况，可以认定企业经营活动现金流量的质量不高。

2.经营活动现金流量净额等于零

经营活动现金流量净额等于零，表明企业通过正常的商品购、产、销所带来的现金流入量刚好够支付上述经营活动引起的现金流出，企业经营活动现金流量处于“收支平衡”的状态。虽然此时企业正常经营活动不需要额外补充流动资金，但由于在企业的成本消耗中有相当一部分是按照权责发生制原则确认的摊销成本(如无形资产摊销、待摊费用的摊销、固定资产折旧等)和应计成本(如对预提费用的处理等)，即存在着非付现成本。可见，当经营活动现金流量净额等于零时是不可能为这部分非付现成本的资源消耗提供货币补偿的，无法维持企业经营活动的货币“简单再生产”。因此，该状态下，通常认为企业经营活动现金流量的质量不高。

3.经营活动现金流量净额大于零

(1)经营活动现金流量净额大于零，但不足以补偿当期的非付现成本

经营活动现金流量净额大于零，但不足以补偿当期的非付现成本，表明企业通过正常的商品购、产、销所带来的现金流入量，除了可以支付上述经营活动引起的现金流出外，还有余力补偿当期的一部分非付现成本。在该状态下，企业经营活动现金流量的压力比前两种状态下要好，但长期来看，企业仍然不能维持经营活动的货币“简单再生产”。对于处于正常生产经营阶段的企业而言，其经营活动现金流量的质量仍不高。

(2)经营活动现金流量净额大于零，并恰好能补偿当期的非付现成本

经营活动现金流量净额大于零，并恰好能补偿当期的非付现成本，表明企业通过正常的商品购、产、销所带来的现金流入量，不但能支付上述经营活动引起的现金流出，而且还

有余力补偿当期全部的非付现成本。在该状态下，企业在经营活动现金流量方面不存在压力。从长期看，如果该状态持续，企业尚可维持经营活动的货币“简单再生产”，但不能为企业扩大再生产提供货币支持。因此，对企业经营活动现金流量的质量评价仍不能较高。

(3)经营活动现金流量净额大于零，并在补偿当期的非付现成本后仍有剩余

经营活动现金流量净额大于零，并在补偿当期的非付现成本后仍有剩余，表明企业通过正常的商品购、产、销所带来的现金流入量，不但能支付上述经营活动引起的现金流出，补偿当期全部的非付现成本，而且还有能力支付现金股利或为企业的投资等活动提供现金流量的支持。此时，企业经营活动产生现金流量状况良好，可以为企业扩大再生产提供货币支持，应给予高质量评价。

【例 4-4】青岛海尔股份有限公司经营活动现金流量净额分析，数据如表 4-5 所示。

表 4-5 青岛海尔经营活动现金流量净额分析

项 目	2014 年	2015 年	2016 年
经营活动现金流入(万元)	10 406 803.10	11 241 703.16	13 856 928.35
经营活动现金流出(万元)	9 729 866.97	10 681 286.47	13 051 457.89
经营活动现金流量净额(万元)	676 936.13	560 416.70	805 470.46
与核心营业利润之比	0.94	1.01	1.37

从表 4-5 可以看出，企业各期经营活动现金流量净额均大于 0，除补偿当期的非付现成本、支付利息费用、支付股利外，仍有较多剩余，可以用以支持企业对内对外扩张发展，应给予较高评价。同时，企业各期经营活动现金流量净额呈现先下降再上升的变化态势，与前述企业核心营业利润变化趋势一致。从数值上看，除了 2014 年经营活动现金流量净额略低于核心营业利润外，2015 年和 2016 年均高于同期核心营业利润，且有上升趋势。这表明企业经营活动产生利润的质量较高，同时也反映出企业具有较高的管理能力和竞争力。

二、投资活动产生的现金流量分析

(一)投资活动现金流入项目分析

1.收回投资收到的现金

该项目反映企业出售、转让或到期收回除现金等价物以外的对其他企业的权益工具、债务工具和合营中的权益而收到的现金。不包括长期债权投资收回的利息，以及收回的非现金资产，也不包括处置子公司及其他营业单位收到的现金净额。

该项目一般数额较小。如果数额较大，则说明企业当期发生重大资产转移行为，可通过对报表附注披露的相关信息进行分析，着重考察该行为的合理性。

2.取得投资收益收到的现金

该项目反映企业除现金等价物以外的对其他企业的权益工具、债务工具和对其他企业的长期股权投资等分回的现金股利和利息等。

该项目表明企业投资回报率的质量。一方面,可与利润表中的投资收益比较,一般而言,取得投资收益收到的现金占投资收益比重越大,说明企业对外投资的质量越高。当然也还要结合企业经营战略具体分析。另一方面,分析时要注意确认投资收益的时间差。由于企业因股权性投资分得的股利或利润的现金往往在下一年度才能收到,因此,本年现金流量表上取得投资收益收到的现金往往要和上年利润表中确认的投资收益配比,才能保证二者的口径一致,以真实地反映投资收益的质量。

3.处置固定资产、无形资产和其他长期资产收回的现金净额

该项目反映企业处置固定资产、无形资产和其他长期资产所取得的现金(包括因资产毁损而收到的保险赔偿收入),减去为处置这些资产而支付的有关费用后的净额。

该项目一般不应数额较大。如果数额较大,表明企业发生重大资产转移,应与报表附注披露的相关信息联系,着重考察该行为的合理性。如果该项目与"构建固定资产、无形资产和其他长期资产支付的现金"项目数额均较大,则意味着企业的生产经营结构可能在进行调整;如果该项目与"偿还债务支付的现金"项目数额均较大,则意味着企业可能陷入严重的债务危机之中,不得不靠出售长期资产来维持经营,而未来的生产能力将受到严重的影响。

4.处置子公司及其他营业单位收到的现金净额

该项目反映企业处置子公司及其他营业单位所取得的现金,减去相关处置费用及子公司和其他营业单位持有的现金等价物后的净额。

该项目一般数额为零,如果有发生额,表明企业当期发生重大资产转移行为,这可能意味着企业的战略结构将发生改变,也可能是由于企业深陷债务危机,不得不靠变卖子公司的现金收入偿还债务。因此,对该项目的分析应与报表附注披露的相关信息联系,查清具体原因,着重考察该行为的合理性。

5.收到其他与投资活动有关的现金

该项目反映企业除了上述项目外收到的其他与投资活动有关的现金。

该项目一般没有数额或数额较小,如果数额较大,应单独反映并进一步分析发生的原因。

(二)投资活动现金流出项目分析

1.购建固定资产、无形资产和其他长期资产支付的现金

该项目反映企业购买、建造固定资产,取得无形资产和其他长期资产所支付的现金(含增值税款),以及用现金支付的应由在建工程和无形资产负担的职工薪酬。不包括为购建固定资产而发生的借款利息资本化的部分,以及融资租入固定资产支付的租赁费。

该项目反映企业每年新增资产的规模,是企业除了经营活动的成本费用以外最重要的、对企业影响最大的现金流出项目。一般而言,正常经营的企业该项目应当具有一定的数额,而数额的合理性应结合行业特点、企业的经营理念和战略,以及企业融资活动现金流入等进行分析。特别是,如果该项目的数额小于"处置固定资产、无形资产和其他长期资产收回的现金净额",则表明企业可能正在缩小生产经营规模或正在退出该行业,此时应进一步分析原因,以便对企业的未来进行预测。

2.投资支付的现金

该项目反映企业取得除现金等价物以外的对其他企业的权益工具、债务工具和合营中的权益所支付的现金，以及支付的佣金、手续费等附加费用，不包括取得子公司及其他营业单位支付的现金净额。

该项目反映企业参与资本市场运作的程度，应着重分析其与企业战略目标的一致性。

3.取得子公司及其他营业单位支付的现金净额

该项目反映企业购买子公司及其他营业单位购买出价中以现金支付的部分，减去子公司及其他营业单位持有的现金和现金等价物后的净额。

该项目反映了企业通过支付现金的方式实现扩张的规模。如果该项目数额较大，表明企业在扩张中占用了大量现金，非现金资产方式使用不多，这种情况下要特别注意现金支付对企业未来现金流的影响。

4.支付其他与投资活动有关的现金

该项目反映企业除了上述项目外支付的其他与投资活动有关的现金。

该项目一般数额较小，如果数额较大，应进一步分析发生原因及其合理性。

(二)投资活动现金流量净额的质量分析

1.投资活动现金流量净额小于零

投资活动现金流量净额小于零，表明企业购建固定资产、无形资产和其他长期资产、股权性投资以及债权性投资等方面所支付的现金之和大于企业因回收投资、分得股利或利润、取得债权利息、处置固定资产、无形资产和其他长期资产而收到的现金净额之和。此时，企业投资活动的资金出现"缺口"，现金流量处于"入不敷出"的状态，但并不能据此简单地对企业投资活动现金流量质量做出负面评价。需要首要考虑的问题是：企业投资活动是否符合企业的长期规划和短期计划。在满足上述前提下，企业投资活动现金流量净额小于零也可能表明企业扩大再生产的能力较强，产业及产品结构有所调整，参与资本市场运作、实施股权及债权投资的能力较强，反映了企业经营活动发展和企业扩张的内在要求。

2.投资活动现金流量净额大于零

投资活动现金流量净额大于零，表明企业在投资活动方面的现金流入量大于现金流出量。该情况的发生原因有多种，或是因为企业投资收效显著，投资回报及变现能力较强；或是因为企业处理既有长期资产以求变现，说明企业产业、产品结构将有所调整；或是因为企业已深陷债务危机之中，不得不通过处置现有资产来维持经营，导致未来的生产能力将受到严重的影响。因此，不能简单地对企业投资活动现金流量净额大于零做出正面评价，需要结合产生原因进行具体分析。

三、筹资活动产生的现金流量分析

(一)筹资活动现金流入项目分析

1.吸收投资收到的现金

该项目反映企业收到的投资者投入的现金，包括以发行股票、债券等方式筹集资金时实际收到的款项，减去直接支付给金融企业的佣金、手续费、宣传费、咨询费、印刷费等发行费用后的净额。

该项目数额反映企业通过资本市场筹资的能力。企业通过吸收投资所收到的现金有两个渠道,即发行股票和发行债券,前者属于所有者权益,反映了企业外延式扩大再生产规模;后者属于负债,在一定程度上反映了企业的商业信用水平。

2.取得借款收到的现金

该项目反映企业举借各种短期、长期借款而收到的现金。

该项目数额反映了企业通过银行筹资的能力强弱,在一定程度上反映了企业的商业信用水平。此外,进一步根据短期借款和长期借款各自数额和所占比例,考察企业对取得的资金是否使用合理以及所承受的风险程度。

3.收到其他与筹资活动有关的现金

该项目反映企业除了上述项目外收到的其他与筹资活动有关的现金。

该项目一般数额较小,如果数额较大,应进一步分析其具体内容及合理性。

(二)筹资活动现金流出项目分析

1.偿还债务支付的现金

该项目反映企业为偿还债务本金而支付的现金,包括偿还金融企业的借款本金、偿还债券本金等。本项目只包括偿还债务支付的本金部分,企业偿还的借款利息、债券利息不包括在本项目内。

该项目数额与举债所收到的现金(短期借款、长期借款和发行的企业债券)进行配比分析,可揭示企业的资金周转状况。进一步结合企业所在行业、自身生产经营规模、发展阶段等情况,可反映企业生产经营状况和财务风险程度。

2.分配股利、利润或偿付利息支付的现金

该项目反映企业实际支付的现金股利、支付给其他投资单位的利润或用现金支付的借款利息、债券利息。

该项目数额反映了企业现时支付能力,可进一步结合企业的资产规模、所有者权益规模、负债规模及当期利润水平分析企业现金是否充足。

3.支付其他与筹资活动有关的现金

该项目反映企业除了上述项目外支付的其他与筹资活动有关的现金,如捐赠现金支出、融资租入的固定资产支付的租赁费等。

该项目一般数额较小,如果数额较大,应进一步分析其产生原因及合理性。

(三)筹资活动现金流量净额的质量分析

1.筹资活动现金流量净额小于零

筹资活动现金流量净额小于零,表明企业在吸收股权性投资、发行债券以及借款等方面所收到的现金之和小于企业在偿还债务、支付筹资费用、分配股利或利润、偿付利息、融资租赁所支付的现金以及减少注册资本等方面所支付的现金之和。该情况的发生原因有多种,或是因为企业当期集中发生偿还债务、支付筹资费用、分配股利或利润、偿付利息、融资租赁等业务;或是因为企业经营活动与投资活动在现金流量方面运转较好,有能力完成上述各项支付而减少当期融资量;或是因为企业自身信用下降导致融资困难,未来资金周转可能会更加紧张。因此,对筹资活动现金流量净额小于零的评价也需要结合产生原因进行具体分析。

2.筹资活动现金流量净额大于零

筹资活动现金流量净额大于零，表明企业在吸收股权性投资、发行债券以及借款等方面所收到的现金之和大于企业在偿还债务、支付筹资费用、分配股利或利润、偿付利息、融资租赁所支付的现金以及减少注册资本等方面所支付的现金之和。分析企业筹资活动现金流量净额大于零是否正常，关键是看企业筹资活动是否纳入企业的发展规划，是企业管理层以扩大投资和经营活动为目标的主动行为还是因投资活动和经营活动的现金流出失控不得已而为之的被动行为。通常企业在起步阶段，投资需要大量资金，而此时经营活动产生的现金流量可能无法满足企业的现金需求，主要依靠筹资活动来解决。在此情况下，企业筹资活动引起的现金流量变化较大，应特别关注企业所承担的财务风险。

综上所述，经营活动、投资活动和筹资活动三项活动现金流量净额的正负组合可以反映企业的经营状况和财务风险。正负组合分析结论如表 4-6 所示。

表 4-6　三项活动现金流量净额的正负组合

经营活动现金流量净额	投资活动现金流量净额	筹资活动现金流量净额	一般分析结论
－	－	＋	企业属于初创期，靠融资进行初始投资和维持基本的经营活动开支，未来财务状况取决于企业所处的行业前景和经营能力，财务风险较大
＋	－	＋	企业处于高速发展的扩张时期，生产销售能力强，经营活动货币资金回笼，大量追加投资，同时筹集外部资金作为补充，财务风险较小
－	－	－	企业扩张过度，预测失误，投资效果差，难以筹集到资金，现金将无以为继，财务风险大，若收缩规模，经过调整，有可能渡过难关
＋	＋	－	企业产品进入成熟期，经营活动和投资活动良性循环，融资需求小，处于债务偿还期，财务风险小
＋	－	－	企业经营情况良好，有足够的现金用于新项目的继续投资和偿还债务或发放现金股利，财务风险小
＋	＋	＋	企业的经营状况和投资效果良好，原有的投资项目达到预期目的，仍在筹集资金用于规模扩张或更好的筹资机会，财务风险很小
－	＋	＋	企业的经营效果不佳，需要回收资本金或处置长期资产以及借债才能维持经营，财务状况正在恶化，财务风险大
－	＋	－	企业产品处于衰退期，市场萎缩，为偿还债务和维持日常经营而大规模收回投资或处置长期资产，筹资能力差，财务风险极大

案例 4-1

强周期行业现金流出现萎缩

据 Wind 的统计数据，截至 3 月 23 日，有 689 家上市公司交出了 2013 年年报成绩单，689 家上市公司共实现净利润 4 564.03 亿元，经营活动产生的现金流量净额为 12 431.08亿元，同比增加了 1 217.53 亿元，加权平均每股经营现金流量净额为 10.73 元，与去年的 10.97 元较为接近。

虽然已公布年报上市公司的整体业绩表现较为乐观，但是不同的公司之间差异较大，一些公司的现金流状况也令人担忧。已公布的 689 家上市公司中，156 家企业现金流为负数，其中 15 家企业现金流为－10 亿元以下。

“如果一家上市公司经营性现金流为负或非常低，说明企业经营资金周转不灵，其财务状况不太乐观，可能存在存货积压、赊账过多等不利因素，企业往往会采取借贷等多种方式来增加现金流。”东兴证券首席策略分析师王平告诉记者，在分析现金流时要结合公司情况，具体问题具体分析。

从行业分布看，2013 年现金流出现大幅萎缩的公司主要集中在强周期行业领域，如化工、机械设备、有色金属、交通、能源等。王平认为，在宏观经济增速放缓的背景下，上市公司的现金支出增速明显加快，同时销售市场的疲软引发应收账款、存货规模的增加，这是一些上市公司现金流较为严峻的原因，另外，一些面临转型的行业，现金流压力也较大。餐饮行业的代表“湘鄂情”年报显示，2013 年度该公司亏损 5.70 亿元，其经营性现金流为－1.79 亿元。

对于上市公司来说，现金流好比公司的血液，只有血液充足，发展才会有活力。英大证券研究所所长李大霄认为，一些上市公司业绩与现金流出现严重背离的情况，值得关注。“一旦公司现金流量净额为负数，即便有高额的利润，但公司的现金不能支付日常的经营所需要的资金流转，也可能会导致‘成长性破产’。”企业的现金状况关系到企业的生存和发展，据之能够判断公司经营状况的好坏。上市公司现金流吃紧，其“自我造血”能力必然下滑，如果占用本应投资的长期资金来维持流动资金需求，其发展潜力将进一步受限，容易造成恶性循环，从这个意义上来说，现金流可能比利润更重要。

资料来源：《经济日报》(2014 年 03 月 24 日)报道。

四、汇率变动对现金的影响分析

近年来，随着企业跨国业务的快速增长，所涉及的外币业务也越来越多。当企业外币现金流量折算为记账本位币时，所采用的是与现金流量发生日的即期汇率近似的汇率，而资产负债表日或结算日，企业外币现金及现金等价物净增加额是按资产负债表日或结算日的汇率折算的，这两者之间的差额即为汇率变动对现金的影响。如果该项数额较大，需要借助于财务报表附注的相关内容分析其原因及合理性。

五、现金流量表附注分析

除了上述主表部分以外，现金流量表还在附注中披露一些补充信息，以帮助报告使用者更加全面、正确地了解企业的现金流量状况。通过对现金流量表附注的分析，可以从中挖掘出更多的有用信息，同时也有助于通过与其他报表之间相互对应关系的分析，对企业财务报表披露的质量做出相应的判断。

(一)现金流量表补充资料

现金流量表补充资料的主要内容如表 4-7 所示。

表 4-7　现金流量表补充资料

补充资料	本期金额	上期金额
1.将净利润调节为经营活动的现金流量		
净利润		
加：资产减值准备		
固定资产折旧、油气资产折耗、生产性生物资产折旧		
无形资产摊销		
长期待摊费用摊销		
处置固定资产、无形资产和其他长期资产的损失(收益以“－”号填列)		
固定资产报废损失(收益以“－”号填列)		
公允价值变动损失(收益以“－”号填列)		
财务费用(收益以“－”号填列)		
投资损失(收益以“－”号填列)		
递延所得税资产减少(增加以“－”号填列)		
递延所得税负债增加(减少以“－”号填列)		
存货的减少(增加以“－”号填列)		
经营性应收项目的减少(增加以“－”号填列)		
经营性应付项目的增加(减少以“－”号填列)		
其他		
经营活动产生的现金流量净额		
2.不涉及现金收支的重大投资和筹资活动		
债务转为资本		
一年内到期的可转换公司债务		
融资租入固定资产		
3.现金及现金等价物净增加情况		
现金及现金等价物的年末数		
减：现金及现金等价物的年初数		
现金及现金等价物净增加额		

由表4-7可见，现金流量表补充资料的内容主要由三部分组成：(1)采用间接法将净利润调节为经营活动现金净流量；(2)不涉及现金收支的重大投资和筹资活动；(3)现金及现金等价物净增加情况。

1.将净利润调节为经营活动的现金流量

该部分是采用间接法列示经营活动产生的现金流量净额。间接法在将净利润调节为经营活动的现金流量时需要两步转换，其中，第一步是将净利润转换为经营活动的净利润，需要将净利润中包含的投资活动、筹资活动的损益调整出去。第二步是将经营活动的净利润调整为经营活动的现金净流量，需要将权责发生制转换为收付实现制。具体调整内容包括以下四大类项目：(1)实际没有支付现金的费用；(2)实际没有收到现金的收益；(3)不属于经营活动的损益；(4)经营性应收应付项目的增减变动。上述内容涵盖了表4-7中罗列的资产减值准备、累计折旧等十几个项目。通过对该部分内容的分析，可以揭示企业的净利润与经营活动现金流量的区别及产生这种区别的原因。

2.不涉及现金收支的重大投资和筹资活动

该部分反映企业在一定会计期间内影响资产和负债，但不形成该期现金收支的所有投资和筹资活动的信息。这些投资或筹资活动是企业的重大理财活动，虽不引起现金流量的变化，但可能在一定程度上反映企业目前所面临的现金流转困难或未来的现金需求。如债务转为资本可能意味着企业偿债能力较差而发生了债务重组，债务重组的同时还可能暗含着经营活动现金流出现问题；如一年内到期的可转换公司债券，意味着在一年内可能要发生大额的现金流出，一旦转换失败，势必会影响企业短期内的资金需求；再如融资租入的固定资产，往往意味着在较长时期内的固定现金流出。上述各种情况对于企业现金流转的影响，需结合企业其他财务指标的计算、企业当期整体的现金流量变化情况来综合考虑。

3.现金及现金等价物净增加情况

现金流量表中的最后一项“现金及现金等价物净增加额”是现金及现金等价物在一年内的流量变化情况。“现金及现金等价物期末余额”则不直接体现在报表之中，它是期末时点现金及现金等价物的一个存量。现金及现金等价物净增加额小，现金及现金等价物期末余额不一定低。评价现金及现金等价物，其期末绝对余额的高低是一个重要的因素。如果期末绝对余额低，即使其净增加额为正，也只是说明该企业的现金流量得到了改善，并不能说明该企业的现金及现金等价物质量较高。

(二)当期取得或处置子公司及其他营业单位的有关信息

当期取得或处置子公司及其他营业单位的有关信息，实际上反映了企业在本会计期间内对控制性投资的变动以及消耗资源的情况，具体内容如表4-8所示。这些信息的重要性在于：第一，企业的上述变化可能意味着企业的投资与经营战略在发生变化，企业可能通过对子公司的增减调整来改变企业的投资和经营方向，从而很大程度上改变企业未来的盈利模式。第二，企业的某些非现金投资活动可能在一定程度上反映企业利用非现金资产进行投资活动的努力。如企业利用固定资产、无形资产、存货对外投资等，或者反映了企业盘活企业不良资产的努力，或者反映了企业充分利用现有资源提升其利用价值的努力。

表 4-8　当期取得或处置子公司及其他营业单位的有关信息

项　　目	金额
一、取得子公司及其他营业单位的有关信息	
1.取得子公司及其他营业单位的价格	
2.取得子公司及其他营业单位支付的现金和现金等价物	
减:子公司及其他营业单位持有的现金和现金等价物	
3.取得子公司及其他营业单位支付的现金净额	
4.取得子公司的净资产	
流动资产	
非流动资产	
流动负债	
非流动负债	
二、处置子公司及其他营业单位的有关信息	
1.处置子公司及其他营业单位的价格	
2.处置子公司及其他营业单位收到的现金和现金等价物	
减:子公司及其他营业单位持有的现金和现金等价物	
3.处置子公司及其他营业单位收到的现金净额	
4.处置子公司的净资产	
流动资产	
非流动资产	
流动负债	
非流动负债	

(三)现金和现金等价物的具体内容与变化

现金和现金等价物的具体内容与变化,反映了企业现金资产结构的变化,见表 4-9。由于各现金类资产的变现能力不同,其用于周转的质量也会有明显差异。

表 4-9　现金和现金等价物的内容

项　　目	本期金额	上期金额
一、现金		
其中:库存现金		
可随时用于支付的银行存款		
可随时用于支付的其他货币资金		
可用于支付的存放中央银行款项		
存放同业款项		

续表

项　目	本期金额	上期金额
拆放同业款项		
二、现金等价物		
其中：三个月内到期的债券投资		
三、期末现金及现金等价物余额		
其中：母公司或集团公司内子公司使用受限制的现金和现金等价物		

综合上述现金流量表附注内容，可更为全面地分析企业现金流量的质量。

第四节　现金流量表趋势分析

现金流量趋势分析主要是指对不同时期现金流量表的现金流量指标进行对比以确定其增减差异和变动趋势的分析，可以帮助报告使用者了解企业财务状况的变动趋势，了解企业财务状况变动的原因，在此基础上预测企业未来财务状况，从而为决策提供依据。在实践中，现金流量表趋势分析法主要有：定基分析法和环比分析法。

一、定基分析

定基分析是将各年现金流量的增减额与某一固定时期的现金流量水平进行对比，反映企业各期现金流量与固定时期（基期）对比的增长变化情况。

【例 4-5】对青岛海尔股份有限公司 2014—2016 年现金流量表进行趋势分析及预测。为简化起见，采用汇总现金流量表形式，数据如表 4-10 所示。其中，现金流量净额数据如表 4-11 所示。

表 4-10　青岛海尔 2014—2016 年汇总现金流量表

单位：万元

项　目	2014 年	2015 年	2016 年
经营活动现金流入	10 406 803.10	11 241 703.16	13 856 928.35
投资活动现金流入	62 846.45	168 142.44	112 483.83
筹资活动现金流入	1 380 778.77	696 303.16	4 354 043.08
现金流入量合计	11 850 428.32	12 106 148.76	18 323 455.26
经营活动现金流出	9 729 866.97	10 681 286.47	13 051 457.89
投资活动现金流出	426 774.28	1 195 482.81	4 072 126.72
筹资活动现金流出	665 405.06	885 864.23	1 371 538.17
现金流出量合计	10 822 046.31	12 762 633.51	18 495 122.79

表 4-11 青岛海尔 2014—2016 年现金流量净额数据

单位:万元

项 目	2014 年	2015 年	2016 年
经营活动现金流量净额	676 936.13	560 416.70	805 470.46
投资活动现金流量净额	−363 927.83	−1 027 340.37	−3 959 642.90
筹资活动现金流量净额	715 373.71	−189 561.07	2 982 504.90
现金及现金等价物净增加额	1 014 586.94	−641 094.78	−150 695.11

采用定基分析法对 2014—2016 年的现金流量趋势进行分析，以 2014 年数据为基期，相关分析数据如表 4-12 所示。

表 4-12 青岛海尔 2014—2016 年定基分析数据

项 目	2015 年		2016 年	
	变动额(万元)	变动率(%)	变动额(万元)	变动率(%)
经营活动现金流入	834 900.06	8.02	3 450 125.25	33.15
投资活动现金流入	105 295.99	167.54	49 637.38	78.98
筹资活动现金流入	−684 475.61	−49.57	2 973 264.31	215.33
现金流入量合计	255 720.44	2.16	6 473 026.94	54.62
经营活动现金流出	951 419.50	9.78	3 321 590.92	34.14
投资活动现金流出	768 708.53	180.12	3 645 352.44	854.16
筹资活动现金流出	220 459.17	33.13	706 133.11	106.12
现金流出量合计	1 940 587.20	17.93	7 673 076.48	70.90
经营活动现金流量净额	−116 519.43	−17.21	128 534.33	18.99
投资活动现金流量净额	−663 412.54	182.29	−3 595 715.07	988.03
筹资活动现金流量净额	−904 934.78	−126.50	2 267 131.19	316.92
现金及现金等价物净增加额	−1 655 681.72	−163.19	−1 165 282.05	−114.85

从表 4-12 的定基分析数据可以看出：

(1)现金流入方面:2014—2016 年，企业的现金流入量持续增加，2015 年较 2014 年增长了 2.16%，2016 年增长了 54.62%。其中，经营活动现金流入量小幅增长，增速分别为 8.02%和 33.15%，表明行业经营环境有所改善，企业经营活动稳步发展；投资活动现金流入量增幅明显，2015 年增长了 167.54%，2016 年有所放缓，增长了 78.98%，具体分析现金流量表，主要系“收回投资收到现金”大幅增长所致，表明企业在调整其对外投资；筹资活动现金流入量呈现先下降再上升态势，2015 年下降了 49.57%，主要系“吸收投资收到的现金”大幅下降所致。2016 年筹资活动现金流入增幅巨大，达到 215.33%，主要系“取得借款收到的现金”剧增所致，说明企业对外筹资金的依赖性很强。

(2)现金流出方面:2014—2016 年，企业的现金流出量也持续增加，2015 年较 2014 年增长了17.93%,2016年增长了70.90%。其中,经营活动现金流出量小幅增长,增速分别为9.78%和34.14%,略高于经营活动现金流入量增幅,反映出家电行业竞争较为激烈;投资活动现金流出量增幅明显,2015年增长了180.12%,2016年增幅巨大,增长了854.16%,具体分析现金流量表,主要系“取得子公司及其他营业单位支付的现金净额”大幅增长所致,表明企业通过大规模对外股权投资扩张发展;筹资活动现金流出量也持续增长,2015年增长了33.13%,2016年增长了106.12%,主要系“偿还债务支付的现金”大幅增加所致,说明企业承受较大的偿债压力,存在一定的财务风险。

(3)三项活动现金流量净额方面:2014—2016年,经营活动现金流量净额先下降再上升,与同期利润表变化趋势一致,说明企业经营业绩企稳回升;由于投资活动现金流量净额三年均为负值,分析数据表明投资活动现金流量净额绝对值呈现大幅增长,特别是2016年,增幅达到了988.03%,说明企业进一步加大对外扩张力度,对外投资规模巨大,也反映出企业股东对投资前景持乐观态度;筹资活动现金流量净额先下降后上升,2016年增幅达到了316.92%,表明企业通过债务筹资方式支持大规模对外投资,由于对外部融资的依赖性增强,导致其财务风险明显加大。

(4)现金及现金等价物净增加额方面:除2014年外,其余年份企业现金及现金等价物净增加额均为负值,主要由于2015年和2016年企业进行大规模对外投资所致,企业投资活动现金流出量十分巨大,致使报告期内现金及现金等价物净增加额最终仍为负值,企业现金流压力较大。

二、环比分析

环比分析,是将各期现金流量的逐期增加额与其前一年的现金流量水平进行对比,反映企业各期现金流量与上期相比的增长变化情况。

【例4-6】采用环比分析法对2014—2016年的现金流量趋势进行分析,以2014年数据为基期,分析数据见表4-13。

表4-13 青岛海尔股份有限公司2014—2016年环比分析数据

项目	2015年		2016年	
	变动额(万元)	变动率(%)	变动额(万元)	变动率(%)
经营活动现金流入	834 900.06	8.02	2 615 225.19	23.26
投资活动现金流入	105 295.99	167.54	−55 658.61	−33.10
筹资活动现金流入	−684 475.61	−49.57	3 657 739.92	525.31
现金流入量合计	255 720.44	2.16	6 217 306.5	51.36
经营活动现金流出	951 419.50	9.78	2 370 171.42	22.19
投资活动现金流出	768 708.53	180.12	2 876 643.91	240.63
筹资活动现金流出	220 459.17	33.13	485 673.94	54.82
现金流出量合计	1 940 587.20	17.93	5 732 489.28	44.92

续表

项 目	2015 年		2016 年	
	变动额(万元)	变动率(%)	变动额(万元)	变动率(%)
经营活动现金流量净额	−116 519.43	−17.21	245 053.76	43.73
投资活动现金流量净额	−663 412.54	182.29	−2 932 302.53	285.43
筹资活动现金流量净额	−904 934.78	−126.50	3 172 065.97	−1 673.37
现金及现金等价物净增加额	−1 655 681.72	−163.19	490 399.67	−76.49

从表 4-13 的环比分析数据可以看出：

(1)现金流入方面：2014—2016 年，企业的现金流入量持续增加，2015 年较 2014 年增长了 2.16%，2016 年较 2015 年增长了 51.36%。其中，各年度经营活动现金流入量均较上一年度有所增长，增速分别为 8.02%和 23.26%，表明企业经营活动持续稳步发展；投资活动现金流入量呈现先增后降的态势，2015 年增长了 167.54%，而 2016 年较 2015 年有所下降，降低了 33.10%，具体分析现金流量表，主要系 2015 年企业调整其对外投资，"收回投资收到现金"项目数额较大所致；筹资活动现金流入量呈现出先下降再大幅上升态势，2015 年下降了 49.57%，2016 年较 2015 年增幅巨大，达到 525.31%，主要系"取得借款收到的现金"剧增所致，表明 2016 年企业对外大量举债，融资需求很强。

(2)现金流出方面：2014—2016 年，企业的现金流出量也持续增加，2015 年较 2014 年增长了 17.93%，增幅大于现金流入量的增加；2016 年较 2015 年增长了 44.92%，增幅小于同期现金流入量的增加。三项活动的现金流出均呈现增加态势，其中，经营活动现金流出量小幅增长，分别较上一年度增长 9.78%和 22.19%，与经营活动现金流入量增幅大体相当；投资活动现金流出量增幅明显，2015 年增长了 180.12%，2016 年较 2015 年更是大幅度增长了 240.63%，主要系"取得子公司及其他营业单位支付的现金净额"大幅增长所致，表明企业持续通过大规模对外股权投资进行扩张性发展；筹资活动现金流出量也持续增长，2015 年增长了 33.13%，2016 年较 2015 年增长了 54.82%，主要系"偿还债务支付的现金"大幅增加所致，与筹资活动现金流入中"取得借款收到的现金"剧增相匹配，表明企业承受的偿债压力逐年上升。

(3)三项活动现金流量净额方面：2014—2016 年，三项活动现金流量净额的波动均较大。2014—2016 年，经营活动现金流量净额先下降再上升，与同期利润表变化趋势一致，说明企业经营业绩企稳回升；由于投资活动现金流量净额三年均为负值，且其数值较前一年都持续增长，表明企业持续加大对外扩张发展力度；筹资活动现金流量净额先下降后上升，2016 年较 2015 年剧增了 1 673.37%，企业大量举借外债，财务风险显著加大。

(4)现金及现金等价物净增加额方面：除 2014 年外，其余年份企业现金及现金等价物净增加额均为负值，主要系企业持续进行大规模对外投资，导致投资活动现金流量净额为负值，且数量巨大。2016 年由于企业大量举借外债用以支持企业对外扩张发展，使得 2016 年较 2015 年现金及现金等价物净增加额有所回升，但净额仍然为负，企业仍面临较大的现金流压力。

由于环比分析的结果与定基分析类似，此处不再赘述。

综合上述定基法和环比法的趋势分析，对企业未来现金流量进行预测：企业经营活动现金流相对稳定，质量较好，预测未来经营活动现金流量净额仍将保持稳步上升趋势；投资方面，在企业全球化、多元化发展战略下，结合家电行业的特点和发展趋势，企业未来仍将会在技术研发、固定资产优化升级以及对外股权投资等方面加大投资力度；在筹资方面，由于企业以往大量融资，导致未来持续有大量借款到期，因此筹资活动的现金流入、流出仍将是企业现金流量的主要组成部分，预计未来仍将保持较强的融资需求，不可忽视企业面临的财务风险。

在进行现金流量趋势分析时，除了用绝对额对比外，还常用财务比率指标进行比较；对比基数除了用前期实际数之外，还常用计划数或预算数作为基数进行对比；此外，还常与同行业先进企业、竞争企业进行对比，以此来说明企业现金流量的增减情况和变动趋势，以及在行业中的地位和差距。

本章小结

本章分析了现金流量表的结构特征及各项目质量含义。通过对现金流入、现金流出和现金净流量的结构分析，探讨现金净流量形成的原因及合理性。本章重点在于分析经营、投资及筹资三项活动现金流量变化的一般规律，从而加深对企业现金流量质量的认识。在此基础上，通过对不同时期现金流量指标进行对比，可确定其增减差异和变动趋势，并预测企业未来财务状况，为决策提供依据。

需要注意的是，在分析企业现金流量表的过程中，必须注意纵向和横向的对比，只有将企业自身的情况与该企业以前期进行对比、与同行业其他企业或行业标准进行对比，才能得出更加全面、深刻、准确的分析结论。

章后练习

思考题

1.现金流量表的分类及现金流量表分析的意义是什么？

2.现金流量表具有什么样的结构特征及其数据关系如何？

3.如何对企业三大主要活动现金流量净额变化状况的质量进行分析？分情况说明。

4.企业三项活动现金流量净额与企业发展阶段有什么关系？

5.经营活动产生的现金流量分析包括哪些内容？

6.如何评价企业经营活动净现金流量的变化？

7.投资活动产生的现金流量分析包括哪些内容？哪个项目能够表明企业投资回报率的质量？说明其分析的意义。

8.筹资活动产生的现金流量分析包括哪些内容？

9.汇率变动对企业现金流量有什么影响？

10.现金流量表附注分析的意义及主要包括哪些内容？

11.现金流量表趋势分析主要有哪两种方法？企业在运用这两种方法时应该注意什么？

本章作业

(一)练习题

1.A 企业当期净利润为 600 万元，投资收益为 100 万元，与筹资活动有关的财务费用为 50 万元，经营性应收项目增加 75 万元，经营性应付项目减少 25 万元，固定资产折旧为 40 万元，无形资产摊销为 10 万元。

要求：

假设没有其他影响经营活动现金流量的项目，计算该企业当期经营活动产生的现金流量净额。

2.C 公司现金流量表如下：

C 公司现金流量表(部分)

单位：万元

项　　目	2014 年	2015 年	2016 年
经营活动现金流量净额	32	35	42
投资活动现金流量净额	－10	－18	－16
筹资活动现金流量净额	23	17	－78
现金及现金等价物净增加额	45	34	－52

要求：

(1)分析 C 公司 2014—2016 年度经营活动现金流量质量；

(2)分析 C 公司 2014—2016 年度投资活动现金流量质量；

(3)分析 C 公司 2014—2016 年度筹资活动现金流量质量；

(4)运用三项活动正负组合图分析方法，评价 C 公司 2014—2016 年度现金流量整体质量。

3.C 公司汇总现金流量表如下：

C 公司汇总现金流量表

单位：万元

项　　目	2014 年	2015 年	2016 年
经营活动现金流入量	105	120	130
投资活动现金流入量	20	24	38

续表

项　　目	2014 年	2015 年	2016 年
筹资活动现金流入量	48	45	42
现金流入量合计	173	189	210
经营活动现金流出量	73	85	88
投资活动现金流出量	30	42	54
筹资活动现金流出量	25	28	120
现金流出量合计	128	155	262

要求：

(1)对 C 公司 2014—2016 年度现金流量进行结构分析；

(2)运用定基分析法对 C 公司 2014—2016 年的现金流量趋势进行分析；

(3)运用环比分析法对 C 公司 2014—2016 年的现金流量趋势进行分析。

(二)案例与分析

1.Excel 实务演练

新建一个 Excel 表，命名为“现金流量表分析”，输入案例公司年报资料，对该公司 2014—2016 年的现金流量结构和主要现金流量项目进行分析；运用水平趋势分析法，预测公司未来发展趋势。

2.章节报告

结合本章理论分析框架，结合 Excel 实务演练分析结果，撰写案例公司 2014—2016 年现金流量表质量分析报告。

小贴士：本章教学微视频请扫描以下二维码观看

第五章

所有者权益变动表分析

学习目标：通过本章的学习，使学生了解所有者权益变动表的性质和作用，理解所有者权益变动表的格式与结构特征。掌握所有者权益变动表中各项目含义及各项目之间的关系，对所有者权益变动表质量进行综合分析。掌握所有者权益变动表趋势分析的主要方法，并在此基础上，结合资产负债表和利润表相关项目，分析企业所有者权益规模的发展水平和趋势。

引导案例

万达院线资产重组

2015 年 10 月 8 日，万达院线发布公告称，经中国证监会上市公司并购重组委员工作会议审核，公司发行股份及支付现金购买资产并募集配套资金暨关联交易事宜获得有条件通过，公司股票自 2015 年 10 月 9 日开市起复牌。

万达院线该次定向增发拟以发行股份方式购买慕威时尚文化传播（北京）有限公司，以及重庆世茂影院管理有限公司另外 15 家公司 100%股权，交易金额 22 亿元，并向控股股东北京万达文化产业集团有限公司非公开发行股份募集配套资金不超过 21.8 亿元。

同时，万达院线披露的经营简报显示，公司 2015 年 9 月实现票房收入 4.1 亿元，同比增长 52.5%，观影人次 1 054 万人次，同比增长 47.8%。截至 2015 年 9 月 30 日，公司拥有已开业影院 207 家，1 849 块银幕。至此，2015 年 1—9 月，万达院线累计票房收入 44.8 亿元，同比增长 44.2%；观影人次 10 668 万人次，同比增长 42.7%。

国泰君安证券公司分析称，公司短期有望享受国内观影市场高度繁荣的红利，中期有望全球化扩张，挟渠道以令内容。从长期看，在集团的支持下，实现业务间的流量互导及品牌强化。外延并购加速发展，今年上半年，公司以现金 3.66 亿美元收购澳洲第二大院线公司 Hoyts、世茂股份 18 家影院及数据化电影公司慕威时尚，此三项国内外重大资产重组标志着公司开启外延发展布局，以实现 2020 年获取全球 20%的院线市场的战略目标。由此说明，资产重组也是增强企业财务能力的一种方式。

资料来源：根据《投资快报》（2015 年 10 月 09 日）改编。

第一节 所有者权益变动表概述

所有者权益变动表(statement of changes in owners' equity)是反映构成所有者权益的各组成部分当期增减变动情况的财务报表。所有者权益变动表全面反映一定时期所有者权益变动的情况,不仅包括所有者权益总量的增减变动,还包括所有者权益增减变动的重要结构性信息,特别是反映直接计入所有者权益的利得和损失,让报表的使用者准确理解所有者权益增减变动的根源。

一、所有者权益变动表项目分类

所有者权益变动表在按照所有者权益各组成项目列示的同时,根据所有者权益变动的性质,分别按照前期损益调整、综合收益总额、所有者投入和减少资本、利润分配和所有者权益内部结转等项目列示,以全面反映一定时期内所有者权益变动的情况。

(一)上年年末余额

上年年末余额是指资产负债表中实收资本(或股本)、库存股、资本公积、盈余公积、未分配利润的年末余额,与上年度所有者权益变动表"本年金额"栏内所列数字相同。这是所有者权益变动表内部的一个基本勾稽关系。

(二)会计政策变更和前期差错更正

会计政策变更、前期差错更正,分别是指企业采用追溯调整法处理的会计政策变更的累计影响金额和采用追溯重述法处理的会计差错更正的累计影响金额。

(三)本年年初余额

本年年初余额是企业上年末余额经会计政策变更和会计差错更正调整后的余额。该项目金额与当年编制的资产负债表中所有者权益项目的年初数相等。

(四)本年增减变动金额

本年增减变动金额是指本期企业因综合收益总额、所有者投入和减少资本、所有者权益内部结转对所有者权益各组成部分的影响金额。

二、所有者权益变动表的格式

为了清楚地表明构成所有者权益的各组成部分当期的增减变动情况,所有者权益变动表应当以矩阵的形式列示:一方面,列示导致所有者权益变动的交易或事项,改变以往仅仅按照所有者权益的各组成部分反映所有者权益变动情况的方式,而是从所有者权益变动的来源对一定时期所有者权益变动情况进行全面反映;另一方面,按照所有者权益各组成部分(包括实收资本、资本公积、盈余公积、其他综合收益、未分配利润和库存股)及其总额列示交易或事项对所有者权益的影响。此外,企业还需要提供比较所有者权益变动表,所有者权益变动表就各项目再分为"本年金额"和"上年金额"两栏分别填列。年报的所有者权益变动表的具体格式如表 5-1 所示(表中只列示了"本年金额"栏,"上年金额"在"本年金额"栏右边并排列示)。

表 5-1　所有者权益变动表

编制单位：　　　　　　　　　年　月　　　　　　　　　单位：元

项　目	本年金额						
	实收资本（或股本）	资本公积	库存股（减项）	其他综合收益	盈余公积	未分配利润	所有者权益合计
一、上年年末余额							
1.会计政策变更							
2.前期差错更正							
二、本年年初余额							
三、本年增减变动金额（减少以"—"号填列）							
（一）综合收益总额							
（二）所有者投入和减少资本							
1.所有者投入资本							
2.股份支付计入所有者权益的金额							
3.其他							
（三）利润分配							
1.对所有者（或股东）的分配							
2.提取盈余公积							
3.其他							
（四）所有者权益内部结转							
1.资本公积转增资本（或股本）							
2.盈余公积转增资本（或股本）							
3.盈余公积弥补亏损							
4.其他							
四、本年年末余额							

所有者权益变动表中上述各个项目之间的关系具体见下列公式：

本年年末余额＝本年年初余额＋本年增减变动金额　　(5-1)

其中：

本年年初余额＝上年期末余额＋会计政策变更＋前期差错更正　　(5-2)

本年增减变动金额＝综合收益总额＋所有者投入和减少资本＋利润分配＋所有者权益内部结转　　(5-3)

三、所有者权益变动表分析的内容

(一)所有者权益变动表结构分析

所有者权益变动表结构分析主要关注导致本年度所有者权益各项目增减变动的原因。通过对各项导致所有者权益发生变化的事项进行分析,全面反映一定时期内所有者权益变化的情况及其质量含义。

(二)所有者权益变动表项目分析

所有者权益变动表项目分析主要关注所有者权益各项目的变化情况,通过分析各项目增减变动的原因,揭示所有者权益变动表的质量特征。

(三)所有者权益变动表趋势分析

所有者权益变动表趋势分析主要是通过计算企业不同时期的所有者权益增长率,结合企业资产、营业收入和净资产等指标的增长情况,综合分析和预测企业所有者权益规模的发展水平和发展趋势。

四、所有者权益变动表分析的意义

(一)所有者权益变动表是资产负债表与利润表的联系纽带

随着企业规模不断扩大和金融工具的创新,跨国经营已成为企业参与国际竞争的重要战略,金融工具成为企业一种常见的投资与避险工具。这些业务的会计处理与一般的经济业务有所不同,如外币报表折算差额、可供出售金融资产公允价值变动等已确认未实现的利得和损失不在利润表中确认,而是直接在资产负债表中的所有者权益中列示。这种做法削弱了资产负债表和利润表之间的联系,在这种情况下,所有者权益变动表担负起了联系资产负债表与利润表纽带的重任,通过所有者权益变动表搭建两者之间的勾稽关系,使财务报告体系中各要素之间能够继续保持紧密的联系。

(二)所有者权益变动表是全面收益理念的体现

所有者权益变动表报告了综合收益,与传统收益概念相比,综合收益包括的内容更广泛。综合收益是指企业在某一期间与所有者之外的其他方面进行交易或发生其他事项所引起的净资产变动。综合收益的构成包括两部分:一是净利润,是企业已经实现并确认的收益;二是其他综合收益,是企业未实现但根据会计准则的规定已确认的收益,直接计入所有者权益的利得和损失。综合收益的构成体现出所有者权益变动表的全面收益观,对强调以资产负债确认和公允价值计量为基础的所有者权益变动表的分析,可以从综合收益角度为企业的投资者提供更加全面的财务信息。

(三)所有者权益变动表揭示了所有者权益变动的原因

所有者权益变动表揭示了当期企业所有者权益各组成项目变动的原因。企业在所有者权益变动表中至少应当单独列示反映下列信息的项目:(1)综合收益总额;(2)会计政策变更和差错更正的累积影响金额;(3)所有者投入资本和向所有者分配利润等;(4)提取的盈余公积;(5)实收资本或资本公积、盈余公积、未分配利润的期初和期末余额及其调节情况。

(四)所有者权益变动表是投资者进行投资决策的重要依据

所有者权益变动表为财务报告使用者提供与企业财务状况、经营成果和现金流量等有关的会计信息,反映企业管理层受托责任履行的情况,因此有助于财务报告使用者做出经济决策。随着资本市场的发展,企业的所有者越来越重视自己的利益,迫切需要详细地了解自己的权益状况。所有者权益变动表一方面向企业的投资者反映所有者权益的增减变动,以评估企业管理层受托责任履行情况;另一方面,也可以在所有者权益的本期增减变动中揭示全面收益,更好地为投资者决策提供全面的信息。

第二节　所有者权益变动表结构分析

对所有者权益变动表结构进行分析,最重要的内容是分析导致本年度所有者权益各项目增减变动的原因。具体分析包括以下几个方面。

一、前期损益调整

根据会计期间划分,当本期发现前期或前若干期的某些会计事项需要调整,则可能涉及损益调整。导致前期损益调整的事项主要包括会计政策变更和前期差错更正。这种会计核算因素除了导致数字上变化外,对企业的财务状况质量并没有实质影响,应结合会计报表附注进一步分析发生原因及合理性。

1.会计政策变更

随着企业内外部会计环境的变化以及会计理论与实务的发展,企业可以适当变更会计政策。会计政策变更的一个重要特点是变更前后的政策都应符合会计准则的规定。追溯计算会计政策变更累计影响损益数,则涉及前期损益的调整。

2.前期差错变更

前期差错变更通常是以前某期或若干期因计算错误、会计政策误用、曲解事实、弄虚作假或粗心大意等原因,导致多计(少计)了收入或费用,而使损益计算有误,企业在呈报会计报表之后经审查发现,需予以调整。但应特别注意的是,如果年度间频繁出现前期差错更正事项的情况,则很有可能是企业蓄意调整利润的结果。

为了体现会计政策变更和前期差错更正的影响,企业应当在上期期末所有者权益余额的基础上进行调整,得出本期期初所有者权益余额。

二、综合收益总额

综合收益总额是企业净利润与其他综合收益扣除所得税影响后的净额相加后的合计金额。净利润作为企业经营成果的最终体现,也是企业所有者权益增加的内部源泉,这种"盈利性"变化具有更积极的意义。如果企业盈利质量较高,则意味着企业可持续发展前景较好。需要注意的是,由于净利润中既包括已确认且已实现的收入(利得)和费用(损失),也包括部分已确认但未实现的利得和损失,因此尚需具体分析企业盈利质量,不可笼统地做出判断。其他综合收益是直接计入所有者权益的利得和损失,即不应计入当期损益、会导致所有者权益变动的、与所有者投入资本或向所有者分配利润无关的利得或损失。其他综合收益列示的是另一部分已确认但未实现的持有利得和损失。需要注意的是，由于其他综合收益易受公允价值计量的影响，而公允价值不可避免主观估计因素，这有可能使分析结论的准确性受到影响。因此，需借助财务报表附注等补充资料判断企业计入“利得”数据的合理性，或排除因公允价值计量问题带来的不确定性。

【例 5-1】对青岛海尔股份有限公司综合收益总额进行分析，数据如表 5-2 所示。

表 5-2 青岛海尔 2014—2016 年综合收益总额分析

项目	2014 年	2015 年	2016 年
综合收益总额(万元)	756 064.82	599 837.76	664 882.47
净利润(万元)	704 890.13	592 508.05	669 133.43
净利润占综合收益总额比重(%)	93.23	98.78	100.64
其他综合收益的税后净额(万元)	51 174.68	7 329.71	−4 250.96
其他综合收益的税后净额占综合收益总额比重(%)	6.77	1.22	−0.64

从表 5-2 可以看出，企业的净利润在综合收益中均占据绝对比重，且呈逐年上升趋势；其他综合收益占综合收益比重均不大，特别是 2016 年，企业的其他综合收益为负值，但绝对值很小，其影响可忽略不计。结合第三章利润表中的相关分析，2014—2016 年期间，净利润中包含的已确认但未实现的利得和损失占比很小。综上所述，可以确定企业盈利质量较高，各期综合收益受到公允价值计量方法带来的不确定性影响很小。

三、所有者投入资本和减少资本

所有者投入和减少资本是指企业当年所有者追加投入的资本和减少的资本。

1.所有者投入资本

所有者投入资本是指企业接受投资者投入形成的实收资本(或股本)和资本溢价(或股本溢价)，并对应列在“实收资本”和“资本公积”栏。与前述“盈利性”变化不同，如果依靠企业所有者入资增加所有者权益，则属于“输血性”变化。虽然这两种变化都会引起所有者权益增加，但对企业的发展前景而言，二者具有显著差异。一般而言，在“输血性”变化下，由于企业盈利前景存在变数，其积极含义将大打折扣。

2.股份支付计入所有者权益的金额

股份支付计入所有者权益的金额反映以权益结算的股份支付换取职工或其他方提供服务的内容。在行权日，按实际行权的权益工具数量计算确定的金额，相应计入“实收资本”和“资本公积”。

四、利润分配

利润分配是指企业当年的利润分配金额。

1.对所有者(或股东)的分配

对所有者(或股东)的分配是企业当年对所有者(或股东)分配的利润(或股利)金额，

并对应以负数列在“未分配利润”栏。在该项目基础上，结合现金流量表中“分配股利、利润或偿付利息支付的现金”和资产负债表中“应付股利”项目的期初和期末余额以及资产负债表日后事项中有关股利分配的信息，可以了解企业的股利分配政策。

2.提取盈余公积

提取盈余公积是企业当年按照规定提取的盈余公积，对应列在“盈余公积”栏，并以负数对应列在“未分配利润”栏。盈余公积增加体现了公司利润积累的实力，对企业具有积极意义。

五、所有者权益内部结转

所有者权益内部结转是指企业当年构成所有者权益的组成部分之间增减变动的金额。

1.资本公积转增资本（或股本）

资本公积转增资本（或股本）是企业以资本公积转增资本或股本的金额。

2.盈余公积转增资本（或股本）

盈余公积转增资本（或股本）是企业以盈余公积转增资本或股本的金额。

3.盈余公积弥补亏损

盈余公积弥补亏损是企业以盈余公积弥补亏损的金额。

所有者权益内部项目互相结转，虽然不改变所有者权益的总规模，但会对企业的财务形象产生直接影响：或增加企业的股本数量，或弥补企业的累计亏损。这种变化虽然对企业的资产结构和质量没有直接影响，但对企业未来的股权价值变化以及利润分配前景可能会产生影响。

【例 5-2】对青岛海尔股份有限公司所有者权益变动表结构进行分析，导致所有者权益变动的主要项目数据如表 5-3 所示。

表 5-3　青岛海尔 2014—2016 年所有者权益变动表结构分析

项　　目	2014 年	2015 年	2016 年
本年增减变动金额(万元)	1 198 916.87	48 225.69	513 874.59
综合收益总额(万元)	756 064.82	599 837.76	664 882.47
综合收益总额所占比重(%)	63.06	1 243.81	129.39
所有者投入和减少资本(万元)	583 926.85	－379 440.02	1 061.81
所有者投入和减少资本所占比重(%)	48.70	－786.80	0.21
利润分配(万元)	－141 074.80	－172 172.05	－152 069.70
利润分配所占比重(%)	－11.77	－357.01	－29.59

从表 5-3 可以看出，企业所有者权益整体呈现增长态势，但每年增长的数额波动加大，2014 年增幅最大，2015 年较 2014 年增幅下降了 95.98%，2016 年较 2015 年有显著增长，但与 2014 年相比，增幅仍下降了 57.14%。从各年度增减变动金额的结构上看，占比最大的均为综合收益总额一项，该项目的变动趋势与前述利润表中分析的净利润变动趋势一致，表现为先降后升；对于所有者投入和减少资本一项，除 2016 年可忽略不计外，

2014年和2015年均有较大的发生额，并对当期所有者权益变动产生了重要影响。具体来看，2014年企业通过非公开发行引入战略投资者，企业接受投资者投入使得当期的“股本”和“资本公积”显著增加，属于典型的“输血性”变化。而2015年由于“其他”一项数额巨大，对当期所有者权益产生了显著抵减。查其原因，2015年年报的管理层分析中，对“其他”项目中涉及的当期资本公积变化，其解释为“资本公积较期初减少98.61%，主要是资本公积转增股本以及同一控制下企业合并冲减股本溢价所致”。所以由于当期资本公积的减少，造成了当期所有者权益比重大幅下降。

对于利润分配一项，就各年度间绝对数额而言，相对稳定，但具体构成差异明显，特别是2015年，由于净利润显著下降，该年度“对所有者（股东）的分配”数额锐减，但计提的“盈余公积”较2014年不降反增，表明企业注重加强内部积累以谋求长远发展。

第三节　所有者权益变动表项目分析

一、实收资本(股本)变动情况的分析

除非企业出现增资、减资等情况，实收资本（股本）在企业正常经营期间一般不会发生变动。首先应注意分析实收资本（股本）变化的来源。实收资本（股本）的增加包括资本公积转入、盈余公积转入、利润分配转入和发行新股等多种渠道，无外乎是源于股东入资和企业依靠自身的盈利两种途径。一般而言，如果是依靠企业自身盈利增加的所有者权益，则表明企业盈利质量较高，可持续发展前景较好；如果是企业投资者增加投入资本导致所有者权益增加，会使营运资金增加，表明投资者对未来充满信心，但也不排除企业经营发生一定困难，需要股东进行“输血”，使得在未来经营前景中存在较多变数的情况。

其次应注意分析实收资本（股本）变动产生的影响。实收资本（股本）的变动将会影响企业投资者对企业的所有权和控制权，而且会对企业的偿债能力、获利能力等产生影响。尤其是企业股权结构变化，既可能由原股东之间股权结构的调整引起，也可能由增加了新的投资者、增加了新的股份而引起。股权结构的变化对企业的长期发展具有重要意义，企业的发展战略以及人力资源结构与政策都会随着股权结构的变化而发生显著变化，在对企业前景预测时必须要注意。

案例 5-1

控股股东变更——诚志股份

2016年12月22日，诚志股份发布公告称，公司向诚志科融控股有限公司、北京金信卓华投资中心（有限合伙）等10名特定投资者非公开发行股份募集资金123.92亿元。其中97.52亿元用于收购惠生（南京）清洁能源股份有限公司（现已更名为“南京诚志清洁能源股份有限公司”，以下简称惠生能源）110 978.57万股股份；剩余部分除支付发行费用外，全部用于60万吨/年MTO项目建设。

本次交易完成后，公司控股股东将变更为诚志科融，其持有公司33.44%的股份；清华控股直接持股比例下降为11.76%，清华控股为诚志科融的控股股东，惠生能源将成为诚志股份的控股子公司，教育部为公司最终实际控制人，实际控制权未发生变化。而上市公司收入规模有望迅速扩大，业务结构进一步优化，有助于提高公司的抗风险能力，增强公司盈利能力的持续性和稳定性。

据《每日经济新闻》记者报道，诚志股份2016年第三季度归属于母公司的净利润为275.10万元，同比增长424.50%，环比增长132.34%。待定增完成后，截至2016年6月30日，公司资产总额将由交易前的500 750.19万元增加至1 765 383.32万元，增幅达252.55%，主要是拟注入标的资产惠生能源资产总额较大。

诚志科融就本次交易实施完成后惠生能源五个会计年度（预计为2016—2020年）扣除非经常性损益后归属于母公司的净利润（以下简称"净利润"）进行承诺，承诺惠生能源2016年—2020年的净利润分别不低于67 127万元、68 349万元、76 402万元、88 230万元及101 632万元。

诚志股份表示，本次交易完成后，公司将增加清洁能源产业板块，初步实现打造新能源领域主要上市平台的发展战略，显著增强公司持续盈利能力。同时，公司将持续关注新能源产业的其他机会，积极配合清华控股的发展布局，依托上市公司的平台优势，通过产业整合等方式，做大做强新能源产业，努力实现公司作为清华控股新能源产业主要平台的目标。

通过这个案例可以看出，诚志股份的控股股东变更有利于公司业务结构的优化，提高了公司资产质量和持续盈利能力，增强了公司的竞争实力，使未来业绩得到有效保障。

资料来源：《每日经济新闻》(2016年12月23日)。

二、资本公积变动情况的分析

资本公积增加的原因包括资本（股本）溢价以及直接计入所有者权益的利得。其中，形成资本溢价或股本溢价的原因有溢价发行股票、投资者超额缴入资本等；形成直接计入所有者权益的利得的原因有可供出售金融资产在持有期间的公允价值损益，以及采用权益法确认长期股权投资收益时，因被投资单位除净损益以外所有者权益的其他变动，投资企业按应享有份额而增加的资本公积等。由于资本公积的变动可以直接导致企业净资产的增加，所以应特别注意的是，企业是否存在通过资本公积项目来改善财务状况的情况。如果资本公积的数额本期增长过大，应进一步了解其构成，分析其合理性，以防止企业为自身利益通过虚假评估来虚增净资产。如通过将自用房地产转换为采用公允价值模式计量的投资性房地产，且对该资产的公允价值进行操纵，以达到粉饰资产负债率和企业信用形象的目的。

资本公积减少的原因主要是转增资本。一方面，并非所有的资本公积项目都可以用来转增资本，能够用来转增资本的必须是有资产作保障的已实现的资本公积，如股本（资本）溢价。至于企业的长期股权投资采用权益法核算时，因被投资单位除净损益以外所有者权益的其他变动，投资企业按应享有份额而增加或减少的资本公积，以及企业持有可供出售金融资产在持有期间的公允价值变动等其他资本供给项目，因没有现金流或其他资产作保障,不能用来转增资本,否则会造成虚假出资。另一方面,资本公积转增资本,属于所有者权益内部结转,虽然不会改变所有者权益的总规模,但增加了企业的股本数量,将对企业未来的股权价值变化以及利润分配前景产生影响。

三、盈余公积变动情况的分析

盈余公积的增减变动情况可以直接反映出企业利润积累的情况。盈余公积中的法定盈余公积是指按照企业净利润和法定比例计提的盈余公积,提取比例一般为净利润的10%,当法定盈余公积累计金额达到企业注册资本的50%以上时,可以不再提取。而任意盈余公积是企业按照股东大会决议提取的盈余公积。因此,盈余公积增加体现出了公司利润积累的实力,既可以提高企业的偿债能力,又可以提高企业的获利能力,企业应尽可能地多计提盈余公积。但考虑到投资者的经济利益,盈余公积的提取数额又受到一定的限制。此外,进一步分析盈余公积的结构有助于了解企业的意图,如当期任意盈余公积增长速度更快,所占比重较大,说明企业意在加强积累,谋求长远效益。

盈余公积减少的原因主要是用于弥补亏损、扩大生产经营、转增资本或派发现金股利等,应注意分析盈余公积的减少额度,减少的原因和未来变动趋势,评价变动的合理性。需要注意的是,盈余公积转增资本或弥补亏损,也均属于所有者权益内部结转,并不会改变所有者权益的总规模,但对企业财务形象产生直接影响:或增加了企业的股本数量,或弥补了企业的累积亏损,这种变化虽然不改变企业资产结构和质量,但也将对企业未来的股权价值变化以及利润分配前景产生直接影响。

四、未分配利润变动情况的分析

企业本期的未分配利润在数值上等于期初未分配利润加上本期实现的净利润,减去提取的盈余公积和对所有者(或股东)分配后的余额。显见,净利润是未分配利润增加的原因,而计提的各项盈余公积和对企业所有者的分配会造成未分配利润的减少。由于本期未分配利润的增加主要来源于企业实现的净利润,如前所述,所有者权益发生这种"盈利性"变化通常意味着企业具有良好的发展前景,与"输血性"变化相比更为积极。同时应当注意到,未分配利润的数值由于还受到当期计提的各项盈余公积和企业股利政策的影响,如果当期计提的盈余公积降低,或者减少对企业所有者的分配,也可能形成未分配利润增幅大于净利润增幅的情形。而这种状况下,企业自身利润获取能力可能有所下降,并在一定程度上降低了所有者对企业的信心,增加了企业未来发展的不确定性。

第四节 所有者权益变动表的趋势分析

一、所有者权益变动表各项目变动趋势分析

对所有者权益变动表的各项目变动趋势分析可以从水平分析和垂直分析两方面进行。

(一)所有者权益变动表的水平分析

所有者权益变动表的水平分析，是将所有者权益各个项目的本年数与基准数进行对比分析的一种方法，可以从静态角度揭示企业当期所有者权益各个项目绝对数变动情况，从而反映所有者权益各个项目增减变动的具体原因和存在问题。一般用变动额和变动率两个指标来反映所有者权益各个项目的本年数与基期数的变动情况。计算公式为：

$$项目变动额=项目本年数-项目基期数 \tag{5-4}$$

$$项目变动率=\frac{项目本年数-项目基期数}{项目基期数}\times 100\% \tag{5-5}$$

【例 5-3】采用水平分析法对青岛海尔股份有限公司 2014—2016 年所有者权益变动表中所有者权益指标进行趋势分析，各年数据如表 5-4 所示。

表 5-4 青岛海尔 2014—2016 年所有者权益数据

单位:万元

项　　目	2014 年	2015 年	2016 年
一、上年年末余额	2 003 086.17	3 192 299.62	3 240 226.21
加:会计政策变更			
前期差错更正			
同一控制下企业合并	−9 703.43	3 636.75	3 935.85
二、本年年初余额	1 993 382.75	3 195 936.36	3 244 162.06
三、本年增减变动金额	1 198 916.87	48 225.69	513 874.59
(一)综合收益总额	756 064.82	599 837.76	664 882.47
(二)所有者投入和减少资本	583 926.85	−379 440.02	1 061.81
1.股东投入的普通股	765 961.69	121 683.74	10 727.64
2.其他权益工具持有者投入资本			
3.股份支付计入所有者权益的金额	8 542.00	249.00	
4.其他	−190 576.84	−501 372.77	−9 665.83
(三)利润分配	−141 074.80	−172 172.05	−152 069.70
1.提取盈余公积			
2.提取一般风险准备			
3.对所有者(或股东)的分配	−141 074.80	−172 172.05	−152 069.70
4.其他			
(四)所有者权益内部结转			
1.资本公积转增资本(或股本)			
2.盈余公积转增资本(或股本)			

续表

项　　目	2014 年	2015 年	2016 年
3.盈余公积弥补亏损			
4.其他			
（五）专项储备			
1.本期提取			
2.本期使用			
（六）其他			
四、本年期末余额	3 192 299.62	3 244 162.06	3 758 036.64

采用定基分析法，以 2014 年数据为基期，对 2015 年和 2016 年所有者权益项目进行水平分析，数据见表 5-5 所示。

表 5-5　青岛海尔 2015—2016 年所有者权益变动分析

项　目	2015 年		2016 年	
	变动额（万元）	变动率（%）	变动额（万元）	变动率（%）
一、上年年末余额	1 189213.45	59.37	1 237 140.04	61.76
加：会计政策变更				
前期差错更正				
同一控制下企业合并	13 340.18	－137.48	13 639.28	－140.56
二、本年年初余额	1 202 553.61	60.33	1 250 779.31	62.75
三、本年增减变动金额	－1 150 691.18	－95.98	－685 042.28	－57.14
（一）综合收益总额	－156 227.06	－20.66	－91 182.35	－12.06
（二）所有者投入和减少资本	－963 366.87	－164.98	－582 865.04	－99.82
1.股东投入的普通股	－644 277.95	－84.11	－755 234.05	－98.60
2.其他权益工具持有者投入资本				
3.股份支付计入所有者权益的金额	－8 293.00	－97.08	－8 542.00	－100.00
4.其他	－310 795.93	163.08	180 911.01	－94.93
（三）利润分配	－31 097.25	22.04	－10 994.90	7.79
1.提取盈余公积				
2.提取一般风险准备				
3.对所有者（或股东）的分配	－31 097.25	22.04	－10 994.90	7.79
4.其他				
（四）所有者权益内部结转				

续表

项 目	2015 年		2016 年	
	变动额(万元)	变动率(%)	变动额(万元)	变动率(%)
1.资本公积转增资本(或股本)				
2.盈余公积转增资本(或股本)				
3.盈余公积弥补亏损				
4.其他				
(五)专项储备				
1.本期提取				
2.本期使用				
(六)其他				
四、本年期末余额	51 862.44	1.62	565 737.02	17.72

按照公式(5-4)和(5-5)可以分别计算出该企业 2015 年和 2016 年所有者权益各个项目的变动额及其相应的变动率。从表 5-5 中分析可见，该企业 2015 年所有者权益比 2014 年增加了 51 862.44 万元，增幅为 1.62%。该企业 2016 年所有者权益比 2014 年增加了 565 737.02 万元，增幅为 17.72%。2014—2016 年所有者权益变动不大，小幅增加的主要原因是：(1)2014 年企业通过非公开发行引入战略投资者，"所有者投入和减少"项目数据巨大。2015 年和 2016 年与之相比差额巨大，分别下降 164.98% 和 99.82%。(2)"综合收益总额"项目呈现先下降再上升的变化态势，2016 年虽然有所回升，但较 2014 年仍下降 12.06%，主要系 2015 年和 2016 年净利润下降所致。上述两个原因导致 2015 年和 2016 年"本年增减变动金额"相比 2014 年有较为明显下降，因此"本年期末余额"仅小幅增加。

(二)所有者权益变动表的垂直分析

所有者权益变动表的垂直分析，是将所有者权益变动表各项目的本期发生数与所有者权益变动表本期年末余额进行比较(即各个项目金额占本年年末余额的比重)的一种分析方法，用来揭示企业当年所有者权益内部结构的情况，从静态角度判断所有者权益变动表各项目构成的合理性。同时，将报告期各项目所占的比重与基期各个项目所占的比重进行对比分析，从动态角度反映所有者权益表的各个项目变动情况，找出影响所有者权益变动的主要项目，为报告使用者进行经济决策提供新的思路。计算公式为：

$$\text{项目所占比例}=\frac{\text{当期项目实际发生额}}{\text{本年年末余额}}\times 100\% \qquad (5\text{-}6)$$

二、所有者权益增长率变动趋势分析

对所有者权益变动表的趋势分析主要是准确判断和预测企业所有者权益规模的发展趋势和发展水平。可以通过计算企业不同时期的所有者权益增长率(也叫作资本积累率),分析预测其发展趋势。所有者权益增长率反映企业所有者权益在当年的变动水平,体现了企业的资本累积情况,是企业发展强盛的标志,也是企业扩大再生产的源泉,展示了企业的发展水平。所有者权益增长率的计算公式为:

$$\text{所有者权益增长率}=\frac{\text{年末所有者权益}-\text{年初所有者权益}}{\text{年初所有者权益}}\times 100\% \tag{5-7}$$

由公式5-7可见,所有者权益增长率反映了投资者投入企业资本的保全性和增长性。该指标值越大,表明企业资本积累的越多,企业持续发展能力越强;该指标值为负值,则表明企业的资本贬值,所有者权益受到损害。

在进行趋势分析时,仅仅计算和分析某个时期的所有者权益增长率是不全面的,需要利用趋势分析法将一个企业不同时期的所有者权益增长率加以比较。对于一个持续发展的企业,其所有者权益应该呈现不断增长的特征趋势;如果该比率时增时减,则反映出企业发展的不稳定,说明企业并不具备良好的发展能力。

【例5-4】采用定基分析方法,对青岛海尔股份有限公司所有者权益增长率进行趋势分析,根据公式5-7计算所有者权益增长率,各年数据如表5-6所示。

表5-6 青岛海尔2014—2016年所有者权益分析

项　目	2014年	2015年	2016年
所有者权益(万元)	3 192 299.62	3 244 162.06	3 758 036.64
所有者权益增长率(%)	59.37	1.62	17.72

采用定基分析方法,以2014年所有者权益增长率为基期,数据如表5-7所示。

表5-7 青岛海尔2014—2016年所有者权益增长率定基分析数据

项　目	2015年		2016年	
	变动额(%)	变动率(%)	变动额(%)	变动率(%)
所有者权益增长率	−57.75	−97.27	−41.65	−70.15

从表5-6和5-7可以看出,2014—2016年所有者权益增长率均为正值,表明3年间企业资本积累增加,企业持续发展能力增强。通过对各期所有者权益增长率变化趋势分析发现,与2014年相比,2015年和2016年所有者权益增长率下降明显,降幅分别为97.27%和70.15%,表明为所有者创造价值的效率显著下降。分析原因,一方面由于2014年引入战略投资者,股东增加投入,导致所有者权益大幅增加;另一方面,综合收益总额在2015年下降显著,2016年虽有所回升,但仍低于2014年水平,导致所有者权益增加额低于2014年水平。2016年开始,净利润稳步回升,因此预测在下一年度所有者权益增长率仍将保持稳步增长的态势。

此外,由于所有者权益主要来源于企业经营活动产生的净利润留存和筹资活动产生的股东净投资,因此,进一步从揭示所有者权益增长率变化的原因角度出发,可以将所有者权益增长率的计算公式细化为:

$$
\begin{aligned}
\text{所有者权益增长率} &= \frac{\text{本期所有者权益增长额}}{\text{年初所有者权益}} \times 100\% \\
&= \frac{\text{留存收益} + (\text{股东新增投资} - \text{股东股利})}{\text{年初所有者权益}} \times 100\% \\
&= \frac{\text{留存收益} + \text{股东净投资}}{\text{年初所有者权益}} \times 100\% \\
&= \text{净资产收益率} + \text{股东净收益率} \qquad (5\text{-}8)
\end{aligned}
$$

从公式 5-8 可见，所有者权益的增长，一方面来源于留存收益，而留存收益取决于企业当期的净利润，净利润最根本的来源是营业收入，营业收入的增长在资产使用效率既定的前提下，又依赖于资产投入的增加；另一方面来源于股东的净投资，而净投资取决于本期股东投入资本的增加和本期对股东股利的发放，因此，在分析预测所有者权益增长时，以分析所有者权益项目本身为基础，再结合企业资产增长情况、营业收入增长、净利润增长等方面进行综合分析，就能更加准确地预测企业未来的发展状况。

本章小结

本章分析了所有者权益变动表的结构特征及各项目含义。通过对各项导致所有者权益发生变化的事项进行分析，全面反映所有者权益变化的情况及其质量含义。在此基础上，通过计算企业不同时期的所有者权益增长率，结合企业资产、净利润和净资产等指标的增长情况，综合分析企业所有者权益规模的发展水平和发展趋势。

需要注意的是，在分析企业所有者权益变动表的过程中，必须注意纵向对比，只有将企业当期的情况与历史数据进行对比，才能得出更加全面、深刻、准确的分析结论。

章后练习

思考题

1.所有者权益变动表有哪些项目？其中的本年增减变动金额包括哪些内容？

2.如何分析所有者权益变动表中实收资本的变化原因及产生的影响？

3.简述所有者权益变动表中资本公积变动的可能原因。

4.如何对所有者权益变动表中盈余公积的变动进行分析？

5.如何对所有者权益变动表进行水平分析？

6.如何对所有者权益变动表进行垂直分析？

7.如何用所有者权益增长率判断企业所有者权益规模的发展趋势和发展水平？

8.简述所有者权益变动表趋势分析的意义。

9.所有者权益的增长有哪些原因？

本章作业

(一)练习题

1.A 公司 2015 年所有者权益变动表中,所有者权益年初余额为 5 150 000 元,其中实收资本 5 000 000 元,盈余公积 100 000 元,未分配利润 50 000 元。2016 年 A 公司实现净利润 225 000 元,提取盈余公积 24 770.4 元,向股东分配现金股利 32 215.85 元。

要求:

计算所有者权益变动表中以下各项年末余额:实收资本;盈余公积;未分配利润;所有者权益合计。

2.D 公司所有者权益变动的主要项目数据如下:

D 公司所有者权益变动的主要项目资料

单位:万元

项　目	2015 年	2016 年
本期增减变动金额	972 683.23	343 260.76
综合收益总额	1 427 413.72	1 248 401.03
所有者投入和减少资本	−45.44	
利润分配	−454 685.05	−905 140.27
所有者权益内部结转		

要求:

对 D 公司 2015—2016 年度导致所有者权益变动的主要项目进行结构分析。

3.D 公司 2015 年和 2016 年的所有者权益变动表资料如下:

D 公司 2015 年和 2016 年所有者权益变动表

单位:万元

项　目	2015 年	2016 年
一、上年年末余额	3 546 667.77	4 513 145.10
加:会计政策变更	−9 292.36	
前期差错更正		
二、本年年初余额	3 537 375.41	4 513 145.10
三、本期增减变动金额	972 683.23	343 260.76
(一)综合收益总额	1 427 413.72	1 248 401.03
(二)所有者投入和减少资本	−45.44	
(三)利润分配	−454 685.05	−905 140.27
(四)所有者权益内部结转		
四、本期期末余额	4 510 058.64	4 856 405.86

要求：

(1)对D公司2015年与2016年的所有者权益变动表变动进行水平分析；

(2)计算所有者权益增长率，并结合其变化来源分析质量含义。

(二)案例与分析

1.Excel实务演练

新建一个Excel表，命名为“所有者权益变动表分析”，输入案例公司年报资料，对该公司2014—2016年的所有者权益项目变动情况进行分析；运用水平趋势分析法，预测公司未来发展趋势。

2.章节报告

结合本章理论分析框架，结合Excel实务演练分析结果，撰写案例公司2014—2016年所有者权益变动表质量分析报告。

第六章

合并报表分析

学习目标：通过本章的学习，使学生了解合并报表编制的意义；了解合并报表编制的基本方法；掌握合并报表编制范围的确认标准；并利用合并报表附注信息，结合母公司的信息，对集团合并报表各主要项目进行详尽的分析；掌握合并报表的分析思路；理解合并报表分析的局限性，从而对集团整体的财务状况、经营成果和现金流量形成完整的认识。

引导案例

乐视网把负债14亿的乐视商城踢出公司合并报表

乐视电子商务(北京)有限公司(以下简称乐视电子商务)成立于2014年，注册资本1 000万元，乐视电子商务的主营业务是乐视商城(www.lemall.com)。公告显示，2015年乐视电子商务营业收入为3 030.31万元，净利润为－2 356.75万元。截至2016年12月31日，乐视电子商务资产总额约7.61亿元，负债总额约14.30亿元，净资产总额约－6.70亿元。

公告显示，乐视电子商务成立之初，乐视网、乐荣控股、乐视控股分别持有乐视电子商务30%、30%、40%的股权。乐视控股还出具了《表决权委托声明》，将40%股权所对应的所有提案权、表决权，全权委托给乐视网行使，所以乐视网合计享有乐视电子商务70%的控制权，并且将其纳入合并报表范围。不过，亏损加剧的乐视电子商务显然会严重影响到乐视网的财务报表。

乐视网称，乐视商城目前处于亏损状态，随着业务规模的不断扩大，亏损呈现不断上升的趋势，并且乐视网在乐视商城的业务占比不断下降。基于以上原因，为了减少乐视商城对于乐视网造成的财务影响，乐视网决定放弃前期乐视控股授予的提案权、表决权，同时乐视网放弃其尚未认缴的150万元人民币注册资本对应的乐视电子商务15%的股权权利，转由乐荣控股出资认购。同期乐视控股所持有的乐视电子商务全部股权转让给乐荣控股。转让完成后，乐荣控股和乐视网将分别持有乐视电子商务85%和15%股权，乐视网将失去乐视电子商务的控制权，2016年12月底起乐视电子商务将不再纳入公司合并报表范围。

公告显示，乐视电子商务不再纳入乐视网合并范围后，由于乐视电子商务与乐视网为同一控制人控制的企业，按照《深圳证券交易所创业板股票上市规则》规定，乐视电子商务成为乐视网关联方，双方发生的交易成为关联交易，主要为智能硬件、影视会员的采购和销售。财务方面，2016 年 1—12 月将继续合并乐视电子商务财务情况至乐视网利润表中，资产负债表截至 2016 年 12 月 31 日将不再合并，扣除合并范围内的抵消数，对乐视网合并报表的影响为：资产总额减少 7.61 亿元，负债总额减少约 14.30 亿元。

资料来源：《融中财经》，2017 年 3 月 11 日。

第一节　合并财务报表概述

合并财务报表是集团公司中以母公司及其子公司组成会计主体，以母子公司单独编制的个别财务报表为基础，由母公司编制的、反映抵销集团内部往来账项后的集团整体财务状况、经营成果和现金流量的财务报表，主要包括合并资产负债表、合并利润表、合并现金流量表和合并股东权益变动表以及会计报表附注信息。

一、合并财务报表的概念和作用

合并财务报表是指反映母公司和其全部子公司形成的企业集团整体财务状况、经营成果和现金流量的财务报表。

(一)合并财务报表的特点

1.合并财务报表反映的主体是会计主体

合并财务报表反映的对象是由母公司和其全部子公司组成的会计主体，而非纳税主体。因此合并财务报表不是企业缴纳所得税、分派股利的依据，它仅具有提供企业集团整体经营情况信息的作用。

2.合并财务报表的编制者和反映的会计主体不是一一对应关系

合并财务报表的编制者是母公司，所对应的会计主体是由母公司及其控制的所有子公司所构成的企业集团。

3.合并财务报表的编制方法强调"抵销"

合并财务报表是站在合并财务报表主体的立场上，以纳入合并范围的企业个别财务报表为基础，根据其他有关资料，抵销母公司与子公司、子公司相互之间发生的内部交易，考虑了特殊交易事项对合并财务报表的影响后而编制的，旨在反映合并财务报表主体作为一个整体的财务状况、经营成果和现金流量。

(二)合并财务报表的作用

1.合并财务报表能够对外提供反映由母子公司组成的企业集团整体财务状况和经营成果等会计信息

在控股经营的情况下母公司和子公司都是独立的法人实体，分别编制自身的会计报表，分别反映企业本身的生产经营情况，这些会计报表并不能够有效地提供反映整个企业集团的会计信息。为此要了解母公司整体经营情况，就需要将母公司与子公司的会计信息综合起来编制会计报表,以满足企业集团管理当局强化对子公司管理的需要。

2.合并财务报表有利于避免一些企业集团利用内部控股关系

财务报表要提供给企业外部报表使用者阅读和分析,在这个过程中人为粉饰财务报表的情况时有发生。一些母公司利用对子公司的控制关系,运用内部转移价格等手段,人为粉饰企业经营的低效和损失。例如通过高价向子公司提供原材料、低价收购子公司产品,从而掩盖亏损等等。通过编制合并财务报表,可以将企业集团内部交易所产生的收入及利润予以抵消,使财务报表能够反映企业集团客观真实的财务和经营情况,有利于防止和避免母公司人为操纵利润,粉饰会计报表现象的发生。

二、合并财务报表编制的原则

合并报表的编制除应遵守财务报表编制的一般原则和要求,如真实可靠、内容完整外,还应当遵循以下原则和要求:

(一)以个别财务报表为基础编制

合并财务报表并不是直接根据母公司和子公司的账簿编制的,而是以母公司和子公司编制的反映各自财务状况和经营成果的财务报表为依据,通过合并财务报表特有的方法进行编制。以纳入合并范围的个别财务报表为基础,可以说是客观性原则在合并财务报表编制时的具体体现。

(二)一体性原则

合并财务报表反映的是企业集团的财务状况和经营成果,反映的是由多个法人企业组成的一个会计主体的财务情况,在编制合并财务报表时应当将母公司和所有子公司作为整体看待,视为一个会计主体,母公司和子公司所发生的经营活动都应当从企业集团这一整体的角度进行考虑。因此,在编制合并财务报表时,对于母公司与子公司、子公司相互之间发生的经济业务,应当视为同一会计主体的内部业务,视为同一会计主体之下的不同核算单位的内部业务。

(三)重要性原则

与个别财务报表相比,合并财务报表涉及多个法人主体,涉及经营活动的范围很广,母公司与子公司经营活动往往跨越不同行业界限,有时母公司与子公司经营活动甚至相差很大。因而,合并财务报表要综合反映这样的会计主体的财务情况,必然要涉及重要性的判断问题,特别是在拥有众多子公司的情况下更是如此。如一些项目对企业集团中的某一企业具有重要性,但对于整个企业集团则不一定具有重要性,在这种情况下,根据重要性原则的要求对财务报表项目进行取舍,则具有重要的意义。此外,母公司与子公司、子公司相互之间发生的经济业务,如对整个企业集团财务状况和经营成果影响不大时,为了简化合并手续,也应根据重要性原则进行取舍,可以不编制抵销分录而直接编制合并财务报表。

三、合并财务报表的合并范围

合并财务报表的合并范围是指纳入合并财务报表编报的子公司的范围,合并范围应当以控制为基础予以确定。

(一)控制的定义和基本要素

控制是指投资方拥有对被投资方的权力,通过参与被投资方的相关活动而享有可变回报,并且有能力运用对被投资方的权力影响其投资回报。

1.控制的基本要素

投资方只有同时具备以下两个要素时,才能控制被投资方。

(1)因涉入被投资方而享有可变回报

可变回报是指不固定且可能随着被投资方业绩而变化的回报,可以仅是正回报,仅是负回报,或者同时包括正回报和负回报。

(2)拥有对被投资方的权力,并且有能力运用对被投资方的权力影响其回报金额

投资方对被投资方享有权力是指投资方能够主导被投资方的相关活动。在判断投资方是否对被投资方拥有权力时,应注意以下几点:

①权力只表明投资方主导被投资方相关活动的现时能力,并不要求投资方实际行使其权力。

②权力是一种实质性权力,而不是保护性权力。实质性权力是指持有人在对相关活动进行决策时,有实际能力行使的可执行权力。而保护性权力旨在保护持有这些权力的当事方的权益,而不赋予当事方对这些权力所涉及的主体的权力,如贷款方限制借款方进行会对借款方信用风险产生不利影响从而损害贷款方利益的活动的权力。仅持有保护性权力的投资方不能对被投资方实施控制,也不能阻止其他方对被投资方实施控制。

③权力是为自己行使的,而不是代其他方行使的。行使人是主要责任人,而非代理人。

④权力通常表现为表决权,但有时也可能表现为其他合同安排。表决权是对被投资方经营计划、投资方案、年度财务预算方案和决算方案、利润分配方案和弥补亏损方案、内部管理机构的设置、聘任或解聘公司经理及确定其投资报酬、公司的基本管理制度等事项进行表决而持有的权力。表决权比例通常与其出资比例或持股比例是一致的,但公司章程另有规定的除外。

2.控制的持续评估

控制的评估是持续的,当环境或情况发生变化时,投资方需要评估控制的基本要素中的一个或多个是否发生了变化,如果有任何事实或情况表明控制的基本要素中的一个或多个发生了变化,投资方应重新评估对被投资方是否能够控制。

(二)合并范围的确定

合并范围必须以控制为基础加以确定,因此纳入合并范围的子公司包括以下几种情况:

1.母公司直接或通过子公司间接拥有被投资单位半数以上的表决权,表明母公司能够控制被投资单位,应当将该被投资单位认定为子公司,纳入合并财务报表的合并范围。但是母公司不能控制被投资单位的除外。

2.母公司拥有被投资单位半数或以下的表决权,满足以下条件之一的,视为母公司能够控制被投资单位,应当将该被投资单位认定为子公司,纳入合并财务报表的合并范围;但是,有证据表明母公司不能控制被投资单位的除外:

(1)通过与被投资单位其他投资者之间的协议,拥有被投资单位半数以上的表决权。

(2)根据公司章程或协议,有权决定被投资单位的财务和经营政策。

(3)有权任免被投资单位的董事会或类似机构的多数成员。

(4)在被投资单位的董事会或类似机构占多数表决权。

3.在确定能否控制被投资单位时，应当考虑投资企业和其他企业持有的被投资单位的当期可转换的可转换公司债券、当期可执行的认股权证等潜在表决权因素。

4.所有子公司都应纳入母公司的合并财务报表的合并范围。即只要是由母公司控制的子公司，不论子公司的规模大小、子公司向母公司转移资金能力是否受到严格限制，也不论子公司的业务性质与母公司或企业集团内其他子公司是否有显著差别，都应当纳入合并财务报表的合并范围。

需要说明的是，受所在国外汇管制及其他管制，本公司也能从其经营活动中获取利益，资金调度受到限制的境外子公司，在这种情况下，如果该被投资单位的财务和经营政策仍然由本公司决定，本公司也能从其经营活动中获取利益，资金调度受到限制并不妨碍本公司对其实施控制，应将其纳入合并财务报表的合并范围。

应当注意的是，下列被投资单位不是母公司的子公司，不应当纳入母公司的合并财务报表的合并范围：已宣告被清理整顿的原子公司；已宣告破产的原子公司；母公司不能控制的其他被投资单位，如联营企业等。

四、合并会计报表编制的前期准备事项

(一)统一母子公司的会计政策

在编制财务报表前，应尽可能统一母公司和子公司的会计政策，统一要求子公司所采用的会计政策与母公司保持一致。对一些境外子公司，由于所在国或地区法律、会计准则等方面的原因，确实无法使其采用的会计政策与母公司所采用的会计政策保持一致，则应当要求其按照母公司所采用的会计政策，重新编制财务报表，也可以由母公司根据自身所采用的会计政策对境外子公司报送的财务报表进行调整，以重编或调整编制的境外子公司财务报表，作为编制合并财务报表的基础。

(二)统一母子公司的资产负债表日及会计期间

为了编制合并财务报表，必须统一企业集团内所有子公司的资产负债表日和会计期间，使子公司的资产负债表日和会计期间与母公司的资产负债表日和会计期间保持一致，以便于子公司提供相同的资产负债表日和会计期间的财务报表。对于境外子公司，由于当地法律限制，确实不能与母公司财务报表决算日和会计期间一致的，母公司应当按照自身的资产负债表日和会计期间，对子公司的财务报表进行调整，以调整后的子公司财务报表为基础；也可以要求子公司按照母公司的资产负债表日和会计期间，另行编制报送其个别财务报表。

(三)对子公司以外币表示的财务报表进行折算

对母公司和子公司的财务报表进行合并，其前提必须是母子公司个别财务报表所采用的货币计量单位一致，在我国允许外币业务比较多的企业采用某一外币作为记账本位币，境外企业一般也是采用其所在国或地区的货币作为其记账本位币，在将这些企业的财务报表纳入合并时，则必须将其折算为母公司所采用的记账本位币表示的财务报表。

(四)收集编制合并财务报表的相关资料

合并财务报表以母公司和其子公司的财务报表以及其他有关资料为依据，由母公司合并有关项目的数额编制。为编制合并财务报表，母公司应当要求子公司及时提供下列有关材料：

1.子公司相应期间的财务报表；

2.与母公司及与其他子公司之间发生的内部购销业务、债权债务、投资及其产生的现金流量和未实现内部销售损益的期初、期末余额及变动情况等资料；

3.子公司所有者权益变动和利润分配的有关资料；

4.编制合并财务报表所需要的其他资料。

五、合并财务报表附注

附注是合并财务报表不可或缺的组成部分，是对在合并报表中列示的项目的文字描述或明细资料，以及对未能在这些报表中列示的项目的说明等。附注披露的内容主要包括：企业集团的基本情况；财务报表的编制基础；遵循企业会计准则的声明；重要会计政策和会计估计；会计政策和会计估计变更以及差错更正的说明；报表重要项目的说明；或有事项；资产负债表日后事项；关联方关系及其交易；有助于财务报表使用者评价企业管理资本的目标、政策及程序的信息；终止经营的收入、费用、利润总额、所得税费用和净利润，以及归属于母公司所有者的终止经营利润；在资产负债表日后、财务报告批准报出日前提议或宣布发放的股利总额和每股股利金额(或向投资者分配的利润总额)；母公司和子公司信息。

合并财务报表附注信息是非常重要的财务信息，是对财务报表的编制基础、编制依据、编制原则和方法及主要项目等所做的解释，不仅便于财务报表使用者理解财务报表的内容，也便于报表使用者做出更科学、合理的决策。附注信息是对报表项目的充分解释和说明，通过报表附注的文字说明.辅以某些统计资料或定性信息，可弥补财务信息的不足，从而能全面反映企业面临的机会与风险，将企业的价值充分体现出来，保证了信息的完整性，从而有助于信息使用者做出最佳的决策。

第二节　合并财务报表的编制

一、合并财务报表的编制程序

(一)设置合并工作底稿

合并工作底稿的作用是为合并财务报表的编制提供基础。在合并工作底稿中，对母公司和纳入合并范围的子公司的个别财务报表各项目的数额进行汇总和抵消处理，最终计算得出合并财务报表各项目的合并数。

(二)将母公司、纳入合并范围的子公司个别财务报表各项目的数据过入合并工作底稿

在合并工作底稿中，对母公司和子公司个别财务报表、各项目的数据进行加总，计算得出个别资产负债表、个别利润表、个别所有者权益变动表各项目合计数额。

(三)编制调整分录与抵消分录

将母公司与子公司、子公司相互之间发生的经济业务对个别财务报表有关项目的影响进行调整抵消处理,是合并财务报表编制的关键和主要内容。编制调整分录和抵消分录的目的是将因会计政策及计量基础的差异而产生的对个别财务报表的影响进行调整,以及将个别财务报表各项目的加总数据中重复的因素等予以抵消。

(四)计算合并财务报表各项目的合并数额

在母公司和纳入合并范围的子公司个别财务报表各项目加总数额的基础上,分别计算财务报表中的资产项目、负债项目、所有者权益项目、收入项目和费用项目的合计数。

(五)填列合并财务报表

根据合并工作底稿中计算出的资产、负债、所有者权益、收入、成本费用类各项目的合并数,填列正式的合并财务报表。

二、合并财务报表的编制

(一)合并资产负债表的编制

1.对子公司的个别财务报表进行调整

对于属于同一控制下企业合并中取得的子公司,如果不存在与母公司会计政策和会计期间不一致的情况,则不需要对该子公司的个别财务报表进行调整,只需要抵消内部交易对合并财务报表的影响即可。

对于属于非同一控制下企业合并中取得的子公司,除了存在与母公司会计政策和会计期间不一致的情况,需要对该子公司的个别财务报表进行调整外,还应当根据母公司为该子公司设置的备查簿的记录,以记录的该子公司的各项可辨认资产、负债及或有负债等在购买日的公允价值为基础,通过编制调整分录,对该子公司的个别财务报表进行调整,以使子公司的个别财务报表反映为在购买日公允价值基础上可确定的可辨认资产、负债及或有负债在本期资产负债表日的金额。

2.按权益法调整对子公司的长期股权投资

在确认应享有子公司净收益的份额时,对于属于同一控制下的企业合并形成的长期股权投资,可以直接以该子公司的净利润进行确认,但是该子公司的会计政策或会计期间与母公司不一致的,仍需要对净利润进行调整;对于属于非同一控制下的企业合并形成的长期股权投资,应当以备查簿中记录的子公司各项可辨认资产、负债及或有负债等在购买日的公允价格为基础,对该子公司的净利润进行调整后确认。

3.编制合并资产负债表时应进行抵消处理的项目

(1)母公司对子公司长期股权投资与子公司所有者权益;

(2)母公司与子公司、子公司相互之间产生的内部债权与债务;

(3)存货项目,即内部购进存货成本中包含的未实现内部销售损益;

(4)固定资产项目,即内部购进商品形成的固定资产、内部购进的固定资产成本中包含的未实现内部销售损益;

(5)无形资产项目,即内部购进商品形成的无形资产、内部购进的无形资产成本中包含的未实现内部销售损益;

(6)与抵消的长期股权投资,应收账款、存货、固定资产、无形资产等资产相关的减值准备的抵销。

4.合并资产负债表的基本格式

合并资产负债表的格式与个别资产负债表的格式基本相同,主要增加了以下项目:

(1)在"无形资产"项目之下增加了"商誉"项目,用于反映非同一控制下企业合并中取得的商誉,即在控股合并下,母公司对子公司的长期股权投资大于其在购买日子公司可辨认净资产公允价值份额的差额;

(2)在"所有者权益"项目下增加了"归属于母公司所有者权益合计"项目,用于反映企业集团的所有者权益中归属于母公司所有者权益的部分;

(3)在"所有者权益"项目下增加了"少数股东权益"项目,用于反映非全资子公司的所有者权益中不属于母公司的份额。

(二)合并利润表的编制

合并利润表是反映母公司和子公司所形成的企业集团在一定期间内经营成果的财务报表。合并利润表应当以母公司和子公司的利润表为基础,在抵销下列项目的基础上,合并各项目的数额,编制形成合并利润表。

1.编制合并利润表时应进行抵消处理的项目

(1)内部营业收入和内部营业成本项目;

(2)内部销售商品形成存货、固定资产、无形资产等项目中包含的未实现内部销售损益;

(3)内部销售商品形成固定资产、无形资产等项目计提额或摊销额中包含的未实现内部销售损益;

(4)内部应收款项计提的坏账准备以及内部销售商品形成存货、固定资产、无形资产等计提的资产减值准备中包含的未实现内部销售损益;

(5)内部投资收益项目,包括内部利息收入与利息支出项目、内部股权投资的投资收益项目等。

2.合并利润表的基本格式

合并利润表的格式与个别利润表的格式基本相同,主要增加了以下项目:

(1)在"净利润"项目下增加了"归属于母公司所有者的净利润"和"少数股东损益"两个项目,分别反映净利润中由母公司所有者所享有的份额和非全资子公司当期实现的净利润中属于少数股东权益的份额,即不属于母公司享有的份额。

(2)在属于同一控制下企业合并增加的子公司当期的合并利润表中还应在"净利润"项目之下增加"其中:被合并方在合并前实现的净利润"项目,用于反映同一控制下企业合并中取得的被合并方在合并日以前实现的净利润。

(3)在"综合收益总额"项目下增加了"归属于母公司所有者的综合收益总额"和"归属于少数股东的综合收益总额"两个项目,分别反映综合收益总额中母公司所有者所享有的份额和非全资子公司当期综合收益总额中属于少数股东权益的份额,即不属于母公司享有的份额。

(三)合并现金流量表的编制

1.编制合并现金流量表时应进行抵消处理的项目

(1)母公司与子公司、子公司相互之间当期以现金投资或收购股权增加的投资所产生的现金流量;

(2)母公司与子公司、子公司相互之间当期取得投资收益收到的现金与分配股利、利润或偿付利息支付的现金;

(3)母公司与子公司、子公司相互之间以现金结算债权与债务所产生的现金流量;

(4)母公司与子公司、子公司相互之间当期销售商品所产生的现金流量;

(5)母公司与子公司、子公司相互之间处置固定资产、无形资产和其他长期资产收回的现金净额与购建固定资产、无形资产和其他长期资产支付的现金等。

2.合并现金流量表中有关少数股东权益项目的反映

(1)对于子公司的少数股东增加在子公司中的权益性投资,在合并现金流量表中应当在"筹资活动产生的现金流量"之下的"吸收投资收到的现金"项目下"其中:子公司吸收少数股东投资收到的现金"项目反映;

(2)对于子公司向少数股东支付现金股利或利润,在合并现金流量表中应当在"筹资活动产生的现金流量"之下的"分配股利、利润或偿付利息支付的现金"项目下"其中:子公司支付给少数股东的股利、利润"项目反映;

(3)对于子公司的少数股东依法抽回在子公司中的权益性投资,在合并现金流量表应当在"筹资活动产生的现金流量"之下的"支付其他与筹资活动有关的现金"项目反映。

3.合并现金流量表的基本格式

合并现金流量表的格式与个别现金流量表的格式基本相同。

(四)合并所有者权益变动表的编制

1.编制合并所有者权益变动表时应进行抵消处理的项目

(1)母公司对子公司的长期股权投资与母公司在子公司所有者权益中所享有的份额;

(2)母公司对子公司、子公司相互之间持有对方长期股权投资的投资收益。

2.合并所有者权益变动表的基本格式

合并所有者权益变动表的格式与个别所有者权益变动表的格式基本相同。所不同的是,在子公司存在少数股东权益的情况下,合并所有者权益变动表增加"少数股东权益"项目,用于反映少数股东权益变动的情况。

第三节 合并财务报表质量分析

一、对合并财务报表编制范围的分析

(一)关注财务报表附注中披露的母公司和子公司信息

财务报表附注披露了非常详尽的母公司和子公司信息,通过阅读这些信息,可以分析子公司业务性质是否与母公司主营业务密切相关;了解母公司对子公司的持股比例或表决权比例,如果母公司拥有被投资单位表决权不足半数,但仍然能对被投资单位实施控制,应了解其原因;明了当期新增或减少子公司的原因,从而了解合并范围的变化;分析子

公司的盈利状况，对母公司和企业集团的整体盈利能力有更深入的认识。

（二）对合并财务报表编制范围的分析

1.企业发展的战略分析

企业发展的战略分析，包括专业化发展战略或多元化发展战略分析。通过会计报表附注中披露的母公司和子公司详细的资料，可以观察母公司对子公司的投资方向、投资金额、控制程度等信息；通过对连续若干期披露的子公司资料进行对比分析，可以了解企业发展战略的变化。以青岛海尔为例，该公司一直坚持在家电行业的多元化、国际化发展战略，从过去提出的"海尔家庭"到近期的"U＋智慧生活平台"理念，一直体现着其战略发展的方向，所以其投资方向涵盖了冰箱生产销售、空调生产销售、家用电器生产销售等，2016年100％控股海外家电GEA进一步体现了其发展思路的一致性。

2.企业投资的盈利性分析

由于合并报表编制抵消分录的影响，所以合并报表中长期股权投资项目反映的是企业集团对集团外的联营和合营投资，通过报表附注"投资收益"中反映的"权益法核算的投资收益"可以分析对联营和合营企业的投资效益。

通过阅读母公司报表附注中长期股权投资的内容，可以了解母公司投资的方向；通过计算母公司长期股权投资占母公司总资产的比重，可以分析母公司是经营主导型还是投资主导型企业；通过母公司投资收益项目明细，可以了解母公司投资效益的高低。以青岛海尔为例，2016年其母公司长期股权投资余额由期初的141.42亿元猛增至期末的223.42亿元。在新增的投资82亿元中，主要是2016年对海尔股份（香港）有限公司新增的64.8亿元投资和对海尔优家智能科技有限公司新增的1.4亿元投资，其中海尔股份（香港）有限公司负责对GEA进行收购。通过投资范围的变化可以看出，海尔在努力巩固国际化发展战略，积极构建智能化家电一体模式，以应对当今全球化和网络科技快速发展的趋势。虽然母公司2016年投资收益较上年减少很多，由17亿元降至5亿元，但由于其投资结构的调整还需要以后年度才能显现，所以应特别关注未来投资收益的变化。

案例6-1

贵州茅台合并范围

下面是2016年贵州茅台（SH600519）股份有限公司财务报表的合并范围。

本年度纳入合并报表范围的子公司有贵州茅台酒进出口有限责任公司、贵州茅台酒销售有限公司、贵州茅台集团财务有限公司、国酒茅台定制营销（贵州）有限公司、北京友谊使者商贸有限公司、贵州茅台酒巴黎贸易有限公司、贵州赖茅酒业有限公司、贵州茅台酱香酒营销有限公司共八家。

"贵州茅台酒个性化定制营销有限公司"名称变更为"国酒茅台定制营销（贵州）有限公司"。

在母公司会计报表附注中"长期股权投资"项下列示了母公司对子公司的投资，如下表所示：

单位：万元

被投资单位	期初余额	本期增加	本期减少	期末余额	本期计提减值准备	减值准备期末余额
贵州茅台酒销售有限公司	950.00			950.00		
贵州茅台酒进出口有限责任公司	560.00			560.00		
贵州茅台集团财务有限公司	40 800.00			40 800.00		
国酒茅台定制营销(贵州)有限公司	1 400.00			1 400.00		
北京友谊使者商贸有限公司	1 800.00			1 800.00		
贵州茅台酒巴黎贸易有限公司	8 072.84			8 072.84		
贵州赖茅酒业有限公司	1 720.00			1 720.00		
贵州茅台酱香酒营销有限公司	20 000.00			20 000.00		
合计	75 302.84			75 302.84		

贵州茅台没有对联营企业和合营企业的投资，长期股权投资下的公司都是子公司，其对子公司的持股比例如下表所示：

子公司名称	主要经营地	注册地	业务性质	持股比例(%)		取得方式
				直接	间接	
贵州茅台酒销售有限公司		贵州贵阳		70		投资设立
贵州茅台酒进出口有限责任公司		贵州仁怀		95		投资设立
贵州茅台集团财务有限公司		贵州仁怀		51		投资设立
国酒茅台定制营销(贵州)有限公司		贵州贵阳		70		投资设立
北京友谊使者商贸有限公司		北　京		60		投资设立
贵州茅台酒巴黎贸易有限公司		法国巴黎		100		投资设立
贵州赖茅酒业有限公司		贵州贵阳		43		投资设立
贵州茅台酱香酒营销有限公司		贵州仁怀		100		投资设立

持有半数或以下表决权但仍控制被投资单位，以及持有半数以上表决权但不控制被投资单位的依据：

公司持有贵州赖茅酒业有限公司 43%的股权比例，但实质能够控制该公司，其原因在于公司在贵州赖茅酒业有限公司董事会成员超过半数。

同时，年报中列示了重要的非全资子公司情况，贵州茅台对其重要的非全资子公司贵州茅台酒销售有限公司的持股比例是 95%。具体情况如下表所示：

子公司名称	少数股东持股比例	本期归属于少数股东的权益（万元）	本期向少数股东宣告分派的股利（万元）	期末少数股东权益余额（万元）
贵州茅台酒销售有限公司	5%	96 970.76	50 550.73	203 335.35

综合以上信息，观察母子公司，我们可以基本得出一个判断：贵州茅台母公司是生产企业，旗下子公司是销售企业。另外为了提高资金的使用效率，茅台获批在 2013 年成立财务公司，这是白酒行业第一家财务公司。

公司如此架构，源于消费税的计缴是针对生产企业的。所以母公司生产出来的酒按照内部价格销售给子公司，并计缴消费税，子公司加价再卖给经销商。

资料来源：《会人会语之栗子老师》，2017 年 4 月 22 日。

二、结合母公司财务报表对合并报表项目的分析

（一）对重要项目母公司数与合并报表数的数量对比关系分析

关注重要项目母公司数与合并报表数的数量对比关系，可判断集团内各单位之间关联程度的大小。由于母公司与子公司、子公司相互之间存在着投资与被投资和相互之间购销的关系，在编制合并财务报表的过程中通过抵消分录，最后形成反映企业集团整体财务状况和经营成果的报告。因此，在分析合并财务报表过程中应特别注意同一项目下母公司数与合并数的数量对比关系。对于涉及需要编制抵消分录的几个重要项目——应收账款、存货、长期股权投资、应付账款、营业收入、营业成本、投资收益等，通常如果这些项目的合并数远远小于母公司数，则说明集团各单位之间依赖程度高。通过这种数量的对比关系，可以判断集团的经营方式、集团内单位之间的协作方式和投资受资关系。

应当注意的是，在投资方向子公司提供除注册资本以外的资金时，往往通过“其他应收款”或“预付账款”的形式表现在资产负债表上，所以应特别关注当这两个项目合并数远小于母公司数时母公司数和合并数之间的差异。当合并数远小于母公司数时，投资方向子公司提供的资金规模，可以用母公司和合并报表中“长期股权投资”、“其他应收款”和“预付账款”的规模之差大概地反映出来。

（二）利用母公司和合并财务报表附注信息对报表进行项目分析

利用母公司和合并财务报表附注信息对报表进行详尽的项目分析，有利于对母公司、子公司和集团的财务状况和经营成果进行深入细致的研究。财务报表附注信息非常全面，能详细地说明、解释各项目发生的来龙去脉。通过解读财务报表的附注，可以全面地分析母公司、子公司和集团的资产分布情况、资产配置比例、各项资产的质量高低、各项资

产的管理效率和对盈利能力的影响；报表附注信息还能够帮助分析者了解资金来源、资本结构，盈利能力的高低和现金流量的形成过程，以及现金流量的充裕程度，为全面分析母公司、子公司和集团的偿债能力、营运能力和盈利能力奠定扎实的分析基础。同时，将母公司与合并报表进行对比分析，往往能从一个侧面揭示子公司的财务状况和经营成果，有助于对整个企业集团有更深入的了解。

(三)对母公司和合并报表相关项目和指标的比较分析

通过比较母公司和合并报表的相关项目和指标，可以评价集团内部母公司、子公司管理效率的高低。虽然合并报表不能单独反映出子公司的财务状况和经营成果等信息，但是利用母公司财务报表和集团财务报表的对比分析，能大致推断出子公司的基本情况，便于更深入地理解整个集团整体和局部的信息。

【例 6-1】青岛海尔 2016 年母公司财务报表和合并财务报表相关指标对比分析，数据见表 6-1。

表 6-1 青岛海尔 2016 年母公司报表与合并报表相关指标对比分析

项　目	母公司数	合并数
存货年末余额(万元)	6 979.91	1 523 794.24
应收账款余额(万元)	26 543.82	1 224 724.41
固定资产年末余额(万元)	11 684.02	1 553 904.69
长期股权投资余额(万元)	2 234 207.89	1 105 781.97
长期股权投资占总资产比重(%)	61.7	8.4
存货平均余额(万元)	6 360.13	119 0073.8
固定资产平均余额(万元)	12 203.12	1 198 160.92
营业收入(万元)	325 104.54	11 906 582.52
营业成本(万元)	228 551.37	8 212 688.22
毛利率(%)	29.7	31.0
存货周转率＝营业成本/存货平均余额(次)	35.72	6.90
固定资产周转率＝营业收入/固定资产平均余额(次)	26.65	9.94

通过表 6-1 可以发现：

1.青岛海尔存货、应收账款和固定资产项目母公司期末余额均远远小于合并报表数据，说明母公司不占有大量经营性资产，主要通过对外进行投资获得对子公司的控制权，母公司长期股权投资占全部资产的 60%以上(2015 年末该比重为 87.5%)。

2.青岛海尔母公司毛利率水平与合并报表相差不大，母子公司毛利率水平基本持平。

3.青岛海尔母公司存货周转率和固定资产周转率远高于合并报表对应数值，这与上述分析结论一致。由于子公司持有大量的经营性资产，主要从事产品的生产制造，因此其周转率水平相对偏低。

三、对合并商誉的分析

商誉为非同一控制下企业合并成本超过应享有的被投资单位或被购买方可辨认净资产于取得日或购买日的公允价值份额的差额。与子公司有关的商誉在合并资产负债表中单独列示；与联营企业和合营企业有关的商誉，实际上包含在长期股权投资的账面价值中。在财务报表中单独列示的商誉至少在每年年终进行减值测试。

对商誉进行分析时，应阅读财务报告附注中商誉的期初期末账面余额、本期增加额和本期提取的商誉减值准备金额。通过这些信息，了解集团通过非同一控制下企业合并所获得的商誉大小，并分析取得的商誉对企业财务状况和现金流量的影响，判断商誉是否能增强集团未来盈利能力，分析商誉的减值情况以了解集团所获商誉的实际价值。

应当注意的是，大额商誉一般意味着企业过去进行了大量的并购，采用了外延式扩张和增长的战略。大额商誉出现的同时，如果合并报表中收入和利润高速增长，说明并购短时期内成功，但还需持续关注子公司未来的经营状况对集团整体盈利能力的贡献程度。

【例 6-2】青岛海尔 2012—2016 年商誉质量分析，数据见表 6-2。

表 6-2　青岛海尔 2012—2016 商誉质量分析

单位：万元

项　目	2012	2013	2014	2015	2016
商　誉	0	612.30	7 453.02	39 248.49	2 100 412.31
营业收入	7 985 659.78	8 660 564.64	9 692 976.39	8 979 716.60	11 906 582.52
净利润	436 061.06	555 976.80	704 890.13	592 508.05	669 133.43
商誉减值	0	0	0	0	0

通过表 6-2 可以看出，从 2012 年至 2016 年青岛海尔外延式扩张幅度不断加强，到 2016 年由于对 GEA 的收购产生了大额商誉 210 亿元。对比各期营业收入和净利润数据可以发现：2014 年之前，青岛海尔的扩张带来了营业收入和净利润的持续增长，两年间营业收入增长 21.4%，净利润增长 61.6%；但 2014 年之后随着扩张速度急剧加快，2016 年营业收入较两年前增长 22.8%，但净利润并未实现增长，净利润较两年前降低 5.1%。由于扩张后整合尚需一定的时间，所以应持续关注未来几年这种快速扩张是否带来盈利能力的整体增强。从商誉减值准备看，青岛海尔对其非同一控制下收购形成的商誉连续几年均未计提减值，未来应和盈利指标一样对其价值变动继续加以关注。

四、对少数股东权益和少数股东损益的分析

合并资产负债表中股东权益分解为“归属于母公司股东权益合计”和“少数股东权益”两部分；合并利润表中净利润分解为“归属于母公司股东的净利润”和“少数股东损益”两部分，这样的分类是基于合并报表编制的“实体理论”而形成的，能够全面、深入地反映会计期末集团不同股东对集团净资产的要求权，以及会计期间内各自能够通过投资获得的净利润。

少数股东权益是指除母公司以外的其他投资者在子公司中的权益，表示其他投资者在子公司所有者权益中所拥有的份额。在公司法上，为防止控股股东或大股东滥权，也相应规定了少数股东权益的救济或保护制度。通过财务报告附注信息，可以了解集团内子公司少数股东的基本情况、会计期间内权益的增减变化等信息；分析归属于母公司股东权益与少数股东权益的数量变化和比例关系，研究集团内子公司所拥有的股权结构。

少数股东损益是指纳入企业合并报表的子公司其他非控股股东享有的损益，需要在利润表中予以披露。通过报表附注的信息，可以具体了解少数股东的基本情况、各个少数股东当期获利或亏损的情况。少数股东损益的大小可以从一个侧面反映集团内子公司的经营状况和盈利能力，在合并范围不变的前提下，如果少数股东损益增加，则说明子公司盈利能力增强，分给少数股东的利润增加；相反，如果少数股东损益减少，则说明子公司经营不佳，会影响整个集团的盈利能力。

五、合并报表的局限性

（一）合并报表不能准确反映企业集团的财务风险

由于合并报表编制的基础是将母公司所控制的子公司纳入合并范围，而“控制”的界定是按照实质重于形式的原则来界定的，并不要求母公司必须100%拥有被控子公司的股权，只要母公司能够对子公司的经营决策和投资决策实施重大影响，就可以界定为控制。因此当子公司为母公司的非全资子公司时，就被纳入合并范围，并由母公司编制合并报表。如果母公司为这类非全资子公司提供担保，使子公司获得银行贷款，当子公司不能履行偿债义务时，母公司要承担担保责任，以其资产为子公司还债。这样的结果是导致企业集团为子公司的少数股东承担一部分债务，形成企业集团的财务风险。而这种风险的形成是由于合并报表编制原理形成的，在合并报表下，难以准确反映集团内母公司和子公司的财务风险。

（二）合并报表不能真实反映企业集团的偿债能力

由于合并报表反映的主体是会计意义上的主体，而不是法律意义上的主体，所以利用合并报表测算出的偿债能力指标不能反映真实存在的法律主体的偿债能力。债权人在分析偿债能力时，不能仅仅以合并报表数据测算出的偿债能力指标为准，必须结合母公司和子公司各自的财务报表进行分析。例如，如果利用合并报表数据计算出流动比率和速动比率均比较高，或者资产负债率比较低，并不意味着企业集团具有较强的偿债能力。因为如果集团中母公司或在整个集团中起到重要作用的子公司的偿债能力指标非常不理想，正处于严重的财务危机中，这些企业的命运对整个集团有重要的影响，这种情况下单单依赖集团的偿债能力指标去进行决策，就会给债权人带来非常大的财务风险。

（三）合并报表对分析多元化企业集团经营状况的作用有限

根据会计准则的规定，只要母公司能够对子公司实施控制，则不论子公司所属行业和所在地区是否与母公司差异巨大，都应并入合并范围，以全面反映整个集团的财务状况和经营成果。由此也带来一个问题：不同行业、地区差异很大，评判标准要因地制宜，不应采用统一标准。但合并报表将数据合并后，这些差异都被掩盖在合并数字下，体现不出具体的差别。所以对于采取多元化策略的企业集团，对合并报表的分析必须结合母公司、子公司的具体财务报表进行分析，才能深入了解所分析集团的实际情况并做出正确的决策。

尽管合并财务报表存在一些局限性，但是作为综合反映企业集团各项能力的媒介，合并财务报表对于投资者、债权人、企业管理者及其他利益相关人有非常重要的意义。对于合并报表的分析，应充分结合母公司财务报表和财务报告中的各项附注，认真阅读研究，分析隐藏在报表数字后面的实际情况，了解企业集团经营和理财的脉络，正确评价集团的偿债能力、营运能力和盈利能力。

本章小结

本章对合并报表的合并范围、基本编制思路和方法进行分析，在此基础上结合母公司财务报表及附注对合并财务报表和附注进行对比分析，从而全面地揭示母公司、子公司和企业集团的财务状况、经营成果和现金流量情况。尽管合并财务报表综合了母公司及其控制的子公司相关信息，形成企业集团的整体财务信息，但合并财务报表仍然存在一定的局限性，如：合并报表不能准确反映企业集团的财务风险，不能真实反映企业集团的偿债能力，对分析多元化企业集团经营状况的作用有限等等。所以将母公司报表和合并报表结合起来进行分析，能够帮助报表分析者认识企业集团的经营和理财全貌，对企业集团的各项能力做出综合的评估。

章后练习

思考题

1.编制合并财务报表的意义表现在哪些方面？

2.如何确定合并报表的合并范围？

3.合并财务报表附注的信息披露有哪些要求？

4.合并资产负债表编制时应抵消的项目有哪些？

5.合并利润表编制时应抵消的项目有哪些？

6.合并现金流量表编制时应抵消的项目有哪些？

7.合并所有者权益变动表编制时应抵消的项目有哪些？

8.将重要项目母公司数与合并报表数的数量进行对比有什么意义？

9.利用母公司和合并财务报表附注信息对报表的项目进行分析有哪些好处？

10.合并报表的局限性表现在哪几方面？

本章作业

(一)练习题

1.A 上市公司 2016 年利润表(部分)如下表所示:

2016 年利润表(部分)

单位:万元

项　目	合并数		母公司数	
	2015	2016	2015	2016
营业收入	229 031	228 752	103 405	100 698
投资收益	2 357	1 512	16 493	24 688
营业利润	83 360	76 340	41 722	41 037
利润总额	82 333	76 549	41 232	40 621
净利润	66 533	65 340	37 438	38 382

要求:

根据资料,结合 A 公司自身的利润表数据,对 A 公司的合并利润表进行分析,分析其母公司、子公司和企业集团的盈利能力,并说明其存在的问题。

2.B 股份有限公司 2016 年度的资产负债表(简表)如下表所示:

2016 年资产负债表(简表)

单位:万元

项　目	2016 年 12 月 31 日		2015 年 12 月 31 日	
	合并报表	母公司报表	合并报表	母公司报表
资产总额	752 974	520 720	627 632	440 269
货币资金	142 542	60 173	102 397	61 256
流动资产	517 692	299 265	430 386	247 964
流动负债	135 010	83 500	69 645	35 000
负债	373 164	220 233	258 705	151 734

要求:

(1)根据资料计算连续两年母公司和合并报表中货币资金占总资产的比重,分析 2015 年和 2016 年各年度母公司和集团货币资金的利用效率;

(2)根据资料计算连续两年母公司和合并报表中流动资产占总资产的比重,分析 2015 年和 2016 年各年度母公司和集团流动资产、非流动资产的配置情况;

(3)根据资料计算连续两年母公司和合并报表中的资产负债率,分析 2015 年和 2016 年各年度母公司和集团财务风险的特点和前后期变化;

(4)根据资料计算连续两年母公司和合并报表中流动负债占权益总额的比率、流动负债占全部负债的比率,分析 2015 年和 2016 年各年度母公司和集团负债结构的特点、前后期变化及偿债风险大小。

3.C 上市公司近年来的合并利润表(部分)如下表:

C 公司合并利润表(部分)

单位:万元

项　目	2014	2015	2016
营业收入	2 825 425	2 211 651	1 276 866
核心营业利润	149 090	113 412	60 377
投资收益	31 000	36 450	29 800
净利润	67 058	42 464	10 197

要求:

根据资料,对 C 公司所提供的合并利润表进行分析,计算 2015—2016 年每年营业收入、核心营业利润、投资收益和净利润的增长(下降)率,分析集团盈利能力存在的问题。

(二)案例与分析

1.Excel 实务演练

新建一个 Excel 表,命名为“合并报表分析”,利用案例公司近三年的财务报表,根据合并财务报表及附注,并结合母公司财务报表及附注、同行业其他公司财务报表,在 Sheet1 中对合并资产负债表重要项目进行分析;在 Sheet2 中对合并利润表重要项目进行分析;在 sheet3 中对合并现金流量表重要项目进行分析。

2.章节报告

结合本章理论分析框架,根据上述分析数据,撰写案例公司 2016 年合并报表综合分析报告。

第七章

财务报告其他信息分析

学习目标：通过本章的学习，使学生了解会计分析的重要性和分析的基本步骤和内容，理解会计政策、会计估计的含义及其对财务报告分析的影响，关联方及其交易分析要点，资产负债表日后事项的经济内涵及对财务报告分析的影响；理解管理用财务报表信息分析的基本思路。在此基础上，进一步理解财务报告的制度框架及其对财务信息质量的影响，理解财务报告信息质量内涵；掌握财务报告信息质量评价标准，能够运用评价标准对财务报告信息质量进行分析与判断。

引导案例

会计政策对财务报告分析的影响

2017年8月22日，深圳兆日科技股份有限公司审议通过了《关于会计政策变更的议案》，对2016年会计政策变更作出公告：

本公司及董事会全体成员保证信息披露的内容真实、准确、完整，没有虚假记载、误导性陈述或重大遗漏。根据《企业会计准则第16号——政府补助》(财会〔2017〕15号)的相关规定，与企业日常活动相关的政府补助，应当按照经济业务实质，计入其他收益或冲减相关成本费用。与企业日常活动无关的政府补助，应当计入营业外收支。故兆日科技公司对2017年1月1日存在的政府补助采用"未来适用法"处理，对2017年1月1日至本准则施行日之间新增的政府补助根据本准则进行调整。

根据《企业会计准则第16号——政府补助》(财会〔2017〕15号)的规定，公司将2017年1月1日至2017年6月30日收到的与企业日常活动相关的政府补助142.58万元从"营业外收入"调整至"其他收益"。本次会计政策变更和会计科目核算的调整，仅对财务报表列报产生影响，对公司财务状况、经营成果和现金流量无重大影响，也无须进行追溯调整。

董事会认为，本次会计政策变更符合相关规定，执行变更后会计政策能够客观、公允地反映公司的财务状况和经营成果，不影响公司当年净利润及所有者权益，也不涉及以往年度的追溯调整，不存在损害公司及中小股东利益的情况。

从兆日科技的会计政策变更公告来看，调整后的一些指标数据产生变化，主要是对政府补助收入性质的确认，以与企业日常活动是否相关为判断依据，可能会引起利益相关者对公司盈利能力和权益变化的关注，但该变更“仅对财务报表列报产生影响的说明”能够打消人们的疑虑，正确认识企业的盈利能力。因此注意会计政策的变更对企业的财务分析非常重要，有利于对企业财务状况和经营成果的全面理解。

资料来源：根据新浪博客《上市公司会计政策变更注意事项——以兆日科技为例》(2017 年 08 月 27 日)改编。

第一节　会计分析

一、会计分析概述

会计分析旨在评估财务报告披露的会计信息对企业经营活动现实的反映程度。财务报告分析者在了解财务报告的制度框架基础上，可以通过评估会计弹性、会计政策与估计的恰当性，评价会计信息扭曲企业经营活动的程度，从而运用现金流量和财务报表附注资料，“去伪存真”，消除会计信息的扭曲，使会计信息更好地反映企业经营活动现实。

(一)财务报告的制度框架及其对会计信息质量的影响

为了有效地评估企业财务报告披露的会计信息质量，财务报告分析者有必要了解财务报告的制度框架，制度框架在一定程度上决定了财务报告的基本特征，并对会计信息质量产生影响。

1.财务报表的编制基础

总体上，财务报表的编制基础是权责发生制。正如第一章所述，权责发生制有其优点，但局限性同样不言而喻，它将经济业务中相关的成本以及授意的确认时间与现金实际收付时间区分开来。在实践中，权责发生制的运用涉及许多假设，具有较强的主观性和武断性。特别是随着社会经济的发展，企业组织结构日趋复杂，关联方关系及其交易极其频繁，各种投融资工具不断创新并普遍运用，权责发生制的局限性日益放大。

2.财务报表的编制主体

财务报表由企业管理层编制。尽管财务报表要素的基本定义很简单，但在实践中，其运用却经常涉及复杂的职业判断。面对经济业务的复杂性，企业管理层难以做出完全合理的职业判断。即使管理层已经做出了“最合理”的判断，但随着环境的变化和社会经济的发展，也可能导致偏差，这种客观性和能力性问题会影响财务报表会计信息的质量。

3.会计准则的质量

为了限制企业管理层“滥用”其信息权利，各个国家都制定了相应的会计准则，规范企业管理层对经济业务的确认、计量和报告行为。可以说，财务报表是会计准则的产物。然而，何谓“高质量的会计准则”呢？这是一个难以圆满回答的问题。会计准则是社会财富转移或利益分配的“游戏规则”，在许多情况下，会计准则只是“微妙的平衡”，只要会计准则还没有达到“完美”的境界，财务报表披露的会计信息质量就可能存在问题。

4.独立审计

独立审计(independent audit),指由注册会计师受托有偿进行的审计活动。任何财务报表都必须经由独立于企业管理层的独立审计,才能对外披露,独立审计是维护会计报表满足公允价值与公允列报要求的重要途径。对财务报表的独立审计有助于减少会计信息的使用风险,在一定程度上提高了会计信息质量。但是,它也可能强化财务报表本身的内在缺陷。毕竟,独立审计旨在强化会计准则的有效运用,而会计准则本身并不“完美”。况且,如果独立审计本身不能保持“独立”,那么,财务报表披露的信息质量就可能“雪上加霜”。

5.会计法律责任

会计法律责任(accounting legal liability)是指违反会计法律规范所应承担的法律后果。裁定企业管理层、审计师和投资者等会计信息使用者之间会计争端(accounting disputes)的法律环境(legal environment)会对财务报表披露的会计信息质量产生重要影响。尽管巨额的诉讼成本和法律惩处有助于遏制企业管理层“滥用”其信息权利,也有助于敦促审计师“恪尽职守”,提高会计信息质量。但是,这种承受重大的会计法律责任的可能性也可能影响财务报表披露的信息质量。最为典型的例证就是预测性、前瞻性(forward looking disclosure)信息的披露。面对经营环境的急剧变化,预测性、前瞻性信息偏离现实的可能性也比较大。因此,企业管理层和审计师经常担心因披露预测性、前瞻性信息而受到法律诉讼和惩处,不愿意在财务报表中披露这类信息,从而进一步影响了财务报表披露的信息质量。

(二)会计分析的基本步骤

1.辨认会计政策

企业的行业特征和自身的竞争战略选择决定了企业会选择不同的会计政策。会计政策的选择形式上表现为企业会计过程的一种技术规范,但其本质却是经济和政治利益的博弈和制度的安排。公司管理层可以通过会计政策做出许多与会计有关的职业判断,由此做出的财务决策对财务报告的形成有很大的影响,其影响包括财务报表数据、分析人员对数据的理解、会计规则选择、科目调整、格式选择和计量判断等。因此,在会计分析过程中,应关注这些会计政策、隐含在这些会计政策中的各种会计估计以及由此而产生的会计信息,从而评估这些会计政策是否与行业特征以及战略选择相符合。

2.评估会计政策弹性

不同企业,其会计政策不同,会计政策的弹性也不同。有些企业的会计政策受到会计准则和会计惯例的严格限制,企业管理层没有多少选择权。而有些企业的会计政策可能受企业管理层权利的影响较大,具有一定的弹性。如商业银行的管理层对信贷资产的质量和贷款损失准备的计提拥有较大的弹性。会计政策的弹性越大,对企业业绩的影响就越大,财务报告分析者就越需要谨慎。

3.评估会计信息质量

企业会计信息披露载体除了财务报表外,还有财务报表附注、管理层讨论与分析、董事会报告、监事会报告、临时报告等。尽管人们希望企业管理层能够“充分披露”会计信息,但会计准则只是规定了最低限度的披露要求,这种最低限度的披露要求构成了会计信息的“强制披露”,而在信息的“自愿披露”方面,企业管理层拥有较大的选择权。因此,企业管理层信息披露的广度和深度反映了企业会计信息披露质量的高低。

4.识别潜在危险信号

基于财务报表内在的勾稽关系,企业的财务舞弊行为或潜在危险信号都可能在财务报表上留下痕迹。识别潜在危险信号有助于帮助财务报告分析者更仔细地查验某些项目或针对某些项目收集更充分的信息。常见的危险信号主要包括未加解释的会计政策变化、未加解释的旨在提升利润的交易、应收账款和存货的异常增加、突如其来的巨额资产冲销或转回、报告利润与经营现金流的缺口扩大、频繁的关联交易等事项。这些“危险信号”往往存在多种解释,因此财务报告分析者应注意深入分析这些危险信号背后隐含的经营活动。

5.消除会计信息失真

由于会计核算工作存在“信息模糊性”的天生缺陷,会出现各种影响会计信息真实性的因素。因此,当察觉会计信息存在缺陷,通过会计分析表明企业财务报告的会计数据失实时,财务报告分析者可以利用财务报表附注、现金流量表和其他信息对会计数据“去伪存真”,尽量还原企业经营活动的本来面目。

二、会计政策对财务报告分析的影响

会计分析中最基础的工作是辨认、理解所用的会计政策,而会计政策体现在财务报表附注上,因此需要分析财务报表附注。通过分析附注,一方面了解我们所看到的会计数字是在何种会计政策、会计方法和会计估计之下产生的;另一方面也可以使我们了解财务报告上一个简单的数字背后详细的背景以及财务报告没有或无法体现出来的信息。从某种意义上说,对财务报表附注进行分析的重要性并不亚于对财务报告本身的分析。

会计政策对财务报告分析的影响可从以下几方面分析:

(一)会计政策、会计估计变更和前期差错更正的分析

1.会计政策变更

(1)会计政策及其内容

会计政策是指企业在会计确认、计量和报告中所采用的原则、基础和会计处理方法。会计政策具有选择性和灵活性,所以,企业在会计核算中对所采纳的会计政策,通常应在财务报表附注中予以披露。需要披露的会计政策项目主要有以下几项:

①财务报表的编制基础、计量基础和会计政策的确定依据等。

②存货的计价,是指企业存货的计价方法。如企业的存货在先进先出法和其他计价方法之间的选择。

③外币折算,是指外币折算所采用的方法以及汇兑损益的处理。如外币报表折算时采用现行汇率法还是采用时态法。

④长期股权投资的核算,是指长期股权投资的具体会计处理方法。如企业对被投资单位的股权投资在成本法和权益法核算之间的选择。

⑤坏账损失的核算,是指坏账损失的具体会计处理方法。如企业的坏账损失,在新会计准则规定的备抵法和小企业会计准则规定的直接转销法之间的选择。

⑥借款费用的处理，是指借款费用的处理方法，即借款费用在资本化和费用化之间的选择。

⑦合并政策，是指编制合并财务报表所采纳的原则。如母公司和子公司所采用的会计政策是否一致等。

⑧收入的确认，是指收入确认的原则。

⑨其他。指无形资产的确认、计价与摊销、研究与开发费用的处理等。

(2)会计政策变更

会计政策变更是指企业对相同的交易或事项由原来采用的会计政策改用另一会计政策的行为。会计信息使用者需要比较一个以上期间的会计信息，以判断企业的财务状况、经营成果和现金流量的趋势。因此，企业选用的会计政策一般情况下不能也不应当随意变更，会计政策应当保持前后各期的一致性，以保持会计信息的可比性。但只要有合理的证据，符合一定的条件，如法律或会计准则等行政法规规章的要求、经济环境和客观情况的改变，企业的会计政策也是可以变更的。

(3)会计政策变更对财务报告分析的影响

对会计政策变更的认定直接影响会计处理方法的选择，在对财务报告进行分析时必须考虑公司会计政策选择与变更的本质。一般来说，会计政策变更会引起资产、负债、所有者权益、收入、费用、利润这六大会计要素的变化，由于各个利益相关者所关注的财务报表项目不同，导致了会计政策变更对相关利益者的影响不同。如在股价大幅上涨的年末，公司将交易性金融资产重分类为可出售金融资产，对于管理层而言，可以平滑业绩，也不会给下年度的业绩目标造成太大压力；对于投资者而言，由于净利润的减少，使得股价会受到下行压力；对于债权人而言，虽然利息保障倍数等偿债指标下降，但企业实际的第一还款能力并没有减弱，其利益仍可以得到保障。这些影响给财务报表分析带来更大的难度，这就要求我们思考如何在会计政策变更的情况下，通过对报表的分析，洞察出企业经济活动变化的本质，对变更后的报表有更全面和深入的认识。

2.会计估计变更

(1)会计估计的含义

会计估计，是指企业对结果不确定的交易或事项以最近可利用的信息为基础所作的判断。由于企业经营活动中内在的不确定因素，许多财务报表项目不能准确地计量，只能进行估计。

会计估计具有如下特点：

①会计估计的存在是由于经济活动中内在的不确定性因素的影响。例如坏账、固定资产折旧年限、固定资产残余价值、无形资产摊销等，需要根据经验作出估计。在进行会计核算和相关信息披露的过程中，会计估计是不可避免的。

②进行会计估计时，往往以最近可利用的信息或资料为基础。例如，企业在估计某一期间的折旧、摊销的金额时，通常根据当时的情况和经验，以一定的信息或资料为基础。但是，随着时间的推移、环境的变化，进行会计估计所依据的信息或者资料不得不经常发生变化，而最新的信息是最接近目标的信息，所以进行会计估计，应以最近可利用的信息或资料为基础。

③进行会计估计并不会削弱会计确认和计量的可靠性。例如,会计分期和货币计量的假设前提,在确认和计量过程中,不得不对许多尚在延续中,其结果尚未确定的交易或事项予以估计入账,但这并不削弱会计确认和计量的可靠性。

下列各项属于常见的需要进行估计的项目:

①坏账;②遭受毁损、全部或部分陈旧过时的存货;③固定资产的耐用年限与净残值;④无形资产的受益期;⑤收入确认中的估计。

(2)会计估计变更

会计估计变更,是指由于资产和负债的当前状况及预期经济利益和义务发生了变化,从而对资产或负债的账面价值或者资产的定期消耗金额进行调整。例如,固定资产折旧方法由年限平均法改为年数总和法的调整。估计过程是以最近可以得到的信息为基础,就现有资料对未来所做的判断,但是随着时间的推移,如果企业据以进行估计的基础发生了变化,或者由于取得新信息、积累更多经验以及后来的发展变化,就可能需要对会计估计进行修订。会计估计变更并不意味着以前期间会计估计是错误的,只是由于情况发生变化,或者掌握了新的信息,积累了更多的经验,使得变更会计估计能够更好地反映企业的财务状况和经营成果。

会计估计变更时,可采用未来适用法。未来适用法是指对某项交易或事项变更会计政策时,新的会计政策适用于变更当期及未来期间发生的交易或事项的方法。采用未来适用法时,不需要计算会计政策变更产生的累积影响数,也无须重编以前年度的会计报表。如果以前期间的会计估计是错误的,则属于前期差错,按前期差错更正的会计处理办法进行处理。

(3)会计估计变更对财务报告分析的影响

会计估计变更是企业的一种主动行为。与会计政策变更相类似,在很多情况下,企业也有可能出于其他方面的考虑(如新的会计估计的运用有可能导致企业所披露的财务信息更有利于企业管理层对其业绩的展示)而变更会计估计。企业财务信息的使用者应当对这种可能性有所警惕。

同时应注意的是,企业会计估计的变更,会导致企业在不同的会计年度之间的财务信息出现不可比性。在对企业不同年度之间的财务信息进行比较时,应当把这种因会计估计变更而导致的财务信息的不可比性予以剔除。所以,企业应当披露会计估计中所采用的关键假设和不确定因素的确定依据,这些关键假设和不确定因素在下一会计期间内很可能导致资产、负债账面价值进行重大调整。在确认报表中的资产和负债的账面金额过程中,企业有时需要对不确定的未来事项在资产负债表日对这些资产和负债的影响加以估计。例如,固定资产可收回金额的计算需要根据其公允价值减去处置费用后的净额与预计未来现金流量进行预测,并选择适当的折现率,在附注中披露未来现金流量预测所采用的假设及其依据,说明所选择的折现率为什么是合理的。这些会计估计变更对这些资产和负债项目金额的确定影响很大,有可能会在下一个会计年度内做出重大调整。因此,强调这一披露要求,有助于提高财务报表的可理解性。

需要特别关注的是,为了防止企业利用会计估计调节年度间的盈亏状况,我国新的《企业会计准则》对企业关于会计估计的处理进行了规范。例如,《企业会计准则第 8

号——资产减值》规定,已计提减值准备不允许转回。

3.前期差错更正

(1)前期差错的含义

前期差错,是指由于没有运用或错误运用下列两种信息,而对前期财务报表造成省略、漏报或错报。

①编报前期财务报表时预期能够取得并加以考虑的可靠信息;

②前期财务报告批准报出时能够取得的可靠信息。

前期差错通常包括计算错误、应用会计政策错误、疏忽或曲解事实以及舞弊产生的影响,还包括存货、固定资产盘盈盘亏带来的影响等。前期差错的产生有诸多原因,常见的主要包括以下几种:

①采用法律或会计准则等行政法规、规章所不允许的会计政策;②账户分类以及计算错误;③会计估计错误;④期末应计项目与递延项目未予调整;⑤漏记已完成的交易;⑥对事实的忽视和误用;⑦提前确认尚未实现的收入或没有确认已实现的收入;⑧资本性支出与收益性支出划分错误,等等。

(2)关注企业有关前期差错的信息质量含义

在企业的会计实践中,出现前期差错有时是难以避免的。但应该注意的是,相当多的上市公司披露的前期差错在对企业盈亏的影响上呈现出在特定会计期间方向一致性的特征,如果这种情形成为一种普遍现象,财务报告分析者就应该对这种差错产生的真实原因进行分析了。此外,还要警惕企业滥用会计政策和会计估计及其变更的情形。滥用有一个重要特点,就是其处理有"反常识"色彩。例如,有的上市公司在某些年度的管理费用、营业费用出现负数;有的上市公司的期间费用随意增减,等等。

(二)关联方关系及其交易披露

1.关联方与关联方关系

关联方披露准则规定:一方控制、共同控制另一方或对另一方施加重大影响,以及两方或两方以上同受一方控制、共同控制或重大影响的,构成关联方。控制,是指有权决定一个企业的财务和经营政策,并能据以从该企业的经营活动中获取利益。共同控制,是指按照合同约定对某项经济活动所共有的控制,仅在与该项经济活动相关的重要财务和经营决策需要分享控制权的投资方一致同意时存在。重大影响,是指对一个企业的财务和经营政策有参与决策的权力,但并不能够控制或者与其他方一起共同控制这些政策的制定。

关联方关系是指有关联的各方之间存在的内在联系。因此,关联方关系往往存在于控制或被控制、共同控制或被共同控制、施加重大影响或被施加重大影响的各方之间。不构成关联方关系的情况有:与该企业发生日常往来的资金提供者、公用事业部门、政府部门和机构,以及因与该企业发生大量交易而存在经济依存关系的单个客户、供应商、特许商、经销商或代理商。仅仅同受国家控制而不存在其他关联方关系的企业,也不构成关联方关系。

2.关联方交易

关联方交易,是指关联方之间转移资源、劳务或义务的行为,而不论是否收取价款。企业关联方交易的主要形式有:购买或销售商品,购买或销售除商品外的其他资产,提供或接受劳务,担保,提供资金(包括以现金或实物形式提供的贷款或权益性资金),租赁合同,代理,研究与开发项目的转移,许可协议,代表企业或由企业代表另一方进行债务结算,关键管理人员薪酬。关联方交易还包括就某特定事项在未来发生或不发生时所做出的采取相应行动的任何承诺,例如(已确认及未确认的)待执行合同。

案例 7-1

证监会罚单曝光青鸟华光旧账 隐瞒关联交易虚增利润

2015 年 4 月 21 日,证监会最新的一纸行政处罚决定书,将青鸟华光早年的实际控制关系"模糊"、隐瞒关联交易、虚增利润等行为公之于众,公司及包括董事长在内的 14 位现任高管也因此一并遭到处罚。

据调查,青鸟华光在 2012 年年度报告中未按规定披露相关关联方关系及关联交易,导致公司当年度利润总额虚增。2012 年,青鸟华光及其控股子公司潍坊青鸟华光国际贸易有限公司(简称"国贸公司")将持有的北京青鸟华光科技有限公司(简称"北京华光")100%股权出售给新疆盛世新天股权投资有限公司(简称"盛世新天")。据交易对手出具的情况说明,盛世新天只是名义收购方,四海华澳才是实际收购方,为北大青鸟间接控股的子公司。上述事实证明,北大青鸟能够对青鸟华光实施实际管理或控制。因此,四海华澳、盛世新天和青鸟华光为同受北大青鸟实际控股或控制的公司,存在关联方关系,因此上述北京华光股权转让事项构成关联交易。

事实上,青鸟华光兜这么大一个圈子是为了修饰净利润,避免被 ST。北京华光 100%股权评估值为-2 202.19 万元,股权转让的实际成交价格为 1 920 万元。青鸟华光将上述股权转让取得的 4 313.91 万元收益全部计入当期损益,2012 年度实现归属于母公司所有者的净利润 3 776.98 万元,避免了公司因连续三年亏损被实施暂停上市风险警示处理。

此外,青鸟华光还在 2012 年通过关联方配合控股子公司实施无商业实质的购销交易,虚增年度营业收入。据公司 2012 年年报,当年公司营业收入 1 279.1 万元,主要来源于其 2012 年新纳入合并报表范围的控股子公司华光通信。华光通信销售给恒业世纪和华成时代的产品为其 2012 年度新增产品类型,但此销售业务无合理商业理由,在整个购销业务过程中,采取了先收款后付货的货款流转方式,即华光通信既未承担购销设备所有权上的主要风险,也未承担与购销设备有关的主要信用风险。上述无商业实质的购销交易,虚增营业收入,由此避免了公司股票被实施退市风险警示处理。

由此可见关联交易对一个公司的影响之大,在对财务报告进行分析时应对关联交易给予足够的重视。

资料来源:根据《证监会开罚单 青鸟华光"旧账"遭曝光》,《上海证券报》(2015 年 06 月 11 日)改编。

3.对关联方交易的披露

企业无论是否发生关联方交易,均应当在附注中披露与母公司和子公司有关的下列信息:

(1)母公司和子公司的名称;母公司不是该企业最终控制方的,还应当披露最终控制方名称；母公司和最终控制方均不对外提供财务报表的，还应当披露母公司之上与其最相近的对外提供财务报表的母公司名称。

(2)母公司和子公司的业务性质、注册地、注册资本(或实收资本、股本)及其变化。

(3)母公司对该企业或者该企业对子公司的持股比例和表决权比例。

企业与关联方发生关联方交易的，应当在附注中披露该关联方关系的性质、交易类型及交易要素。关联方关系的性质，是指关联方与该企业的关系，即关联方是该企业的子公司、合营企业、联营企业等。交易类型通常包括购买或销售商品、购买或销售商品以外的其他资产、提供或接受劳务、担保、提供资金(贷款或股权投资)、租赁、代理、研究与开发项目的转移、许可协议、代表企业或由企业代表另一方进行债务结算等。交易要素至少应当包括：交易的金额；未结算项目的金额、条款和条件，以及有关提供或取得担保的信息；未结算应收项目的坏账准备金额；定价政策；关联方交易的金额应当披露相关比较数据。

4.关联方及其交易对财务报告分析的影响

企业关联方及其交易的信息披露之所以越来越引人注目，主要原因在于：虽然关联方和关联方交易是企业经营过程中必然发生的一种现象，但关联方之间由于存在着密切的关联关系，完全可以在不依赖正常市场交易的条件下，通过内部操纵而完成关联交易，并以此“粉饰”财务报表，以达到某种目的。

例如，在某个关联方在一定时期需要表现较多利润的条件下，其他关联方就有可能通过向需要表现较多利润的关联方以低于市场正常水平的价格提供产品或劳务，以高于市场正常水平的价格从需要变现较多利润的关联方购买产品或劳务。这样，就可以把其他关联方的利润转移到需要表现较多利润的关联方，从而将其“包装”为外在盈利能力远远超过其实际盈利能力的企业。显然，此种交易并不是企业正常交易的结果。因此，财务报告信息的使用者必须对企业关联方关系及其交易予以足够的重视。

当然，在关联方的交易中，也有相当一部分属于正常交易。关联方交易是否正常，应当通过企业在报表附注中披露的交易内容、特别是定价政策等信息来判断。

(三)资产负债表日后事项

资产负债表日后事项，是指资产负债表日至财务报告批准报出日之间发生的有利或不利事项。其中，资产负债表日是指会计年度末和会计中期期末。中期是指短于一个完整的会计年度的报告期间，包括半年度、季度和月度。财务报告批准报出日，是指董事会或类似机构批准财务报告报出的日期。

资产负债表日后事项，一般分为调整事项和非调整事项。

1.调整事项

调整事项是指资产负债表日后获得新的或进一步的证据，有助于对资产负债表日存在状况的有关金额做出重新估计的事项。企业应据此对资产负债表日所反映的收入、费用、资产、负债以及所有者权益进行调整。调整事项的特点为：资产负债表日或以前已经存在，资产负债表日后得以证实的事项；对按资产负债表日存在状况编制的财务报表产生重大影响的事项。

资产负债表日后事项主要包括：

(1)资产负债表日后诉讼案件结案，法院判决证实了企业在资产负债表日已经存在现时义务,需要调整原先确认的与该诉讼案件相关的预计负债,或确认一项新负债。

(2)资产负债表日后取得确凿证据,表明某项资产在资产负债表日发生了减值或者需要调整该项资产原先确认的减值金额。

(3)资产负债表日后进一步确定了资产负债表日前购入资产的成本或售出资产的收入。

(4)资产负债表日后发现了财务报表舞弊或差错。

【例 7-1】某公司 2015 年销售的商品中因产生质量问题被消费者起诉。2015 年 12 月 31 日法院尚未判决,该公司考虑到赔偿的可能性较大,为此确认了 100 万元的预计负债,到 2016 年 3 月 1 日,在年报对外报出之前,法院判决该公司支付赔款 150 万元。此例中,应对 2015 年 12 月 31 日存在状况编制的财务报表相关项目的数字进行调整。

【例 7-2】甲企业应收乙企业账款 1 000 万元,占甲企业当年营业收入的 80%,按合同约定应在 2015 年 11 月 10 日前偿还。在 2015 年 12 月 31 日结账时,甲企业尚未收到这笔应收账款,并已知乙企业财务状况不佳,近期内难以偿还债务,甲企业对该笔应收账款提取 10%的坏账准备。董事会批准财务报表的报出日为 2016 年 3 月 10 日。2016 年 2 月 18 日,在甲企业报出财务报告之前收到乙企业通知,乙企业已宣告破产,无法偿还部分欠款。

该例事项属于调整事项。甲企业于 2015 年 12 月 31 日结账时已经知道乙企业财务状况不佳,亦即在 2015 年 12 月 31 日资产负债表日,乙企业财务状况不佳的事实已经存在,但未得到乙企业破产的确切证据。2016 年 2 月 10 日甲企业正式收到乙企业通知,得知乙企业已破产,并且无法偿还部分货款,即 2016 年 2 月 10 日对 2015 年 12 月 31 日存在状况提供的资产负债表所反映的信息已不能真实反映企业的实际情况。在资产负债表中,坏账准备要增加 100 万元。在利润表中,净利润要减少 100 万元(不考虑所得税问题)。而且此事项涉及的金额大,在较大程度上影响了上期利润表所反映的经营成果和资产负债表反映的财务状况,如果报表使用者不分析此事项对报表的影响,就可能做出错误的决策。

2.非调整事项

非调整事项是指资产负债表日以后才发生或存在的事项。这类事项不影响资产负债表日存在的状况,因此也不影响资产负债表日企业的财务报表数字,只说明资产负债表日后发生了某些情况。对于财务报告使用者而言,非调整事项说明的情况有的重要,有的不重要。其中重要的非调整事项虽然不影响资产负债表日的财务报表数字,但可能影响资产负债表日以后的财务状况和经营成果,如不加以说明,将会影响财务报告使用者做出正确估计和决策,因此需要在财务报表附注中予以披露。如资产负债表日后发生的重大诉讼、仲裁、承诺事项等。

【例 7-3】基于例 7-1 的情况,若消费者对该公司的投诉发生在 2016 年 3 月 1 日,且该公司 2015 年财务报告于 2016 年 3 月 20 日经董事会批准对外公布,这种情况下,该事项发生在资产负债表日后事项所涵盖的期间内,在 2015 年 12 月 31 日发生,与资产负债表日存在的状况无关,不影响资产负债表日企业的财务报表数字。但是,该事项属于重要事项,会影响公司以后期间的财务状况和经营成果。因此,需要在附注中披露。

【例 7-4】基于例 7-2 的情况，如果在 2015 年 12 月 31 日债务人财务状况良好，没有任何财务状况恶化的信息，债权人按照当时所掌握的资料，按应收账款的 2%计提了坏账准备。但在债权人财务会计报告批准报出前，有资料证明债务人由于发生火灾出现重大损失，债权人的应收账款有可能收不回来，由于这一情况在资产负债表日并不存在，是资产负债表日以后才发生的事项，因此，应将之作为非调整事项在会计报表附注中进行披露。虽然此事项并没有影响到报表所提供数据的真实性，但报表使用者在分析报表时也要考虑到此事项的发生很可能导致应收账款全部坏账。

3.资产负债表日后事项对财务报告分析的影响

企业对资产负债表日后事项中的调整事项，已经进行了报表调整，其对财务状况质量分析的影响，已经体现在相应的报表项目中。非调整事项，由于其对财务信息使用者判断企业未来的发展方向有着重要影响，财务报告信息的使用者应当对其给予足够的重视，应当以考虑了非调整事项对企业未来的影响后的财务报告信息作为评价企业未来财务状况的依据。

第二节　管理用财务报表解析

管理用财务报表体系包括管理用资产负债表、管理用利润表及管理用现金流量表。三张报表均是在通用财务报表的基础上经调整形成的，虽属于内部报表，但其逻辑体系非常严密，对管理层分析企业经营状况有很大帮助。

一、管理用资产负债表解析

(一)框架概览

管理用资产负债表是在传统资产负债表的基础上，经过归类与调整而编制成的。首先，管理用资产负债表要求对资产和负债进行重新分类，分为经营性和金融性两类。经营资产是指提供商品或劳务所涉及的资产，金融资产是指利用闲置资金进行投资所形成的资产。其次，将负债分为经营负债与金融负债。经营负债是在生产经营活动中自发形成的负债，金融负债是主动性的筹资活动所形成的负债。

对资产和负债重新分类的基本把握是：①资产分类。要判断该项资产到底是生产经营所需要的，还是闲置资金的转换形态。前者归为经营资产，后者归为金融资产。企业的金融资产是投资活动的剩余，应该将其从经营资产中剔除。②负债分类。与资产的分类进行对应，经营负债是正常生产经营过程中自发形成的，往往是周转使用的；而金融负债是为生产经营活动进行的主动性融资，往往不能周转使用。需要特别说明的是，优先股被划分为金融负债，这是因为优先股在实质上更接近于负债而非权益；相应的，应付股利项目也要根据其来源来划分，应付优先股的股利被划分为金融负债，应付普通股的股利则被划分为经营负债，而应付利息则全部被划分为金融负债。

改进的概念体现在资产负债表中，就形成了管理用资产负债表基本框架，如图 7-1 所示。

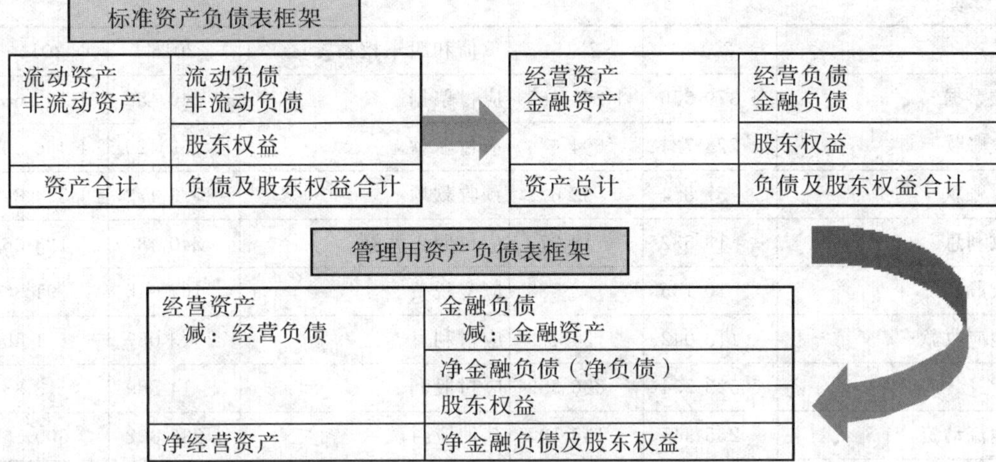

图 7-1 管理用资产负债表框架

由于全部资产和负债被划分为经营性和金融性两类，因此，流动资产可进一步分为经营性流动资产和金融性流动资产，流动负债进一步分为经营性流动负债和金融性流动负债。与此相关联，经营性流动资产减去经营性流动负债被称为"净经营性营运资本"，它是利用投资者提供的资本取得的经营性流动资产。经营性长期资产减去经营性长期负债被称为"净经营性长期资产"，它是利用投资者提供的资本取得的经营性长期资产。净经营性营运资本加上净经营性长期资产称为"净经营资产"，它等于投资者提供的净投资资本。具体计算公式如下：

①金融资产＋经营资产＝经营负债＋金融负债＋所有者权益；

②经营资产－经营负债＝金融负债－金融资产＋所有者权益；

③经营资产－经营负债＝(经营性流动资产—经营性流动负债)＋(经营性长期资产—经营性长期负债)＝净经营资产；

④金融负债－金融资产＝净负债；

⑤净经营资产＝净负债＋所有者权益。

(二)实例解析

为了更加清晰地说明问题，基础分析资料必须有一定的连贯性。本节仍以青岛海尔股份有限公司为例(见第一章因素分析法举例资料，下同)进行管理用财务报表分析阐述。摘编青岛海尔 2015 年与 2016 年的资产负债表年报数据，如表 7-1 所示。

表 7-1 青岛海尔资产负债表

单位：万元

资 产	2016	2015	负债和股东权益	2016	2015
货币资金	2 350 463	2 475 657	短期借款	1 816 553	187 311
以公允价值计量且其变动计入当期损益的金融资产	8 043	2 207	以公允价值计量的金融负债	234	771

续表

资　产	2016	2015	负债和股东权益	2016	2015
应收票据	1 379 656	1 267 365	应付票据	1 240 489	1 159 689
应收账款	1 224 724	604 644	应付账款	2 059 420	1 466 262
预付账款	57 854	52 672	预收款项	573 473	314 342
应收利息	13 532	18 373	应付职工薪酬	240 438	123 366
应收股利	10 165	8 583	应交税费	162 046	91 362
其他应收款	118 042	54 479	应付利息	3 057	1 508
存货	1 523 794	856 353	应付股利	14 869	13 338
其他流动资产	265 345	145 107	其他应付款	936 302	609 162
其中:可供出售金融资产			一年内到期的非流动负债	296 681	7 290
流动资产合计	6 951 618	5 485 440	其他流动负债	1 723	
			流动负债合计	7 345 285	3 974 401
可供出售金融资产	155 588	283 732	长期借款	1 553 080	29 724
长期股权投资	1 105 782	495 891	应付债券		110 773
投资性房地产	3 460	1 227	长期应付款	11 578	5 992
固定资产	1 553 905	842 417	长期应付职工薪酬	120 651	3 321
其他非流动资产	3 355 176	487 366	专项应付款		
非流动资产合计	6 173 911	2 110 633	预计负债	231 012	189 954
			递延收益	34 283	26 412
			其他非流动负债	71 603	11 333
			非流动负债合计	2 022 207	377 509
			负债合计	9 367 492	4 351 910
			所有者权益合计	3 758 037	3 244 162
资产合计	13 125 529	7 596 072	负债和股东权益合计	13 125 529	7 596 072

注:数据来自青岛海尔上市公司官方网站。

根据青岛海尔公司披露的年报和附注信息,流动资产中的金融资产有“以公允价值计量且其变动计入当期损益的金融资产”,属于交易性金融资产;其他金融资产有“应收票据”和“应收利息”;非流动资产中的金融资产有“可供出售金融资产”。流动负债中的金融项目有“短期借款”“公允计量金融负债”“应付利息”“一年内到期的非流动负债”;非流动金融负债有“长期借款”“应付债券”。在区分出金融性质的项目后,剩余的项目均为经营性质项目。

根据上述项目性质,青岛海尔公司可编制管理用资产负债表如表 7-2 所示。

表 7-2　青岛海尔管理用资产负债表

单位:万元

净经营资产	2016	2015	净负债及股东权益	2016	2015
经营性流动资产	5 550 387	4 197 495	金融负债	4 910 094	1 497 066
减:经营性流动负债	3 988 271	2 617 832	减:金融资产	1 556 819	1 571 677
净经营性营运资本	1 562 116	1 579 663	净负债	3 353 275	−74 611
经营性长期资产	6 018 323	1 826 901	所有者权益	3 758 037	3 244 162
减:经营性长期负债	469 127	237 012			
净经营性长期资产	5 549 196	1 589 889			
净经营资产	7 111 312	3 169 551	净负债及股东权益	7 111 312	3 169 551

从表 7-2 可以看出,第一,青岛海尔公司净经营营运资本由 2015 年的 157.97 亿元降为 2016 年的 156.21 亿元,公司营运资本方案由保守变得略微激进,表明该公司能够利用短期应付项目来提高资金的使用价值。第二,投资者提供的净投资资本,由 2015 年的 316.96 亿元大幅上升到 2016 年的 711.13 亿元。经分析可以看出,2015 年的金融负债尚且不够支持金融资产需求,存在 7.46 亿元的资金缺口;而 2016 年的金融负债除支持金融资产外尚余 335.33 亿元,可直接作为生产经营资本。两年相比,2016 年支持实体经营业务的情况已大为改观。众所周知,一个企业的实体经营业务是企业生存之根本,亦是企业发展之核心,企业因将大部分的资本投入生产经营之中,有力地保障了企业的可持续发展。第三,企业对金融资产投资 2016 年较 2015 年有所下降,可见海尔公司在 2016 年对金融资产购买有所控制。因此可以预测,企业净利润中的经营性资产收益占了相当比例,这是稳健性经营的特征,这点可以在管理用利润表中得到证实。

二、管理用利润表解析

(一)框架概览

管理用利润表是在对传统的利润表进行调整的基础上形成的,它将企业的损益分为经营损益与金融损益。经营损益是指通过经营活动形成的损益,是增加股东财富的基本途径;金融损益是指通过金融活动形成的损益,企业金融活动大部分表现为筹资,其主要目的是为生产经营提供资金保障,金融损益并不是增加股东财富的基本途径。金融费用应从经营收益中剔除,这样才能使经营资产和经营收益匹配,所以这两部分应分开考量,以帮助管理层认清业绩变化的原因。由于损益类项目均产生于相关的资产或负债,一般可以根据资产或负债的分类来区分金融损益与经营损益。

在实际操作中,金融损益与经营损益的区分一般涉及以下几个项目:①财务费用。财务费用属于筹资活动的成本,虽有　部分不易分清其性质(如现金折扣),但由于通常这一部分占比较少,所以财务费用全部归为金融损益。②公允价值变动损益。公允价值变动损益主要体现为金融资产或金融负债的价值变动,一般归为金融损益。③投资收益。如果其来源于经营资产,如长期股权投资产生的投资收益,则属于经营损益;如果其来源于金融资产，如短期权益投资产生的投资收益，则属于金融损益。④资产减值损失。金融资产的减值计入金融损益，而经营资产的减值则需计入经营损益。除以上四个项目以外的其他项目，均归入经营损益，所得税费用按照两种损益的比例分摊。

(二)实例解析

青岛海尔股份有限公司 2015 年和 2016 年的利润表如表 7-3 所示。

表 7-3 青岛海尔公司利润表

单位:万元

项 目	2016 年	2015 年
一、营业总收入	11 906 583	8 979 717
减:营业成本	8 212 688	6 471 712
营业税金及附加	68 777	39 732
销售费用	2 125 410	1 310 835
管理费用	838 244	655 380
财务费用	72 089	−51 389
资产减值损失	49 055	30 632
加:公允价值变动收益	9 465	−9 022
加:投资收益	161 972	132 030
其中:金融性损益	59 853	22 569
二、营业利润	711 755	645 823
加:营业外收入	142 304	61 846
减:营业外支出	35 739	9 592
三、利润总额	818 320	698 077
减:所得税费用	149 187	105 569
四、净利润	669 133	592 508

从企业年报和附注信息可知，资产减值损失较同期增加 60.14%。新增 1.8423 亿元中，本期发生了可供出售金融资产减值损失 2.5 万元，影响微乎其微；其余主要是 2016 年收购 GEA 后，GEA 业务分部的资产减值损失自收购日后纳入本公司所致，包括坏账损失、存货跌价损失等，共计 1.8421 亿元，这部分占全部减值损失将近 100%，因此金融性损益可忽略不计，而将资产减值损失全部计入经营性损益。

投资收益中 2016 年有 5.99 亿元属于金融性收益(可供出售金融资产在持有期间的投资收益 0.27 亿元；丧失控制权后，剩余股权按公允价值重新计量产生的利得 0.49 亿元；处置可供出售金融资产产生的投资收益 5.32 亿元；处置以公允价值计量且其变动计入当期损益的金融资产取得的投资收益−0.092 亿元)，其余 10.21 亿元来自经营收益；而财务费用大部分属于金融性质，为简便起见，将财务费用全部划为金融性损益；所得税费用按照“所得税费用/利润总额”的比例进行分摊，2016 年所得税费用的分摊比例为18.23%。

需要注意的是，报表中的利息费用是财务费用与来自公允价值变动收益(金融性)、金融资产的其他损益、资产减值损失等的总和，本例中为0.28亿元(7.21亿元－5.98亿元－0.94亿元)。可见，管理用利润表中的"税前利息费用"是广义的，包括净负债产生的各种损益，是一个综合项目。

根据上述项目性质分析，青岛海尔公司编制的管理用利润表如表7-4所示。

表7-4　青岛海尔公司管理用利润表

单位：万元

经营性损益	2016年	2015年
一、营业总收入	11 906 583	8 979 717
减：营业成本	8 212 688	6 471 712
营业税金及附加	68 777	39 732
销售费用	2 125 410	1 310 835
管理费用	838 244	655 380
资产减值损失	49 055	30 632
加：投资收益(经营性)	102 119	109 461
二、营业利润	714 528	580 887
加：营业外收入	142 304	61 846
减：营业外支出	35 739	9 592
三、税前经营利润	821 093	633 141
减：所得税费用	149 685	95 731
四、税后经营净利润	671 408	537 410
利息费用	2 771	－64 936
利息费用抵税	－505	9 818
五、税后利息费用	2 266	－55 118
六、净利润	669 142	592 528

从表7-4中可以看出，青岛海尔公司2016年企业的净利润增长12.93%，趋势良好，其中税后经营净利润增长24.93%，金融性收益下降幅度非常大，达到104%，2016年66.91亿元的净利润中仅有0.23亿元(占比0.34%)的金融性损失，所以对全年净利润较经营性利润下降影响微乎其微，即2016的净利润中几乎全部是经营实体业务获得。与同期相比，2015年59.25亿元净利润中有5.51亿元(占比9.30%)来自金融收益，经营性利润同样占绝对比重。总体来看，经营利润上升幅度大于净利润上升幅度，进一步说明企业实施稳健经营、重视实体业务的战略方向。

三、管理用现金流量表解析

(一)框架概览

管理用现金流量表是将企业的现金流量分为经营活动现金流量与金融活动现金流量。经营活动现金流量是指企业因销售商品或提供劳务等营业活动以及与此有关的生产性投资活动产生的现金流量;金融活动现金流量是指企业因筹资活动和投资活动而产生的现金流量。管理用现金流量表与普通现金流量表关系不大,其主要根据资产负债表和利润表填列。

(二)实例解析

青岛海尔股份有限公司2015年和2016年的现金流量表如表7-5所示。

表7-5　青岛海尔公司现金流量表

单位:万元

项　目	2016年	2015年
经营活动流入小计	13 856 928	11 241 703
经营活动流出小计	13 051 458	10 681 286
经营活动流量净额	805 470	560 417
投资活动流入小计	112 484	168 142
投资活动流出小计	4 072 127	1 195 483
投资活动流量净额	−3 959 643	−1 027 340
筹资活动流入小计	4 354 043	696 303
筹资活动流出小计	1 371 538	885 864
筹资活动流量净额	2 982 505	−189 561
汇率变动影响	20 972	15 390
现金流量净增加额	−150 695	−641 095
加:期初现金余额	2 472 459	3 113 553
期末现金余额	2 321 763	2 472 459

管理用现金流量表调整了传统现金流量表流水式列报,改用类似于资产负债表恒等关系列报项目。管理用现金流量表将现金流分为实体现金流量和融资现金流量两部分,而融资现金流量又分为债务现金流量和股权现金流量,依据的原理就是生产经营的现金全部来自债权人和股东。恒等式为:实体流量=经营流量=股权流量+债权流量。从表7-5中可以清楚地看到企业现金流向情况。改编后的管理用现金流量表如表7-6所示。

表 7-6　青岛海尔公司 2016 年管理用现金流量表

单位:万元

经营活动现金流量	2016 年	金融活动现金流量	2016 年
税后经营净利润	671 408	税后利息费用	2 266
加:折旧与摊销	242 353	减:净负债增加	3 427 886
营业现金毛流量	913 761	债务现金流量	－3 425 620
减:净经营性营运资本增加	－17 547	净利润	669 142
营业现金净流量	931 308	减:股权权益增加	513 874
减:净经营性长期资产增加	3 959 307	股权现金流量	155 268
减:折旧与摊销	242 353		
实体现金流量	－3 270 352	融资现金流量	－3 270 352

表 7-6 左边的实体现金流,从理论上来说,是税后经营利润超过净经营资产增加的部分(表中两个折旧与摊销互相抵消,可以不予考虑),这一部分体现了经营活动的成果,是经营活动产生的现金流满足生产再投资需求后剩余的部分,可以由企业自由支配,故又称自由现金流。但该公司实体现金流量呈现为负值,这一般是不良信息,因为至少企业的短期偿债能力会受到影响。但若企业的营业现金净流量表现正常,出现负值则是因为企业进行设备更新或扩大生产能力,使净经营性长期资产增加更快所致,这种现金流量净减少并不意味着企业经营能力不佳,企业未来可能有更大的现金流入。表 7-6 右边的融资现金流,是企业自由现金流的运用,在数值上等于自由现金流。如果自由现金流为正值,表明企业经营现金流入大于再投资的需求,剩余部分作为自由现金流进行分配;如果自由现金流为负值,表明企业经营现金流入小于再投资的需求,不足部分需从外部筹集获取。

从上述现金流量表的对比中可以看出,传统现金流量表中 2016 年经营活动现金流量为 80 亿元,而管理用财务报表经营活动现金流量为－327 亿元,二者的差异在于对于经营活动的定义不同,管理用现金流量表中的经营活动不仅包括企业日常生产经营所产生的现金流量,还包括生产性投资,如购买固定资产投资等。债务现金流量约－343 亿元,是和债务人之间的交易形成的,包括支付债权人利息、偿还或借入款项,以及金融资产的购入或出售。股权现金流量为 15 亿元,是与股东之间的交易形成的,此处全部为股利的分配。

综上所述,管理用现金流量表是管理用资产负债表的延伸,它体现了增量资金的来源与运用的平衡关系,它更多反映的是一种动态关系,而管理用资产负债表则体现了资金来源与运用的静态关系。

第三节　财务报告信息质量分析

财务报告作为企业财务状况与经营成果的一种表达方式,向外界传达了企业的主要信息,是企业会计核算的最终产品。它的质量不仅影响着企业自身的预测、决策、计划与控制等,而且还影响到企业的各利益相关者对该企业信息的了解程度以及在此基础上作出的相应决策,财务报告质量取决于财务报告所提供信息的质量。

一、财务报告信息质量内涵

在定义财务报告信息质量之前,需要先确定“质量”的定义。到目前为止,“质量”主要存在着如下几种定义:第一种定义是国际标准化组织对质量的暂拟定义:“质量是指产品或服务所具有的、能用以鉴别其是否合乎规定要求的一切特性和特征的总和。”第二种定义是美国质量管理协会和欧洲质量管理组织所认可的定义:“质量是指产品或服务内在特性和外部特征的总和,以此构成其满足给定需求的能力。”第三种定义是美国著名质量管理专家格罗科克的定义:“质量是指产品所有相关的特性以及特性符合用户所有方面需求的程度。”第四种定义是美国著名质量管理专家朱兰博士提出的:“质量是表征实体满足规定或隐含需要能力的特征的总和。”

因此,根据这四个定义,可以把质量的定义归纳为“一组固有特性满足要求的程度”。而财务报告信息是为财务报告使用者提供的,所以,可以把财务报告信息质量的定义归纳为“财务报告信息应具备的固有特性满足财务报告信息使用者要求的程度”。

财务报告的信息质量如何,归根结底取决于财务报告是否遵循了规范的操作程序、能否满足使用者的需要,以及财务报告的质量标准等。从财务报告目标的视角看,判断一个财务报告的质量,就是要看它是否达到了财务报告的目标,即是否解除了受托责任、是否提供了决策有用的信息。从内部控制目标看,判断一个财务报告的质量,就是要看它通过企业董事会、经理阶层和其他员工的实施,是否达到了营运的效率效果,以及财务报告的可靠性、相关法律的遵循性等目标。高质量的财务报告就是能向使用者提供高质量财务信息的财务报告,它能够反映出企业在遵循相关法律、法规的前提下创造出的效率和业绩,为报告使用者提供完全、及时、可靠、充分、透明和公允的财务信息,使之在解除管理者受托责任的同时,能更好地帮助投资者、债权人进行决策。

二、财务报告信息质量评价

财务报告信息的主要来源是财务报表,因此对信息质量的评价主要着眼于对会计信息质量的评价。目前世界各国通行的做法是将会计信息质量特征作为评价会计信息质量的标准。

国际会计准则委员会在《财务报表的编报框架》中指出:财务报表的质量特征主要有四项,即可理解性、相关性、可靠性和可比性。可理解性是财务报表内所提供信息的基本质量特征之一,目的是便于投资者理解。相关性和重要性联系在一起,因为一项信息的相关性受到其性质和重要性的影响。而一项信息的可靠性与否,则由真实反映、实质重于形式、中立性、审慎性和完整性等要素共同决定。此外,鉴于国际会计准则委员会的宗旨及机构目标,国际会计准则委员会一直将会计准则在全球范围的可比性作为其努力的目标之一,所以可比性也被其当作是财务报表质量特征的主要组成部分。

我国著名的会计学者葛家澍教授认为,评价会计质量的基本指标有三个:可靠性、相关性和可比性。其中,可靠性是财务会计的本质属性,是会计信息的灵魂。可靠性的全部内容应包括可核实、如实反映、公允和充分披露。可靠性是相关性的基础，相关性要由可靠性来落实。可比性是指财务报告所反映信息的会计处理方法应当与不同行业不同地区的其他企业保持一致，使其在财务状况、经营成果、现金流量等方面相互可比。

综合以上，本书将会计信息质量评价指标集中于可理解性、可靠性、相关性、可比性几方面来描述。

(一)可理解性评价

会计信息可理解性要求会计信息在确认、计量、账务处理、成本计算、收益分配到最后生成会计报表等一系列过程中均清晰、简明，易于为信息使用者所理解和利用。具体评判指标有：信息表达意思明确。披露信息时，应当使用事实描述性语言，保证其内容简明扼要、通俗易懂，尤其是对复杂交易业务的叙述应简洁明确；核算方法、过程清楚简化；确认、计量清晰明确，不能出现用过于复杂的会计程序方法模糊会计信息的情况；披露能够进一步解释交易或事项；尽量应用简单的、清楚的图表去增进财务信息的可理解性。

(二)可靠性评价

会计信息的可靠性即会计信息的真实性、可验证性和公允性。真实性是指信息反映的内容与实际经济事项一致相符；可验证性即可核实性，是指假如对于同一事项，各个独立的会计人员采用相同的计量方法，要能得出一致结果；公允性是指会计人员以不偏不倚的立场反映经济事项，要求会计信息的计量和报告必须遵守法定或公认的会计原则。

可靠性中包含的几个性质中，真实性具有特殊的含义。真实性要求会计信息与实际的经济事项相一致。但是如前所述，会计核算工作存在“信息模糊性”的天生缺陷，会计计量是建立在一些假设之上的，并非是一门精算学科，因此会计工作无法从根本上消除所提供信息的模糊性。会计信息的模糊性是现行会计核算工作的天生缺陷，它给信息的真实性打了一个折扣，使其真实性只能处于一定的范围之内。

(三)相关性评价

相关性是指“与决策有关联，能够影响决策的能力”，即一种有用的信息，要“能够帮助使用者对某一事项的过去、现在和未来形成判定，或者去证实或是修改计划，以利于决策。会计信息所表现出的这种与决策相关联、能够影响判定和决策的能力就是相关性。假如将相关性质量特征进一步进行分解，则可表现为及时性、完整性、重要性。

1.及时性

及时性要求企业对于已经发生的交易或事项应当及时进行会计确认、计量和报告，不得提前或者延后。因此，对及时性的评价，主要选取了以下具体指标：(1)财务报告公布(报出)的及时性。企业应在规定期限内公布财务报告。(2)重大事项公告的及时性。企业除定期报告外，其他重大事项也应进行及时公告。(3)会计业务处理的及时性。会计处理程序和流程要顺畅有效，不至于造成财务信息的重大延误。(4)其他资讯反映及时情况。对有关方面询问、质疑信息，反映要及时。

2.完整性

会计信息披露要求完整，主要表现为经营状况、亏损原因和关联交易披露方面的要求。完整性的衡量指标包括：(1)财务报告附注信息披露的完整性，是否按准则要求完整披露应披露的内容。(2)会计政策、会计估计变更披露是否充分，包括变更的依据是否合理，变更对利润的影响计算是否准确，变更在会计报表附注中的说明是否符合准则规定。(3)或有事项披露是否充分，是否按或有事项准则要求披露。(4)关联交易披露的充分性，如果企业披露的关联交易符合该项准则的要求，则可认为企业披露的会计信息具有充分性。

3.重要性

重要性是指对重要的经济事项及其影响，在会计上必须给予可靠、详尽的揭示，而对某些次要的信息可以适当简化或省略，以避免其掩盖重要信息或冲淡重要信息的有效利用。具体评价指标有：(1)财务报告中对重大财务问题进行分析的详细情况。财务报告中是否回避重大财务问题分析；管理方对问题的分析是否充分可信，是否存在混淆视听、掩盖问题、转移视线的情况；对异常财务数据的分析是否合理、可信等。(2)重要分部信息提供的详细情况。企业除按《企业会计准则——分部报告》提供分部信息外，还应对构成公司利润主要来源的业务分部和地区分部进行详细的分析和说明。

(四)可比性评价

可比性及评价标准要求企业提供的会计信息应具有可比性。不同企业或同一企业不同时期的会计核算与信息披露应当按照国家统一的会计制度的规定进行，会计指标应当口径一致、相互可比。同一企业不同时期发生的相同或者相似的交易或者事项，应当采用一致的会计政策，不得随意变更。确需变更的，应在附注中说明。不同企业发生的相同或者相似的交易或者事项，应采用规定的会计政策，确保会计信息口径一致、相互可比。

三、影响财务报告信息质量的因素分析

(一)公司规模

规模较大的公司通常对资本需求量较大，股权往往较分散，公司管理者与股东之间的信息不对称程度较高，导致因信息不对称而引起的代理成本将更高。为了降低这些代理成本，规模较大的公司往往比规模较小的公司披露更多的信息。并且，规模较大的公司更为公众所关注，因此具有更强的披露动机以提高其公司的名誉与公众形象，信息披露总体上呈现好的质量特征。

(二)公司治理结构

公司治理结构对财务报告信息质量的影响，是通过影响财务报告信息披露的数量来影响其质量的。从代理成本的角度看，管理层持股与信息披露之间存在负相关关系。实证表明管理层持股较多的上市公司，投资者需要的信息披露越透彻，也就会在年报和季报中提供更多的信息。所以根据现代公司治理理论，公司的对外披露水平取决于披露成本与投资者由于信息不完全所导致的损失之间的权衡关系，当两者相等即两者之和最低时，公司披露达到最佳水平。

(三)公司经营业绩

上市公司的财务信息具有公共产品的某些特征，由于利益驱动，公司总是要实施对自己有利的会计行为。当上市公司预计有好的经营收益时，信息披露将更加频繁。一般而言，若公司没有自愿披露公司经营方面的信息，投资者通常视之为“坏消息”，而高于平均行业业绩的公司往往会采取自愿披露行为。

(四)会计事务所

研究表明,上市公司聘请的会计事务所排名与信息披露质量成正比。大的会计事务所由于客户较多,作假后被吊销执照的成本就比小的会计事务所要大,因而也就有更大的动机去坚持审计的独立性,整体上会提高信息披露质量。

(五)其他因素

公司所处的行业特征、经理层的经营能力、公司的披露评级、财务信息的收集和加工成本,以及是否在外国上市等因素都会影响上市公司财务报告的信息质量。此外,经济、政治、法律和文化因素对财务报告的质量也有很大影响。

案例 7-2

其他相关信息披露质量的重要性

2016 年 8 月 26 日,上海证券交易所发出监管通报,就广西慧球科技股份有限公司信息披露中存在的问题,要求该公司在 9 月 9 日前限期整改;如未完成整改,将对公司股票实施其他风险警示处理(以下简称 ST 处理)。然而,截至 9 月 9 日 17 点,广西慧球科技股份有限公司仍然没有提交整改报告。鉴于此,上海证券交易所决定自 9 月 13 日起对广西慧球科技股份有限公司股票实施 ST 处理。

2016 年 7 月 19 日,广西慧球科技股份有限公司发布公告称,顾国平及其一致行动人目前共持有公司股份仅为 1.8%。7 月 18 日,公司董事长顾国平提交书面辞职报告;8 月 9 日该公司聘任匹凸匹前董事长鲜言为公司证券事务代表。然而,在实际控制人状态方面,市场对顾国平是否不再控制公司、鲜言是否已实际控制公司已有众多质疑和关注,但该公司向上海证券交易所提交审核的公告,始终未能就这一对投资者决策影响重大的信息予以有效核实和披露。

在信息披露来源方面,公司法定代表人、董事长一直没有就信息披露与上海证券交易所保持正常的联系。在日常信息披露方面,在上海证券交易所已有规则解释和监管要求的情况下,该公司一直拒绝披露相关权益变动报告书;在暂停该公司信息披露直通车业务的情况下,上海证券交易所对广西慧球科技股份有限公司提交的购买房产公告提出审核意见后,公司未按要求核实并披露是否存在关联交易、是否需要提交股东大会审议等事关投资者权益之事项。

财务信息披露是企业对外发布的有关其财务状况、经营绩效或发展前景的信息。通过上述例子,我们可以看出除了财务报表以外,企业披露的相关信息也是我们了解和分析企业的重要信息基础。企业应该按照现行的会计准则对公司相关信息进行披露,便于投资者们认真分析企业披露的信息,以做出合理的投资选择。

资料来源:根据上海证券交易所《关于对慧球科技股票实施 ST 处理的通报》(2016 年 09 月 09 日)改编。

四、完善财务报告信息质量的对策

(一)建立健全公司治理结构

建立健全公司治理结构,有助于强化上市公司管理人员的受托责任。公司治理结构主要包括股权结构、董事会、内部控制和独立审计。通常,控股股东和经理等"内部人"会操纵财务报告,侵害中小股东和债权人的利益。经验证据证明,健全有效的公司治理结构可以遏制这种行为,能在一定程度上抵制与防范管理当局操纵财务报告。公司治理结构越完善,财务报告的质量就越高。第一,应强化董事会、监管会的监督决策职能和监督职能,包括初步建立董事会的决策机制,建立对企业经营者的激励与约束机制,建立规范的财务管理与监督体系。第二,积极探索,加强外部监督,进一步完善公司治理结构。如积极强化主办银行的监督机制,完善对经营者的激励与约束机制,引入独立董事制度,完善公司法人治理结构等。

(二)加强表外信息披露的监督

表外信息作为财务报告重要的内容,已成为报告使用者正确理解报告数据和判断报告信息质量不可或缺的组成部分。因此,应加快完善相关的法规制度,有计划地规划不同企业表外信息的披露方式,逐步加大报表附注中非财务信息和其他财务报告的披露力度,以满足报告使用者对决策有用信息的需求。随着《证券法》的出台,我国上市公司会计信息披露制度体系已形成,但有些内容还不统一,不易全面执行,因此我国上市公司会计信息披露制度体系还需进一步完善,监管部门也需制定一套完善的信息披露监管办法,对违规行为予以明确规定。

(三)提高对自愿披露重要性的认识

在一个相对有效的市场上,在没有政府和法律的强制要求下,企业自愿信息披露可以以更低的成本吸引更多的资本,降低运营成本,从而提升企业价值。另外,从契约角度考虑,企业管理层要让委托人相信他不会采用"机会主义"行为,也应主动对外提供信息,降低信息不对称程度。自深圳证券交易所于 2006 年发布《深交所上市企业社会责任指引》,首次提出鼓励积极自愿披露公司社会责任报告以来,我国企业已充分认识到自愿披露的作用,更多的企业已开始实施自愿披露。

本章小结

财务报告其他信息分析,包括会计分析、管理用财务报表分析和财务报告信息质量分析。

会计分析旨在评估财务报告披露的会计信息对企业经营活动现实的反映程度,其最基础的工作是辨认、理解所用的会计政策。会计政策体现在财务报表附注上,分为(1)会计政策、会计估计及其对财务报告分析的影响;(2)关联方及其交易分析对财务报告分析的影响;(3)资产负债表日后事项的经济内涵及对财务报告分析的影响。

管理用财务报表分析,是对包括管理用资产负债表、管理用利润表及管理用现金流量表的分析,属于内部报表分析。管理用资产负债表将资产和负债分为经营性和金融性两类；管理用利润表将企业的损益分为经营损益与金融损益；管理用现金流量表将企业的现金流量分为经营活动现金流量与金融活动现金流量，是管理用资产负债表的延伸。

财务报告信息质量分析，其构成会计信息的核心质量要求为可理解性、可靠性、相关性、可比性。因此，财务报告信息质量的评价也可以表现为对这四方面的评价。影响企业财务报告信息质量的因素主要有公司规模、公司治理结构、公司经营业绩、会计事务所和其他因素。

章后练习

思考题

1.为什么要进行会计分析？

2.财务报告的制度框架对会计信息质量有什么影响？

3.简述财务报表附注分析的重要性。

4.会计政策与会计估计有什么区别？

5.会计政策变更对财务报告分析有什么影响？

6.会计估计变更对财务报告分析有什么影响？

7.简述前期差错产生的原因、内容及前期差错更正应如何选择会计处理方法。

8.如何界定关联方与关联方关系？关联方交易有哪些类型？

9.关联方及其交易对财务报告分析有什么影响？

10.资产负债表日后事项包括哪些内容及其对财务报告分析的影响？

11.如何评价财务报告的信息质量？

本章作业

（一）练习题

1.A 公司发出存货按先进先出法计价，期末存货按成本与可变现净值孰低法计价。2016 年 1 月 1 日将发出存货由先进先出法改为加权平均法。2016 年年初存货账面余额等于账面价值 40 000 元，50 千克，2016 年 1 月、2 月分别购入材料 600 千克、350 千克，单价分别为 850 元、900 元，3 月 5 日领用 400 千克。

要求：

用未来适用法处理该项会计政策的变更，计算 2016 年第一季度末该存货的账面余额。

2.B 公司根据 2014 年 12 月 20 日董事会决定，2015 年会计核算做了以下变更：

（1）由于采用先进技术，从 2015 年 1 月 1 日起将 A 生产线的使用年限由 10 年缩短至 7 年，生产线原值 800 万元，预计净残值为 0，已经使用 3 年，仍采用年限平均法计提折旧，假设上述设备原折旧方案与税法一致。

(2)预计产品面临转型,从2015年1月1日起将W生产线加速折旧并将使用年限缩短为6年,W生产线原值1 100万元,预计净残值100万元,预计使用10年,已经使用2年,在剩余使用年限内由年限平均法改为双倍余额递减法,假设上述设备原折旧方案与税法一致。

(3)从2015年1月1日起将产品保修费用的计提比例由年销售收入的2.5%改为年销售收入的4%,提高的原因是公司产品质量出现波动,原计提的产品保修费用与实际有较大的差异,假设B公司规定期末预计保修费用的余额不得出现负值,2014年末预计保修费用的余额为0,B公司2015年度实现的销售收入为10 000万元;实际发生保修费用300万元。按税法规定,公司实际发生的保修费用可从当期应纳税所得额中扣除。

(4)2013年,B公司将一栋写字楼对外出租,采用成本模式进行后续计量,税法对其处理与会计处理一致。2015年1月1日,假设B公司持有的投资性房地产满足公允价值模式进行后续计量的条件,B公司决定采用公允价值模式对该写字楼进行后续计量。2015年1月1日,该写字楼的原价为9 000万元,已计提折旧270万元,账面价值为8 730万元,公允价值为9 500万元。

要求:

根据上市资料,不考虑其他因素,说明上述事项哪些属于会计政策变更,哪些属于会计估计变更,并计算各事项对B公司2015年净利润的影响金额。

3.C公司2015年度的财务报告于2016年3月31日批准报出,该公司在2016年6月发现下列问题:

(1)2015年年末库存钢材账面余额为320万元。经检查,该批钢材预计售价为300万元,预计销售费用和相关税金为10万元,C公司2015年12月31日未计提存货跌价准备。

(2)2015年12月15日,C公司购入100万元股票,实际支付款项600万元,作为交易性金融资产。至年末尚未出售,2015年12月31日的收盘价为740万元。C公司按其成本列报于资产负债表中。

(3)C公司于2016年1月1日支付2 000万元对价,取得了G公司60%的股权,实现了非同一控制下的企业合并,使G公司成为C公司的子公司。2015年G公司实现净利润200万元,C公司按权益法核算确认了投资收益120万元。

C公司所得税采用资产负债表债务法,所得税税率为25%,按净利润10%计提盈余公积。

要求:

根据上述资料,不考虑其他因素,说明上述各事项引起的差错更正数额。

4.D公司系上市公司,其2015年度所得税汇算清缴于2016年4月30日完成,在此之前发生的2015年度纳税调整事项,均可进行纳税调整。D公司2015年度财务报告于2016年3月31日经董事会批准对外报出。2016年1月1日至3月31日,D公司发生如下交易或事项:

(1)2月20日,D公司办公楼因电线短路引发火灾,造成办公楼严重损坏,直接经济损失300万元。

(2)2月26日,D公司获知M公司被法院依法宣告破产,预计应收M公司账款100万元收回的可能性极小,应按全额计提坏账准备。D公司在2015年12月31日已被告知M公司资金周转困难无法按期偿还债务,因而按应收M司账款余额的60%计提了坏账准备。

(3)3月5日,D公司发现2015年度漏记某项生产设备折旧费用100万元,金额较大。至2015年12月31日,该生产设备生产的已完工产品全部对外销售。

(4)3月15日,D公司决定以2 000万元收购N,上市公司股权。该项股权收购完成后,D公司将拥有N上市公司有表决权股份的10%。

要求:

指出D公司发生的上述事项哪些属于资产负债表日后调整事项。

5.根据下列SG上市公司资料编制管理用财务报表,并进行简要分析。

(1)SG公司资产负债表资料

表1　SG公司资产负债表

单位:万元

资　产	2016	2015	负债和股东权益	2016	2015
货币资金	138 837	262 175	短期借款	15 000	2 950
交易性金融资产	11	0	以公允价值计量的金融负债	11	0
应收账款	310 171	354 110	应付账款	415 618	431 083
预付账款	97 672	112 135	预收款项	322 498	348 507
存货	149 195	153 419	应付职工薪酬	12 867	16 725
其他流动资产	478 099	317 531	应交税费	5 726	−4 403
其中:可供出售金融资产	463 498	311 790	应付利息	16	65
委托贷款	3 375	5 740	其他应付款	5 616	6 447
流动资产合计	1 173 985	1 199 370	流动负债合计	777 352	801 374
可供出售金融资产	32 208	9 218	长期应付职工薪酬	13 497	14 864
持有至到期投资	0	32 730	专项应付款	1 507	1 507
长期股权投资	17 223	7 663	预计负债	931	947
固定资产	181 786	197 531	递延收益	15 143	14 652
其他非流动资产	35 855	15 207	非流动负债合计	31 078	31 970
其中:委托贷款	3 000	0	负债合计	808 430	833 344
非流动资产合计	267 072	262 349	所有者权益合计	632 627	628 375
资产合计	1 441 057	1 461 719	负债和股东权益合计	1 441 057	1 461 719

注:表中数据来自SG上市公司官方网站。

根据上述项目性质,编制SG公司的管理用资产负债表,并进行简要分析。

(2)SG公司利润表资料

表2 SG公司利润表

单位:万元

项　　目	2016年	2015年
一、营业总收入		628 853
减:营业成本	364 502	436 999
营业税金及附加	3 519	5 121
销售费用	17 187	20 908
管理费用	56 038	78 933
财务费用	−7 717	−10 696
资产减值损失	19 245	13 505
加:投资收益	24 464	18 905
其中:金融性损益	21 663	8 107
二、营业利润	57 768	102 988
加:营业外收入	3 866	2 927
减:营业外支出	256	−197
三、利润总额	61 378	106 112
减:所得税费用	8 220	14 261
四、净利润	53 158	91 851

根据上述项目性质分析,编制SG公司管理用利润表并进行简要分析。

(3)SG公司现金流量表资料

表3 SG公司现金流量表

单位:万元

项　　目	2016年	2015年
经营活动流入小计	467 094	530 130
经营活动流出小计	417 470	512 848
经营活动流量净额	49 624	17 283
投资活动流入小计	927 592	529 888
投资活动流出小计	1 054 339	576 188
投资活动流量净额	−126 747	−46 300
筹资活动流入小计	17 164	18 994
筹资活动流出小计	60 440	62 829
筹资活动流量净额	−43 276	−43 835

续表

项　　目	2016 年	2015 年
汇率变动影响	－516	294
现金流量净增加额	－120 915	－72 558
加:期初现金余额	246 792	319 350
期末现金余额	125 877	246 792

根据资料编制 SG 公司管理用现金流量表并进行简要分析。

(二)案例与分析

1.Excel 实务演练

新建一个 Excel 表格:①命名为“财务报告分析的其他信息”,阅读案例公司年报和财务报表附注相关资料,查看该公司是否有会计政策或会计估计的变更事项、关联方交易事项等,并输入相关金额进行处理。②命名为“管理用财务报表体系”,对案例公司的传统报表改编为管理用财务报表数据进行处理。

2.章节报告

对案例公司会计政策或会计估计的变更及后果进行分析,并分析该公司的关联方交易事项是否存在异常情况并做出说明;对该公司的财务报告信息质量进行评价;对该公司管理用财务报表数据进行简要分析。

小贴士:本章教学微视频请扫描以下二维码观看

第八章

财务能力与财务衍生分析

学习目标:通过本章学习,使学生了解偿债能力分析和财务危机预警分析的意义,理解财务危机预警分析的模型,掌握偿债能力分析指标的含义及计算方法,能够熟练运用偿债能力分析指标并结合其他表外因素对企业短期和长期偿债能力做出恰当的判断。掌握盈利能力的含义及主要指标,理解盈余管理和盈余操纵对盈余质量的不同影响,掌握识别盈余操纵的基本方法和步骤;掌握营运能力的含义及主要指标,理解企业资产质量管理的内容,并结合营运能力分析指标对企业资产质量做出准确评价;掌握发展能力的含义及主要指标,理解企业价值的内涵,掌握常见的企业价值分析方法。

引导案例

顺丰财务能力分析

2015年9月,顺丰发布公告称,顺丰控股将主要从事商品销售的子公司顺丰商业和顺丰电商相关资产和业务剥离,剥离后,顺丰控股持续经营业务主要为速运物流等相关业务。从顺丰控股公布的三年一期业绩看,2013年至2016年一季度,顺丰按可比口径计算实现的净利润分别为:18.9亿元、9.2亿元、16.2亿元和7.1亿元。根据公告,顺丰控股2016年至2018年业绩承诺分别为扣非经常性损益后净利润21.8亿元、28亿元和34.8亿元,这就意味着顺丰控股2016年一季度已实现当年承诺利润的32%,并达到2015年全年利润的43%。

同时,2013年底至2016年一季度末顺丰资产负债率分别为33.4%、47.3%、60.4%和50.6%。针对2013年至2015年末资产负债率逐年上升问题,公司管理层认为:第一,这是由自营重资产模式决定的。为保持"快、准时、安全"的市场口碑和竞争优势,顺丰逐步采用重资产自营模式运行,前瞻性战略投入需要一定的财务杠杆效应做支撑,有利于公司长远发展和回报。第二,这是业务快速增长所需要的。随着近年来快递行业的快速发展,业务量持续增加,顺丰通过增加借款的方式筹集资金,用于转运中心、服务网点、办公大楼等的建设,以及飞机、运输车辆和机器设备的采购等。对此,鼎泰新材重组预案中也有所披露,截至2015年底,顺丰拥有自有飞机30架、车1.5万辆、房屋建筑物199处合计34.8万平方米、土地23宗合计101万平方米、信息系统若干、专利权及商标权若干。超豪华的资产数据无不透露着物流巨无霸的深厚家底。由此可见，顺丰资产负债表逐年上升确实与其重资产模式相关。

另外，虽然顺丰 2013 年至 2015 年资产负债率呈现上升趋势，但纵观国内外同行资产负债率数据，顺丰 2015 年资产负债率水平实际与国内同行水平相当，甚至远低于国际快递物流巨头；而且国际快递物流巨头在近几年的发展过程中，也呈现出平均资产负债率逐年上升的势头。同时，顺丰公告称，2016 年 3 月 31 日资产负债率快速下降至 50.6%，是由于 2016 年 1 月收到核心员工现金增资款 39.22 亿元所致，这进一步增加了顺丰的营运资金，降低了一季度的资产负债率。除此之外，相信顺丰一季度的良好业绩表现，也一定程度上降低了 2015 年的资产负债率。

可见，衡量一个企业的财务能力不能仅通过某方面的财务数据片面地加以判断，只有通过对企业各项财务能力进行综合分析，才能更加准确地评估企业价值，从而作出正确的决策。

资料来源：2016 年 6 月 12 日中国经营网 http://news.zgswcn.com/2016/0612/712399.shtml。

第一节　财务能力及财务衍生分析概述

财务能力是基于企业能力的提升需求而提出的。企业能力是指企业在市场竞争中获得生存、持续发展的特定资源和特殊能力的组合体。企业能力随着经济的发展而不断发展，而企业财务能力作为企业能力的组成部分，取决并服务于企业能力。企业财务能力是企业施加于财务可控资源的作用力，是企业综合实力的反映和企业活力的价值体现。企业财务能力是培养和提升企业能力的基础，是企业正常运转的根本前提，也是企业形成有效竞争力的必要条件。基于此，财务能力分析也成为与培养和提升企业财务能力有密切关系的一项重要工作。

财务能力分析是借用一系列能力指标来分析判断企业是否达到了企业一定时期经营发展的目标，它们从各个方面不同角度衡量了企业的能力程度。而企业执行新会计准则后，相关会计处理方法的改变，又会引起财务报告内容的全面刷新和未来经营成果计量的变化。因此，财务能力的分析，也从大多是基本的、单一的能力分析逐步衍生(derivative)为对反映企业综合实力和体现企业活力事项的分析。这种分析直接影响到企业经营业绩的核定和考核结果的确认，对企业能力的提升同样具有重要作用。财务能力及财务衍生分析具体表现为依托于财务能力分析，利用多种分析工具和技术，进一步从财务能力分析演变为财务衍生分析。因此，本书阐述从偿债能力衍生分析至财务危机预警分析、从盈利能力和运营能力分析衍生至企业盈余质量分析、从企业发展能力分析衍生至公司价值分析等内容。

第二节　偿债能力与财务危机预警分析

在企业生存发展的过程中，风险无处不在，企业应随时监控生产经营和理财过程中的各种风险，及时加以控制和防范。同时，作为财务报告分析者的投资人和债权人，也非常关注企业可能发生的各种危险事件，因此财务预警分析在发现和控制企业财务风险方面有着非常重要的作用。

根据中外学者的研究，财务危机至少有以下几种表现形式：第一，从企业的偿债能力看，表现为丧失偿还到期债务的能力，流动资产不足以偿还流动负债，总资产低于总负债；第二，从企业现金流量看，表现为缺乏偿还即将到期债务的现金流，现金总流入小于现金总流出；第三，从企业的运营情况看，表现为产销严重脱节，企业营业收入和营业利润明显下降，多项绩效评价指标严重恶化；第四，从企业的资产结构看，表现为应收账款大幅增长，产品库存迅速上升。

由此可见，偿债能力分析与财务危机预警分析密切相关，通过偿债能力分析，可以揭示企业短期和长期偿债能力的大小，分析企业及时偿还到期债务的能力，评价企业资产的变现性大小对清偿债务的保证程度等等。可以说，偿债能力分析是财务预警分析的重要组成部分。

一、企业偿债能力分析

企业偿债能力是指企业用其资产偿还长、短期债务的能力，企业有无支付现金的能力和偿还债务能力是企业能否健康生存和发展的关键。偿债能力的大小直接关系到企业持续经营能力的高低，是企业各方面利害关系所重点关心的财务能力之一。

（一）企业偿债能力分析的意义

企业偿债能力的分析对于企业的债权人、股东、供应商以及企业管理者等利益相关者都有着非常重要的意义。

1.对企业的债权人而言，偿债能力分析可以帮助债权人或潜在的债权人判断其到期收回本金和利息的可靠程度。由于债权人的收益是固定的，他们更加关注企业债权的安全性。企业偿债能力的强弱将直接影响到债权人是否能及时、足额地收回利息与本金，企业偿债能力的下降将导致本金与利息收回的延迟，甚至无法收回，可见企业偿债能力越强，债权人的安全保障程度也就越高。

2.对股东而言，偿债能力分析可以帮助股东或潜在的投资人判断其投资的安全性与盈利能力的强弱。投资的安全性与企业偿债能力密切相关，通常企业的偿债能力越强，投资的安全性就越高，企业未来的投资机会也就越多。同时偿债能力的强弱还直接影响到企业盈利能力的强弱，在投资收益率大于借入资金的资金成本率时，企业适度负债不仅可以降低财务风险，而且可以利用财务杠杆的作用提高企业所有者的净资产收益率。

3.对管理者而言，企业的偿债能力将直接影响到企业生产经营活动、筹资活动和投资活动能否正常进行。偿债能力的强弱意味着企业承受财务风险能力的大小，因此企业偿债能力分析有利于企业管理者了解企业的财务状况，分析企业面临的财务风险程度并采取有效措施优化企业的资本结构。

4.对企业其他关联方而言，如政府和相关管理部门通过偿债能力分析，可以了解企业经营的安全性，从而制定相应的财政金融政策；企业的供应商通过偿债能力分析，可以判断企业的信用状况，评价企业履行合同的能力，判断其货款回收的安全性。

(二)企业偿债能力分析的主要内容

偿债能力分析通常被分为短期偿债能力分析和长期偿债能力分析。短期偿债能力是指企业偿还流动负债的能力。短期偿债能力的强弱取决于流动资产的流动性，即流动资产转换成现金的速度。长期偿债能力是指企业偿还长期负债的能力。长期偿债能力的强弱是反映企业财务安全和稳定程度的重要标志。

1.短期偿债能力分析

短期偿债能力主要反映企业可支配流动资产与流动负债之间的关系，主要的衡量指标有流动比率、速动比率和现金比率等。

(1)流动比率

流动比率是企业流动资产与流动负债的比率，其计算公式如下：

$$流动比率=\frac{流动资产}{流动负债} \tag{8-1}$$

流动比率是衡量企业短期偿债能力的一个重要财务指标，这个比率越高，说明企业的流动资产用来偿还流动负债的保障能力越强。但是过高的流动比率也可能是由于企业滞留在流动资产上的资金过多，未能有效地加以利用，会影响企业资产的获利能力；也可能是由于企业不善于利用短期负债融资，而是过多地利用长期负债融资，从而增大了企业的融资成本。经验表明，流动比率在 2∶1 左右比较合适。但应当注意的是对流动比率的分析应该结合不同行业的特点和企业流动资产结构等因素进行判断，没有一个放之四海而皆准的标准。有的行业流动比率较高，有的较低，不应该用统一的标准来评价各企业流动比率合理与否，只有和同行业流动比率平均水平、本企业流动比率的历史水平进行比较，才能正确判断企业是否保持了恰当的流动比率。

(2)速动比率

速动比率是企业速动资产与流动负债的比率，也称为酸性测试比率。其计算公式如下：

$$速动比率=\frac{速动资产}{流动负债}=\frac{流动资产-存货}{流动负债} \tag{8-2}$$

速动资产是指企业可以在较短时间内变现的资产，由于存货需要经过销售才能变为现金，其变现能力较差，因此速动资产一般等于流动资产扣除存货后的余额。速动比率是流动比率的重要补充，特别是当企业存货的变现能力较弱时，依靠流动比率难以正确判断企业短期偿债能力的强弱，这时需要将流动比率和速动比率结合起来进行分析。通常认为速动比率的经验值为 1 较好，但这仅是一般的看法，因为行业不同，速动比率会有很大的差别，没有统一标准的速动比率。例如在有些行业，由于很少发生赊销业务，几乎没有应收账款，因此如果其速动比率大大低于1也属正常现象；相反，一些应收账款较多的企业，其速动比率可能要大于1。

(3)现金比率

现金比率是企业现金类资产与流动负债的比率，其计算公式如下：

$$现金比率=\frac{现金类资产}{流动负债}=\frac{货币资金+交易性金融资产}{流动负债} \tag{8-3}$$

现金比率是从最保守的角度对企业短期偿债能力进行的分析。现金类资产包括企业所拥有的货币资金和持有的交易性金融资产，它是速动资产扣除应收票据、应收账款等应收项目后的余额。由于应收账款等应收项目存在发生坏账损失的可能，某些到期的账款也不一定能按时收回，因此速动资产扣除应收账款等应收项目后计算出来的金额，最能反映企业直接偿付流动负债的能力。这个比率越高，说明企业短期偿债能力越强。但是如果企业持有过多的现金类资产，导致现金比率过高，则意味着企业现金类资产闲置过多，从而降低了企业的获利能力。通常现金比率经验值保持在30%左右为宜。

短期偿债能力受多种因素的影响，如行业特点、经营环境、生产周期、资产结构、流动资产运用效率等，仅凭某一期的单项指标很难对企业短期偿债能力作出客观评价。因此在分析短期偿债能力时，一方面应结合指标的变动趋势，动态地加以评价；另一方面要结合同行业平均水平，进行横向比较分析。

在运用短期偿债能力指标进行分析时应注意：流动比率、速动比率和现金比率都是利用会计期末的时点指标进行对比，严格地说指标值仅能反映在会计期末这个时点企业的短期偿债能力。但实际工作中，静态的时点指标难以完全如实地反映在下一个会计期间内企业实际偿债能力的强弱，因此分析时还可以结合企业经营活动现金净流量的情况，判断企业未来期间现金流入流出情况对短期偿债能力的影响。

2.长期偿债能力分析

企业的长期偿债能力主要反映企业资产与负债的比例关系，主要的衡量指标有资产负债率、产权比率、权益乘数及利息保障倍数等等。

(1)资产负债率

资产负债率是企业全部负债与总资产的比率，其计算公式如下：

$$资产负债率=\frac{全部负债}{总资产}\times 100\% \tag{8-4}$$

资产负债率反映企业总资产对债权人权益的保障程度，该比率越低，说明企业的债务负担越轻，企业长期偿债能力越强。但是如果该比率过低，反映出企业没有充分利用财务杠杆作用提高企业所有者的净资产收益率，这将不利于实现股东财富最大化。资产负债率的经验值一般介于30%至70%之间，国际上通常认为资产负债率在60%左右比较恰当，具体的衡量标准与企业所处行业特征、经济环境、金融环境等有关，在分析时应充分考虑这些因素的影响。

(2)产权比率

产权比率是企业负债与股东权益的比率，其计算公式为：

$$产权比率=\frac{负债}{所有者权益}=\frac{资产负债率}{1-资产负债率} \tag{8-5}$$

产权比率反映了股东权益对负债的保障程度，该比率越低，企业的长期偿债能力越强。尽管产权比率与资产负债率都用来分析企业长期偿债能力，但两个指标反映的侧重点不同。产权比率侧重于揭示债务资本与权益资本的相互关系，说明企业财务结构的风险性，以及股东权益对偿债风险的承受能力；资产负债率侧重于揭示总资本中有多少是靠负债取得的，说明债权人权益的物质保障程度。

(3)权益乘数

权益乘数是企业总资产与股东权益的比值，其计算公式为：

$$权益乘数=\frac{总资产}{股东权益}=\frac{1}{1-资产负债率} \tag{8-6}$$

权益乘数侧重于反映企业资产总额与股东权益的倍数关系，倍数越小，说明在企业的全部资产中，债权人投入的资金所占比例越低，说明企业资产对负债的依赖程度越低，长期偿债能力越强，企业的财务风险越小。该比率还是企业财务指标综合分析方法中杜邦分析法的常用指标之一。

资产负债率、产权比率和权益乘数分别从不同的角度反映企业的长期偿债能力，其指标含义一样，即：这些指标越大，说明企业的偿债风险越大。

(4)利息保障倍数

利息保障倍数是企业息税前利润与利息费用的比率，其计算公式为：

$$利息保障倍数=\frac{息税前利润}{利息费用}=\frac{税前利润+利息费用}{利息费用} \tag{8-7}$$

利息保障倍数反映了企业获利能力对债务偿还的保障程度，是从企业的盈利角度来分析企业的长期偿债能力。这一指标反映企业所实现的经营成果支付利息费用的能力，利息保障倍数至少应大于1，该指标越高，说明企业支付利息的能力越强，相应地企业的长期偿债能力也越强。

【例8-1】青岛海尔集团偿债能力指标分析

根据青岛海尔合并财务报表相关项目计算出海尔集团主要偿债能力分析指标，见表8-1。

表8-1　青岛海尔偿债能力分析

项　目	2012	2013	2014	2015	2016年
现金类资产(万元)	1 628 376.99	2 064 142.74	3 122 541.58	2 475 657.41	2 350 463.41
存货(万元)	709 864.52	690 891.29	902 164.09	856 353.35	1 523 794.24
流动资产(万元)	3 969 968.74	4 926 015.05	6 602 596.49	5 485 440.15	6 951 618.90
流动负债(万元)	3 134 123.71	3 804 588.03	4 608 312.38	3 974 400.14	7 345 285.51
全部负债(万元)	3 426 217.77	4 106 192.72	5 042 572.35	4 351 909.78	9 367 492.39

续表

项　目	2012	2013	2014	2015	2016 年
总资产(万元)	4 968 831.67	6 109 278.89	8 234 871.96	7 596 071.83	13 125 529.03
流动比率	1.27	1.30	1.43	1.38	0.95
速动比率	1.04	1.11	1.24	1.17	0.74
现金比率	0.52	0.54	0.68	0.62	0.32
资产负债率(%)	69.0	67.2	61.2	57.3	71.4

资料来源:2016 年青岛海尔年度报告。

根据表 8-1 连续五年的短期偿债能力和长期偿债能力指标变动趋势可以发现:青岛海尔集团短期偿债能力 2012—2015 年比较平稳,长期偿债能力 2012—2015 年呈现不断增强的趋势,但 2016 年长短期偿债能力都出现较大幅度的下降,主要原因是当年新增了很多短期借款和长期借款。进一步观察现金流量表可以得知,当年取得借款收到的现金为 434.46 亿元,较上年的 66.03 亿元增加了 368.43 亿元;当年为取得子公司及其他营业单位支付的现金高达 366.47 亿元,较上年的 56.72 亿元增加了 309.75 亿元。由此可见,公司在 2016 年发生的这些高额借款主要目的是完成对 GEA 的收购,实现其国际化战略,但为此也加大了公司的财务风险,后续应持续观察并购后整合效益的高低,以评价公司的偿债能力大小。

3.结合表外因素对企业长期偿债能力的分析

分析企业长期偿债能力时还应结合资产负债表表外因素对长期偿债能力进行全面的分析。所谓表外因素是指按照会计制度无须在资产负债表上披露的项目。影响长期偿债能力的表外因素主要包括:

(1)长期经营性租赁

企业财产租赁的形式包括融资租赁和经营租赁,融资租赁形成的负债大多会反映于资产负债表,而经营租赁则没有反映于资产负债表。当企业的经营租赁量比较大、期限比较长或具有经常性时,就形成了一种长期性筹资,这种长期性筹资到期时必须支付租金,会对企业的长期偿债能力产生影响。因此如果企业经常发生经营租赁业务,应考虑租赁费用对偿债能力的影响。

(2)债务担保

企业可能会以本企业的资产为其他企业提供法律担保,这种担保责任时间长短不一,在被担保人没有履行合同时,就有可能成为企业的负债,增加企业的债务负担。在分析企业长期偿债能力时,应根据有关资料判断担保责任带来的潜在长期负债问题。

(3)未决诉讼

未决诉讼一旦判决败诉,则成为企业现实的负债,将会对企业的财务状况尤其是对企业的偿债能力产生重大的影响,因此在评价企业长期偿债能力时要考虑其潜在影响。

此外,企业的一些重大战略投资项目,由于其投资金额巨大,且对企业未来的发展有深远的影响,因此项目的成败也会对企业的长期偿债能力产生很大的影响,项目成功则会给企业带来利益和竞争优势,而一旦失败则会导致企业陷入财务困境甚至破产,在对企业偿债能力分析时均应考虑这些因素的影响。

二、企业财务危机预警分析

企业生存和发展过程中往往会面临各种各样的财务风险，复杂多变的市场环境和企业经营的不可控制因素决定了风险的客观存在。当各种不可预见风险发生后，企业的财务状况会产生很多问题并进一步恶化，如果不能及时监控和控制不利因素的蔓延，将最终引发财务危机，使企业面临破产的境地，因此进行财务风险管理至关重要。企业若能建立良好的风险监控和预警系统，预先诊断出危机信号，并积极采取相宜的有效措施，就能将危机消灭于萌芽阶段。

(一)企业财务危机预警分析的含义

财务危机预警分析是以企业信息化为基础，对企业在经营管理活动中的潜在风险进行实时监控的过程。它贯穿于企业经营活动的全过程，以企业的财务报告、经营计划及其他相关的财务资料为依据，利用财会、金融、企业管理、市场营销等理论，采用比例分析、数学模型等方法，及时发现企业存在的风险，并向经营者示警。

企业应充分重视财务危机预警研究，利用财务危机预警分析预先发现存在的风险，及时找到引起财务状况恶化的根源并采取有效措施，阻止财务状况的进一步恶化，消除不利因素，使企业财务状况逐步向稳健过渡，保证企业正常、顺畅地发展。

案例 8-1

稻草最终压垮了骆驼，玩具反斗城深陷债务泥潭申请破产

美国东部时间 2017 年 9 月 18 日晚间，玩具反斗城(Toys“R” Us Inc.)向位于弗吉尼亚州里士满的美国破产法院提交了破产保护申请。玩具反斗城是美国最大的玩具连锁店，这家玩具商背负的大多是 10 多年前一项 75 亿美元杠杆收购交易的遗留债务。2005 年贝恩资本(Bain Capital)、KKR & Co.和 Vornado Realty Trust 让玩具反斗城因私有化交易而背负了巨额债务。此后这家总部位于新泽西州韦恩的玩具连锁店一直难以从债务泥潭中脱身。彭博行业研究(Bloomberg Intelligence)的分析师诺埃尔·赫伯特(Noel Hebert)称，有几年玩具反斗城仅现金利息支出就高达 5 亿美元，这导致它没有充足的现金用于店铺扩张、营销以及发展至关重要的线上实力。

行业分析师、玩具测评网站 TTPM.com 编辑吉姆·西尔弗(Jim Silver)称：“这次申请破产确实是过去 15 年积累起来的财务问题的爆发，稻草最终压垮了骆驼。”

因围绕破产的疑虑加剧，玩具反斗城供应商股价于 2017 年 9 月 18 日大幅下跌。芭比(Barbie)和费雪(Fisher—Price)等品牌的生产商美泰(Mattel)股价下跌 6.2%，创七周以来最大跌幅。大富翁(Monopoly)、Nerf 和变形金刚(Transformers)的生产商孩之宝(Hasbro)股价下跌 1.7%。

评级机构纷纷下调玩具反斗城的信用评级以反映市场情绪的恶化，这显示出该零售商的状况急转直下。标普全球评级(S&P Global Ratings)和惠誉(Fitch Ratings)于 2017 年 9 月 18 日双双下调了这家玩具商的评级，理由是媒体报道和市场数据显示

该公司全面重组的可能性有所增加。标普将该公司评级下调至CCC－，为倒数第三档评级。两周前，标普对该零售商的评级还是B－，不过，穆迪投资者服务公司（Moody's Investors Service）的评级仍为B3，前景为稳定。

随着危机的加剧，玩具反斗城的债务违约保险费用大幅攀升。六个月期和一年期掉期合约价格升至记录高位，表明市场预计该公司几乎肯定会依据《破产法》第11章申请破产。该法可在重组期间保护公司不受债权人追讨债务。12月到期的信用违约掉期头款费率于2017年9月18日报价超过75点，也就是说，1 000万美元的玩具反斗城债务保费约为750万美元。

玩具反斗城的债券也遭受重创。美国金融业监管局（Financial Industry Regulatory Authority）的债券报价系统Trace显示，该公司2018年到期、票面利率为7.375%的1美元债券价格于2017年9月18日盘中跌至18美分，低于2017年8月30日的97.25美分。

TTPM的西尔弗表示，如果玩具反斗城能够重新控制其债务水平，就依然有希望。他说："该公司利息、税项、折旧和摊销前盈利还是不错的。如果没有债务的话，该公司一年的利润能达到5亿到6亿美元。问题出在债务上。"

资料来源：《商业周刊》中文版，2017-09-19，http://www.wanda.cn/2017/2017_0706/36204.html。

（二）财务危机预警分析的方法

企业财务危机发生后的主要表现为：现金流量不足，企业不能及时支付到期债务；销售额非正常下降；现金大幅度下降而应收账款大幅度上升；一些比率出现异常等。在危机由萌生到逐步恶化过程中，各种危机的因素都将直接或间接地反映在相关财务指标的变化上。因此，可以通过设置并观察相关财务指标的变化，及时预报危机信号，形成有效的危机预警分析方法。

1.单变量预警分析

单变量预警分析是通过单个财务比率指标的走势变化来预测企业财务危机，单变量预警分析法中预测财务失败的比率主要有：

（1）$债务保障率=\frac{现金净流量}{债务总额}$ （8-8）

（2）$资产收益率=\frac{净收益}{资产总额}$ （8-9）

（3）$资产负债率=\frac{全部负债}{总资产}$ （8-10）

（4）资产安全率＝资产变现率－资产负债率 （8-11）

其中：

$$资产变现率=\frac{资产变现金额}{资产账面价值}$$

资产变现率反映了企业资产可变现金额占总资产的比率，该比率与资产负债率进行比较后其差额能说明企业资产的安全性。资产安全率应该大于零，其数值越大，说明企业债务偿还越有保障，企业资产安全性越高。

单变量预测模型是由威廉·比弗(William Beaver)完善的，他于1966年发表在《会计评论》上的一篇论文中对1954—1964年期间的79个失败企业和相对应的同行业、等规模的79家成功企业进行了比较研究。模型使用五个财务指标分别作为预警指标变量进行回归分析，结果表明：债务保障率能够最好地判定企业的财务状况，其误判率最低，其次是资产收益率和资产负债率；并且离经营失败日越近，指标的误判率越低，预见性越强。后来经过众多学者和实务专家的研究，认为资产安全率也是一个非常实用的单变量指标。

单变量的财务预警系统是基于如下的认识：如果某一上市公司运营良好的话，其主要的财务指标也应该一贯保持良好，一旦某一单变量指标出现逆转，说明公司的经营状况遇到了困难，应引起管理层和投资者的注意。

单变量预测分析方法虽然比较简便，但其缺点在于：一个企业的财务状况是用多方面的财务指标来反映的，没有哪一个比率能概括企业的全貌。因此这种方法经常会出现对于同一个企业使用不同的预测指标会得出不同结论的现象，因而逐渐被多变量方法所替代。

2.多变量预警分析

多变量预警分析是从整个企业角度，运用多种财务比率来检查其财务状况有无出现不稳定的现象，进而预测是否存在财务危机。由于单一财务指标往往难以从企业整体的角度揭示危机的具体影响程度和发生时机，因此有必要综合各项主要指标，更加有效地检查企业财务状况的不稳定现象，及时监控财务危机的程度并帮助管理者采取措施控制危机的进一步恶化。

多变量预警分析方法中最有代表性的是美国纽约大学埃特曼(Altman)教授于1968年所创建的Z值(Z-score)模型。Z值模型是运用五种财务比率通过加权汇总后所产生的分值Z值作为判别标准来预测企业可能发生的财务危机的一种方法，其Z值计算公式是：

$$Z=1.2X_1+1.4X_2+3.3X_3+0.6X_4+1.0X_5$$

其中五个财务指标分别为：

$$(1)X_1=\frac{营运资金}{资产总额} \tag{8-12}$$

$$(2)X_2=\frac{留存收益}{资产总额} \tag{8-13}$$

$$(3)X_3=\frac{息税前利润}{资产总额} \tag{8-14}$$

$$(4)X_4=\frac{普通股和优先股市场价值总额}{负债账面价值总额} \tag{8-15}$$

$$(5)X_5=\frac{销售收入}{资产总额} \tag{8-16}$$

该模型是以五个财务比率有机联系起来综合分析和预测企业风险的。研究表明，Z值与企业发生财务危机的可能性成反比：Z值越小，企业发生财务危机的可能性就越大；Z值越大，企业发生财务危机的可能性就越小。一般认为Z值大于3.0时表明企业财务状况比较安全；Z值小于3.0时表明企业存在财务危机或破产风险；当Z值小于1.8时，表明企业财务状况堪忧，该企业实际上已经潜在破产，必须采取有力措施控制风险。

这种方法的基本思路是：企业是一个综合体，各个财务指标之间存在某种相互联系，对企业整体的风险影响作用也是不一样的。这种分析方法给企业一个定量的标准，从总体角度检查企业财务状况，有利于不同时期财务状况的比较。但这种方法的局限性在于：由于企业规模、行业、地域、环境等诸多差异，使得 Z 值不具有横向可比性，而且 Z 值法长期预测效果较差，使得该方法实用性较差。

第三节　企业盈利能力与盈余质量分析

在投资决策中，企业盈余信息往往是投资者最关心的财务数据。盈余质量分析旨在揭示企业盈余的优劣程度，其质量优劣直接影响利用历史盈余预测企业未来盈余水平的准确性。企业盈利能力分析是盈余质量分析的基础，通过对一系列利润指标的分析，揭示企业在一定时期内赚取利润的能力。本节通过盈利能力分析，从产品、资产和投资三个方面揭示企业获取利润的能力，综合反映企业各项经营管理活动水平。同时也应注意到，盈利能力侧重于对获取利润结果的分析，不管是就利润表本身还是就财务指标而言，均存在一定的局限性。因此，在企业盈利能力分析的基础上，进一步阐明盈余质量的内涵，明晰盈余质量与盈余操纵对盈余质量的影响，有助于缓解资本市场中的信息不对称问题，提高投资决策的有效性

一、企业盈利能力分析

盈利能力是企业运用其所支配的经济资源在一定期间内获取利润的能力。盈利是企业最重要的经营目标之一，是企业生存与发展的基础。盈利能力是企业组织生产经营活动、销售活动、管理活动水平高低的综合反映，体现了所有者的利益，也是偿还企业债务的重要来源，因此无论是企业的经理人员、债权人还是所有者（投资人），都非常关心企业的盈利能力。

（一）盈利能力分析的意义

盈利能力分析是企业利益相关者了解企业、认识企业、改进企业经营管理的重要手段之一。不同财务报告使用者对盈利能力分析的侧重点不同，也具有不同的意义。

1.有助于投资者提高投资决策的科学性

对于投资者而言，企业盈利能力的强弱至关重要。一方面，投资者通过对盈利能力的分析，判断企业盈利水平高低及未来的稳定性和持久性，将资金投向盈利能力强的企业，以获得更多的利润；另一方面，投资者的收益与企业的盈利能力也紧密相关，企业盈利能力增强会使股票价格上升，从而使投资者获得资本收益。因此，在市场经济下，投资者往往会认为企业的盈利能力比财务状况、营运能力更重要。

2.有助于债权人衡量借贷资金的安全性

利润是企业偿债的重要来源。债权人通过分析企业的盈利能力来衡量收回本息的安全程度，从而使借贷资金流向安全、利润率高的社会生产部门。具体地看，对于短期债权人而言，其直接利益是在短期内要求债务的还本付息，因此主要分析企业当期盈利水平，而较少关心未来盈利水平的稳定性和持久性；对于长期债权人而言，由于长期债务的偿还

要以高水平、稳定和持久的盈利能力为基础，因此主要侧重于分析判断企业长期盈利水平的高低及稳定性和持久性，并以此预测长期借款本息足额收回的可靠性。

3.有助于企业管理者进行经营管理

企业从事经营活动的直接目的是最大限度地赚取利润并维持企业持续稳定地经营和发展，持续稳定地经营和发展是获取利润的基础，而最大限度地获取利润又是企业持续稳定发展的目标和保证。因此，盈利能力是企业经营管理人员最重要的业绩衡量标准和发现问题、改进企业管理的突破口。对企业管理者而言，进行企业盈利能力分析的目的具体表现在以下两个方面：一是利用盈利能力的有关指标反映和衡量企业经营业绩；二是通过盈利能力分析发现经营管理中存在的问题。

4.有助于企业员工判断职业稳定性

对企业员工而言，企业盈利能力强弱、经济效益好坏，直接关系到自身利益，事实上也成为人们选择职业的一个比较重要的衡量条件。企业盈利能力强，就能为员工提供稳定的就业职位、较多的深造和发展机会、较丰厚的薪酬及福利待遇，同时也能有效地吸引人才。只有员工的工作热情和积极性被充分激发，才能更好地为企业工作。

5.有助于政府部门行使社会职能

政府部门职能的行使需要有足够的财政收入作保证。税收是国家财政收入的主要来源，而税收的大部分来自企业。企业盈利能力强，就意味着实现利润多，对政府税收贡献就大。各级政府如能聚集较多的财政收入，就能有更多的资金投入基础设施建设、科技教育、环境保护及其他各项公益事业，更好地行使社会管理职能，推动社会向前发展。

(二)盈利能力分析的主要内容

企业盈利能力分析主要是对利润率的分析，原因在于利润率可以消除企业规模和总投入量的影响，使不同规模企业之间可以进行盈利能力的比较。利润率指标从不同角度或从不同的分析目的看，可有多种形式。这里对企业盈利能力的分析主要从以下三方面进行：一是与产品有关的盈利能力分析，二是与资产有关的盈利能力分析，三是与投资有关的盈利能力分析。

1.产品盈利能力分析

产品盈利能力是描述经营活动赚取利润的能力，是衡量总资产报酬率、资本回报率的基础，也是同一行业中各个企业之间比较工作业绩和考察管理水平的重要依据。反映产品盈利能力的指标有：毛利率、营业利润率、销售净利率、成本费用利润率等。

(1)毛利率

毛利是营业收入扣除营业成本之后的余额，毛利率是毛利与营业收入的比值，其计算公式为：

$$毛利率=\frac{毛利}{营业收入}\times 100\% \tag{8-17}$$

毛利率用来计量管理者根据产品成本进行产品定价的能力，即企业的产品还有多大的降价空间。由于毛利是企业利润形成的基础，毛利率越高，说明抵补各项期间费用的能力越强，企业的盈利能力也就越强；反之，盈利能力越弱。需要注意的是，由于行业特点和会计处理方式的不同，所处不同行业的各企业产品成本的组成有很大差别，所以该指标具有明显的行业特点。

(2)营业利润率

营业利润率是企业营业利润与营业收入的比率,其计算公式为:

$$营业利润率=\frac{营业利润}{营业收入}\times 100\% \tag{8-18}$$

营业利润是企业利润总额中最基本、最经常同时也是最稳定的组成部分,营业利润率是说明企业盈利能力质量高低的重要依据。另外,营业利润作为一种净获利额,比毛利率更好地说明了企业营业收入的净获利情况,能更全面、完整地体现收入的盈利能力。营业利润率越高,表明企业的盈利能力越强;反之,盈利能力越弱。

特别需要注意的是,新企业会计准则下,营业利润的口径被扩展(详见第三章分析),尤其是在企业投资收益、公允价值变动损益所占比重较大时,由于这两项与本期营业收入无关,此时计算营业利润率就失去了原有的意义。这里与前述利润质量分析处理方法一样,通过计算核心营业利润率来反映企业从事经营活动的业绩。其计算公式为:

$$核心营业利润率=\frac{核心营业利润}{营业收入}\times 100\% \tag{8-19}$$

(3)销售净利率

销售净利率是净利润占营业收入的比例,其计算公式为:

$$销售净利率=\frac{净利润}{营业收入}\times 100\% \tag{8-20}$$

销售净利率用来衡量企业营业收入给企业带来净利润的能力。该比率数值较高,说明企业的盈利能力较强;反之,则说明企业的成本费用支出较高,企业盈利能力减弱。因此,该指标可用来衡量企业总的经营管理水平。但要注意,在企业的净利润中以自身经营活动为主的条件下,该比率意义较大。如果企业的净利润中投资收益、公允价值变动损益这些与企业本期营业收入无关的项目金额过大,则此比率同样失去意义。

(4)成本费用利润率

成本费用利润率是利润总额与营业成本、期间费用之和的比率,其计算公式为:

$$成本费用利润率=\frac{利润总额}{营业成本+期间费用}\times 100\% \tag{8-21}$$

成本费用利润率反映的是单位成本费用支出的获利能力,说明成本费用使用的效率,其中期间费用包括销售费用、管理费用和财务费用。该比率数值越高,说明盈利能力越强;反之,盈利能力越弱。

2.资产盈利能力分析

上述产品盈利能力分析主要是就与利润表本身相关的盈利能力水平指标所进行的分析,没有考虑投入与产出的对比关系,只是在产出与产出之间进行比较,它是企业盈利能力的基本表现,却未能全面反映企业的盈利能力,因为高利润率指标可能是靠高资本投入实现的。因此,还必须从资产运用效率和资本投入报酬角度进一步分析。反映资产盈利能力的指标有:总资产报酬率、长期资本收益率等。

(1)总资产报酬率

总资产报酬率又称资产收益率,是企业的息税前利润与总资产平均余额之间的比率,其计算公式为:

$$总资产报酬率=\frac{息税前利润}{总资产平均余额}\times 100\% \tag{8-22}$$

其中,总资产平均余额可以使用资产总额期初、期末的简单平均数表示,即

$$总资产平均余额=\frac{期初资产总额+期末资产总额}{2} \tag{8-23}$$

总资产报酬率反映企业资产综合利用效果。在不考虑利息费用和纳税因素的情况下,该比率越大,表明企业总资产盈利能力越强;反之,总资产盈利能力越弱。

(2)长期资本报酬率

长期资本报酬率又称长期资本收益率,是息税前利润与长期资本平均余额之比,其计算公式为:

$$长期资本收益率=\frac{息税前利润}{长期资本平均余额}\times 100\% \tag{8-24}$$

其中,长期资本包括非流动负债和所有者权益,长期资本平均余额为期初、期末余额的简单平均数,即

$$\begin{aligned}长期资本平均余额&=非流动负债平均余额+所有者权益平均余额\\&=\frac{(期初非流动负债+期初所有者权益)+(期末非流动负债+期末所有者权益)}{2}\end{aligned} \tag{8-25}$$

长期资本报酬率反映企业向长期资金提供者支付报酬的能力和企业吸引未来资金提供者的能力。该指标是在不考虑资金筹集方式的情况下评价企业盈利能力的,它衡量投入的资本获取收益大小,并能够反映出企业如何有效利用其现有资产的情况。该比率越大,表明企业为取得收益而付出的代价越小,企业盈利能力越强;反之,企业盈利能力越弱。

3.投资者盈利能力分析

投资者的目的在于获得投资报酬,企业投资报酬的高低直接影响到现有投资者是否继续投资,以及潜在投资者是否追加或重新投资。投资者盈利能力分析是站在上市公司股东角度所做的分析,股东是企业的投资者,其最关心的问题无外乎企业财务和业务状况是否正常,投资的安全有无保障,股息的发放能否平稳和较为优厚,股息能不能按期发放,等等。因此,站在上市公司股东的角度分析盈利能力,主要指标包括:净资产收益率、每股收益、每股净资产、市盈率、股利支付率等。

(1)净资产收益率

净资产收益率又称所有者权益报酬率、股东权益报酬率,是企业实现的净利润与平均所有者权益(上市公司或股份有限公司则为股东权益)之比,其计算公式为:

$$净资产收益率=\frac{净利润}{平均所有者权益}\times 100\% \tag{8-26}$$

其中，净利润为税后净利；平均所有者权益通常选择期初、期末所有者权益的简单平均数。净资产收益率反映企业所有者权益所获得的报酬。该比率越大，说明为投资者带来的收益越高，企业资本的盈利能力越强，对投资者越具有吸引力；反之，则说明企业资本的盈利能力较弱。

(2)每股收益

每股收益又称每股盈余、每股盈利，是企业净收益扣除优先股股利后与发行在外普通股加权平均数的比率，其计算公式为：

$$每股收益=\frac{可供普通股股东分配的净收益}{发行在外的普通股加权平均数} \tag{8-27}$$

其中，发行在外的普通股加权平均数为期初、期末发行在外的普通股股数的简单平均数。每股收益反映了企业一定时期平均对外发行的股份所享有的净利润，直接影响企业支付普通股股利的多少。一般来说，每股收益指标值越高，在利润质量较好的情况下，表明股东的投资效益越好，股东获取较高股利的可能性也就越大；反之，股东投资效益越差。因此，这个指标是普通股股东最关心的指标之一，也是衡量上市公司盈利能力最重要的财务指标。

(3)每股净资产

每股净资产是期末净资产与期末普通股股数的比率，其计算公式为：

$$每股净资产=\frac{期末净资产总额}{期末普通股股数} \tag{8-28}$$

每股净资产反映公司财务实力。该指标越高，说明公司普通股每股实际拥有的净资产越大，公司未来发展潜力越强。但该指标并非越高越好，一个公司没有负债或未能有效运用财务杠杆，均表现为每股净资产较高，但净资产的运用效率即净资产收益率并不一定是最好的。此外，该指标数值还在理论上提供了普通股每股的最低价格。

(4)市盈率

市盈率是上市公司普通股每股市价与每股收益的比例，其计算公式为：

$$市盈率=\frac{普通股每股市价}{普通股每股收益} \tag{8-29}$$

市盈率反映投资者对上市公司每股净利润愿意支付的价格，可以用来估计股票的投资报酬和风险。一般来说，市盈率高，说明投资者对该公司的发展前景看好，愿意出较高的价格购买该公司股票。但市盈率过高，也意味着这种股票具有较高的投资风险。此外，该指标不适合用于不同行业间企业的比较，因为市盈率与企业增长率相关，不同行业增长性不同，不具有可比性。

(5)股利支付率

股利支付率又称股利发放率，是普通股每股股利与普通股每股收益的比例，其计算公式为：

$$股利支付率=\frac{普通股每股股利}{普通股每股收益} \quad (8\text{-}30)$$

其中,普通股每股股利是普通股股利总额与流通在外普通股股数之比,其计算公式为:

$$普通股每股股利=\frac{普通股股利总额}{流通在外普通股股数} \quad (8\text{-}31)$$

股利支付率反映普通股股东从全部获利中实际可获得的股利份额。该指标值越大,说明公司对股东发放的股利越多;反之,则表明股东得到的股利越少。一般可以通过该指标分析企业的股利政策。

二、企业盈余质量分析

(一)企业盈余质量分析概述

所谓的盈余是指从收入中扣减掉所有生产要素的成本之后的剩余,通常又称为利润或收益,是财务报告中最为重要的数据。按照字面含义,盈余质量就是指企业盈余的优劣程度。通常认为,高质量的盈余需要满足以下三个条件:第一是反映现在的运营状况,第二是未来运营状况的良好预测指标,第三是真实地反映企业的内在价值。高质量的盈余与未来现金流的实现和公司股价或市场价值更为相关。

基于上述盈余质量的内涵,盈余质量分析主要包括以下两方面内容。

1.盈余的真实性分析

盈余信息是根据会计准则和制度的规定,对企业在一定会计期间开展的各种经营业务进行确认、计量的结果。现实中,部分企业出于获取信贷资金、商业信用、公司上市、保持配股资格、偷漏税等原因,会粉饰会计报表,调节盈余。因此,盈余的真实性是分析盈余质量的前提,是投资者、债权人以及政府部门等广大会计信息使用者所关注的问题。

2.盈余的持续性分析

盈余质量分析的目的在于能够使投资者从历史会计盈余中获取有助于其准确判断公司未来盈利的信息。显然,预测未来盈余水平的准确性越高,盈余质量越好。从盈余预测的角度分析,盈余的持续性是指现在的盈余在多大程度上会持续下去。对于盈余持续性比较高的企业,投资者可以依靠历史盈余来预测未来盈余水平,而且预测的准确性高,企业价值判断相对更为准确。因此,盈余的持续性是分析盈余质量的核心,决定了预测未来盈余水平的准确性。

(二)企业盈余质量影响因素分析

1.盈余管理对盈余质量的影响

(1)盈余管理的含义

从狭义上看,盈余管理是企业管理层为实现自身的效用或者企业市场价值最大化目标,通过选用不同的会计政策、会计估计和会计方法等,从而调节企业盈余的行为;从广义上看,盈余管理是企业管理的组成部分,是以目标利润为中心来管理企业的各种经营活动。

盈余管理的特点包括:第一,从界定依据来看,盈余管理产生于会计政策的可选择性,它是在会计准则、会计制度允许的范围内进行的。当然,盈余管理也应把握一个合理的度,否则就使会计信息失去其公允性、可靠性及可比性。因此,盈余管理的判断依据是会计政策,是制度所允许的。第二,从运用的手段来看,盈余管理是以会计政策的可选择性为前提条件,主要的手段是对会计核算上需要估计的项目进行调整,合乎会计准则和行业会计制度的要求。如通过固定资产折旧、无形资产和递延资产的摊销、存货计价方法的改变来达到修正企业盈余的目的。第三,从行为动机来看,盈余管理作为一种合乎法律规范的利润调整,是管理者希望通过该管理而使企业的盈利能趋于预定的管理目标,其目的不外乎满足股东价值最大化的要求,合理避税,使自己的管理业绩和管理才能得到认可。第四,从导致的后果来看,在委托代理关系下,由于激励与约束机制的作用,上市公司的管理当局必须以股东价值最大化为目标,同时为了自身的利益安全,会采取一些盈余管理的措施,如果这些措施运用得当,能在一定程度上降低契约成本和代理成本,会给上市公司带来一定的正面效应。

大量的实证研究表明,投资者认为盈余是比现金流量具有更多信息含量的数据。以股东价值最大化为目标的管理当局恰当地采取一些盈余管理的措施,可以给企业带来正面效应,增加企业价值,提高企业盈余质量。

(2)盈余管理作用分析

盈余管理是一把双刃剑。一方面,盈余管理使用不当会误导投资者,对资源的配置产生不利影响;另一方面,盈余管理之所以存在,除了消除它需要很大的成本外,还有一个重要的原因是适度的盈余管理也存在有利的一面。

①适度盈余管理的正面作用

从企业内外部不同视角进行分析,适度盈余管理的正面作用如图 8-1 所示。

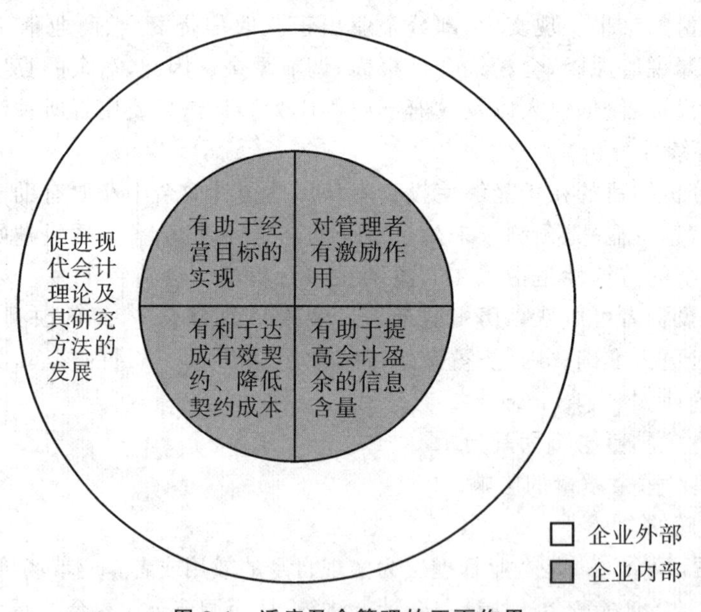

图 8-1 适度盈余管理的正面作用

从企业内部看,第一,盈余管理有助于企业经营目标的实现。利润前推有助于公司实现筹集资金、开拓市场的目标;利润平滑有助于公司实现稳定股价、降低市场风险的目标;利润后移有助于公司实现长远发展的目标。第二,盈余管理对管理者有激励作用。在收益“硬约束”的条件下，由于未来的不确定性，给予管理者一定的利润调整空间，有利于调动管理者的积极性，激发管理者的创新能力。第三，盈余管理有助于提高会计盈余的信息含量。从资本市场角度看，当企业管理者认为企业未经管理前的盈余信息难以准确评价企业盈利能力和经营业绩或容易对投资者的决策产生误导时，会主动采取盈余管理行为，调整盈余（主要是应计利润额），以此向投资者传递有用的价值信号，稳定股价。换言之，企业管理者管理盈余的行为，有助于提高会计盈余的信息内涵，使盈余信息更能反映企业的经济价值。第四，盈余管理有利于达成有效契约、降低契约成本。企业是由一系列契约组成的，契约的签订需要花费成本。而由于企业经营的不确定性，所订契约总是具有不完全性。有效契约论认为，公司管理人员通过盈余管理行为，可以灵活面对契约的不完全性，降低契约成本，提高企业价值。

从企业外部看，盈余管理促进了现代会计理论及其研究方法的发展。近 20 年盈余管理的实证研究对会计实务和公认会计原则的制订产生了深远的影响，它不仅促进了现代会计理论及其研究方法的发展，而且还对公司治理结构的完善、组织行为与控制、绩效评估与报酬计划、证券市场监管等一系列理论与实务问题的解决提供了重要的依据。

因此，适度的盈余管理有一定的积极作用，是一个企业不断走向成熟的标志，它体现了企业的有关利益主体运用合法手段来追求自身利益的实现。但同时应注意到，过度的盈余管理也会带来很大的弊端。

②过度盈余管理的负面作用

尽管盈余管理短期内可以给企业带来一些好处，如收益平稳化给人以收益稳定增长的印象，从而有利于企业渡过暂时的经营困难，吸引投资者，但过度盈余管理的负面作用更不容忽视。从企业内外部不同视角进行分析，过度盈余管理的负面作用如图 8-2 所示。

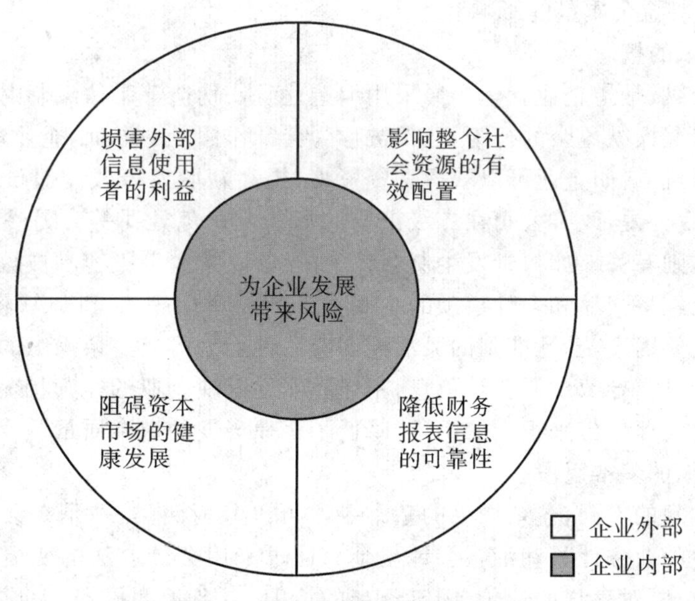

图 8-2　过度盈余管理的负面作用

从企业内部看，滥用盈余管理会为企业的发展带来更多风险。尽管盈余管理短期内可能给企业带来一些好处，但将对本企业的长远利益将产生不利影响，将破坏投资者对收益质量的感觉。研究表明，盈余管理以后的转回将使投资者失望，导致股票业绩下滑的负面影响。

从企业外部看，第一，降低财务报表信息的可靠性。相关性和可靠性是财务报表信息的两个根本质量特征，其中可靠性是基础，离开了可靠性，财务报表信息便失去了价值。不当的盈余管理使报表上的盈利信息成为数字游戏，严重损害了财务报表信息的质量，同时也违背了会计职业道德。第二，损害外部信息使用者的利益。在财务报告信息揭示不充分和不全面的情况下，投资者、债权人、国家等外部信息使用者无法根据财务报告作出最优决策，由于投资者的投资决策、债权人的信贷决策，以及国家的宏观决策被误导，导致其利益受到损害。第三，加剧信息不对称引起的风险。由于信息的不对称性，经营管理者掌握了企业未来收益和投资风险的内部信息，而投资者处于信息劣势方，只能通过管理者传递的信息来评价企业价值。这会导致一方有意增大风险，而另一方却难以监督，产权约束弱化，导致资本市场决策、运行出现失灵或失误的风险加大。第四，影响整个社会资源的有效配置。企业管理者通过盈余管理向投资者和债权人传递不真实的盈余信息，将误导其决策，产生"不利选择"行为，使社会资源得不到有效配置。大量资源被微利企业、重亏企业低效或无效占用，"配股"的存在又降低了追加资源的有效性，使有限的追加资源被不合理地分散化，损害了整个社会的效率，甚至会扰乱正常的市场经济秩序。

综上所述，从企业的内部与外部来看，盈余管理措施如果运用得当，其正面效应大都由公司自身受用，且对企业盈余质量有提升作用；若滥用盈余管理，企业达到短期目的的同时会对整个社会环境造成很大的负面影响，从长远看，对企业盈余质量有负面作用，不利于企业的长远发展。

2.盈余操纵对盈余质量的影响

(1)盈余操纵的概念

所谓盈余操纵，是指企业管理当局采用编造、变造、伪造等手法编制财务报表，掩盖经营状况和财务状况操纵盈余的行为，通常被称为会计作假。一方面，企业进行盈余操纵来源于其自身的动机，诸如企业可以获得融资资格、提高新股发行或配股价格、操纵二级市场股价，以及扭亏为盈，改善公司在二级市场的形象或避免处罚等。另一方面，盈余操纵也与现行会计准则有关。如权责发生制会计中的预计、摊销等很容易被盈余操纵所利用；又如对于不确定经济交易和会计事项的主观估计的随意性等。可以说，权责发生制会计的固有缺陷是主要因素，会计准则的灵活性和滞后性也是形成盈余操纵的重要因素。

由于盈余操纵会导致虚假会计信息，不能真实地反映企业的经营状况和企业价值，会给盈利预测和价值评估带来很大的困难，降低了企业当期的盈余质量。

(2)盈余操纵的基本手段

按照发生时间的不同，盈余操纵的基本手段可以分为两类：一是在会计期间结束后，企业根据已发生的业务计量和汇报会计盈余。通过采用会计方法的变更、各类准备金的计提和冲回等方法，对存货的计价、固定资产的折旧，以及长期投资、无形资产、产品开发费等核算方法的选择和变更，对会计盈余数额产生影响。二是在会计期间内，企业设计、制造非正常经营的业务。常见方法有改变交易方式和时间、关联交易等。

案例 8-2

参仙源利润操纵

2016 年 5 月 30 日，参仙源发布风险提示公告称，该公司去年 7 月被证监会立案调查，近日结果落地，公司收到了证监会的《行政处罚事先告知书》——“因 2013 年，公司将外购野山参作为自挖野山参销售，少计成本 5 538.22 万元，导致虚增利润 5 538.22 万元；同时，因公司 2013 年将野山参销售给关联方辽宁参仙源酒业有限公司，认定关联交易虚增收入 7 372.93 万元，导致虚增利润 7 372.93 万元。”证监会查实之后，拟作出以下处理：“责令公司改正，给予警告，并处以 60 万元罚款；对于成波、李殿文给予警告，并分别处以 30 万元罚款；对赵冬颖给予警告，并处以 10 万元罚款；对肖林、吴文莉、蒋群给予警告，并分别处以 5 万元罚款。”

据了解，近几年参仙源酒业雄踞参仙源第一大客户，销售收入比例均在 70%以上，而参仙源酒业又是参仙源的关联方。数据显示，参仙源 2012 年实现营业收入7 545.77 万元，净利润亏损 2 248.27 万元；2013 年，参仙源的营业收入为 1.98 亿元，净利润为 1.11 亿元。其中，参仙源 2013 年对参仙源酒业的销售额为 1.42 亿元，依靠向关联方大笔的销售，2013 年参仙源收入实现翻番，不仅扭亏为盈，而且利润大幅增长。由此不难看出，参仙源通过少计提成本以及关联方交易等方式进行财务操纵，虚增利润。

资料来源：《每日财经新闻》(2016 年 06 月 03 日)。

(3)识别盈余操纵的基本方法及步骤

识别盈余操纵的基本方法是基于对财务报告的分析，通过对财务报告的同比分析、时间序列分析、对比企业分析、成长分析等，把企业当期的财务信息以及一些重要的财务比率，通过与自身的历史、与之进行对比的企业以及行业一般水平进行对比，可发现财务信息之间不符合正常关系的现象，并依此判断企业是否具有盈余操纵的典型特征，然后再对具有典型特征的企业进行深入分析。具体地看，包括以下两个步骤。

第一步：基于财务报表数据的基本分析，发现可疑之处。

企业是一个有机的整体，各张财务报表上列示的财务信息之间应该具有一定的正常关系，如果财务信息之间的关系不符合正常关系，很可能企业进行了盈余操纵。下面举例说明如何通过分析财务报表相关项目的异常变化来发现问题。

【例 8-2】根据某制药企业利润表中的收入账户及资产负债表中的应收账款账户对比分析，识别企业是否存在盈余操纵行为，相关数据见表 8-2。

表 8-2　某制药企业收入与应收账款分析

单位：万元

公司	项目	2016 年	2016 年比 2015 年增长	百分比	2015 年	2015 年比 2014 年增长	百分比	2014 年
分析公司	收入	15 392	0.50%	100%	15 316	62.90%	100%	9 400
	应收账款	8 056	60.25%	52.34%	5 027	29.30%	32.80%	3 889

续表

公司	项目	2016 年	2016 年比 2015 年增长	百分比	2015 年	2015 年比 2014 年增长	百分比	2014 年
对比公司	收入	321 096	37.27%	100%	233 912	33.70%	100%	174 897
	应收账款	32 129	33.66%	10.01%	24 038	2.30%	10.30%	23 492

表 8-2 分析的是我国某家制药类上市公司的收入账户和应收账款账户 2014—2016 年的数据。可以从企业自身和行业中其他公司两方面进行分析。首先从企业自身数据来看，这家公司 2014 年、2015 年和 2016 年的收入分别是 9 400 万元、15 316 万元和 15 392 万元，从 2014 年到 2015 年有 62.9%的增长，从 2015 年到 2016 年只有 0.5%的增长。但是，应收账款占收入的比例在 2015 年是 32.8%，而在 2016 年大幅度增加到 52.34%。同时，在 2015 年到 2016 年，在销售收入几乎没有增加的情况下，应收账款增加幅度达 60.25%。尽管一个企业以赊销的形式出售产品无可非议，但如果所占比重过大，则需要进一步详细分析。此外，如果应收账款的增长幅度和收入增长幅度差别巨大，那就更需要特别注意。该公司 2016 年的收入之所以还能维持在 2015 年的水平上，很可能是因为企业在 2016 年真实销售不足以维持上一年度收入水平的情况下，企业放宽了其赊销的标准，采用大量赊销的方式人为地增加了 2016 年的销售收入，因此造成了大量的应收账款。其次，还需与行业中其他公司的数据进行对比分析，这是因为，仅仅判断一家公司的数据可能并不准确，也许公司的现象反映了整个行业的共同特点，而不是公司的操纵行为，例如整个行业都受到某种流行性疾病暴发的影响。因此，进一步从该行业中选择一家公司与该公司进行对比分析，表 8-2 也同时列示了对比公司的数据。对比公司 2015 年和 2016 年应收账款占收入的比例很稳定，都是 10%左右。从 2015 年到 2016 年，对比公司的销售收入增长了 37.27%，而应收账款增加了 33.66%，二者的增速基本相当。由此基本可以判断，该制药类上市公司存在着虚增收入、操纵利润的可能，盈余质量存疑。

第二步：对可疑之处收集更多信息进行求证。

从上述分析中可见，基于财务报表数据的基本分析是一个低成本的步骤，当发现潜在的问题后，可以进一步采取第二个步骤。第二个步骤是在第一步的分析基础上进行的，需要投入更多的人力和资源进行更有针对性的分析，包括收集更多信息、访问企业、秘密调查等活动，以确认该企业是否真正进行了盈余操纵活动。

3.会计原则对盈余质量的影响

会计原则是从会计实践中逐渐发展起来的，是被公认为公正、妥善和有用的系统化的惯例，是会计人员据以辨认、计量和记录经济业务，提供财务报告的指南。我国财政部发布的《企业会计准则——基本准则》是我国企业会计及报表编制应遵循的基本会计原则。其中，权责发生制原则和谨慎原则会对企业盈余质量产生一定的影响。

(1)权责发生制原则的影响

如前所述，利润表的编制基于权责发生制原则，据此计算出来的利润表上的盈余代表企业确认的、应该得到的盈余，而不是实际已经流入企业的现金。因此，盈余实际上包含两个部分：一部分是已经收到的现金的盈余，称之为现金盈余；另一部分是尚未收到现金，但企业有权利在未来收到现金的盈余，称之为应计盈余。结合现金流量表和利润表的数据，可以得到现金盈余和应计盈余。其中，现金流量表中经营活动的现金流量净额为现金盈余，净盈余减去经营活动现金流量净额后即为应计盈余。

现金盈余基本上不存在不确定性，是企业肯定得到的经营业绩；而应计盈余则不同，客户未支付的货款可能发生坏账，其他原因形成的应计盈余也存在同样的不确定性，导致其最终可能不会变成企业的财富。因此，从企业价值创造角度来讲，应计盈余的质量不如现金盈余高。更重要的是，现金盈余和应计盈余对预测企业未来盈余的影响不同，应计盈余的持续性低于现金盈余的持续性，在预测企业未来盈余时需要充分考虑这一问题。

(2)谨慎原则的影响

谨慎原则要求企业在确认资产时按照历史成本与市价孰低法，在确认收入和成本费用时遵循好消息推迟确认、坏消息提前确认的原则。因此，采用谨慎原则的结果是当期倾向于低报盈余，长期执行下去资产负债表会低报净资产。在企业投资行为的产出水平一定的情况下，谨慎原则导致企业在投资早期高报成本费用，低报盈余，企业实际上制造出一部分盈余储备；在投资活动进入晚期以后，因为投资成本的大部分已经在早期被确认了，晚期的成本费用比较低，导致其盈余自动提高，盈余储备得到释放。可见，谨慎原则同样对盈余持续性有重大的影响，需要在根据企业盈利能力进行分析的基础上预测未来盈余时加以调整。

第四节 企业营运能力与资产管理质量分析

资产管理是企业财务管理的一项重要内容，资产管理质量体现了企业自身资产的管理和运营水平，直接影响企业利润的高低。企业经营和发展的目的是持续获得利润，为股东创造价值，因此资产管理质量不仅关系到企业的生存现状，也影响着企业未来的发展潜力。营运能力是企业的经营运作管理能力，是企业运用各种资产创造利润的能力，可以用来评价企业对其拥有资源的利用程度和营运活动能力。因此，通过对营运能力进行分析，可以揭示企业各项资产利用的有效性和充分性，以此体现企业资产的管理质量。同时，在我国现行会计准则强化资产负债表观念的背景下，分析资产管理质量可以更有效地揭示企业真实资产、负债条件下的净资产增值状况，是对前述企业盈利能力和盈余质量的重要补充。

一、企业营运能力分析

(一)营运能力分析的意义

营运能力是企业运用各项资产赚取利润的能力，用以表示企业资产利用的有效性和充分性。企业营运能力分析是通过对反映企业资产营运效率和效益的指标进行计算分析，为优化企业资源配置并有效使用各种资源指明方向。

营运能力分析是影响企业财务状况稳定和盈利能力强弱的关键环节，通过分析企业各项资产的周转状况、规模和结构变化，可以发现并改进企业经营过程中对各项资产的利用效率，从而为提高企业盈利能力和核心竞争力打下良好的基础。因此营运能力的分析对于企业的各利益相关方也非常有意义。

1.有助于企业管理者改善经营管理

对企业管理者而言，营运能力是企业盈利的原因和过程，因此对企业营运能力的分析至关重要。首先，它有助于优化企业资产结构。通过资产结构分析，可发现和揭示与企业经营性质、经营时期不相适应的结构比例，并及时加以调整，形成合理的资产结构。其次，它有助于改善财务状况。企业在一定时点上的存量资产，是企业取得收益或利润的基础。然而，当企业的长期资产、固定资产占用资金过多或出现有问题的资产、资产质量不高时，就会形成资金积压，以至营运资金不足，从而使企业的短期投资人对企业财务状况产生不良的印象。因此，企业必须注重分析、改善资产结构，使资产保持足够的流动性，以赢得外界对企业的信心。特别是对于资产“泡沫”或虚拟资产进行资产结构分析，摸清存量资产结构，并迅速处理有问题的资产，可以有效防止或消除资产经营风险。再次，有助于加速资金周转。非流动资产只有伴随着产品的销售才能形成销售收入，在资产总量一定的情况下，非流动资产和非商品资产所占的比重越大，企业所实现的周转价值越小，资金的周转速度也就越低。为此，企业必须通过资产结构分析，合理调整流动资产与其他资产的比例关系。

2.有助于投资者进行投资决策

对投资者而言，企业营运能力分析有助于投资者判断企业财务的安全性、资本的保全程度以及资产的盈利能力，只有投资者认为企业有良好的发展前景，才会保持或增加投资。首先，企业的安全性与其资产结构密切相关，企业流动性强即变现能力强的资产所占的比重越大，企业短期偿债能力就越强，相应财务安全性就越高。其次，要保全所有者或股东的投入资本，除了要求在资产的运用过程中，资产的净损失不得冲减资本金外，还要有高质量的资产作为物质基础，否则资产周转价值不能实现，就无从谈及资本保全。而通过资产结构和资产管理效果分析，可以判断资本的安全程度。第三，企业的资产结构直接影响着企业的收益。企业存量资产的周转速度越快，实现收益的能力越强；存量资产中商品资产越多，实现的收益额也越大；商品资产中毛利额高的商品所占比重越高，取得的利润率就越高。良好的资产结构和资产管理效果预示着企业未来收益的能力。

3.有助于债权人进行信贷决策

对债权人而言，资产结构和资产管理效果分析有助于判明其债权的物资保证程度或其安全性，可用以进行相应的信用决策。短期债权人通过了解企业短期资产的数额，可以判明其对短期债权的保障程度；长期债权人通过了解与长期债务偿还期相接近的可实现长期资产，可以判明企业长期债权的物质保证程度。将资产结构与债务结构相联系，进行匹配分析，可以考察企业的资产周转期限（变现期限）结构与债务期限结构的匹配情况，以进一步掌握企业的各种结构是否相互适应。通过资产管理效果分析，债权人对债务本息的偿还能力有更直接的认识。

4.有助于政府及有关管理部门进行宏观决策

对政府及有关管理部门而言，通过对企业资产运用效果的分析，可以判明企业经营是否稳定，财务状况是否良好，有利于其进行宏观管理、控制和监管。此外，对于其他与企业有密切经济利益关系的部门和单位来说,资产运用效果分析同样具有重要意义:有助于业务关联企业判明企业是否有足量合格的商品供应或有足够的支付能力;有助于判明企业的供销能力及其信用状况是否可靠,以确定可否建立长期稳定的业务合作关系或者所能给予的信用政策的松紧度。

总之,营运能力分析能够用以评价一个企业的经营业绩和管理水平,乃至预期它的发展前途,对企业各利益相关方意义重大。

(二)营运能力分析的主要内容

企业营运能力分析主要包括资产利用的有效性和充分性。资产利用的有效性需要用资产所创造的收入来衡量,因为企业取得资产的目的是利用资产赚取盈利。资产对企业收入的贡献分为直接和间接两种方式。如企业出售产品实现收入属于直接贡献方式;而固定资产对收入的贡献方式就是间接的,这是因为固定资产被用来生产产品,产品出售才能实现收入,所取得的收入不是通过出售固定资产实现的。无论资产是直接或间接创造收入,都可用收入和资产的比例关系来衡量资产的运用效率。按照资产的不同类型,企业营运能力的分析主要从以下三方面进行:一是总资产营运能力分析,二是非流动资产营运能力分析,三是流动资产营运能力分析。

1.总资产营运能力分析

总资产是企业进行生产经营、创造报酬的资产总和。总资产营运能力是衡量企业组织、管理和营运整个资产的能力和效率。分析总资产营运能力的指标是总资产周转率。总资产周转率是企业在一定时期的营业收入与总资产平均额的比率,其计算公式为:

$$总资产周转率=\frac{营业收入}{总资产平均额} \tag{8-32}$$

其中,总资产平均额为期初、期末总资产的简单平均数。

总资产周转率还可以用周转天数来表示,即总资产周转一次所需要的时间,其计算公式为:

$$总资产周转天数=\frac{360}{总资产周转率} \tag{8-33}$$

总资产周转率反映企业全部资产的使用效率,可以粗略地计量企业资产创造收入的能力。该指标越高,周转速度越快,表明资产的有效使用程度越高,总资产的运用效率越好,其结果将使企业的偿债能力和盈利能力增强;反之,则说明企业利用全部资产进行经营的效率较差,最终影响企业的盈利能力。但由于资产的组成复杂,所以总资产周转率只是一种粗略的描述,还要进一步考虑企业资产结构才能作出合理评价。

特别需要注意的是,在企业对外投资规模较大时,总资产平均额应该剔除并不引起营业收入增加的各项投资资产,以保证比率的可比性。

2.非流动资产营运能力分析

企业的非流动资产主要包括可供出售金融资产、持有至到期投资、长期股权投资、固定资产、无形资产和长期待摊费用等。前三项都属于对外投资,不属于企业的生产经营活动，其取得的收益也不在营业收入中，而在投资收益中。而无形资产与固定资产等实体性资产不同，财务报表上的无形资产一般是指外购或接受投资取得的无形资产，如外购的商标、专利技术等，而企业自创的无形资产如商标、生产技术等在报表上并不体现，但也能够给企业创造营业收入。此外，由于不同企业取得无形资产的方式以及无形资产摊销政策不同，因而无形资产在报表上的揭示金额差异很大，一般仅适用趋势分析。因此，非流动资产营运能力分析主要是分析固定资产营运能力。固定资产营运能力的分析指标是固定资产周转率。

固定资产周转率又称固定资产利用率，是企业营业收入与平均固定资产原值的比率，其计算公式为：

$$\text{固定资产周转率}=\frac{\text{营业收入}}{\text{平均固定资产原值}} \tag{8-34}$$

其中，平均固定资产原值为期初、期末固定资产原值的简单平均数。

固定资产周转率还可以用周转天数来表示，即固定资产周转一次所需要的时间，其计算公式为：

$$\text{固定资产周转天数}=\frac{360}{\text{固定资产周转率}} \tag{8-35}$$

固定资产周转率反映企业固定资产的使用效率。该指标越高，表明固定资产周转速度越快，企业固定资产投资得当，固定资产结构分布合理，企业固定资产的运用效率越高，说明营运能力越强；反之，则表明企业固定资产利用效率不高，固定资产拥有数量过多，设备闲置未得到充分利用，固定资产营运能力较差。

需要说明的是，固定资产周转率计算中采用的是平均固定资产原值，而不是净值。原因在于，用原值计算得到的周转率可以恰当地反映企业对固定资产的运用状况。如果使用净值计算，可能会出现这样的状况：企业相邻两年的营业收入完全一样，但由于第二年企业计提了折旧而导致净值减少，计算的周转率高于第一年。这种现象不能恰当地反映资产周转的真实情况，因此应使用原值计算。

3.流动资产营运能力分析

流动资产营运能力是指衡量企业组织、管理和营运流动资产绩效的能力，同时也是反映企业流动资产变现的能力。常用的流动资产营运能力指标有应收账款周转率、存货周转率、流动资产周转率等。

(1)应收账款周转率

应收账款周转率是企业一定时期的营业收入与应收账款平均额的比值，其计算公式为：

$$\text{应收账款周转率}=\frac{\text{营业收入}}{\text{应收账款平均额}} \tag{8-36}$$

其中，应收账款平均额为期初、期末应收账款的简单平均数。

应收账款周转率还可以用周转天数来表示，又称平均应收账款回收期，表示企业从取得应收账款的权利到收回款项，转换为现金所需要的时间，其计算公式为：

$$应收账款周转天数=\frac{360}{应收账款周转率} \tag{8-37}$$

应收账款周转率是反映企业应收账款运用效率的指标，说明应收账款流动的程度。一般情况下，应收账款周转率越高越好，周转率高，表明收账迅速，账龄较短；资产流动性强，短期偿债能力强；可以减少坏账损失等。

对于应收账款周转率有几点需要说明：

①应收账款是在赊销过程中产生的，所以计算应收账款周转率应该用赊销额，但由于赊销额数据通常只有内部人员能够获得，外部报表使用者很难得到该数据，所以在实践中常用营业收入替代赊销额来计算这个比率。

②应收账款应当用没有减除坏账准备以前的原值金额，因为企业真正周转和回收的不是净值，而是原值。

③在实施增值税的条件下，销售额的项目还应该乘以（1＋增值税率），因为债权中包括增值税销项税额。

④计算应收账款周转率时假设企业的应收票据一般规模不大（事实上应收票据也推动了赊销收入），在应收票据规模较大时，应该计算商业债权周转率，提高指标的合理性。计算公式如下：

$$商业债权周转率=\frac{营业收入\times(1+17\%)}{应收账款平均额+应收票据平均额} \tag{8-38}$$

（2）存货周转率

存货周转率是企业某特定时期的营业成本与存货平均额的比值，其计算公式为：

$$存货周转率=\frac{营业成本}{存货平均额} \tag{8-39}$$

其中，存货平均额为期初、期末存货的简单平均数。

存货周转率还可以用周转天数来表示，是存货周转一次需要的时间，其计算公式为：

$$存货周转天数=\frac{360}{存货周转率} \tag{8-40}$$

存货周转率反映存货的周转速度，是衡量和评价企业购入存货、投入生产、销售收回等各环节管理状况的综合性指标。存货周转率指标的好坏反映了企业存货管理水平的高低，它影响到企业的短期偿债能力，是整个企业管理的一项重要内容。一般来讲，存货周转速度越快，存货的占用水平越低，流动性越强，存货转换为现金或应收账款的速度越快。因此，提高存货周转率可以提高企业的变现能力。

需要说明的是：存货周转率的分析基于一个重要假设：即存货在一年当中是匀速使用的，不会发生波动。很显然，这种假设对很多企业并不适用，因为很多企业的存货存在季节性，如在旺季会增加大量存货，这样计算得到的存货周转率会比实际的周转率要小，会对该指标存在曲解。因此，在分析存货周转率指标时，应尽可能地结合存货的批量因素、季节性变化因素等情况对指标加以理解。

（3）流动资产周转率

流动资产周转率指企业一定时期内营业收入与流动资产平均额的比率,其计算公式为:

$$流动资产周转率=\frac{营业收入}{流动资产平均额} \tag{8-41}$$

其中,流动资产平均额为期初、期末流动资产的简单平均数。

流动资产周转率反映了企业流动资产的周转速度,是从企业全部资产中流动性最强的流动资产角度对企业资产的利用效率进行分析,以进一步揭示影响企业资产质量的主要因素。一般情况下,该指标越高,表明企业流动资产周转速度越快,利用越好。在较快的周转速度下,流动资产会相对节约,相当于流动资产投入的增加,在一定程度上增强了企业的盈利能力;而周转速度慢,则需要补充流动资金参加周转,会形成资金浪费,降低企业盈利能力。

二、资产管理质量分析

(一)资产管理质量的概念

资产管理质量是衡量一个企业是否具有竞争力的重要指标,是投资者用来评价上市公司发展前景与盈利能力的核心依据,也是政府相关部门制定有关政策的重要依据。提高资产管理质量是企业经营和发展的重要目标,也是企业赖以生存和发展的物质基础,因为它不仅关系到企业所有者的利益,也关系到企业偿还债务的资金重要来源。所以企业的债权人、所有者以及管理者都很关心企业的资产管理质量。

(二)资产管理质量分析

资产管理质量是企业经营管理活动的结果,也是企业资产质量特征的综合体现。

1.资产质量特征

就企业资产质量特征而言,本身表现为本质特征和资产在使用过程中的个体特征两个方面。

(1)资产的本质特征

资产的本质特征是指资产自身具备的属性特征,包括增值性、结构性和风险性。

第一,增值性。资产的增值性是指资产在被利用的过程中创造利润的能力。我国现行会计准则所确定的利润,是建立在资产真实价值基础上的资产利用效果的最终体现,更加体现企业资产在价值转移、处置以及持有过程中的增值质量。由此可见,利润质量与对应的资产质量密切相关,资产增值是企业投资者、经营管理者以及其他利益相关者共同追求的目标,也是企业持续发展的必然要求。同时,从发展的角度看,资产的增值性还包括企业在一定的经营时期内所拥有的资产的增长幅度。企业为了迎合市场竞争和未来发展的要求,如扩大企业规模、增加生产能力、更新技术、实行多元化发展战略等,都需要对资产进行优化,更换处理被淘汰的资产,引进、添置新资产,这样无疑会造成企业原有资产的规模变动,改变企业资产结构,实现资产增值。

第二,结构性。资产的结构性是指企业各项资产间的比例结构。资产结构设定是否合理,对企业的经营发展具有很大的影响。不同的企业其战略目标定位、所面临的市场环境、竞争压力等都存在差异,因此各种资产组合的效果也不尽相同。企业的资产结构也是其经营战略的主要体现。

第三,风险性。资产的风险性是指由于资产自身的物理性消耗或是不能够与企业经营相协调所造成的资产在企业的经营过程中不能为企业带来预期利益或是利润远小于资产消耗的这种可能性。具体包含两层含义,一是企业内绝大多数资产本身具有物理特性,有一定的消耗年限,随着时间而产生的消耗会直接影响资产的使用效率,最终影响企业经营;二是判断企业资产质量的标准并不仅仅是其自身物理性质的好坏,更为重要的是资产在企业中是否“合适”,能否为企业带来经济效益。

(2)资产的个体特征

资产的个体特征主要包括盈利性、周转性、变现性和安全性。

第一,盈利性。资产的盈利性是指资产在使用过程中为企业带来经济效益的能力,强调的是资产为企业创造价值的这一效用。对于资产盈利性的要求,源于其内在属性,也是资产存在的必然要求。

第二,周转性。资产的周转性是指企业在经营生产中资产的利用效率和周转速度。资产只有被使用才会有价值,才能够为企业带来收益,而这一特征强调了资产作为企业获取利润的基础在被使用的过程中达到的利用效果。资产的周转性主要体现在资产周转率上,资产周转效率的高低能够体现企业整体运作的效果,并影响企业的效益。

第三,变现性。资产的变现性是指企业的资产在被使用的过程中为企业创造的现金流量的能力。现金被喻为企业经营运作的血液,其对企业的经营至关重要。资产作为企业获得利润的物质基础,其变现性体现的是资产的“造血功能”,资产通过被使用、周转产生的现金净流量是企业健康经营的重要保障和持续发展潜力重要体现,并且资产是否能够为企业提供充足的现金净流量也会影响企业的偿债能力和支付能力。

第四,安全性。资产的安全性是指资产作为企业承担债务的物质保障的能力。负债是企业进行外部融资的主要手段之一,资产则是企业承担债务的根本保障。资产质量的优劣直接影响企业的偿债能力,而偿债能力又是关系到企业是否能够健康、持久发展的关键因素,因此,资产的安全性是从总体上体现企业抵抗风险的能力。

综上所述,资产的本质特征和个体特征均由多种特性组成,这些特性从总体到个体形成了资产质量的整体特征,也为判断企业资产管理质量优劣提供了依据。

2.资产管理质量评价

针对上述资产质量特征,可以从以下三个方面对企业资产管理质量进行评价。

(1)整体性评价

从总体上看,资产的增值性是最主要的属性,资产的增值性在一定程度上决定了企业扩大再生产的能力,进而决定了企业的盈利能力及盈余质量。因此,应从资产的增值性角度对企业资产管理质量作出整体性评价。一方面,对企业资产创造利润的能力进行评价。考察所有者权益增长率,该指标值越大,通常表明企业资产创造价值越大,资产管理质量越高。当然,还要进一步考虑所有者权益增长的来源,以进行更深入、准确的分析,详细内容参见本书第五章的相关表述。另一方面,对企业资产规模变化情况进行评价。考察总资产增长率,即本期总资产增加值与期初总资产的比值,该指标为正数,通常表明企业的资产整体规模处于扩张态势,这在一定程度上反映了企业的发展状况,并且传递给公众和投资者企业正处于稳步发展状态的信息，有利于企业经营发展。但对企业资产管理质量的判断不能仅考虑资产数量变化，而应结合资产创造利润的能力给出综合判断。

(2)结构性评价

从结构上看，重点考察资产结构自身的合理性和与资本期限结构的匹配性两方面内容。

第一，资产结构自身的合理性。一是资产结构的流动性。通过考察流动资产占总资产比重，分析流动资产规模的适应性。通常，资产整体的流动性过小，意味着这个企业或行业的退出门槛很高，转型很难，经营风险较大。当然，也不能片面追求资产结构的流动性，因为资产整体的流动性过强，会影响到其盈利性。因此，对该指标的评价重点在于合理性，在追求盈利性的同时，重视企业资产整体的流动性，减少生产经营所面临的风险，同时也表明企业资产管理质量水平较高。二是资产结构与企业战略的吻合性。从企业发展的角度看，企业的资产结构应体现和支持其发展战略的要求。通过考察企业资产中经营性资产和投资性资产的比例关系，可以透视企业的盈利模式。而盈利模式在很大程度上反映企业资产结构安排对企业战略的遵守和实施状况，进而评价企业的资产结构与其发展战略的吻合程度。显然，吻合程度越高，表明企业资产管理质量越高。

第二，资产结构与资本期限结构的匹配性。一方面，企业资产中流动性强的资产所占比例越大，企业资产的整体流动性就越强。在企业流动资产对流动负债保障程度较高的情况下，企业短期偿债能力一般较强，财务风险较小。另一方面，从推动资产的资本来源看，非流动资产和流动资产中长期稳定占用的部分，应该由长期性的资本(或资金)来源推动，企业由于季节性、临时性原因造成的流动资产中的波动部分，应由短期资本(或资金)来源推动。而当上述二者不匹配时，或者造成企业财务风险增大，或者导致财务成本提高，都不符合企业经营发展的目标。显然，资产结构与资本期限结构的匹配程度越高，企业资产管理质量水平越高。

(3)个体性评价

从个体上看，重点考察资产的盈利性、变现性和周转性三个方面。

第一，资产的盈利性。资产的盈利性是企业资产运作结果的综合表现，可结合相关利润指标对具体资产的盈利性进行针对性分析。如结合毛利率指标考察存货的盈利能力，通常认为较高的毛利率表示企业在存货项目上的获利空间较大，产品的市场竞争力较强，也表明该项资产管理质量较高。

第二，资产的变现性。资产的变现性直接影响一个企业的生存和发展。企业的现金流入量要能满足企业经营管理和正常投资的需求，这是企业良性运作的必要条件之一。同时，资产变现性的强弱，会直接影响企业的偿债能力，尤其是短期偿债能力的强弱。因此，分析主要资产项目能否按照账面价值或高于账面价值顺利变现，是衡量企业资产管理质量的一个重要因素。

第三，资产的周转性。资产被被利用率越高，其周转速度越快，说明该项资产与企业经营战略的吻合度越高，为企业赚取利润的能力越强，表明该项资产质量越高。反之，如果资产周转率过低，表明存在不良资产占用，或资产被大量闲置，或企业产品市场销售不畅，这些都说明企业资产管理质量不高。

需要注意的是，对于企业资产管理质量的分析，还应结合行业平均水平以及企业历史情况，综合作出评价。

（三）企业资产管理质量提升路径

资产管理质量能够充分体现企业的经营效率和效果。从财务管理的角度来看，资产是支撑企业的重要支柱，企业要想获得持续的发展，必须加强对资产的管理。

1.树立资产质量意识，建立健全资产管理制度

资产质量的优劣不仅表现在其自身的性能上，更多地体现在资产使用过程中的利用效果。因此，企业不仅要对资产的性能进行区分，更应关注资产对企业的适用程度。企业管理者应树立资产质量观念，从企业战略层面对现有资源进行合理分配利用，增强资产使用的目的性，以提高企业资产的管理效率。在此基础上，企业应建立完备的资产质量管理制度，根据企业的实际情况和行业特点对企业的资产质量进行等级评价，明确区分资产质量的优劣等级程度，建立资产管理责任制度和监督机制，加强对易形成不良资产的应收账款、存货等资产项目的管理力度，增强企业的抗风险能力，提高资产管理质量。

2.减少不良资产占用，优化资产结构

不良资产占用企业有限资源，却不能为企业带来收益，同时由于虚增了资产的整体规模，致使企业资产的盈利性降低。因此，企业应根据自身实际情况和战略发展需求，对内部资产进行优化配置，降低不良资产所占比例。通过处置不良资产，盘活闲置、积压和废旧的资产，不仅能促进资产的流通，提高资产的使用效率，实现资产价值，还能减少资产的管理成本，增强企业的盈利能力。同时，优化企业资产结构能够让企业内部各资产之间相互协调，为企业经营战略目标的实现提供物质基础保障，促进企业目标实现。

3.加强企业创新能力，降低资产风险

创新是企业获取市场、赢得竞争最重要的因素之一，是企业核心竞争力的重要组成部分。如果企业管理者只看重眼前利益，对研发创新投入不足，势必造成企业原有技术水平落后，产品更新能力不足，不能迎合市场需求，最终形成大量积压品、滞销品。因此，企业应加强科学技术创新，培养专门人才，鼓励员工参与企业技术改造，激发企业创新能力。企业创新能力的提升，不仅能够改善企业资产的使用效率，提高产品的更新速度，扩大市场份额，还能够减少企业内部不良资产的形成概率，降低资产风险，促进企业持续健康发展。

4.提高企业投资决策科学性，避免资产闲置浪费

企业大部分闲置资产的产生和资金滥用都源于企业投资的盲目性，缺乏对投资项目进行科学考察和可行性论证。因此，提高企业投资决策的科学性，对改善企业资产质量具有重要影响。通过对投资项目进行科学论证和可行性分析，权衡利弊，能够避免投资贪图"大""多"的盲目性，有效利用企业资金，并建立相应的投资决策监督责任机制，有效防止无效投资和过度投资，提高企业的投资收益。

第五节　企业发展能力与公司价值分析

企业财务报告分析是一个动态与静态相结合的多维分析过程。一方面，企业价值在很大程度上取决于企业未来的盈利能力，取决于企业营业收入、收益以及股利的未来增

长，而不是企业过去或者目前所取得的收益情况；另一方面，无论是增强企业的盈利能力、偿债能力还是提高资产的运营能力，都是为了提高企业的发展能力以满足未来的获利需要，即发展能力是企业盈利能力、营运能力和偿债能力的综合体现。因此，要全面衡量一个企业的价值，就不应该仅仅从静态角度分析其经营能力，而更应该着眼于动态角度出发分析和预测企业的发展能力。

一、企业发展能力分析

发展能力，又称增长能力、成长能力，它是企业通过自身的生产经营活动，不断扩大积累而形成的发展潜能。从财务角度看，企业的发展能力是提高盈利能力最重要的前提，也是实现企业价值最大化的基本保证。但在实践中，增长率最大化不一定能实现企业价值最大化，因此企业的发展必须具有可持续性的特征，即企业在追求自我生存和永续发展的过程中，既要考虑企业经营目标的实现和提高企业市场地位，又要保持在已领先的竞争领域和未来扩张的经营环境中持续的盈利增长和能力的提高，而保证企业在相当长时间内长盛不衰的盈利能力，则表现为企业未来生产经营的发展能力。本质上，无论是增强企业的盈利能力、偿债能力还是提高资产的运营能力，都是为了企业未来的盈利需要，都是为了提高企业的发展能力，也就是说企业的发展能力是盈利能力、营运能力和偿债能力的综合体现。

(一)发展能力分析的意义

传统的财务分析往往从静态角度出发，分析企业盈利能力、营运能力和偿债能力，这已无法满足企业日益多元化的利益相关者的信息需求。因此，从动态角度出发，对企业未来经营发展水平进行分析预测，对经营者、投资者及其他相关利益者都至关重要。

1.有助于抑制企业的短期行为，完善现代企业制度

企业的短期行为集中表现在追求短期利润而忽视企业资产的保值和增值。为了实现短期利润不惜拼耗设备、少计费用和成本等。增加了企业发展能力的考核后，不仅要考核企业目前实现的利润，还要考核企业资产的保值和增值情况，这在一定程度上可以抑制企业的短期行为，也有助于完善现代企业制度。

2.有助于完善现代企业的理财目标

现代企业的最优理财目标是实现企业价值最大化。为了实现这一目标，一方面要求企业追求利润，扩大财务成果；另一方面，则要不断地改善财务状况，增强经营成果的稳定性。为此，不仅要分别对企业的财务状况和财务成果进行考核，更重要的是，要将财务状况和财务成果以及一些非财务信息结合起来综合地考核企业的发展能力。

(二)发展能力分析的主要内容

与发展能力内涵相对应的分析框架，主要是从发展能力形成角度分析持续盈利能力和从发展能力结果角度分析股东权益增加值的增长情况。同时，不应忽略企业竞争能力等非财务信息对企业发展能力的重要影响。因此，对发展能力的分析集中在持续盈利能力分析、股东权益增长分析和竞争能力分析三个方面。

1.持续盈利能力分析

持续盈利能力分析是从发展能力形成角度进行分析，即分析前后两期资产、营业收

入、收益的对比情况。

(1)总资产增长率

总资产增长率是企业本年总资产增长额同年初资产总额的比率,其计算公式为:

$$总资产增长率=\frac{本年总资产增长额}{年初资产总额}\times 100\% \tag{8-42}$$

其中:本年总资产增长额为年末资产总额和年初资产总额之差。

总资产增长率是用来考核企业资产规模增长幅度的财务指标。总资产增长率大于零,说明企业在本年度的资产规模增加;总资产增长率小于零,则说明企业在本年度的资产规模减少;总资产增长率等于零,说明企业在本年度的资产规模没有变化,维持上年度水平。总资产增长率越高,表明企业一定时期内资产经营规模扩张的速度越快。但在分析时,需要关注资产规模扩张的质和量的关系,以及企业的后续发展能力,避免盲目扩张投资。

(2)营业收入增长率

营业收入增长率是企业本年营业收入增长额与上年营业收入总额的比率,其计算公式为:

$$营业收入增长率=\frac{本年营业收入增长额}{上年营业收入总额}\times 100\% \tag{8-43}$$

其中:本年营业收入增长额为本年营业收入总额和上年营业收入总额之差。

营业收入增长率反映企业营业收入的增减变动情况。营业收入增长率大于零,表明企业本年营业收入有所增长。该指标值越高,表明企业营业收入的增长速度越快,企业市场前景越好,企业生存和发展的能力提高得越快。该指标值越低,说明企业产品营业收入在本期增长缓慢,市场开拓和客户发展情况越差。当营业收入增长率小于零,则表明企业本年营业收入有所下降。

需要注意的是,营业收入增长率高并不一定代表企业在营业收入方面具有良好的发展性。因为要判断企业在营业收入方面的未来发展性和可持续发展能力,还必须全面分析营业收入增长是否具有效益性,可以通过营业收入增长率和资产增长率进行对比分析。正常情况下,企业营业收入增长率应高于总资产增长率,只有这样,才说明企业在营业收入方面具有较好的发展性。

(3)收益增长率

企业的收益增长也是反映企业发展能力的重要方面。收益在会计上通过营业利润、利润总额、净利润等多种指标来体现,相应的收益增长率也具有不同的表现形式。通常使用的是净利润增长率、营业利润增长率和息税前利润增长率三种指标。

①净利润增长率

净利润增长率是本年净利润增长额与上年净利润的比率,其计算公式为:

$$净利润增长率=\frac{本年净利润增长额}{上年净利润}\times 100\% \tag{8-44}$$

其中:本年净利润增长额为本年净利润和上年净利润之差。

净利润是企业经营业绩的最终成果。净利润增长率越大，说明企业收益增长越多，表明企业经营业绩突出，市场竞争能力较强；反之，企业净利润增长率越小，则说明企业收益增长得越少，表明企业经营业绩不佳，市场竞争能力较弱。

②营业利润增长率

营业利润增长率是企业本年营业利润增长额与上年营业利润的比率，其计算公式为：

$$营业利润增长率=\frac{本年营业利润增长额}{上年营业利润}\times 100\% \tag{8-45}$$

其中：本年营业利润增长额为本年营业利润和上年营业利润之差。

营业利润增长率反映企业营业利润的增减变动情况。营业利润增长率越大，说明企业营业利润增长越快，表明企业业务扩张能力强；反之，营业利润增长率越小，说明企业营业利润增长越慢，反映企业发展停滞，业务扩张能力弱。

③息税前利润增长率

息税前利润增长率是本年息税前利润的增长额与上年息税前利润的比率，其计算公式为：

$$息税前利润增长率=\frac{本年息税前利润增长额}{上年息税前利润}\times 100\% \tag{8-46}$$

其中：本年息税前利润增长额为本年息税前利润和上年息税前利润之差。

息税前利润是总资产创造的收益，息税前利润增长率可以较为全面地反映企业的发展性。息税前利润增长率越大，说明企业息税前利润增长越快，表明企业资产盈利能力提高，扩张能力增强；反之，息税前利润增长率越小，说明企业息税前利润增长越慢，表明企业发展停滞，扩张能力弱。

2.股东权益增长分析

现代企业的理财目标是股东价值最大化或企业价值最大化，因此企业要追求股东权益或企业价值的不断增长。在现实中，企业资本只有在不断的运动中产生资本收益，并作为财富积累起来，才能实现最终的理财目标。企业在经营过程中财富积累的数量，除了取决于企业经营总资本的规模外，关键还在于企业资本经营效益的高低和利润积累的比率。由此可见，企业实现其目标的动力在于资本本身的增值要求。

(1)资本保值增值率

企业是以其净资产(反映在财务报表上为所有者权益总额)来承担盈亏责任的。企业所有者权益增加说明企业资本增值，所有者权益减少则说明企业资本减值。采用传统方法计算最常见的反映企业资本保值增值的指标是资本保值增值率。资本保值增值率是财政部制定的评价企业经济效益的十大指标之一，该指标反映了企业资本的运营效益与安全状况，其计算公式为：

$$资本保值增值率=\frac{年末所有者权益}{年初所有者权益}\times 100\% \tag{8-47}$$

由公式 8-47 可见，评价资本是否保值增值取决于所有者权益的增减变动，企业盈利则所有者权益增加，就实现了增值，反之就减少。盈利与保值增值成正比关系。根据公式 8-47

计算的指标数值做出判断：当该指标值大于100％，表明实现了资本增值；指标值等于100％，表明企业资本保值；指标值小于100％，表明企业的资本贬值，所有者权益受到损害。

进一步分析，所有者权益由实收资本、资本公积、盈余公积和未分配利润构成，四个项目中任何一个变动都将引起所有者权益总额的变动。但其中至少有两种情形并不反映真正意义的资本保值增值。第一，本期投资者追加投资，使企业的实收资本增加，还可能产生资本溢价、资本折算差额，从而引起资本公积变动；第二，本期接受外来捐赠、资产评估增值导致资本公积增加。即便是在本期既无投资者追加投入，又无接受捐赠和资产评估事项的情形下，上述公式仍然需要推敲。因为本期资本的增值不仅表现为期末账面结存的盈余公积和未分配利润的增加，还应包括本期企业向投资者分配的利润，而分配了的利润不再包括在期末所有者权益中。所以不能简单地将期末所有者权益的增长理解为资本增值，期末所有者权益未减少理解为资本保值。

基于上述分析，需要详细分析本期所有者权益增长额的构成，进而揭示真正意义上的资本保值增值。从财务报告上看，所有者权益主要来源于企业经营活动产生的净利润留存和筹资活动产生的股东净投资。这样，资本保值增值率计算公式还可以表达为：

$$\begin{aligned}\text{资本保值增值率} &= \frac{\text{年初所有者权益}+\text{本期所有者权益增长额}}{\text{年初所有者权益}}\times 100\% \\ &= \frac{\text{年初所有者权益}+\text{留存收益}+(\text{股东新增投资}-\text{股东股利})}{\text{年初所有者权益}}\times 100\% \\ &= \frac{\text{年初所有者权益}+\text{留存收益}+\text{股东净投资}}{\text{年初所有者权益}}\times 100\% \\ &= 100\%+\text{净资产收益率}+\text{股东净收益率}\end{aligned} \tag{8-48}$$

判断标准与上式一样，该指标值越高，说明企业资本积累越多，资本保全性越强，应对风险、持续发展的能力也越强。当该指标值大于100％，表明实现了资本增值；指标值等于100％，表明企业资本保值；指标值小于100％，表明企业的资本贬值，所有者权益受到损害。

由上述计算公式可以看出，资本保值增值率受净资产收益率和股东净收益率两个因素驱动。其中，净资产收益率反映了企业运用股东投入资本创造收益的能力，而股东净收益率反映了企业利用股东新投资的程度，这两个比率的高低都反映了对所有者权益增长的贡献程度。但前者更加能体现资本积累的本质，反映企业发展能力和发展后劲。

(2)股东经济增加值

股东经济增加值(Economic Value Added to Equity，EVAE)是指扣除必要的权益资本成本后的净利润增加值。因此，股东经济增加值反映了企业股东财富的增加，其增长情况反映了企业资本保值增值能力。股东投资公司，其权益的账面价值就是公司的净资产。公司在经营中运用这些净资产，从而实现股东财富的增加。但是股东权益账面价值的增加并不能真实地反映资本的保值增值，因为股东权益账面价值的增加仅仅扣除了负债资本成本，而忽略了对权益资本成本的补偿。一个企业只有在弥补了所有投入资本成本(包括负债资本成本和权益资本成本)之后，剩下的才是真正属于企业所有者所拥有的财富，也才能真正反映资本是否实现了保值增值。

根据上述股东经济增加值的概念，其计算公式为：

股东经济增加值＝税后净营业利润－权益资本成本

＝税后净营业利润－加权平均资本成本×资本总额　　(8-49)

股东经济增加值取决于三个因素：税后净营业利润、资本总额和加权平均资本成本。据此对股东经济增加值分析如下：

①税后净营业利润

税后净营业利润是指息税前利润减去所得税费用后的净值，它反映了企业资产的盈利能力。由于财务报表项目对企业的真实情况存在一定程度上的扭曲，为精确计算股东经济增加值，还需对部分财务报表项目进行调整。如企业的研究开发费用和市场推广费，从性质上讲两者都属于长期资产，根据会计的稳健性原则，这两项费用应当视作期间费用于发生当年一次性摊销，这样做的结果是减少了公司的短期利润。这会导致企业的管理人员为使其在任时的经营业绩上升而人为地减少任职期间该项费用的投入，而这将对企业的长远发展产生极其不利的影响。解决方法就是在计算股东经济增加值时对该类费用予以资本化，将其列为企业的资产，同时在一定的期间内分期摊销，不使其对当期利润产生过大的负面影响。

②资本总额

资本总额是指公司全部股东投入公司支持公司运营的全部资本的账面价值，包括债务资本和股本资本。其中债务资本是指公司债权人提供的长期贷款和短期贷款，但不包括因购销关系而产生的应收账款、应收票据等商业信用负债；股本资本包括普通股及少数股东权益。

③加权平均资本成本

加权平均资本成本是指单位债务资本成本和单位股本资本成本依据各自在资本结构中所占比重而计算的单位平均成本，其中单位债务资本成本为税后成本，单位股本资本成本为普通股和少数股东权益的机会成本。加权平均资本成本的计算是难点，目前较多使用的方法主要包括：折现股利法、资本资产定价模型法和债务资本成本加成法。此外，加权平均资本成本的确定还需要参考所在国会计制度和资本市场的状况。

综上所述，股东经济增加值是以货币数量全面反映企业生产经营的真正盈利状况的指标。当股东经济增加值大于零时，表示企业获得的投资收益大于该项投资占用的资本成本，即企业创造财富，实现了资本增值；当股东经济增加值刚好等于零时，实现了资本保值；当股东经济增加值小于零时，表明企业的生产经营活动不是创造财富而是在耗用自己的资产，尽管这时企业计算出的会计利润可能为正值，但投资报酬率低于该项投资的资本成本(机会成本)，此时减损了股东权益，是资本减值。

3.竞争能力分析

企业竞争能力是指企业生产的产品在品种、质量、成本、价格、交货期和销售服务等方面与竞争企业之间的实力对比，该能力是企业未来发展能力中不可或缺的重要方面。企业竞争能力综合表现为企业产品的市场占有情况。

(1)市场占有率

市场占有率又称市场份额，是指一个企业的销售量(或销售额)在市场同类产品中所占的比重。市场占有率直接反映消费者对企业所提供的商品和劳务的满意程度，反映了企业对市场的控制能力。市场占有率越高,表明企业经营、竞争能力越强。企业市场占有率不断增大,可以为企业带来更高的利润并能保持一定的竞争优势。由于影响市场占有率的因素很多,包括市场需求状况、竞争对手的实力和本企业产品的竞争能力和生产规模等,因此对该指标的分析还要针对各种影响因素进一步深入剖析变化原因。

(2)市场覆盖率

市场覆盖率是本企业产品的投放地区占应销售地区的百分比。市场覆盖率反映企业某种产品在所有潜在的销售网点的覆盖比率,在分析时也要通过与竞争对手进行对比分析说明企业竞争能力的强弱。市场覆盖率越高,说明企业在扩大竞争地域范围、开拓产品的新市场等方面的竞争能力越强。但值得注意的是,市场覆盖率的大小并不能真实反映企业的销售情况,应与市场占有率配合使用评价销售业绩和产品竞争能力。

(3)产品竞争力

产品竞争力是指产品符合市场要求的程度,这种要求具体体现在消费者对产品各种竞争力要素的考虑和要求上。包括质量、品种、价格和销售服务等方面。

①产品质量。产品质量的优劣是产品竞争力的首要条件。产品质量特征可以概括为性能、寿命、安全性、可靠性、经济性和外观六个方面。分析产品质量的竞争能力就是将本企业产品的有关质量指标与国家标准、竞争对手、用户要求进行对比,分析其差异性。

②产品品种。企业应根据市场变化和新技术的发展,不断调整产品结构,开发新产品、新品种,使企业的产品保持竞争能力。产品品种的竞争能力包括:第一,产品品种占有率,该比率越高说明企业生产和销售的品种、规格和花色满足社会需要的程度越高,竞争能力越强。第二,新产品开发。通过计算新产品产值占总产值比重和企业新产品销售额占该类新产品全部销售额比重,可以分析企业新产品的开发情况。

③产品价格。价格是企业重要的竞争手段之一,而成本是价格的基础,成本高低决定着企业产品价格的竞争能力。因此,可通过与主要竞争对手或同行业成本最低的企业进行成本水平的对比分析,找到差距及原因,提出进一步降低成本的有效对策,从而提高本企业的价格竞争能力。

④产品销售服务。产品销售服务质量的好坏直接影响企业产品销售,也影响企业的信誉。销售服务包括售前和售后服务两方面,强化销售服务,可与客户保持良好关系,提高企业声誉,扩大销售和市场占有率,也是提高竞争能力的重要手段。

(4)企业竞争战略

竞争战略就是一个企业在同一使用价值的竞争上采取进攻或防守的行为。常见的竞争战略包括:总成本领先战略、差异化战略、集中化战略。企业竞争战略的确定,要根据企业所处环境与企业本身的具体情况而定。企业竞争战略的选择直接影响到企业发展的核心竞争力。企业竞争战略参见第九章。

二、企业价值分析

(一)企业价值的概念

不同学科从不同角度对企业价值进行界定。从管理学角度看,企业价值是企业所遵循的价值规律,通过以价值为核心的管理,使企业利益相关者(包括股东、债权人、管理者、普通员工、政府等)均能获得满意回报的能力。该定义侧重于从定性角度分析企业价值的内涵,表明企业价值越高,企业给予其利益相关者回报的能力就越高。从金融经济学角度看,企业价值是该企业预期自由现金流量以其加权平均资本成本为贴现率折现的现值,它与企业的财务决策密切相关,体现了企业资金的时间价值、风险以及持续发展能力。该定义侧重于从定量角度分析企业价值的内涵,表明企业价值的计量方法。本书对企业价值的研究主要从金融经济学的定义角度展开。

(二)企业价值分析的作用

企业价值因其本身具有的客观属性,在越来越广泛的领域中普遍使用。目前,世界知名的投资银行几乎都以企业价值或与价值相关的指标作为评价企业及其股票的主要依据。企业价值分析是根据财务报告所提供的信息,评估企业价值或权益价值。具体地看,进行企业价值分析有如下作用:

1.满足企业价值最大化管理的需要

企业财务管理的目标是企业价值最大化,企业的各项经营决策是否可行,必须看这一决策是否有利于增加企业价值。企业价值分析在企业经营决策中极其重要,可以用于投资分析、战略分析和以价值为基础的各项管理活动,能够帮助管理当局了解企业的真实价值并有效地改善经营决策。

2.满足董事会和股东了解企业生产经营活动效果的需要

我国现阶段会计指标体系不能完全有效地衡量企业创造价值的能力,会计指标基础上的财务业绩并不等于公司的实际价值。以企业价值作为企业绩效考评的科学标准,可有效地避免企业管理层仅以企业现阶段的财务报表来衡量经营成果的负面影响,而是追求企业持续健康发展。

3.满足投资者进行投资决策的需要

投资者要保证投资行为的合理性,必须基于对被投资企业价值的正确分析和评估。投资者在资本市场上投资股票时,需要判断股票的内在价值和市场价格之间的关系。价格是投资者付出的成本,价值是投资者得到的报偿,二者的差异就是投资者的回报,而企业价值分析正是对股票内在价值进行估计的基础。此外,在企业并购过程中,投资者已不满足于从重置成本角度了解在某一时点上目标企业的价值,更希望从企业现有经营能力角度或同类市场比较的角度了解目标企业的价值,以便进一步分析目标企业与本企业整合后能够带来的额外价值。

(三)企业价值分析方法

企业价值分析方法是指估算和测定企业在评估基准日的整体企业价值或权益价值,可通过该方法评价企业各项经营决策是否可行,以期实现企业价值最大化的目标。企业价值分析方法有很多,包括折现自由现金流量法、折现非正常收益法、比较价值系数法等。本书主要介绍折现自由现金流量的评估技术。该方法是基于“企业价值是未来自由现金流量按加权平均资本成本贴现的总和”的理论,是企业价值分析中最基本、最广泛使用的方法。

折现自由现金流量的评估技术(Discounted Free Cash Flow,DFCF)是企业价值评估的主流方法。折现现金流量法就是折现企业未来现金流量(一般称为自由现金流量)作为企业价值。根据现金流量享有的主体不同，又可分为折现企业自由现金流量法（Discounted Free Cash Flow to Firm，DFCFF）和折现股东自由现金流量法（Discounted Dividend Model，DDM）两种。两种方法的区别在于，通过折现企业自由现金流量法计算得到的是总资产价值（企业价值），而折现股东自由现金流量法计算得到的是净资产价值（所有者权益价值）。下面分别介绍这两种方法的应用过程。

1.折现企业自由现金流量的评估技术

（1）企业自由现金流量的测算

企业资产的运营产生收益带来现金流，而资产是资本的占用形式，资本则主要来源于股东和债权人，因此企业现金流量相应归属于股东和债权人。所谓企业自由现金流量（Free Cash Flow to Firm，FCFF）是企业经营带来的现金流量满足企业再投资需要的现金后，尚未向股东和债权人支付现金前的剩余现金流量，本质上是股东和债权人的总收益，该收益由企业可自由处置的现金表示。企业自由现金流量的测算过程见表 8-3。

表 8-3　企业自由现金流量的测算过程

营业收入
减：付现营业成本及费用
＝税前息前、折旧前收益（EBITDA）
减：折旧及无形资产摊销
＝息税前利润（EBIT）
减：所得税（所得税税率为 T）
＝ EBIT（1－T）（利息作纳税调整）
减：净投资支出＝（资本性支出＋营运资本支出）－折旧及无形资产摊销
＝企业自由现金流量（FCFF）

企业未来自由现金流量可按照以上步骤分年度测算。其中，营业收入是企业当年取得的销售产品或提供劳务的现金收入，可取自利润表上的营业收入；营业成本也称付现成本，是企业当期为取得营业收入以现金支付的代价，如购买原料、职工薪酬、除所得税以外的税费、其他营业费用和管理费用等。付现成本可以从利润表上的营业成本以及期间费用和现金流量表补充资料上“折旧以及摊销”的有关数据倒推出来，即付现营业成本＝（会计营业成本＋营业税金及附加＋管理费用＋营业费用）－ 折旧及摊销；折旧及无形资产摊销是企业当年提取的固定资产折旧和无形资产摊销数额；资本性支出是企业对生产场地、生产设备、管理设备、生产经营中资产正常更新的投资，可以从现金流量表上投资流出现金流量项目“购建固定资产、无形资产和其他长期资产所支付的现金”得到；营运资本支出是当年营业性流动资产和营业性流动负债的增加额即为增加的营业性流动资产减去增加的营业性流动负债。营业性流动资产主要包括应收账款、应收票据、其他应收款、存货、预付账款等，营业性流动负债包括应付账款、应付票据、应付职工薪酬、应交税金、其他应付款等。可见营运资本支出主要来自资产负债表流动资产和流动负债相关项目。折现以

上现金流量评估出来的价值是企业经营性总资产的价值，在此基础上计算企业价值如下：

企业价值＝经营性总资产价值＋货币资金价值＋金融资产价值＋长期股权投资价值 (8-50)

(2)企业价值的基本评估公式

企业价值就是把企业未来自由现金流量用某一折现率进行折现，其现值就是企业的价值，此折现率一般是企业加权资本成本率 WACC，因此企业价值评估的基本公式为：

$$V = \sum_{t=1}^{\infty} \frac{FCFF_t}{(1+k)^t} \tag{8-51}$$

$FCFF_t$——第 t 年的企业自由现金流量；

t——企业所得税率；

k——加权资本成本率(WACC)。

3.增长模式与具体价值评估公式

实际企业价值评估中，可根据未来现金流量的增长模式假设不同，分为单阶段、两阶段和三阶段增长模式进行评估。

①单阶段固定增长模式

单阶段固定增长模式的增长速度为定值 g，即假定企业自由现金流量每年以固定速度 g 增长，则企业第 t 年的自由现金流量为：

$$FCFF_t = FCFF_0 (1+g)^t \tag{8-52}$$

把每年自由现金流量用加权资本成本率折现至第 0 年汇总得到：

$$V = \sum_{t=1}^{\infty} FCFF_0 \frac{(1+g)^t}{(1+k)^t} \tag{8-53}$$

上式为$\frac{1+g}{1+k}$的等比数列求和，根据等比数列求和公式得到：

$$V = \frac{FCFF_0 (1+g)}{k-g} \quad (k>g) \tag{8-54}$$

单阶段固定增长模式的评估公式简单实用，适用于增长速度小于综合资本成本的稳定增长企业的价值评估。但当企业呈现高速增长时，其增长速度可能会大于综合资本成本，如高科技企业的增长等，此法便不再适用。针对该问题，可采用两阶段增长模式评估方法。

②两阶段增长模式

很多企业在初期高速增长，发展到一定阶段后再按照一个较低的正常速度增长，这种特征可以用两阶段增长模式表现出来。两阶段增长模式即超常增长后正常增长模式，假设企业营业现金流量先以一个较大的固定速度 g 增长至第 m 年份后再按照正常速度 g_s 永续增长。因此，在计算中把每年自由现金流量用加权资本成本率分两段进行折现，汇总得到企业的评估价值。

第一段：超常增长阶段的价值 V_1

$$V_1 = FCFF_0 \sum_{t=1}^{m} \frac{(1+g)^t}{(1+k)^t} \tag{8-55}$$

$$V_1 = FCFF_0 \frac{1+g}{k-g}\left[1-\left(\frac{1+g}{1+k}\right)^m\right] \tag{8-56}$$

第二段：正常增长阶段的价值 V_2

第 m 年份的企业营业现金流量为：

$$FCFF_m = FCFF_0(1+g)^m \tag{8-57}$$

以后每年营业现金流量均以正常速度 g_s 永续增长，根据单阶段固定增长评估公式，有：

$$V_2 = FCFF_0 \frac{1+g_s}{k-g_s}\left(\frac{1+g}{1+k}\right)^m \quad (k>g_s) \tag{8-58}$$

$$V = V_1 + V_2 \tag{8-59}$$

两阶段增长模式能够表现出两种不同的增长速度，但前后期增长之间缺乏合理的过渡阶段。针对这点不足，提出三阶段增长模式。

③三阶段增长模式

三阶段增长模式比两阶段增长模式多了一个过渡增长阶段，共分为三个阶段：第一阶段高速增长至第 m 年；第二阶段过渡增长至第 n 年（期间为 $n-m$ 年）；从第 n 年开始以正常速度增长。采用三阶段增长模式进行价值评估，可分为三阶段进行评估汇总，即第一阶段为高速增长阶段（价值 V_1），第二阶段为过渡增长阶段（价值 V_2），第三阶段为正常增长阶段（价值 V_3）。企业价值 $V=V_1+V_2+V_3$。

三阶段增长模式涉及参数较多，为了便于分析和测算，可把三阶段增长模式近似为从初始以超常增长速度 g 经过 $n+m$ 年逐年递减至正常速度 g_s 的 H 型增长模式。因此，三阶段增长模式的价值评估公式近似为（推导过程略）：

$$V = \frac{FCFF_0}{k-g_s}\left[1+g_s+\frac{m+n}{2}(g-g_s)\right] \quad (k>g_s) \tag{8-60}$$

其中，$\frac{FCFF_0}{k-g_s}(1+g_s)$ 为正常增长所带来的价值；$\frac{FCFF_0}{k-g_s}\left[\frac{m+n}{2}(g-g_s)\right]$ 为高过正常速度增长所带来的价值。

上述采用企业自由现金流量折现法评估出来的是企业价值或称总资产价值，企业权益价值也称净资产价值，应是企业价值扣除债务价值，即权益价值＝企业价值－负债价值。

2.折现股利现金流量的评估技术

折现股东自由现金流量法是折现企业未来预计派发的现金股利作为企业的权益价值。对外部股东而言，企业的权益价值就是未来从企业得到的现金流量即股利或分回利润的现值。

(1)股利现金流量的测算

企业的股利发放取决于企业的净利润和股利分配政策。一般而言，在预测与计算目标企业的股利时,假设企业在一定的净利润下,股利按一定的比率发放,发放越少,留存越多,企业发展后劲越大,企业净利润增长也就越快。企业将来的股利增长是以现在多留存利润用于满足新增投入资本的需要以及少发放股利为代价的。在没有优先股的情况下,企业未来股利增长速度与企业权益资本收益率和利润留存比例的关系是:

$$g=r_s\delta \tag{8-61}$$

其中:

g——股利现金流量的增长速度;

δ——净利润留存比率,则$(1-\delta)$为股利支付率;

r_s——投入权益资本收益(净利润)率。

由上式可见,股利现金流量的增长速度取决于两个因素:一是投入权益资本收益率;二是净利润留存比率。

(2)折现股利现金流量的权益价值评估公式

权益价值就是把企业未来发放的现金股利利用权益资本成本率 k_s 进行折现的现值,与上述企业未来现金流量的增长模式假设相同,也分为单阶段、两阶段和三阶段增长模式进行评估。根据股利现金流量的不同增长模式,归纳折现股利现金流量的权益价值评估公式如下表 8-4 所示。

表 8-4 折现股利现金流量的权益价值评估公式

增长模式	权益价值评估公式
基本公式	$S=\sum\limits_{t=1}\dfrac{D_t}{(1+k_s)^t}$
①单阶段增长模式	$S=\dfrac{D_0(1+g)}{k_s-g}$
②两阶段增长模式	$S=D_0\dfrac{1+g}{k-g}\left[1-\left(\dfrac{1+g}{1+k}\right)^m\right]+D_0\dfrac{1+g_s}{k-g_s}\left(\dfrac{1+g}{1+k}\right)^m$
③三阶段增长模式	$S=\dfrac{D_0}{k_s-g_s}\left[1+g_s+\dfrac{m+n}{2}(g-g_s)\right]$

式中:S——权益价值(不包括优先股股东的价值);

D_0——第 0 年(初始)企业发放的现金股利;

k_s——权益资本成本率;

g——股利超常增长速度;

g_s——股利正常增长速度;

m——超常增长终止年份$(0\sim m)$;

n——过渡递减增长终止年份$(m\sim n)$。

本章小结

企业财务能力是企业施加于财务可控资源的作用力,是企业综合实力的反映和企业活力的价值体现。财务能力分析是用一系列能力指标来分析判断企业是否达到了一定时期经营发展的目标。从财务能力分析演变而产生出的财务衍生分析，本书包括偿债能力分析与财务危机预警分析，盈利能力与盈余质量分析，营运能力与资产管理质量分析，发展能力与企业价值分析等方面。

企业偿债能力指标可以反映企业是否具备及时偿还短期债务的能力，是否能够保证长期债务的按期归还。偿债能力分析还是财务预警分析的重要组成部分。财务危机预警分析可以预先发现存在的风险，找到引起财务状况恶化的根源并采取有效措施，可阻止财务状况的进一步恶化。财务危机预警分析方法分为单变量预警分析法和多变量预警分析法。

企业盈利能力指标从产品、资产和投资三个方面揭示企业获取利润的能力。在盈利能力分析的基础上，主要分析盈余管理和盈余操纵对盈余质量的不同影响。适度恰当的盈余管理会提升盈余质量；如果滥用盈余管理，对企业盈余质量有负面作用，且不利于企业长远发展。盈余操纵导致虚假会计信息，不能真实地反映企业的经营状况和企业价值，会降低企业的盈余质量。同时，还应注意会计原则对盈余质量产生的影响。

企业营运能力反映企业资产利用的有效性和充分性，从总资产、非流动资产和流动资产三个方面揭示企业资产营运效率和效益，并体现企业资产管理质量水平。对于企业资产管理质量的分析，主要体现在资产使用过程中的利用效果，包括有效性、变现性、增值性和安全性四个方面，并提出提升我国企业资产管理质量的对策措施。

企业发展能力分析从持续盈利能力、股东权益增长和竞争能力三个方面揭示企业的成长能力和发展潜能。在分析企业发展能力的基础上评估企业价值或权益价值，可以满足企业价值最大化管理，满足董事会和股东了解企业生产经营活动效果以及投资者进行投资决策的需要。企业价值分析中最基础的方法是折现自由现金流量法，具体包括折现企业自由现金流量法和折现股东自由现金流量法。

章后练习

思考题

1.计算速动比率时，为何要将存货从流动资产中扣除？

2.影响短期偿债能力的主要因素有哪些？如何评价企业的短期偿债能力？

3.什么是财务危机？什么是财务预警？

4.单变量财务预警分析方法的基本原理是什么？

5.企业管理者进行盈利能力分析的主要目的是什么？

6.为什么总资产报酬率的分子为息税前利润？

7.什么是市盈率？市盈率指标有何作用？

8.在对应收账款周转率进行分析时，需要注意哪些问题？

9.总资产营运能力与各类资产营运能力之间的关系如何？

10.盈余管理与盈余操纵有何区别？

11.盈余操纵的种类有哪些？如何发现盈余操纵？

12.如何对影响企业盈余持续性的因素进行详细分析？

13.企业发展能力分析有什么意义？企业发展能力主要分析什么内容？

14.企业价值分析可以应用于哪些领域？

15.企业价值分析的意义是什么？应该注意哪些问题？

本章作业

(一)练习题

1.A 公司 2016 年年末有关数据如下：

A 公司 2016 年年末有关报表资料数据

单位：万元

项　目	金　额	项　目	金　额
货币资金	3 000	短期借款	3 700
交易性金融资产	2 000	应付账款	2 300
应收票据	1 020(年初 1680)	长期负债	9 750
应收账款	980(年初 820)	所有者权益	9 250(年初 7750)
存货	5 000(年初 4 000)	营业收入	30 000
固定资产净值	12 860(年初 13 000)	主营业务成本	24 000
无形资产	140	财务费用	500
		税前利润	2 000
		税后利润	1 500

比率名称	同行业平均水平
流动比率	1.70
速动比率	1.10
资产负债率	54.5%
利息保障倍数	5
存货周转率	6.5 次
应收账款周转天数	18 天
销售净利率	3.8%
净资产收益率	14.5%

要求：

(1)根据以上资料，计算公司 2016 年末的流动比率、速动比率、资产负债率、利息保障倍数、存货周转率、应收账款周转天数、固定资产周转率(按固定资产净值计算)、销售净利率以及净资产收益率。

(2)比较该公司同行业各项比率的平均水平,根据(1)的计算结果,对本公司财务状况和经营成果进行简要评价。

2.B、C两家公司2016年度财务报表中相关数据如下表所示:

B、C公司2016年财务报表相关数据

单位:万元

项　目	B公司	C公司
营业收入	3 200	2 820
营业成本	2 440	2 190
息税前利润	192	86
利　息	44	66
税前利润	148	20
现　金	100	258
应收账款	1 488	2 100
存　货	580	80
流动资产	2 168	2 438
非流动资产	1 262	3 490
总资产	3 430	5 928
流动负债	2 030	3 080
营运资金	138	−642
长期借款	220	480
长期应付款	140	350
非流动负债	360	830
实收资本	824	898
留存收益	216	120
净资产	1 040	1 018

要求:

根据表中的财务数据,应用多变量预警方法中的 Z 值计分法分析判断两家公司的财务状况。

3.E公司2015—2016年利润表数据如下表所示:

E 公司利润表

单位:万元

项　目	2015 年	2016 年
一、营业收入	4 000	4822
减:营业成本	3302	4026
营业税金及附加	36	46
销售费用	72	80
管理费用	110	140
财务费用	45	59
加:公允价值变动收益	0	0
投资收益	20	16
二、营业利润	455	487
加:营业外收入	16	80
减:营业外支出	2	6
三、利润总额	469	561
减:所得税(税率 25%)	117.25	140.25
四、净利润	351.75	420.75

E 公司 2015—2016 年部分资产负债表数据如下:(1)2015 年资产总额为 1 943 万元,2016 年为 2 088 万元;(2)2015 年非流动负债为 444 万元,2016 年为 461 万元;(3)2015 年所有者权益为 939 万元,2016 年为 1 077 万元。

要求:

(1)计算 2015—2016 年 E 公司的毛利率、核心营业利润率、销售净利率和成本费用利润率,并分析指标含义;

(2)计算 2016 年 E 公司总资产报酬率、长期资本收益率,并分析指标含义;

(3)计算 2016 年 E 公司净资产收益率,并分析指标含义;

(4)评价 F 公司盈利能力;

(5)计算 2016 年 E 公司总资产增长率、营业收入增长率、息税前利润增长率、净利润增长率和资本保值增值率,并评价 F 公司发展能力。

4.F 公司 2014—2016 年资产负债表中相关资产项目的数额如下表:

F 公司 2014—2016 年资产项目数据

单位:万元

项　目	2014 年	2015 年	2016 年
流动资产	2 200	2 680	2 700
其中:应收账款	944	1 028	1 140

续表

项　目	2014 年	2015 年	2016 年
存货	1 060	928	1 070
固定资产	3 800	3 340	3 500
资产总额	8 800	8 060	8 920

已知 2016 年营业收入为 10 465 万元，比 2015 年增长了 15%，其营业成本为 8 176 万元，比 2015 年增长了 12%。

要求：

(1)计算 F 公司 2015—2016 年的应收账款周转率、存货周转率、流动资产周转率、固定资产周转率、总资产周转率；

(2)评价 F 公司的营运能力。

(二)案例与分析

1.Excel 实务演练

新建一个 Excel 表，命名为“财务能力分析”，输入案例公司年报资料，对该公司 2014—2016 年的财务状况进行分析。具体包括：在 Sheet1 中对该上市公司的偿债能力进行分析，并运用多变量预警分析方法评价公司是否存在财务危机；在 Sheet2 中对该上市公司的盈利能力进行分析，并评价该公司的盈余质量管理水平；在 Sheet3 中对该上市公司的营运能力进行分析，并评价该公司的资产管理质量水平；在 Sheet4 中对该上市公司的发展能力进行分析，全面评价该公司的财务状况，并预测其未来发展趋势。

2.章节报告

结合本章理论分析框架，结合 Excel 实务演练分析结果，撰写案例公司 2014—2016 年财务能力分析报告。

第九章

财务报告综合分析

学习目标：通过本章的学习，使学生了解财务报告综合分析的含义与特征，理解行业分析和竞争战略的意义，识别行业特征和制定企业战略的基本方法；在全面掌握财务报告综合分析各种方法的基本内容、思路和方法运用的基础上，也能理解财务报告综合分析的局限性及其改进内容，从而能对财务报告进行整体的分析与评价。

引导案例

古井集团的财务报告综合分析

白酒业是安徽古井集团的支柱性产业，2015 年古井集团实现盈利 66 亿元，相比上年增幅 10%；纯利约为 10 亿元，相比上年增长 20%；缴税 20 亿元，相比上年增幅 10%，总资产高达 121 亿元，每项指标都达到了一个历史高度。

1.偿债能力分析

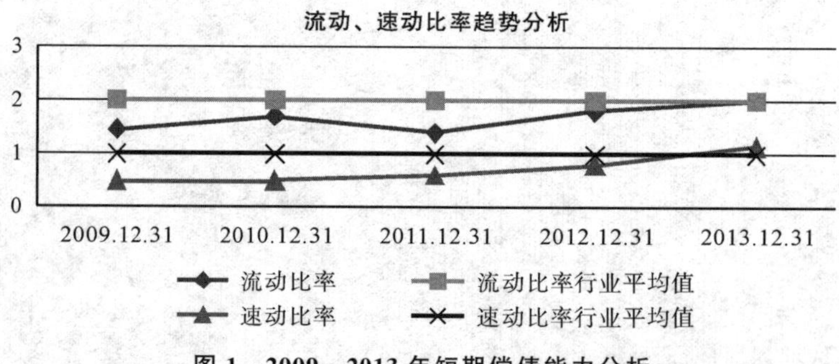

图 1　2009—2013 年短期偿债能力分析

2010 年随着企业规模的扩大，在流动资产增多的同时，流动负债并未发生剧烈变动。2011 年流动比率有所减小，短期偿债能力较差。2012—2013 年企业规模逐渐成形，流动负债也随着经营渐强而减少，速动比率逐年增长趋于行业平均值，该集团总体短期偿债能力逐年增强。

2.盈利能力分析

盈利能力是古井贡酒集团的重要的能力之一。净资产收益率是反映企业盈利能力

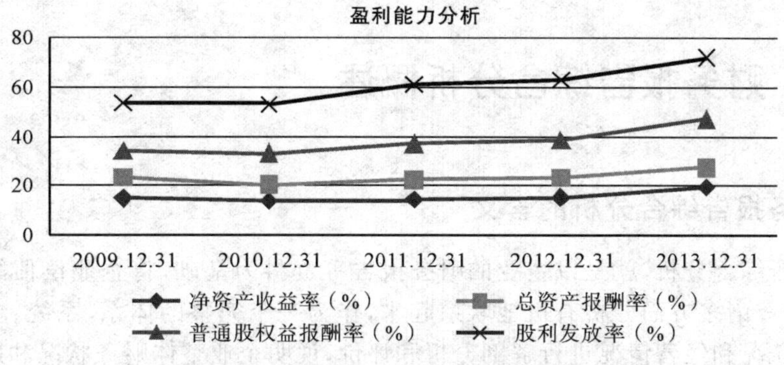

图 2　2009—2013 年盈利能力分析

的关键因素之一，可直接反映古井贡酒集团资产的增值能力。2010—2013 年随着利润的增加，古井贡酒集团的净资产收益率趋高，反映该集团的盈利能力较好。而总资产报酬率相对增加且平稳，反映出一直以来古井贡酒集团对企业资产的运用效率保持较好。

3.发展能力分析

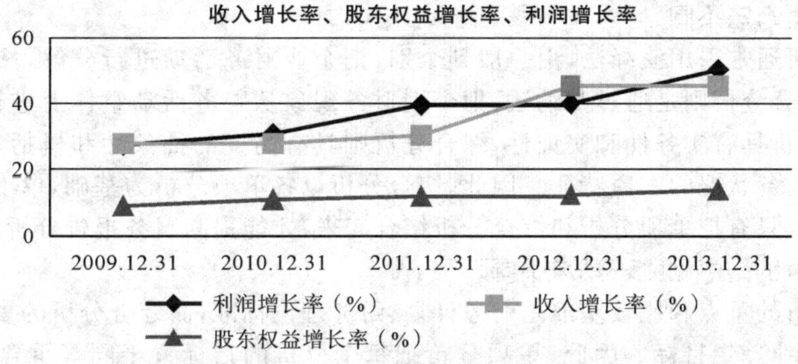

图 3　2009—2013 年利润、股东权益与收入增长率对比分析

2010—2011 年古井贡酒集团的利润增长率大于其收入增长率，由此可得出古井贡酒集团正处于成长期，业务不断拓展，企业的盈利能力也不断增强；但在 2012 年末，营业成本、税费等成本费用的上升幅度远远大于营业收入的增长，该阶段企业的盈利能力有待提高。2013 年末利润增长率再次大于收入增长率，企业的发展能力仍存在较大的上升空间。2010—2011 年间古井贡酒集团的股东权益增长率随着利润增长率的增加而平稳增加，可知古井贡酒集团的发展能力较好。

以上是从企业偿债能力、盈利能力、发展能力三方面对古井集团进行分析，进一步将这些方面的分析有机地联系起来，综合地对企业的财务状况和经营情况进行剖析和评价，才能全面、准确、客观地揭示企业的财务状况和经营情况，并借以对企业经济效益优劣作出合理的评价。

资料来源：根据乔苹、蒋立《上市公司财务报表综合案例分析——安徽古井贡酒股份有限公司财务报表分析》(2016 年)改编。

第一节　财务报告综合分析概述

一、财务报告综合分析的含义

财务报告综合分析，就是以企业的财务报告等资料为基础，将企业偿债能力、获利能力、营运能力等诸多方面分析有机地联系起来，作为一个完整的体系，系统、全面、综合地对企业财务状况和经营情况进行解剖分析和评价，说明企业整体财务状况和效益的优劣。

财务报告综合分析的方法或体系较多，其中主要有杜邦分析法、帕利普分析法和企业绩效评价体系等财务状况综合分析方法。

二、财务报告综合分析的特征

财务报告综合分析的特征主要体现在与财务单项分析的区别上。与前述的财务单项分析相比，财务报告综合分析具有以下特征：

（一）分析方法不同

单项分析通常采用演绎法，由一般到个别，把企业财务活动进行分解，然后逐一加以考察分析；综合分析则是通过归纳法，把个别财务现象从财务活动整体上进行系统综合。因此，单项分析具有实务性和实证性，综合分析则具有高度的抽象性和概括性，其着重从整体上概括财务状况的本质特征。因此，综合分析以各单项分析为基础，单项分析以综合分析为终结。只有把单项分析和综合分析结合起来，才能提高财务报告分析的质量。

（二）分析的重点和比较基准不同

单项分析的重点和比较基准是财务计划、财务理论标准，而综合分析的重点和基准是行业标准、企业理想目标。因此，单项分析把每个分析的指标置于同等重要的地位来处理，它难以考虑各种指标之间的相互关系。而综合分析则强调各种指标有主次之分，一定要抓住主要指标。只有抓住主要指标，才能抓住影响企业财务状况的主要矛盾。在主要财务指标分析的基础上再对其辅助指标进行分析，才能分析透彻、把握准确。

三、财务报告综合分析的作用

财务报告分析的最终目的在于全面、准确、客观地揭示企业财务状况和经营情况，并借以对企业经济效益优劣作出合理的评价。要达到这些目的，仅测算单个报表中几个简单、孤立的财务指标是不可能得出正确的综合性结论的，因此需要进行财务报告综合分析。

（一）评估企业经营绩效

通过财务报告综合分析，对企业财务状况和经营成果进行全面合理的评价，明确企业经营水平、行业位置及发展方向，评价代理契约的经管受托责任，判断企业在分析期的管理水平和经营业绩。

（二）分析企业经营影响因素

按照企业各项经济指标的性质，以及各指标间的相互关系，寻找影响企业财务指标变动的有关因素，并对其进行量化，求得各因素变动的影响程度。通过分析影响因素和计算影响程度，分清影响企业的有利与不利因素、主次因素，以便找出差距，制定改进措施，挖掘企业潜力，提高企业经济效益。

（三）预测未来趋势

财务报告综合分析能从各项财务指标的分析中去粗取精、去伪存真、由表及里、由此及彼，找出各项财务指标之间本质的、必然的联系。发现指标变动规律，帮助企业对未来发展作出合理的判断和估计。

第二节　行业分析和竞争战略分析

一、行业分析和竞争战略分析的意义

真正的行业分析和竞争分析本不属于财务报告分析的范畴，但为了达到财务报告分析预期的目的，就必须先从目标企业所处行业及其竞争状况入手。行业之间在经济特点、竞争环境、未来的利润前景方面有着重大区别，行业竞争分析是对企业商业生态环境层面所作的重要战略性评估。作为财务报告分析者和使用者，如果对目标企业所处行业的特点、经营环境和竞争态势等一无所知，仅仅就报告论报告，深陷繁杂的财务比率计算与分析之中，财务报告分析就演变成了“数字游戏”。

二、行业分析

（一）识别行业特征

行业特征决定企业生产经营特点，并会以各种方式影响财务报告及其信息。如制造业、房地产开发业、商品流通业等不同行业的企业存在较大差异，只有了解企业所处的行业并了解其行业特征，了解企业对其自身战略的选择，如：①企业打算在哪一个或哪几个行业从事经营活动（行业选择）；②企业打算采取何种方式与同行业的其他企业竞争（竞争定位），把握企业所处的宏观环境与企业总体情况，财务报告分析者才能真正理解和体会财务报告数据的经济含义。

案例 9-1

行业特征的显现

2017 年中国 500 强企业排行榜中，显示出一些行业效益特征。制造业企业利润近六年来首次显著反弹，利润占比下滑态势得到扭转；金融企业群体盈利苦乐不均，其中五大国有银行的合计净利润虽仍在增加，但在 500 强中的占比连续三年下降，而商业银行群体营业收入普遍下滑，多元化金融公司群体业绩差异巨大；互联网企业在榜单上的数量越来越多，表明互联网应用层企业群体茁壮成长；电信基础运营商企业群体面临的挑战前所未有；基础设施建设企业群体能力超强，运行平稳；原材料工业企业群体中，钢铁企业群体整体扭亏，情况好转；能源企业群体中，煤炭企业群体整体扭亏，但旱涝不

均;新能源企业群体持续快速发展;电力电网企业群体经营压力很大。

虽然500强企业入围门槛已经提高到了280多亿元,未来也拥有更大的潜力,但在成长中也出现了一些发展新命题。从重大新产品、新市场和较高价值创造能力的表现看,企业500强中利润最高的20家企业中,几乎清一色的是从事资金、资源、能源等初级生产要素的企业,包括银行、保险、电信、电网等,只有3家属于科技类企业(阿里巴巴、腾讯、华为)。而同期美国企业500强利润最高的20家企业中,具有全球影响力的实业类企业多达12家(苹果、Alphabet、微软、强生、高特利、沃尔玛、吉利德、IBM、思科、宝洁、英特尔、Facebook)。所以,迄今为止,我国大企业仍然是靠资源、能源等大进大出的模式实现规模扩张。

由此可以看出,不同行业的特征数据是不相同的,在对财务数据进行分析时,只有充分考虑行业特征,才能真正理解财务报告数据的经济意义。

资料来源:根据冯立果《从"大"走向"伟大"——2017中国企业500强分析报告》,《企业管理》(2017年第9期)改编。

(二)行业竞争程度与行业盈利能力分析

在深入阅读财务报告信息、了解企业及其所处行业的初步状况的基础上,可进一步利用波特竞争力模型等分析本行业的企业竞争格局以及本行业与其他行业之间的关系。

各行各业其盈利能力存在显著差异。波特(Porter)在其《竞争战略》(*Competitive Strategy*)中指出,有五大力量影响行业的平均盈利水平,又称波特五力分析模型(Michael Porter's Five Forces Model)。一个行业中存在的"五力",分别是潜在竞争者进入的能力、替代品的替代能力、购买者的议价能力、供应商的议价能力以及行业内竞争者现在的竞争能力,五种力量的不同组合变化影响行业最终获利潜力以及资本向本行业的流向程度。五力分析模型将大量不同的因素汇集在一个简便的模型中,以此分析一个行业的基本竞争态势。五种竞争力量及其影响行业获利潜力的关系如图9-1所示。

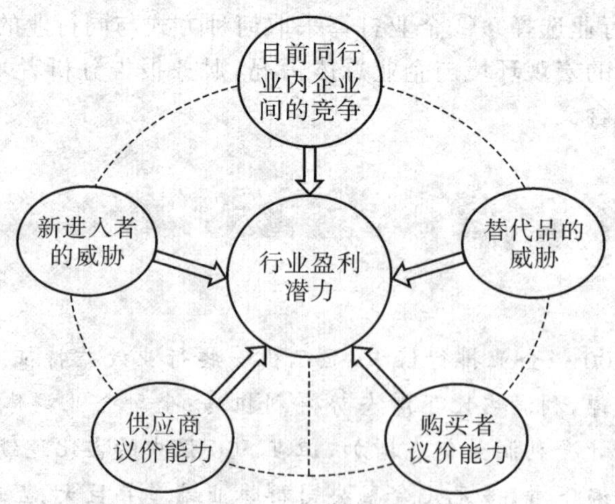

图9-1 行业盈利潜力影响关系图

资料来源:根据孙福明、张颖微、刘谨所著《财务报表分析》(清华大学出版社,2010年版)整理。

1.潜在竞争者进入的能力(potential new entrants)

新进入者在给行业带来新生产能力、新资源的同时，有可能会与现有企业发生原材料与市场份额的竞争，使行业生产能力扩大，引起与现有企业的激烈竞争，使产品成本上升而销售价格下降，最终导致行业的获利能力下降。

2.替代品的替代能力(threat of substitute product)

两个处于同行业或不同行业中的企业所生产的产品存在可相互替代的关系时，这两个行业企业客观上就会产生相互竞争行为，这种源自替代品的竞争会以各种形式影响行业中现有企业的竞争战略。替代产品以相对较低的价格投放市场，必然会使本行业产品的价格以及获利潜力的提高受到严重限制，最终会导致行业的获利能力下降。

3.购买者的议价能力(buyer bargaining power)

购买者主要通过其压价与要求提供较高的产品或服务质量的能力，来影响行业中现有企业的盈利能力。顾客的压价购买价格、提供高质量的产品和更多的优质服务等要求，将加剧行业内企业间的竞争程度，最终会导致行业的获利能力下降。

4.供应商的议价能力(suppliers bargaining power)

供应商主要通过其提高投入要素价格与降低单位价值质量的能力，来影响行业中现有企业的盈利能力与产品竞争力。供应商采取的不利于购买企业的手段包括因产品或服务的重要性而提高供应价格、降低相应产品或服务的质量，甚至以联合体的方式面对无法联合的购买企业等，将最终会导致行业的获利能力下降。

5.行业内现有竞争者的竞争(the rivalry among competing sellers)

各企业竞争战略目标都在于使自己的企业获得相对于竞争对手的优势，所以，在实施中会产生冲突与对抗现象，构成了现有企业之间的竞争。现有竞争者运用价格、广告、产品介绍、售后服务等各种手段力图抢占更大的市场份额，对行业内其他企业造成了很大威胁。行业进入障碍较低、市场趋于成熟、行业退出障碍较高等情况将加剧行业中现有企业之间的竞争，竞争必然会导致行业的获利能力下降。

案例 9-2

我国砂石骨料行业盈利潜力

砂石骨料，在铁路、公路、城镇化建设等基础设施建设领域起到了不可或缺的作用。改革开放以来，伴随着经济持续增长，固定资产及房地产市场投资不断增大，砂石用量也在快速增长。2016 年我国水泥销售量 24 亿吨，未考虑沥青公路路面集料和铁路路基用石等需求，仅与水泥相匹配使用的砂石骨料用量就已达 120 亿吨，我国砂石骨料年需求量巨大。那么，我国砂石骨料行业的盈利潜力如何？我们应该怎样分析一个行业的盈利潜力呢？这可以从影响盈利潜力的因素来进行分析。

1.供应商议价能力

骨料企业主要的原材料包括矿山资源、爆破服务、生产设备、电力及燃油等，与之相对应的供应商主要为政府部门、民爆企业、设备供应商、电力部门及一般燃油材料供应商等。供应商议价能力的强弱取决于其资源的稀缺性、垄断性等特点。在骨料行业供应商中,政府国土部门资源议价能力主要与当地经济发展程度、资源储量、区位等相关联,在经济欠发达、资源储量多的市场区域,其资源议价能力较弱,反之较强。

2.购买者议价能力

无论是在骨料行业还是在其他行业,供需关系是影响产品价格的重要因素。当区域市场产品供不应求时,产品价格上涨,购买者议价能力较弱。从骨料行业大环境分析,因地方政府和有关管理部门对砂石骨料行业监管力度加大,骨料行业的进入壁垒将不断提高,同时开采不规范和环保不达标的企业将逐步被取缔和关停,这在一定程度上会导致部分区域市场骨料供不应求的局面出现,购买者的议价能力将逐步减弱。

3.潜在竞争者进入能力

进入骨料行业的主要因素有资源获取、资质证照办理、资金支持、技术等。目前骨料行业生产技术成熟,不存在技术上的进入屏障;政府部门对于环保、安全等要求不断加强,矿产资源获取及后续开采许可证、环评许可及安全生产许可等资质证照办理难度逐步增大;正常情况下,生产线投资资金一般在可承受范围内,但涉及港口、综合运输长廊等建设时,可能会面临较大资金压力。

4.替代品替代能力

目前,骨料市场上主要存在天然砂石和再生骨料两类替代产品。由于河砂资源日益匮乏、环保监管力度加大等原因,许多传统的依靠天然砂矿源的企业将面临无砂可采或关停的局面。再生骨料是利用城市建筑垃圾进行破碎、清洗与筛分后形成的骨料,但由于建筑垃圾的来源渠道多样、分布不均匀,收集及挑选难度大,导致其各项性能的波动较大,同时难以形成规模化生产,不能有效替代现行砂石骨料产品。因此,骨料市场基本上无有效替代品,替代品替代能力较弱。

5.行业内企业竞争能力

目前,我国骨料行业仍以中小型骨料企业为主,生产规模小,企业数量多,但骨料企业的分布可大致分为两类:一类基于黄金水道运输优势,分布比较集中,这类骨料企业运输半径长、市场需求大,各企业根据自身产品特点进行定价销售,相互竞争较少;另一类基于局部区域市场需求,分布较散,但数量有限,竞争程度有限。骨料行业内的竞争更多地体现在"存活"的竞争及规模的竞争上,而非传统意义上的价格竞争。

因此,骨料企业在现行环境下可适时引入具备高端资源及资金等优势的战略合作者,提升自身规模,"存活"更长久,以实现持续稳定的发展。

资料来源:根据侯爽《基于波特五力分析模型的骨料行业竞争环境研究》(2017年12月13日)改编。

三、竞争战略分析

(一)企业竞争战略内容

企业的盈利能力不仅受到行业结构的影响,也受到自身所选择的竞争战略的影响。企业的竞争战略可分为两类:成本领先(cost leadership)战略和差异化(differentiation)战略。这两种战略都有助于企业建立可持续的竞争优势。

1.成本领先战略

成本领先战略是指企业通过在内部加强成本控制，在研究开发、生产、销售、服务和广告等领域内把成本降低到最低限度，成为行业中的成本领先者的战略。企业凭借其成本优势，可以在激烈的市场竞争中获得有利的竞争优势。

实行成本领先战略的企业的优势是显而易见的：(1)由于企业的成本优于同行业中的其他企业，所以产品在以行业平均价格进行销售时，企业取得的利润就高于同行业的平均水平。(2)在强大的购买者议价能力博弈过程中，企业成本低，可以提高自己对购买者的讨价还价能力，对抗强有力的购买者。(3)导致成本领先地位的各种因素形成较高的进入障碍，使那些生产技术尚不成熟、经营上缺乏规模经济的企业都很难进入此行业。(4)降低替代品的威胁。企业在与竞争者竞争时，可以凭借其低成本的产品和服务吸引大量的顾客，降低或缓解替代品的威胁，使自己处于有利的竞争地位。(5)保持领先的竞争地位。当企业与行业内的竞争对手进行价格战时，由于企业的成本低，可以在竞争对手毫无利润的水平上保持盈利，从而扩大市场份额，保持绝对竞争优势的地位。

总之，企业采用成本领先战略可以使企业有效地面对行业中五种竞争力量的威胁，从而获得高于行业平均水平的利润。

2.差异化战略

差异化战略又称别具一格战略，是指为了使企业产品、服务、企业形象等与竞争对手有明显的区别，以获得竞争优势而采取的战略。这种战略的重点是创造被全行业和顾客都视为是独特的产品和服务，由此形成了其最强大业务中的最强大的差异化来源。

差异化战略是增强企业竞争优势的有效手段。产品差异化对市场价格、市场竞争、市场集中度、市场进入壁垒、市场绩效均有不同程度的影响，具体可从以下几个方面来看：(1)差异化本身可以给企业产品带来较高的溢价。产品的差异化程度越大，所具有的特性或功能就越难以替代和模仿，顾客越愿意为这种差异化支付较高的费用，企业获得的差异化优势也就越大。(2)由于差异化产品和服务是竞争对手不能以同样的价格提供的，因而明显地削弱了顾客的讨价还价能力。(3)采用差异化战略的企业在应对替代品竞争时将比其竞争对手处于更有利的地位。因为购买差异化产品的顾客不愿意接受替代品。(4)产品差异化会形成一定的壁垒，在产品差异化越明显的行业，因产品差别化所形成的进入壁垒就越高。

由此，差异化战略可成为使企业获得高于同行业平均水平利润的一种有效的竞争战略。

案例 9-3

小米手机成本领先战略

小米公司正式成立于2010年4月，是一家专注于高端智能手机、互联网电视自主研发的创新型科技企业。2011年12月18日，小米手机第一次正式在网络售卖，5分钟内售完30万台。2013年8月23日，小米已完成新一轮融资，估值达100亿美元。这意味着小米已成为中国第四大互联网公司，仅次于阿里、腾讯和百度。小米公司之所以能够短时间增值，成本领先战略选择是小米公司成功的重要因素。

小米公司成本领先战略的SWOT分析：

（一）优势分析

1.小米公司生产外包低成本的优势

小米公司将硬件研发外包给了英达华，降低了公司产品研发和制造的成本。英达华在为小米代工的同时，自身也实现了规模效益，并且还提升了小米产品的质量，提供更加优质的服务。对于小米公司来说，生产外包是小米公司实现快速增长的优势。

2.小米公司具有运营成本低的优势

小米公司营销模式特殊化创造了运营成本低的巨大优势。小米公司主要通过饥饿营销、微博营销、网络社区营销及口碑营销等模式，以较低的宣传成本实现了最大的收益，建立了较好的品牌效应。小米手机的销售与传统手机销售不同，规避了各级经销商的加价，这样使手机的营销成本降低。小米公司的饥饿营销模式创造了其低价格优势，具有较大的市场优势。

（二）劣势分析

小米产品价格低的优势带动了小米公司的发展，同时也为小米公司带来了阻力。一方面，其他竞争企业进入性价比较高的营销模式，竞争者的加入给小米公司带来了巨大的阻力，主要表现为小米产品的替代产品越来越多；另一方面，从小米产品的销售量来看，较小的出货量并不能实现规模效应，这会导致在与供应商议价方面处于劣势，同时单位产品的利润较低无疑又使小米公司感到忧虑。

（三）机会分析

MIUI是小米公司旗下三大核心产品之一，也是小米手机吸引消费者的方面。随着移动互联网业务日趋丰富，MIUI仍大有可为。就目前来看，中国安卓系统用户超过了75%，遥遥领先于IOS系统用户数量，基于安卓系统的MIUI日趋完善，小米手机可以随意刷机，这种机会给小米手机带来了大量的客户，这一点说明小米手机在中国智能机方面将拥有更为广泛的市场，小米MIUI深度定制的安卓系统，具有更大的发展空间。

（四）威胁分析

2014年小米手机销售状况较好，总的来看，一直处于供不应求的状态。小米公司与合作伙伴一起努力，促使小米手机的销售量越来越大，从一开始的1万多台，提升到300多万台。由于供应商的原材料有限，小米手机的销量突然增多，使供应商企业不能满足其要求，这样就不能按时交货，影响了小米手机的销售。

如今，小米手机已经在中国手机市场占据了一席之地，深受国人的喜爱，除了小米手机本身的高质量以外，成本领先战略也是其成功的重要因素之一。

资料来源：根据段莹莹《小米公司成本领先战略分析》（2015年）改编。

（二）企业竞争战略确定

在了解企业及其所在行业的生产经营特点和竞争态势的基础上，还可利用“SWOT分析”等专门分析工具来更深入地研究企业的竞争战略及其适应性。SWOT分析是在结合外部环境和企业内部条件的基础上，综合考虑内外部因素，确定企业自身的战略定位以及要采取的竞争策略的分析方法。SWOT分析可按以下步骤进行：

1.通过外部经营环境的分析，确定企业面对的机会和威胁。

2.通过企业内部条件分析，发掘企业的优势和劣势。如图 9-2 所示。

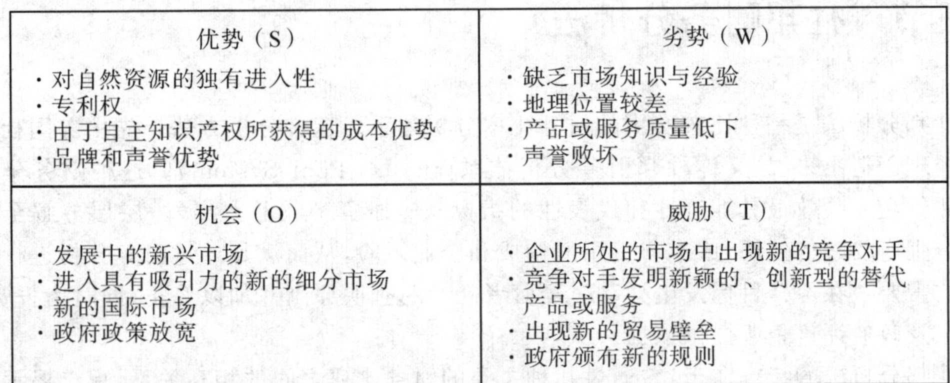

优势（S）	劣势（W）
·对自然资源的独有进入性 ·专利权 ·由于自主知识产权所获得的成本优势 ·品牌和声誉优势	·缺乏市场知识与经验 ·地理位置较差 ·产品或服务质量低下 ·声誉败坏
机会（O）	**威胁（T）**
·发展中的新兴市场 ·进入具有吸引力的新的细分市场 ·新的国际市场 ·政府政策放宽	·企业所处的市场中出现新的竞争对手 ·竞争对手发明新颖的、创新型的替代产品或服务 ·出现新的贸易壁垒 ·政府颁布新的规则

图 9-2　SWOT 分析图

3.将分析所得的优势和劣势、机会和威胁相组合，分别形成 SO、ST、WO、WT 战略，将 SWOT 分析结果在图上定位，如图 9-3 所示。

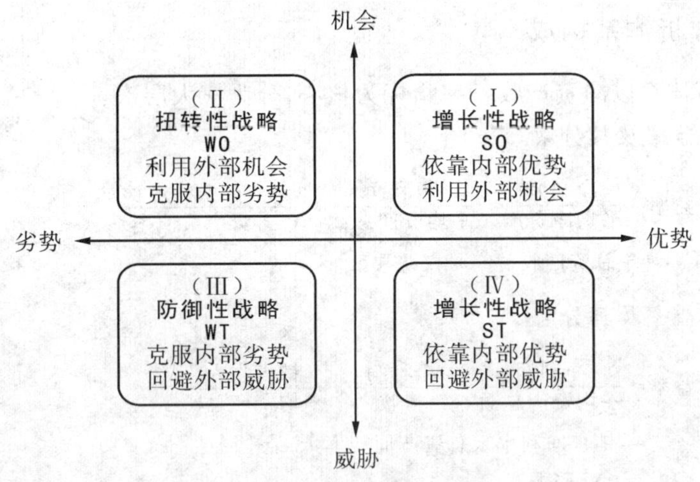

图 9-3　SWOT 分析结果图

4.对 SO 等战略进行甄别和选择，确定企业在竞争中的地位，选定企业发展的方向和目标，并确定企业目前应该采取的具体战略与策略。

SWOT 分析广泛应用于企业战略研究与竞争分析，成为战略管理和竞争情报的重要分析工具。作为企业外部的财务报告使用者，即使没有更多精确的数据支持和更专业化的分析工具，也可以得出有说服力的结论。但是，这种通过罗列 S、W、O、T 的各种表现，形成一种模糊的企业竞争地位的定性分析与描述，难免带有一定的局限性。为此，在罗列作为判断依据的事实时，要最大限度地收集有关企业的资料，尽量做到资料的真实、客观、准确。总之，财务报告分析涉及行业竞争态势、企业自身能力等方面，需要从各个方面综合分析，从而确定企业的行业地位及竞争战略与策略。

第三节 杜邦财务分析法

杜邦分析法是一种比较实用的财务比率分析体系。这种分析方法首先由美国杜邦公司的经理创造出来,故又称杜邦财务分析体系(the Du Pont System)。这种财务分析方法从评价企业绩效最具综合性和代表性的指标——净资产收益率出发,层层分解至企业最基本生产要素的使用,成本与费用的构成和企业风险,从而满足通过财务分析进行绩效评价的需要。在经营目标发生异动时经营者能及时查明原因并加以修正,同时为投资者、债权人及政府评价企业提供依据。

杜邦分析法的特点在于:它通过几种主要的财务比率之间的相互关系,重点揭示企业获利能力及权益乘数对净资产收益率的影响。采用这一方法,可使财务比率分析的层次更清晰,条理更突出,为财务报告分析者全面仔细地了解企业的经营和盈利状况提供了方便,也为管理层提供了一张明晰的考察公司管理效率和是否最大化股东投资回报的路线图。

一、杜邦分析体系构成

杜邦财分析体系以净资产收益率指标为核心,分为三大层次:

1.净资产收益率及其分解

$$\text{净资产收益率}=\frac{\text{净利润}}{\text{平均净资产}}=\frac{\text{净利润}}{\text{平均资产总额}}\times\frac{1}{(1-\text{资产负债率})}$$

$$=\text{总资产收益率}\times\text{权益乘数} \tag{9-1}$$

2.总资产收益率及其分解

$$\text{总资产收益率}=\frac{\text{净利润}}{\text{平均资产总额}}=\frac{\text{净利润}}{\text{销售收入}}\times\frac{\text{销售收入}}{\text{平均资产总额}}$$

$$=\text{销售净利率}\times\text{总资产周转率} \tag{9-2}$$

由公式(9-1)和(9-2)可得:

$$\text{净资产收益率}=\text{销售净利率}\times\text{总资产周转率}\times\text{权益乘数} \tag{9-3}$$

3.销售净利率与总资产周转率及其分解

$$\text{销售净利率}=\frac{\text{净利润}}{\text{销售收入}}=\frac{(\text{总收入}-\text{总成本费用})}{\text{销售收入}} \tag{9-4}$$

$$\text{总资产周转率}=\frac{\text{销售收入}}{\text{平均资产总额}}=\frac{\text{销售收入}}{(\text{流动资产}+\text{非流动资产})} \tag{9-5}$$

二、杜邦分析体系应用

杜邦分析法利用各个主要财务比率之间的内在联系,建立财务比率分析的综合模型,来综合分析和评价企业财务状况和经营业绩。采用杜邦分析系统图将有关分析指标按内在联系加以排列,可以直观地反映出企业的财务状况和经营成果的总体面貌。

杜邦分析系统如图 9-4 所示:

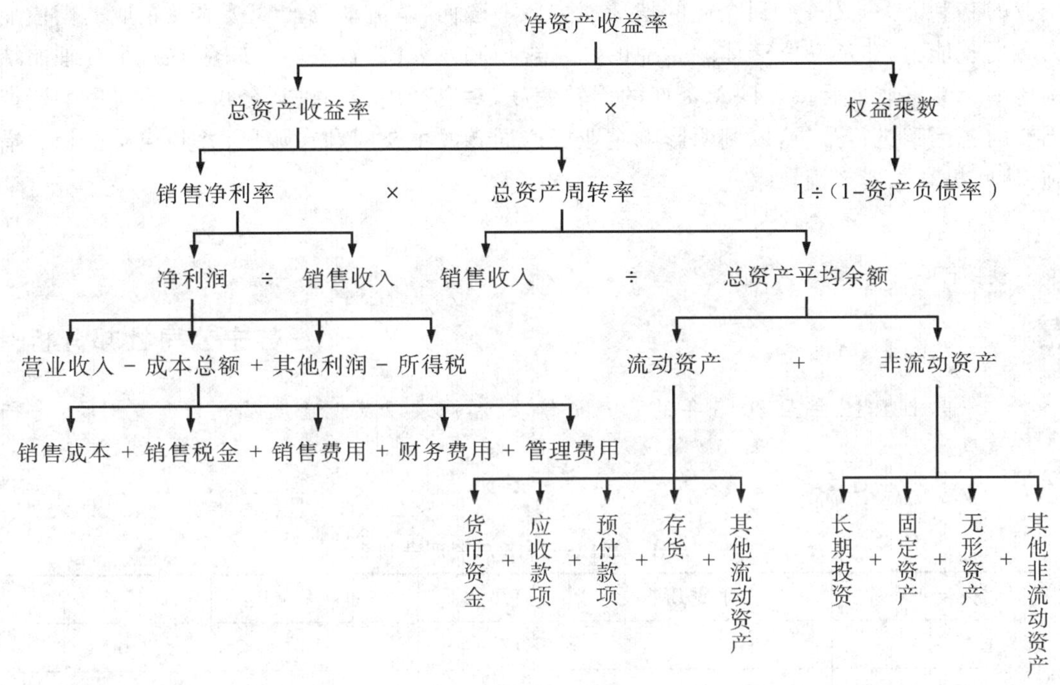

图 9-4　杜邦分析系统图

可以看出,杜邦分析图提供了下列主要的财务指标关系的信息:

1.净资产收益率是杜邦分析体系的核心

净资产收益率是一个综合性最强的财务比率,是杜邦分析体系的核心。它反映所有者投入资本的获利能力,同时反映企业筹资、投资、资产运营等活动的效率。决定净资产收益率高低的因素有三个方面:权益乘数、销售净利率和总资产周转率。权益乘数、销售净利率和总资产周转率三个比率分别反映了企业的负债比率、盈利能力比率和资产管理比率。

2.权益乘数与资本结构相关,反映企业偿债能力

权益乘数主要受资产负债率影响,负债比率越大,权益乘数越高,说明企业有较高的负债程度,给企业带来较多的杠杆利益,同时也给企业带来了较多的风险。反之,负债比率低,权益乘数就小,说明企业负债程度低,企业会有较少的杠杆利益,但相应所承担的风险也低。

3.总资产收益率同时受到销售净利率和总资产周转率的影响

总资产收益率是一个综合性的指标,同时受到销售净利率和总资产周转率的影响。

(1)销售净利率是反映企业盈利能力的重要指标,反映了企业利润总额与销售收入的关系,从这个意义上看提高销售净利率是提高企业盈利能力的关键所在。扩大销售收入、降低成本费用是提高企业销售净利率的根本途径,而扩大销售,同时也是提高资产周转率

的必要条件和途径。

(2)总资产周转率是反映企业营运能力的重要指标。企业资产的营运能力既关系到企业的获利能力,又关系到企业的偿债能力。一般而言,流动资产直接体现企业的偿债能力和变现能力,非流动资产体现企业的经营规模和发展潜力,两者之间应有一个合理的结构比率。总资产周转率反映总资产的周转速度,对资产周转率进行分析,需要对影响资产周转的各因素进行分析,以判明影响企业资产周转的主要问题在哪里,并制定实施相关措施,从而提高总资产周转率。

案例 9-4

苏宁公司杜邦分析

以苏宁2012年至2015年的资产负债表、利润表以及现金流量表为研究对象,进行杜邦分析。

1.总资产净利率

表1　2012—2015总资产净利率

会计年度	2012年6月	2013年6月	2014年6月	2015年6月
销售净利率	3.56	1.17	−1.54	0.51
总资产周转率	0.81	0.73	0.63	0.74
总资产净利率	2.89	0.85	−0.97	0.38

从表1中可以分析得到:在2012年到2014年期间,企业的总资产净利率出现了急速下降的趋势,而2015年回升了,此现象与销售净利率的变化趋势有着莫大的关系。然而我们从表格中得到总资产周转率虽有变化,却不是总资产净利率变化的主要因素。

2.权益乘数

表2　2012—2015权益乘数

会计年度	2012年6月	2013年6月	2014年6月	2015年6月
资产总额	564 787 000	765 699 000	811 937 000	873 956 000
所有者权益	236 296 000	292 918 000	279 358 000	310 618 000
权益乘数	2.39	2.61	2.91	2.81

2013年和2014年的权益乘数相对于2012年有所增加。权益乘数上升,说明公司的资本结构发生了变化。从公司的偿债能力分析可以看出,公司的偿债能力良好,资本结构的适当调整没有给企业带来不可承受的风险。2014年到2015年权益乘数的下降表明整个企业背负的债务减少,偿债能力有了提升,降低了企业自身的财务风险。从表2中可以看出苏宁的权益乘数处于2到3之间,说明它是一个激进战略性公司,公司的管理层需要预测公司未来的形势与负债所带来的风险,并预测企业的未来收益。

3.净资产收益率分析

表 3　2012—2015 净资产收益率

会计年度	2012 年 6 月	2013 年 6 月	2014 年 6 月	2015 年 6 月
总资产净利率	2.89	0.85	－0.97	0.38
权益乘数	2.39	2.61	2.91	2.81
净资产收益率	7.62	2.55	－2.74	1.17

从表 3 可以看到，总资产净利率由 2.89％下降到－0.97％，权益乘数由 2.39 上升到 2.91。由此我们可以得出：总资产净利率的回升主导着净资产收益率在 2014 年到 2015 年期间出现回升。同时企业的权益乘数也在下降，偿债能力变强，企业所承担的财务风险也变小了，说明企业财务活动效率和经营活动效率有了提升。

根据上面的杜邦分析指标对苏宁进行的财务分析，可以得出一些结论：净资产收益率出现了先降后升的现象，但是在开始上升的期间，净资产收益率一直受到总资产净利率的影响，不断下降，却没有受到权益乘数增加的影响，说明净资产收益率的趋势大部分受制于总资产周转率的影响。在 2012 年到 2013 年，公司销售净利率一直减少，主要还是因为公司主营业务成本持续增加所致，而在其后的一年里，虽然成本问题得到了缓解，但因为受到主营业务收入的牵制，净利润出现负数已不可避免。总的来说，公司运营期间的获利能力趋于下降。

资料来源：根据王晓玮《杜邦分析法在苏宁企业财务报表分析中的运用及启示》(2017 年)改编。

三、杜邦分析法的局限性

综上所述，杜邦分析法以净资产收益率为主线，将企业在某一时期的销售成果以及资产营运状况全面联系在一起，层层分解，逐步深入，构成一个完整的分析体系。它能较好地帮助管理者发现企业财务和经营管理中存在的问题，为改善企业经营管理提供有价值的信息，因而得到普遍的认同并在实际工作中得到广泛的应用。然而这一分析体系也存在局限性，主要表现如下：

(一)未能充分利用管理会计数据

现行杜邦财务分析体系利用了财务会计中的数据，但没有充分利用管理会计系统的数据资料展开分析。比如销售净利率的高低决定权益报酬率的高低，而提高销售净利率的根本途径除了扩大销售外还有成本控制。利用管理会计中的固定成本与变动成本数据、本量利分析等对其进行合理分解，可以弥补杜邦财务分析体系的这一不足。

(二)用净利润衡量企业收益不够科学

1.计算总资产净利率的“总资产”与“净利润”不匹配

总资产是全部资产提供者享有的权利，而净利润是专门属于股东的，两者相除与“投入与产出”原则不匹配，因此该指标不能反映实际的回报率。

2.没有区分经营活动损益和金融活动损益

企业的活动分为经营活动和金融活动，传统杜邦分析体系未区分有多少来源于经营业务,有多少来源于金融业务,因此无法正确计量盈利能力。对于多数企业来说,金融活动是净筹资,它们在金融市场上的主要活动是筹资而不是投资,筹资活动没有产生利润,而是支出净费用。金融费用应从经营收益中剔除,才能使经营资产和经营收益匹配。

3.没有区分金融负债与经营负债

为公司提供资产的人包括股东、有息债务的债权人和无息债务的债权人,负债的成本只是金融负债的成本,而经营负债是无息负债的。利息支出仅仅是金融负债的成本,利息与金融负债相除才是真正的平均利息率。而经营负债没有杠杆作用,将其计入财务杠杆会歪曲财务杠杆的实际效应。

(二)现有杜邦体系没有反映企业的现金流量

现有杜邦体系所采用的数据都来自资产负债表、利润表、利润分配表,没有反映企业的现金流量。作为杜邦分析法核心指标的净资产收益率,是权责发生制下的财务报表的反映,利润指标在财务分析体系中起到了承上启下的连接作用,但是利润指标提供的财务信息远弱于现金流量。与现金流量指标相比,容易受公司操纵,不能完全衡量股东价值。现金流量表是根据收付实现制编制的,可以减少人为操纵的空间,从而可以对企业经营资产的真实效率和创造现金的能力做出正确判断。

(三)净资产收益率指标单一

单纯的用净资产收益率这一指标来反映企业经营者的运营能力,往往会导致经营者为追求企业的高利润、社会的高评价,而作出错误的投资决策,使企业在净资产收益率增长的情况下而实际利益却受到损害。当企业的经营财务状况处于低谷时,经营者往往会选择一个能够提高净资产收益率的项目,哪怕它会给企业带来亏损,借此来达到提高企业业绩的目的,然而这种错误的决策却仅能给企业带来表面“盈利”而实际“亏损”的不利局面。

四、改进的杜邦分析法

以上杜邦分析法的局限性,已不能完全满足对企业财务进行准确分析的要求,需以提高分析精度、减少使用成本为标准,寻求多种方法加以改进。

(一)杜邦分析体系自身改进方法

就杜邦分析体系自身改进来说,集中在对其核心公式权益净利率的改进上,即针对杜邦分析体系存在的“总资产”与“净利润”不匹配、未区分经营损益和金融损益、未区分有息负债和无息负债等诸多局限,可利用管理用财务报表,对杜邦体系分析体系的核心公式进行变形,以弥补用净利润衡量企业收益不够科学的缺陷。依据本教材第七章第二节“管理用财务报表解析”有关内容,对杜邦体系分析体系的改进如下:

1.改进的杜邦分析体系核心公式

权益净利率=净利润/股东权益=(税后经营净利润-税后利息费用)/股东权益

=净经营资产净利率+(净经营资产净利率-税后利息率)×净财务杠杆　(9-6)

2.确定的驱动因素及分析

从公式(9-6)中,可以确定权益净利率的驱动因素为:净经营资产净利率、税后利息率和净财务杠杆。其含义分别为:

(1)净经营资产净利率$=\dfrac{\text{税后经营净利润}}{\text{净经营资产}}$

净经营资产净利率=税后经营净利率×净经营资产周转次数

(2)税后利息率$=\dfrac{\text{税后利息}}{\text{净金融负债}}$

(3)净财务杠杆$=\dfrac{\text{净金融负债}}{\text{股东权益}}$

其中:净经营资产净利率反映了单位净经营资产所获得的利润,精确体现了每单位经营资产投入所获得的产出,该指标可进一步分解为销售经营利润率和净经营资产周转率的积,反映了企业的经营策略;税后利息率表明每单位需要偿还的债务上所承担的利息,反映了企业的付息负担;净财务杠杆为单位权益上所承担的须偿还债务,反映了股东资金背负债务的压力。后两个指标体现了企业的财务策略,使得管理层能够获知剔除企业财务政策及国家税收政策两种因素后对企业盈利能力造成的影响,分析结果能够更直接客观地反映企业的获利能力,财务分析的质量有所提高。

进行驱动因素分析时,可单项分析,也可运用综合指标分析。综合分析指标涵盖了所有因素,反映了各因素综合作用的结果。本书以经营差异率和杠杆贡献率为例进行说明:

(1)经营差异率。经营差异率是净经营资产净利率与税后利息率的差额,表明企业每借入1元的债务资本投资于净经营资产所产生的净收益偿还税后利息之后的剩余部分,该剩余部分归股东所有,它是衡量借款是否合理的重要依据之一。如果其为正,则企业借款可以增加股东的报酬;反之,则会减少股东的报酬。从增加股东收益看,净经营资产净利率是企业可以承担的借款税后利息率的上限。

(2)杠杆贡献率。杠杆贡献率是经营差异率和净财务杠杆的乘积,杠杆贡献率衡量净负债对股东权益的贡献比率,是企业中很重要的一个财务指标。杠杆贡献率=(净经营资产净利率−税后利息率)×净财务杠杆。提高净财务杠杆会增加企业风险,推动利息率上升,使经营差异率缩小。因此,依靠净财务杠杆提高杠杆贡献率是有限度的。

3.基于改进的杜邦分析体系对SG上市公司财务状况和经营成果的综合分析

改进的杜邦分析体系可直接利用管理用财务报表资料。本节以SG公司为例,用管理用财务报表分析阐述。

(1)摘编SG公司2015—2016年的资产负债表年报数据和2015—2016年的利润表数据,分别如表9-1、表9-2所示。

表9-1 SG公司资产负债表

单位:万元

资　产	2016	2015	负债和股东权益	2016	2015
货币资金	138 837	262 175	短期借款	15 000	2 950
交易性金融资产	11	0	以公允价值计量的金融负债	11	0
应收账款	310 171	354 110	应付账款	415 618	431 083
预付账款	97 672	112 135	预收款项	322 498	348 507

续表

资　产	2016	2015	负债和股东权益	2016	2015
存货	149 195	153 419	应付职工薪酬	12 867	16 725
其他流动资产	478 099	317 531	应交税费	5 726	−4 403
其中:可供出售金融资产	463 498	311 790	应付利息	16	65
委托贷款	3 375	5 740	其他应付款	5 616	6 447
流动资产合计	1 173 985	1 199 370	流动负债合计	777 352	801 374
可供出售金融资产	32 208	9 218	长期应付职工薪酬	13 497	14 864
持有至到期投资	0	32 730	专项应付款	1 507	1 507
长期股权投资	17 223	7 663	预计负债	931	947
固定资产	181 786	197 531	递延收益	15 143	14 652
其他非流动资产	35 855	15 207	非流动负债合计	31 078	31 970
其中:委托贷款	3 000	0	负债合计	808 430	833 344
非流动资产合计	267 072	262 349	所有者权益合计	632 627	628 375
资产合计	1 441 057	1 461 719	负债和股东权益合计	1 441 057	1 461 719

注:表中数据来自 SG 上市公司官方网站。

表 9-2　SG 公司利润表

单位:万元

项　　目	2016 年	2015 年
一、营业总收入	486 078	628 853
减:营业成本	364 502	436 999
营业税金及附加	3 519	5 121
销售费用	17 187	20 908
管理费用	56 038	78 933
财务费用	−7 717	−10 696
资产减值损失	19 245	13 505
加:投资收益	24 464	18 905
其中:金融性损益	21 663	8 107
二、营业利润	57 768	102 988
加:营业外收入	3 866	2 927
减:营业外支出	256	−197
三、利润总额	61 378	106 112
减:所得税费用(税率 13%)	8 220	14 261
四、净利润	53 158	91 851

(2)采用上述 SG 上市公司财务报表数据资料。对该公司依据 2015—2016 年财务报表数据调整编制出的管理用资产负债表(见表 7-2)和管理用利润表(见表 7-4)进行简化，分别如表 9-3、表 9-4 所示。

表 9-3　SG 公司管理用资产负债表

单位:万元

净经营资产	2016	2015	净负债及股东权益	2016	2015
经营性资产	938 965	1 102 241	金融负债	15 027	3 015
减:经营性负债	793 403	830 329	减:金融资产	502 092	359 478
			净负债	−487 065	−356 463
			所有者权益	632 627	628 375
净经营资产	145 562	271 912	净负债及股东权益	145 562	271 912

表 9-4　SG 公司管理用利润表

单位:万元

经营性损益	2016 年	2015 年
销售收入	486 078	628 853
营业利润	28 388	84 185
加:营业外收支	3 610	3 124
税前经营利润	31 998	87 309
减:经营利润所得税	4 285	11 734
税后经营净利润	27 713	75 575
利息费用	−29 380	−18 803
利息费用抵税	−3 935	−2 527
税后利息费用	−25 445	−16 276
平均所得税税率	13.4%	13.4%

(3)根据表 9-3 和表 9-4 的数据，可以计算出改进的杜邦分析体系的主要指标数据，如表 9-5 所示。

表 9-5　SG 公司改进的杜邦分析体系主要指标

主要财务比率	2016 年	2015 年
税后经营净利率(税后经营净利润/销售收入)	5.70%	12.02%
净经营资产周转次数(销售收入/净经营资产)	3.339	2.313
净经营资产净利率(税后经营净利润/净经营资产)	19.04%	27.79%
税后利息率(税后利息费用/净负债)	5.22%	4.57%

续表

主要财务比率	2016年	2015年
经营差异率(净经营资产净利率－税后利息率)	13.82%	23.22%
净财务杠杆(净负债/股东权益)	0.770	0.567
杠杆贡献率(经营差异率×净财务杠杆)	10.64%	13.17%
权益净利率(净经营资产净利率＋杠杆贡献率)	29.68%	40.96%

从表9-5数据发现,SG公司的权益净利率两年内呈下降趋势,说明企业为股东创造的回报在下降,即企业的盈利能力在减弱。为了测定各影响因素对SG公司权益净利率变动的影响程度,可进行驱动因素分析。本例采用经营差异率和杠杆贡献率两个综合分析指标加以分析。

(4)进行驱动因素分析:

①经营差异率分析。SG公司的经营差异率两年来呈下降趋势。2016年较之于2015年下降了9.4%,原因是决定经营差异率的两个关键因素——净经营资产净利率和税后利息率都朝着利好方向的相反方向变动,即净经营资产净利率在下降,而税后利息率却在增加,且净经营资产净利率下降幅度(－31.5%)远远大于税后利息率上升幅度(14.2%)。两者的综合作用力导致经营差异率的消极效应放大。由此可见,SG公司的借款未能提高股东报酬,企业借款的财务风险在不断增加,企业应慎重借款。由于税后利息率的高低主要是由资本市场决定的,所以提高经营差异率的根本途径还是提高企业的净经营资产净利率。

②杠杆贡献率分析。SG公司的杠杆贡献率两年来也在不断下降。2016年较之于2015年减少了2.53%。杠杆贡献率为经营差异率和净财务杠杆的乘积,经营差异率呈不断下降趋势,其原因上面已详述,而净财务杠杆呈上升趋势,且经营差异率下降幅度(－40.5%)大于净财务杠杆上升幅度(35.8%),两个因素变动速度不同步,说明SG公司在2016年虽然利用了财务杠杆带来的效益,但由于经营差异率的下降,并没有带来2016年权益净利率的上升,反而是企业净财务杠杆整体偏高,如果SG公司进一步增加借款,会相应增加公司的财务风险,推动利息率上升,从而使经营差异率进一步缩小。潜在的风险体现在SG公司运用了部分金融损益来弥补净利润,有较大的金融风险。所以,企业在使用财务杠杆来提高权益净利率时,应综合考虑资本成本与财务风险并注意合理规避,将净财务杠杆控制在适当的水平,以利于企业长期可持续发展。

总之,改进的杜邦分析体系区分了经营资产和金融资产、经营活动和金融活动损益,使得总资产和净利润相匹配,可更好地看出哪些经营资产创造了多少经营利润。

(二)杜邦分析体系辅助改进方法

除杜邦分析体系自身改进方法外,对其缺陷改进也可采用其他辅助方法。比较简便的弥补方法是,在利用杜邦分析法时,再结合运用其他财务分析方法,这样不仅可以弥补杜邦分析体系自身的缺陷和不足,而且也弥补了其他方法的缺点,使得分析结果更完整、更科学。比如以杜邦分析为基础,结合专项分析,进行一些后续分析,对有关问题作更深、更细致的分析和了解;也可结合比较分析法和趋势分析法,将不同时期的杜邦分析结果进行对比趋势化，从而形成动态分析，找出财务变化的规律，为预测、决策提供依据；或者与一些企业财务风险分析方法结合，进行必要的风险分析。这些结合，实质都是杜邦分析体系不断发展应用的需要。

第四节　帕利普分析法

一、帕利普分析法的含义

帕利普分析法又称帕利普财务分析体系，是对杜邦财务分析体系的变形和补充，使其不断完善与发展。美国哈佛大学帕利普（Krishna G.Palepu）教授等在其所著的《经营透视：企业分析与评价》一书中，对杜邦财务分析体系作了进一步发展，其分析原理是将某一个要分析的指标层层展开，以便探究财务指标发生变化的根本原因。帕利普分析中主要是将可持续增长率作为一个顶端指标层层展开分析的。可持续增长率是企业在保持利润能力和财务政策不变的情况下能够达到的增长比率，它取决于净资产收益率和股利政策。因此，可持续增长率可以将企业的各种财务比率统一起来，以评估企业的增长战略是否可持续。它继承了杜邦财务综合分析的优点：一是可以明确企业盈利能力、营运能力、偿债能力与发展能力之间的相互联系，分析企业财务总体状况和业绩的关联性水平；二是为进行财务综合评价提供基础，有利于进行纵向及横向比较。它把企业各个重要指标联系起来，考察每个重要指标的影响因素，从而便于因素分析法在综合评价时得以运用。我们可以用图 9-5 来表示帕利普财务分析体系。

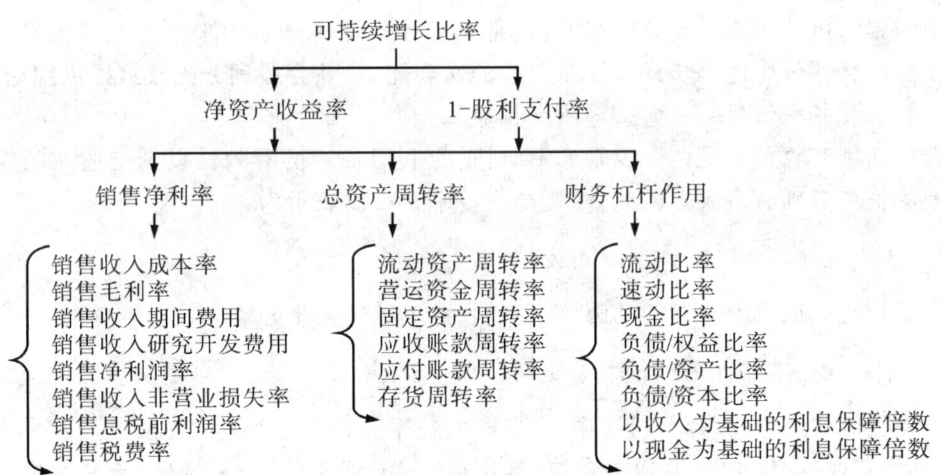

图 9-5　帕利普财务综合分析体系

二、帕利普财务综合分析体系的分析过程

帕利普财务综合分析体系的分析过程包括以下五个方面：可持续增长率分析、利润动

因分析、经营管理评估、投资管理评估和财务管理评估。

(一)可持续增长率分析——统一财务比率

可持续增长率衡量企业运用经济杠杆能够获取的持续增长效果,是企业在保持目前经营和财务战略的条件下能够达到的增长比率,可以用可持续资产增长率、可持续销售增长率和可持续股利增长率等指标来表示。企业要获得持续增长,应该满足的条件可假设如下:(1)企业以市场条件允许的最快速度发展;(2)企业经理人不愿意或者不能够筹集新的权益资本;(3)企业想维持目标资本结构和固定的股利政策。在这些假设条件下,企业的利润要想以过去的增长速度持续增长,就必须增加销售收入;而在资产周转率一定的条件下,增加销售收入必须依赖于资产的相应增加。在不对外进行权益资本融资的条件下,其来源渠道不外乎企业内部的资金积累和对外债务融资。在不改变目标资本结构的条件下,债务的增加又取决于其本身的盈利能力和既定的股利政策,并围绕于此将企业的各个财务比率统一起来,层层分析影响这一综合能力的各种因素,以便企业和决策者评价其可持续增长能力。

根据这些假设条件,可持续增长率的计算公式为:

$$\text{可持续增长率}=\text{股东权益增长率}=\text{净资产收益率}\times(1-\text{股利支付率}) \tag{9-7}$$

$$\text{净资产收益率(ROE)}=\frac{\text{净利润}}{\text{平均净资产}} \tag{9-8}$$

由上式可见,企业在保持目前经营和财务战略的条件下,企业未来一年的利润增长率不可能大于本年度净资产收益率。也就是说,如果企业不发股利的话,可持续增长率最多等于净资产收益率。可持续增长率越高,意味着企业未来利润的增长速度越快,反之则越慢。这充分体现了净资产收益率对可持续增长率起着关键作用。同时,增加考虑了股利支付率因素对可持续增长比率的影响,这是原有杜邦分析体系中未曾考虑的因素。这样有利于在综合评价中进一步评价股东权益的实现能力,并为股利分配政策提供理论依据。

(二)利润动因分析——分解净资产收益率

企业净资产收益率受两个因素的影响:企业利用资产的有效性以及与股东的投资相比企业的资产基础有多大。因此,净资产收益率又可以表示为:

$$\text{净资产收益率}=\text{资产收益率}\times\text{财务杠杆} \tag{9-9}$$

为了更直观地了解利润的动因,净资产收益率可进一步分解为:

$$\text{净资产收益率}=\text{销售净利率}\times\text{总资产周转率}\times\text{财务杠杆} \tag{9-10}$$

需要注意的是,在杜邦分析法中,净资产收益率=销售净利率×总资产周转率×权益乘数[见公式(9-4)],式中的“权益乘数”与公式(9-10)式中的“财务杠杆”含义本质上是相同的。因此,公式(9-4)与公式(9-10)均是表示净资产收益率的可用公式。

(三)经营管理评估——分解净利润率

净利润率表明企业经营活动的盈利能力,因此,对净利润进行分解能够评估企业的经营管理效率。常用的分析工具是共同尺度利润表,即该表中的所有项目都用一个销售收入比率表示。共同尺度利润表可用于企业一段时间损益表各项目的纵向比较,也可用于行业内企业间的横向比较。通过分析共同尺度利润表,可以了解企业的毛利率与其竞争战略的关系、变动的主要原因、期间费用率与其竞争关系、变动的原因和企业经营管理效率等。

(四)投资管理评估——分解资产周转率

通过对资产周转率的详细分析,可以评估企业投资管理的效率。资产管理分为流动资金管理和长期资产管理。流动资金管理分析的重点在于应收账款、存货和应付账款。评估资产管理效率的主要财务指标有:资产周转率、存货周转率、应收账款周转率、应付账款周转率、固定资产周转率、营运资金周转率。通过分析这些财务指标,可以评估企业的投资管理效果。

(五)财务管理评估——检验财务杠杆的作用

财务杠杆是企业拥有大于其产权的资产基础,即企业通过借款和一些不计息债务等来增加资本。只要债务的成本低于资产收益率,财务杠杆就可以提高企业的净资产收益率,但同时财务杠杆也加大了企业的风险。评估企业财务杠杆风险程度的财务指标有:流动比率、速动比率、超速动比率和营业现金流动比率等流动性比率,以及资产负债比、可持续增长率、有形净值负债率和利息保障倍数等长期偿债比率。

三、帕利普分析法实例

以青岛海尔股份公司为实例进行分析。利用青岛海尔 2015 年、2016 年的财务报表,借助帕利普财务分析法的原理将某一个分析指标层层展开,探讨青岛海尔财务指标发生变化的根本原因,为财务报告使用者提供决策参考。

(一)测定全部利润水平——净资产收益率

从青岛海尔 2016 年年报中计算出的净资产收益率如表 9-6 所示:

表 9-6 青岛海尔公司净资产收益率

年 份	2015 年	2016 年
净资产收益率(%)	15.74	20.63

从表 9-6 可看出,青岛海尔的净资产收益率 2016 年较 2015 年有较大增长。为了进一步理解公司的利润动因,将净资产收益率分解为资产收益率和财务杠杆。如表 9-7、表 9-8 所示:

表 9-7 青岛海尔公司资产收益率

年 份	2015 年	2016 年
资产收益率(%)	7.46	6.46

表 9-8 青岛海尔公司财务杠杆

年 份	2015 年	2016 年
财务杠杆作用	2.11	3.19

从表 9-7、表 9-8 可以看出:青岛海尔 2016 年的净资产收益率比 2015 年大幅上升,主要是财务杠杆作用上升所致。

(二)理解利润动因——分解净资产收益率

为了对资产收益率高低的动因有更好的理解,将资产收益率进一步分解为销售净利率和资产周转率,进而得出净资产收益率的主要动因。如表 9-9 所示:

表 9-9 净资产收益率的主要动因

年份	净利润率(%) ①	资产周转(次) ②	资产收益率(%) ③=①×②	财务杠杆(倍) ④	净资产收益(%) ⑤=③×④
2015	6.60	1.13	7.46	2.11	15.74
2016	5.62	1.15	6.46	3.19	20.63

表 9-9 表明,青岛海尔 2016 年净资产收益率上升的根本原因是资产周转和财务杠杆上升。为了对净利润率的高低有一个更好的理解,将净利润率进行分解以评估企业的经营管理效率。

(三)评估经营管理——分解净利润率

共同尺度利润表,分解其净利润率如表 9-10 所示:

表 9-10 共同尺度利润表

单位:%

年　份	2015 年	2016 年
营业收入	100	100
减:业务成本	72.07	68.98
营业税金及附加	0.44	0.58
毛利润	27.49	30.44
减:销售费用	14.6	17.85
管理费用	7.29	7.04
财务费用	−0.57	0.61
资产减值损失	0.34	0.41
加:投资收益	1.37	1.44
营业利润	7.19	5.98
营业外收入	0.69	1.19
减:营业外支出	0.11	0.3
利润总额	7.77	6.87
减:所得税	1.18	1.25
净利润	6.60	5.62

从共同尺度利润表可以看出:2016 年青岛海尔的毛利率比 2015 年有所上升,这和青岛海尔以品牌战略为其主要竞争方式比较协调。

毛利率上升的原因是主营业务成本所占比重下降,2015 年营业成本占主营业务收入的 72.07%,2016 年主营业务成本所占比重下降至 68.98%。但由于青岛海尔的销售费用、管理费用和财务费用所占比重总体上升,不同程度上冲抵了主营业务成本下降带来的效益,以至于海尔 2016 年的营业利润占营业收入的比重较 2015 年还降低了。另外,2016

年的营业外收入占销售收入的比重比 2015 年增加的幅度大于营业外支出占比增加,缓冲了 2016 年较 2015 年相比利润总额占销售收入比重的下降幅度,相应地也缓冲了净利润的下降幅度。总之,影响效益下降的关键因素还在于 2016 年各项费用的增加,所以需要加强费用管理优化。

(四)评估投资管理——分解资产周转率

共同尺度利润表已初步揭示了利润率的差异原因。为了进一步了解海尔资产管理效率的高低,接下来分析它近两年的资产管理比率,见表 9-11。

表 9-11 资产管理比率

单位:次

年 份	2015 年	2016 年
资产周转率	1.13	1.15
营运资金周转率	1.49	1.91
应收账款周转率	13.95	13.02
存货周转率	7.36	6.90
应付账款周转率	4.31	4.66
固定资产周转率	11.37	9.94

从表 9-11 可知:青岛海尔两年来各项周转率保持稳定,只有小幅变动。2016 年的资产周转率较 2015 年略有提高,其中营运资金周转率基本稳定,而固定资产周转率降幅相对较大。2016 年,应收账款周转率有小幅下降,表明企业向供应商回收货款速度较慢;而应付账款周转率 2016 年提升,表明向供应商支付货款速度有所加快,减少了相当于企业从供应商获得短期无息借款从事其生产经营的资金,说明现金流充裕,公司对资产的利用率很高,对营运资金的管理比较有效。但是,青岛海尔的存货周转率有所下降,说明企业存货周转速度减慢了,企业的销售能力有所下降,营运资金占用在存货上的金额比 2015 年多,应该重视其对存货的管理,提高存货管理效率。

(五)评估财务管理——检验财务杠杆的作用

财务管理水平主要体现在财务杠杆带来的效益和风险上。当债务成本低于这些资金产生的收益时,财务杠杆就可以提高企业的净资产收益率,但同时也提高了企业的风险。表 9-5 列出的净资产收益率主要动因表明,青岛海尔 2016 年通过加快资产周转和财务杠杆的提高而增加了净资产收益率,但财务杠杆的提高同时也加大了企业的财务风险。流动性比率可用来衡量财务杠杆带来的风险。数据分别见表 9-12、表 9-13。

表 9-12 流动性比率

年 份	2015 年	2016 年
流动比率	1.38	0.95
速动比率	1.16	0.74
现金比率	0.62	0.32

表 9-12 的流动性比率表明，青岛海尔的短期偿债能力 2016 年较 2015 年全面下降，且流动比率、速动比率和现金比率下降幅度均较大，企业可能处于不稳定状况，存在着一定的财务风险，管理层应该给予一定的关注。

表 9-13 长期债务偿付比率

年 份	2015 年	2016 年
资产负债比率(%)	57.29	71.37
利息保障倍数	−12.58	12.35

表 9-13 表明，青岛海尔 2016 年的资产负债率比 2015 年上升较快，其长期偿债能力有所下降。从利息保障倍数看，2016 年的利息偿付能力并不比 2015 年高，因为 2015 年的财务费用为负数，其利息收入高于利息支出，由此可知 2015 年青岛海尔的负债主要是不计息债务，财务风险并不高，又充分利用了财务杠杆的作用。总体来说，青岛海尔 2016 年的长期偿债能力下降了，在利用不计息债务的财务杠杆的作用上没有 2015 年好，其财务管理效率较低。

(六)评价可持续增长率

在了解了企业净资产收益率的主要动因后，采用可持续增长率来评价企业的发展前景。表 9-14 是青岛海尔在保持盈利能力和财务政策不变的情况下的可持续增长比率。

表 9-14 青岛海尔的可持续增长率

单位：%

年 份	2015 年	2016 年
净资产收益率	15.74	20.63
股利支付率	30.03	30.02
可持续增长率	14.01	18.9

注：可持续增长率=(销售净利率×总资产周转率×留存收益率×权益乘数)/(1-销售净利率×总资产周转率×留存收益率×权益乘数)

表 9-14 表明，青岛海尔 2016 年的可持续增长率比 2015 年有较大幅度提高。其提高的主要原因为净资产收益率显著提高与股利支付率略降。这表明可持续增长率上升，是实质性的盈利能力提高引起的，可见海尔的可持续增长能力较好。

第五节 企业综合绩效评价

一、企业综合绩效评价的含义

企业综合绩效评价，是指以投入产出分析为基本方法，通过建立综合评价指标体系，对照相应行业评价标准，对企业特定经营期间的盈利能力、资产质量、债务风险、经营增长以及管理状况等进行的综合评判。2009 年 9 月，为规范开展中央企业综合绩效评价工作，有效发挥综合绩效评价工作的评判、引导和诊断作用，推动企业提高经营管理水平，国务院国有资产监督委员会(简称国资委)颁布了《中央企业综合绩效评价实施细则》。

二、企业综合绩效评价方法

(一)评价体系

以国资委《中央企业综合绩效评价实施细则》为例，企业综合绩效评价由财务绩效定量评价和管理绩效定性评价两部分组成。企业综合绩效评价指标体系见表9-15所示。

表9-15 企业综合绩效评价指标体系

财务绩效定量指标 (权重70%)						管理绩效定性指标 (权重30%)	
评价内容	权重	基本指标	权重	修正指标	权重	评议指标	权重
盈利能力状况	34	净资产收益率 总资产报酬率	20 14	主营业务利润率 盈余现金保障倍数 成本费用利润率 资本收益率	10 9 8 7	战略管理 发展创新	18 15
资产质量状况	22	总资产周转率 应收账款周转率	10 12	不良资产比率 流动资产周转率 资产现金回收率	9 7 6	经营决策 风险控制	16 13
债务风险状况	22	资产负债率 已获利息倍数	12 10	速动比率 现金流动负债率 带息负债比率 或有负债比率	6 6 5 5	基础管理 人力资源	14 8
经营增长状况	22	销售(营业)增长率 资本积累率	12 10	销售(营业)利润增长率 总资产增长率 技术投入比率	10 7 5	行业影响 社会贡献	8 8
小　计	100		100		100		100

资料来源：《中央企业综合绩效评价实施细则》，国务院国有资产监督委员会 国资发评价[2006]157号。

(二)评价标准

评价标准由标准值和标准系数构成。财务评价指标全国评价标准由主管部门根据全国企业会计报表数据及有关统计信息，在提出有关企业不合理数据的基础上，综合国民经济近期发展水平，运用移动加权平均等数理统计方法统一制定。财务绩效定量评价标准划分为优秀(A)、良好(B)、平均(C)、较低(D)、较差(E)五个档次，管理绩效定性评价标准分为优(A)、良(B)、中(C)、低(D)、差(E)五个档次。对应五档评价标准的标准系数分别为1.0、0.8、0.6、0.4、0.2，差(E)以下为0。标准系数是评价标准的水平参数，反映了评价指标对应评价标准所达到的水平档次。

(三)评价结果划分

评价结果以综合评价得分为依据，按85分、70分、50分、40分四个分数线作为类型判定的资格界线。

优(A):评价得分达到 85 分以上(含 85 分);

良(B):评价得分达到 70～85 分(含 70 分);

中(C):评价得分达到 50～70 分(含 50 分);

低(D):评价得分在 40～50 分(含 40 分);

差(E):评价得分在 40 分以下。

以 2011 年国资委财务监督与考核评价局印发的《企业绩效评价标准值(2013)》为例,全国国有企业全行业的盈利能力状况评价各档标准值如表 9-16 所示。

表 9-16　企业绩效评价财务效益状况指标标准值

全国国有企业

范围:全行业

项　目	优秀值	良好值	平均值	较低值	较差值
一、盈利能力状况					
净资产收益率(%)	12.0	8.8	5.5	0.5	－9.3
总资产报酬率(%)	8.3	6.1	4.1	0.4	－6.0
主营业务利润率(%)	19.4	12.9	8.0	1.2	－6.4
盈余现金保障倍数	10.6	4.9	0.7	－1.5	－4.3
成本费用利润率(%)	10.9	7.5	4.0	0.4	－5.9
资本收益率(%)	12.6	9.1	6.0	0.8	－6.0
二、资产质量状况					
总资产周转率(次)	1.6	1.0	0.5	0.3	0.1
应收账款周转率(次)	22.1	12.7	8.2	3.9	1.8
不良资产比率(%)	0.2	0.8	2.5	5.4	13.0
流动资产周转率(次)	2.8	1.7	1.3	0.8	0.4
资产现金回收率(%)	20.8	9.1	3.0	－3.4	－9.8
三、债务风险状况					
资产负债率(%)	43.5	54.0	64.0	79.5	91.5
已获利息倍数	5.5	4.1	2.8	0.3	－2.1
速动比率(%)	134.9	98.2	75.0	57.6	36.7
现金流动负债比率(%)	25.2	18.4	8.9	－4.8	－11.4
带息负债比率(%)	23.5	35.0	50.1	69.4	82.4
或有负债比率(%)	0.3	1.5	4.8	11.4	17.6
四、经营增长状况					
销售(营业)增长率(%)	21.7	14.6	9.8	－3.3	－15.1
资本保值增值率(%)	111.8	107.3	104.5	100.6	89.4
销售(营业)利润增长率(%)	19.0	12.1	7.0	－6.4	－15.5

续表

项　　目	优秀值	良好值	平均值	较低值	较差值
总资产增长率(%)	20.2	16.4	10.6	−3.7	−11.5
技术投入比率(%)	3.2	2.2	1.7	1.4	0.4
五、补充资料					
存货周转率(次)	17.9	11.4	4.7	2.1	0.5
三年销售平均增长率(%)	24.1	17.0	10.0	−5.1	−16.6
成本费用占主营业务收入比重(%)	88.8	92.8	96.7	99.3	102.2
经济增加值率(%)	8.7	4.0	0.3	−4.0	−10.0
EBITDA 率(%)	27.2	16.6	9.3	2.4	−1.6
资本积累率(%)	30.5	16.4	7.3	−5.5	−16.9

资料来源:《企业绩效评价标准值(2013)》,经济科学出版社 2013 年版。

(四)计分方法

企业综合绩效评价计分方法采取功效系数法和综合分析判断法。其中:功效系数法用于财务绩效定量评价指标的计分,综合分析判断法用于管理绩效定性评价指标的计分。

根据评价指标体系的三层次结构,企业综合绩效评价计分方法分为财务基本指标计分方法、财务修正指标计分方法、管理绩效评议指标计分方法以及财务指标与管理指标结合(综合绩效评价)计分方法。

1.财务基本指标计分方法

财务基本指标计分方法是运用企业绩效评价基本指标,按照功效系数法计分原理,将评价指标实际值对照行业评价标准值,计算各项基本指标得分。计算公式为:

$$\text{基本指标总得分} = \sum \text{单项基本指标得分} = \sum(\text{本档基础分} + \text{调整分})$$

其中,

$$\text{本档基础分} = \text{指标权数} \times \text{本档标准系数}$$

$$\text{调整分} = \text{功效系数} \times (\text{上档基础分} - \text{本档基础分})$$

$$\text{上档基础分} = \text{指标权数} \times \text{上档标准系数}$$

$$\text{功效系数} = \frac{(\text{实际值} - \text{本档标准值})}{(\text{上档标准值} - \text{本档标准值})}$$

本档标准值是指上下两档标准值居于较低等级一档。

2.财务修正指标计分方法

财务修正指标计分方法是在基本指标计分结果的基础上,运用功效系数法原理,分别计算盈利能力、资产质量、债务风险和经营增长四个部分的综合修正系数,再据此计算出修正后的分数。计算公式为:

$$\begin{aligned}\text{修正后总得分} &= \sum \text{各部分修正后得分} \\ &= \sum \text{各部分基本指标分数} \times \text{该部分综合修正系数}\end{aligned}$$

其中，

$$某部分综合修正系数=\sum 该部分各修正指标加权修正系数$$
$$=\sum\left(\frac{修正指标权数}{该部分权数}\right)\times 该指标单项修正系数$$

某指标单项修正系数＝1.0＋(本档标准系数＋功效系数×0.2－该部分基本指标分析系数)，单项修正系数控制修正幅度为0.7～1.3。

在计算修正指标单项修正系数的过程中，对于一些特殊情况作出如下规定：

(1)如果修正指标实际值达到优秀值以上，其单项修正系数的计算公式如下：

单项修正系数＝1.2＋本档标准系数－该部分基本指标分析系数

(2)如果修正指标实际值处于较差值以下，其单项修正系数的计算公式如下：

单项修正系数＝1.0－该部分基本指标分析系数

(3)如果资产负债率≥100％，指标得0分；其他情况按照规定的公式计分。

(4)如果盈余现金保障倍数分子为正数，分母为负数，单项修正系数确定为1.1；如果分子为负数，分母为正数，单项修正系数确定为0.9；如果分子分母同为负数，单项修正系数确定为0.8。

(5)如果不良资产比率≥100％或分母为负数，单项修正系数确定为0.8。

(6)对于销售(营业)利润增长率指标，如果上年主营业务利润为负数，本年为正数，单项修正系数为1.1；如果上年主营业务利润为零本年为正数，或者上年为负数本年为零，单项修正系数确定为1.0。

(7)如果个别指标难以确定行业标准，该指标单项修正系数确定为1.0。

$$某部分基本指标分析系数=\frac{该部分基本指标得分}{该部分权数}$$

3.管理绩效评议指标计分方法

管理绩效评议指标的计分一般通过专家评议打分形式完成，由不少于7名的评议专家对照评价参考标准，采取综合分析判断法，对企业管理绩效指标做出分析评议，评判各项指标所处的水平档次，并直接给出评价分数。计分公式为：

$$管理绩效评议指标总分=\sum 单项指标分数$$

其中，

$$单项指标分数=\frac{\sum 每位专家给定的单项指标分数}{专家人数}$$

4.综合绩效评价计分方法

在得出财务绩效定量评价分数和管理绩效定性评价分数后，按照规定的权重，耦合形成综合绩效评价分数。计算公式为：

企业综合绩效评价分数＝财务绩效定量评价分数×70％＋管理绩效定性评价分数×30％

(五)企业综合绩效评价方法举例

青岛海尔股份有限公司2016年年度的基本指标、修正指标如表9-17所示：

表9-17　青岛海尔基本指标、修正指标

内容	基本指标		修正指标	
盈利能力状况	净资产收益率	20.63%	主营业务利润率	30.45%
			盈余现金保障倍数	1.20
	总资产报酬率	6.46%	成本费用利润率	7.20%
			资本收益率	81.05%
资产质量状况	总资产周转率	1.15	不良资产比率	0.80%
			流动资产周转率	37.21
			资产现金回收率	6.14%
	应收账款周转率	27.91	资产现金回收率	21.49%
债务风险状况	资产负债率	71.37%	速动比率	0.74
			现金流动负债率	6.14%
	已获利息倍数	12.35	带息负债比率	39.17%
			或有负债比率	0
经营增长状况	销售(营业)增长率	32.59%	销售(营业)利润增长率	10.21%
			总资产增长率	124.17%
			技术投入比率	0
	资本积累率	15.84%		

根据青岛海尔股份有限公司2016年年度报告，运用上一节的公式计算该公司的各项基本指标和修正指标的得分，如表9-18、表9-19所示。

1.青岛海尔股份有限公司的基本指标得分

表9-18　青岛海尔绩效评价基本指标计分表

项目	指标实际值	本档标准值	上档标准值	本档标准系数	上档标准系数	功效系数	权数	基本指标得分			分析系数
								基础分	调整分	小计	
一、盈利能力状况							34			31.7	0.93
净资产收益率	20.63%	12.0%	12.0%	1	1		20	20	0	20	
总资产报酬率	6.46%	4.1%	6.1%	0.6	0.8	1.18	14	8.4	3.3	11.7	
二、资产质量状况							22			17.67	0.80
总资产周转率	1.15	1.6	1.6	0.8	1		10	8	0	8	
应收账款周转率	13.02	12.7	22.1	0.8	1	0.03	12	9.6	0.07	9.67	

续表

项目	指标实际值	本档标准值	上档标准值	本档标准系数	上档标准系数	功效系数	权数	基本指标得分			分析系数
								基础分	调整分	小计	
三、债务风险状况							22			16.05	0.73
资产负债率	71.37%	79.5%	64.0%	0.4	0.6	0.52	12	4.8	1.25	6.05	
已获利息倍数	12.35	5.5	5.5	1	1		10	10	0	10	
四、经营增长状况							22			19.88	0.90
销售增长率	32.59%	21.7%	21.7%	1	1		12	12	0	12	
资本积累率	15.84%	7.3%	16.4%	0.6	0.8	0.94	10	6	1.88	7.88	
合计							100			85.30	

在基本指标得分的计算中可以看出，企业的大多数指标都比较接近标准值，其调整分除个别外，基本在 0～1.5 之间，需要调整的其调整值都较小，这说明企业的业绩很好，而海尔的经营状况也正说明了这一点。

2.青岛海尔股份有限公司的修正指标得分

青岛海尔股份有限公司的修正指标计算见表 9-19。

表 9-19 青岛海尔绩效评价修正指标计分表

项目	指标实际值	本档标准值	上档标准值	本档标准系数	指标权数	基本指标得分	基本指标分析系数	单项修正系数	单项修正系数调整	综合修正系数	修正后得分	分析系数
一、盈利能力状况					34	28.79	0.85			3.37	22.46	0.66
主营业务利润率	30.45%	19.40%	19.40%	1	10	10.00	1.00	1.00	1.20	0.35	3.53	
盈余现金保障倍数	1.2	0.7	4.9	0.6	9	5.61	0.62	1.00	1.18	1.06	5.94	
成本费用利润率	7.20%	4.00%	7.50%	0.6	8	6.17	0.77	1.00	1.03	0.91	5.64	
资本收益率	81.05%	12.60%	12.60%	1	7	7.00	1.00	1.00	1.20	1.05	7.35	
二、资产质量状况					22	18.42	0.84	1.00	0.36	3.24	22.17	1.01
资产现金回收率	6.14%	3.00%	9.10%	0.6	6	4.22	0.70	1.01	1.10	0.30	1.26	
流动资产周转率(次)	37.21	2.8	2.8	1	7	7.00	1.00	1.00	1.20	1.40	9.80	
不良资产比率	0.80%	0.80%	0.20%	0.8	9	7.20	0.80	1.00	1.20	1.54	11.11	
三、债务风险状况					22	15.61	0.71	1.00	0.49	3.40	13.74	0.62
速动比率	74.00%	57.60%	75.00%	0.4	6	3.53	0.59	1.00	1.01	0.28	0.97	
现金流动负债率	6.14%	−4.80%	8.90%	0.4	6	3.36	0.56	1.00	1.04	1.04	3.49	
带息负债比率	39.17%	50.10%	35.00%	0.6	5	3.72	0.74	1.01	1.06	0.88	3.27	

续表

项 目	指标实际值	本档标准值	上档标准值	本档标准系数	指标权数	基本指标得分	基本指标分析系数	单项修正系数	单项修正系数调整	综合修正系数	修正后得分	分析系数
或有负债比率	0	0.30%	0.30%	1	5	5.00	1.00	1.00	1.20	1.20	6.00	
四、经营增长状况					22	19.26	0.88	1.00	0.32	2.19	13.71	0.62
销售(营业)利润增长率	10.21%	7.00%	12.10%	0.6	10	7.26	0.73	1.00	1.07	0.49	3.54	
总资产增长率	124.17%	20.20%	20.20%	1	7	7.00	1.00	1.00	1.20	0.84	5.88	
技术投入比例	32.59%	21.70%	21.70%	1	5	5.00	1.00	1.00	1.20	0.86	4.29	
合计					100	82.08	0.82				72.08	

注:修正指标详细计算过程见本章附录。

修正指标的计算是在对基本指标的进一步修正中完善指标的得分。在基本指标中反映不出来的项目,可以在修正指标中得到体现。如企业经营增长变动对综合得分的影响,通过修正指标的计算过程,我们可以看到它的得分低于基本指标得分,这是因为修正指标中的各项实际值距离标准值偏差较大,而偏差较大的指标权重也相对较大,所以对基本指标的得分产生了一些影响。这说明功效系数法评价出的结果具有很大的参考价值,如果它的结果与海尔的实际发展相符,就证实了功效系数法是有效的。

通过以上计算过程和结果,得出青岛海尔股份有限公司 2016 年绩效评价的基本指标总得分是 85.30,修正后总得分是 72.08,依照前述综合评价得分结果划分标准,该分数属于良好水平。

通过案例分析,可以看出功效系数法是一种很切合当前我国企业发展现实的定量评价计分方法。功效系数法运用简单明了的计算公式,根据各项指标的重要性来确定指标的权重,最后可以求出比较客观、准确的综合得分,说明功效系数法在企业管理制度比较完善、年度报告财务数据准确真实的情况下具有很大发挥作用的空间。对一些企业来说,功效系数法简单易行、成本低,用来评价企业的业绩是一种不错的选择。

本章小结

财务报告综合分析,就是将企业偿债能力、获利能力、营运能力等诸多方面分析有机地联系起来,作为一个完整的体系,系统、全面、综合地对企业财务状况和经营情况进行解剖分析和评价,说明企业整体财务状况和效益的优劣。

进行财务报告综合分析,应先从目标企业所处行业及其竞争状况入手。行业竞争分析是对企业商业生态环境层面所做的重要战略性评估。竞争战略分析的目的是成功地对付竞争力量,从而为企业赢得超常的投资收益。竞争战略的确定主要是运用 SWOT 分析法进行。

财务报告综合分析的方法主要有杜邦分析法、帕利普分析法和企业综合绩效评价。

杜邦分析法通过几种主要的财务比率之间的相互关系,重点揭示企业获利能力及权益乘数对净资产收益率的影响,净资产收益率是杜邦分析体系的核心。杜邦分析法也存在着某些局限性。帕利普分析法是杜邦财务分析法的进一步发展,主要是将可持续增长率作为一个顶端指标层层展开分析的,以便探究财务指标发生变化的根本原因。帕利普财务综合分析体系的分析过程包括可持续增长率分析、利润动因分析、经营管理评估、投资管理评估和财务管理评估等五个方面。企业综合绩效评价,是通过建立综合评价指标体系,对照相应行业评价标准,对企业特定经营期间的盈利能力、资产质量、债务风险、经营增长以及管理状况等进行的综合评判。其评价体系由财务绩效定量评价和管理绩效定性评价两部分组成。计分方法采取功效系数法和综合分析判断法。

附录　青岛海尔股份有限公司绩效评价修正指标计分详细计算表

项　目	指标实际值	本档标准值	上档标准值	本档标准系数	指标权数	本档基础分	上档标准系数	上档基础分	功效系数	调整分	单项基本指标得分	基本指标分析系数	单项修正系数过渡	单项修正系数	单项修正系数调整	综合修正系数	修正后得分	分析系数
一、盈利能力状况					34	27.2				1.59	28.79	0.85				3.37	22.46	0.66
主营业务利润率	30.45%	19.40%	19.40%	1	10	10	1	10	0	0	10.00	1.00	(1.00)	1.00	1.20	0.35	3.53	
盈余现金保障倍数	1.2	0.7	4.9	0.6	9	5.4	0.8	7.2	0.12	0.21	5.61	0.62	(0.60)	1.00	1.18	1.06	5.94	
成本费用利润率	7.20%	4.00%	7.50%	0.6	8	4.8	0.8	6.4	0.86	1.37	6.17	0.77	(0.60)	1.00	1.03	0.91	5.64	
资本收益率	81.05%	12.60%	12.60%	1	7	7	1	7	0.00	0.00	7.00	1.00	(1.00)	1.00	1.20	1.05	7.35	
二、资产质量状况					22	17.8				0.62	18.42	0.84		1.00	0.36	3.24	22.17	1.01
资产现金回收率	6.14%	3.00%	9.10%	0.6	6	3.6	0.8	4.8	0.51	0.62	4.22	0.70	(0.59)	1.01	1.10	0.30	1.26	
流动资产周转率（次）	37.21	2.8	2.8	1	7	7	1	7	0.00	0.00	7.00	1.00	(1.00)	1.00	1.20	1.40	9.80	
不良资产比率	0.80%	0.80%	0.20%	0.8	9	7.2	1	9	0.00	0.00	7.20	0.80	(0.80)	1.00	1.20	1.54	11.11	
三、债务风险状况					22	12.8				2.81	15.61	0.71		1.00	0.49	3.40	13.74	0.62
速动比率	74.00%	57.60%	75.00%	0.4	6	2.4	0.6	3.6	0.94	1.13	3.53	0.59	(0.40)	1.00	1.01	0.28	0.97	
现金流动负债率	6.14%	−4.80%	8.90%	0.4	6	2.4	0.6	3.6	0.80	0.96	3.36	0.56	(0.40)	1.00	1.04	1.04	3.49	
带息负债比率	39.17%	50.10%	35.00%	0.6	5	3	0.8	4	0.72	0.72	3.72	0.74	(0.59)	1.01	1.06	0.88	3.27	
或有负债比率	0	0.30%	0.30%	1	5	5	1	5	0.00	0.00	5.00	1.00	(1.00)	1.00	1.20	1.20	6.00	
四、经营增长状况					22	18				1.26	19.26	0.88		1.00	0.32	2.19	13.71	0.62
销售（营业）利润增长率	10.21%	7.00%	12.10%	0.6	10	6	0.8	8	0.63	1.26	7.26	0.73	(0.60)	1.00	1.07	0.49	3.54	
总资产增长率	124.17%	20.20%	20.20%	1	7	7	1	7	0.00	0.00	7.00	1.00	(1.00)	1.00	1.20	0.84	5.88	
技术投入比例	32.59%	21.70%	21.70%	1	5	5	1	5	0.00	0.00	5.00	1.00	(1.00)	1.00	1.20	0.86	4.29	
合计					100	75.8		87.6		6.28	82.08	0.82					72.08	

章后练习

思考题

1.财务报告综合分析的含义及与财务单项分析有什么区别？

2.为什么要进行行业分析和竞争战略分析？

3.行业分析包括哪些内容？

4.简述企业竞争战略的类型及竞争战略是如何形成企业的竞争优势的。

5.杜邦分析体系是如何建立起来的？

6.说明杜邦分析法的局限性。

7.杜邦分析体系的改进核心内容与方法是什么？

8.简述帕利普财务分析体系的内容与方法。

9.简述企业综合绩效评价的含义及方法。

10.功效系数法在企业综合绩效评价中的适用性如何？

本章作业

（一）练习题

1.A 公司 2015 年和 2016 年的主要财务数据如下表所示：

A 公司 2015 年和 2016 年的主要财务数据

单位：万元

项　目	2015 年	2016 年
销售收入	1 000	1 411.8
净利润	200	211.77
总资产	1 000	1 764.75
负　债	400	1 058.87

要求：

计算该公司 2015 年和 2016 年的资产周转率、销售净利率、权益乘数、净资产收益率以及 2016 年的销售增长率，指出公司今后提高净资产收益率的途径有哪些。

2.B 公司 2016 年的主要财务数据如下表所示：

B公司2016年的主要财务数据

单位:万元

项　目	2016
销售收入	1 000
税后利润	200
股　利	100
本年利润留存	100
总资产	1 000
负　债	400
股　本	500
年末未分配利润	100
所有者权益	600

要求:

计算该公司的可持续增长率,并作出评价。

3.C公司2015年和2016年简化的资产负债表和利润表如下:

表1　C公司2016年资产负债表简表

单位:万元

项　目	年初数	年末数	项　目	年初数	年末数
流动资产合计	280	320	流动负债	90	100
应收账款	100	110	长期负债	100	120
其他速动资产	60	80	负债合计	190	220
存　货	120	130	股东权益	310	330
非流动资产	220	230			
资产总计	500	550	权益合计	500	550

表2　C公司2015年和2016年利润表

单位:万元

项　　目	2015年	2016年
一、销售收入	12 000	14 000
销售成本	9 000	9 800
销售税金	1 200	1 400
销售费用	150	200
管理费用	500	520
财务费用	15	19

续表

项　目	2015 年	2016 年
二、营业利润	1 135	2 061
投资收益	25	21
营业外收支净额	－10	－12
三、利润总额	1 150	2 070
所得税(25%)	287.5	517.5
四、净利润	862.5	1 552.5

要求：

运用杜邦分析体系结合因素分析法分析C公司2016年与2015年相比净资产收益率变动的原因，按顺序确定销售净利率、资产周转率和权益乘数变动对净资产收益率的影响，指出公司可能存在的问题。

（二）案例与分析

1.Excel 实务演练

新建一个 Excel 表格，命名为“财务报告”，利用案例公司的年度报告在 Sheet1 中对该公司进行杜邦分析，揭示企业获利能力及权益乘数对净资产收益率的影响。在 Sheet2 中进行帕利普分析，从可持续增长率分析、经营管理评估、投资管理评估和财务管理评估方面进行详细说明。在 Sheet3 中对公司进行综合绩效评价，企业绩效评价财务效益状况指标标准值可以参考教材中表 9-17。

2.章节报告

结合 Excel 实务演练分析结果，运用上述不同分析方法结果，撰写财务综合分析报告，阐述状况、分析结果并说明变化可能的原因，使你对案例公司的经营和盈利状况有全面、深刻的了解。

第十章

综合案例分析——伊利股份(2016)

学习目标:本章以内蒙古伊利实业集团股份有限公司为例,对伊利股份(SH,600887)2016年年报进行了综合分析。通过具体案例的分析,使学生了解财务报告的基本形式和内容,学会阅读主要财务报告附注,理解其含义并分析这些具体信息对企业财务状况、经营成果和现金流量的影响,掌握财务报告分析的具体方法和体系,从而对企业财务报告形成完整而准确的认识。

一、公司概况

内蒙古伊利实业集团股份有限公司(股票代码:SH600887,简称伊利股份)属于乳制品制造行业,主要业务涉及乳及乳制品的加工、制造与销售,旗下拥有液体乳、乳饮料、奶粉、冷冻饮品、酸奶等几大产品系列。在2017年度Brand Finance全球乳制品品牌价值排行榜中,伊利位居全球第二,亚洲第一;特别是品牌强度指数位居全球第一。目前公司已累计获得专利授权2 091项,专利保护已覆盖全部业务。其中,发明专利授权数量为454项,同时,公司现有两项专利获得中国专利优秀奖。

尼尔森零研数据显示,2016年公司在整体乳品市场的零售额市场所占份额为20.0%,比上年增加1.1个百分点,位居市场第一。其中,公司常温液态奶零售额市场所占份额为31.6%,位居细分市场第一,比上年同期上升1.8个百分点;低温液态奶零售额市场所占份额为16.2%,比上年同期提升0.6个百分点;婴儿配方奶粉产品全渠道零售额市场所占份额为5.0%,比 上年同期提升0.2个百分点。根据行业信息统计,报告期内,公司冷饮产品销售额蝉联全国第一。

分析中所用对比公司分别为光明乳业(SH:600597)和蒙牛乳业(HK:02319),介绍略。

二、阅读审计报告和董事会报告

2017年3月29日由大华会计师事务所出具无保留意见审计报告。注册会计师认为:伊利集团的财务报表在所有重大方面按照企业会计准则的规定编制,公允地反映了伊利集团2016年12月31日的合并及母公司财务状况,以及2016年度的合并及母公司经营成果和现金流量。

三、主要财务指标分析

伊利股份、光明乳业和蒙牛乳业 2012—2016 年主要财务指标如表 10-1、表 10-2、表 10-3 所示。根据伊利股份和对比公司的主要指标，依次对伊利股份的偿债能力、营运能力和盈利能力进行综合分析。

表 10-1　伊利股份 2012—2016 年主要财务指标

	2012	2013	2014	2015	2016
流动比率	0.54	1.06	1.12	1.09	1.35
速动比率	0.28	0.82	0.85	0.83	1.06
现金比率	0.17	0.53	0.76	0.72	0.93
资产负债率	62.0%	50.4%	52.3%	49.2%	40.8%
总资产周转率(次)	2.11	1.81	1.49	1.51	1.53
流动资产周转率(次)	5.62	4.21	2.88	2.94	3.02
固定资产周转率(次)	3.61	3.39	3.17	2.97	2.85
存货周转天数(天)	39	35.76	43.57	45.99	43.83
应收账款周转天数(天)	2.48	2.4	2.89	3.31	3.46
经营周期(天)	41.48	38.16	46.46	49.3	47.29
应付账款周转天数	54.06	51.15	52.51	54.02	62.57
现金周转天数(天)	−12.58	−12.99	−6.05	−4.72	−15.28
毛利率	29.7%	28.7%	32.5%	35.9%	37.9%
销售费用率	18.5%	17.9%	18.7%	22.1%	23.4%
管理费用率	6.7%	5.0%	5.9%	5.8%	5.7%
净资产收益率	25.1%	26.9%	23.7%	23.9%	26.1%
营业收入增长率	12.1%	13.8%	12.9%	10.9%	0.8%
净利润增长率	−5.2%	84.4%	30.2%	11.7%	21.8%
总资产增长率	−0.6%	65.9%	20.1%	0.3%	−0.9%
净资产增长率	19.3%	116.8%	15.4%	7.0%	15.3%

表 10-2　光明乳业 2012—2016 年主要财务指标

	2012	2013	2014	2015	2016
流动比率	1.25	1.08	0.99	1.07	1.05
速动比率	1.00	0.83	0.68	0.81	0.79
现金比率	0.59	0.44	0.31	0.47	0.47
资产负债率	52.6%	56.6%	59.6%	65.9%	61.7%

续表

	2012	2013	2014	2015	2016
总资产周转率(次)	1.65	1.56	1.67	1.37	1.28
流动资产周转率(次)	3.16	2.86	3.18	2.77	2.67
固定资产周转率(次)	3.00	3.15	3.26	2.55	2.28
存货周转天数(天)	43.19	43.20	48.35	57.26	54.52
应收账款周转天数(天)	32.85	30.21	27.59	31.32	29.59
经营周期(天)	76.04	73.41	75.93	88.57	84.11
应付账款周转天数(天)	51.42	57.98	55.47	63.78	60.77
现金周转天数(天)	24.62	15.43	20.46	24.79	23.34
毛利率	35.1%	34.7%	34.6%	36.1%	38.7%
销售费用率	27.7%	27.1%	26.8%	27.8%	27.8%
管理费用率	3.2%	3.0%	2.8%	3.5%	3.8%
净资产收益率	9.2%	10.0%	11.4%	9.5%	11.8%
营业收入增长率	16.8%	18.3%	25.1%	−5.0%	4.3%
净利润增长率	23.7%	41.7%	22.9%	−14.9%	36.1%
总资产增长率	26.7%	23.9%	11.4%	19.9%	4.1%
净资产增长率	56.1%	13.5%	3.5%	1.2%	17.0%

表 10-3　蒙牛乳业 2012—2016 年主要财务指标

	2012	2013	2014	2015	2016
流动比率	1.44	0.90	1.42	1.40	1.30
速动比率	1.24	0.76	1.11	1.13	1.08
现金比率	0.84	0.39	0.32	0.50	0.40
资产负债率	37.3%	55.4%	48.0%	47.5%	48.1%
总资产周转率(次)	1.75	1.42	1.15	1.00	1.08
流动资产周转率(次)	1.09	1.84	1.46	1.32	1.39
固定资产周转率(次)	1.35	2.49	2.48	2.34	2.14
存货周转天数(天)	71.87	76.80	129.24	135.91	109.42
应收账款周转天数(天)	21.04	11.11	13.33	17.40	23.05
经营周期(天)	92.92	87.91	142.57	153.31	132.47
应付账款周转天数	41.65	48.37	51.42	52.26	50.74
现金周转天数(天)	51.27	39.54	91.15	101.05	81.73
毛利率	25.0%	27.0%	31.0%	31.0%	33.0%
销售费用率	17.3%	18.8%	21.1%	22.4%	25.0%

续表

	2012	2013	2014	2015	2016
管理费用率	3.3%	3.7%	3.9%	3.8%	4.6%
净资产收益率 ROE	0.12	0.13	0.15	0.12	(0.04)
营业收入增长率	−3.7%	20.6%	15.3%	−2.0%	9.7%
总资产增长率	3.5%	92.9%	16.7%	7.6%	−3.0%
净资产增长率	8.9%	23.0%	39.9%	3.0%	−5.8%

(一)伊利股份偿债能力分析

对流动比率、速动比率、现金比率、资产负债率等指标进行分析。分别如图 10-1、图 10-2、图 10-3、图 10-4 所示。

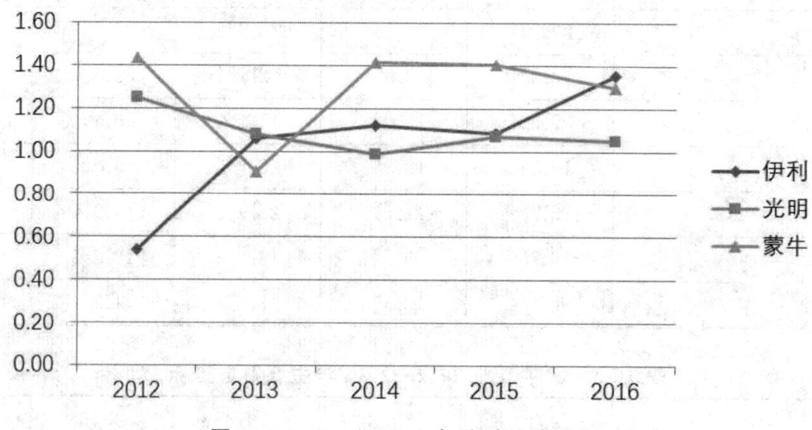

图 10-1　2012—2016 年流动比率分析

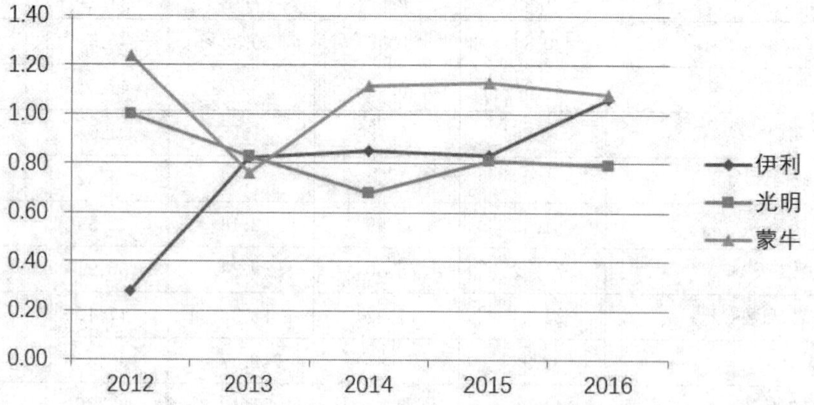

图 10-2　2012—2016 年速动比率分析

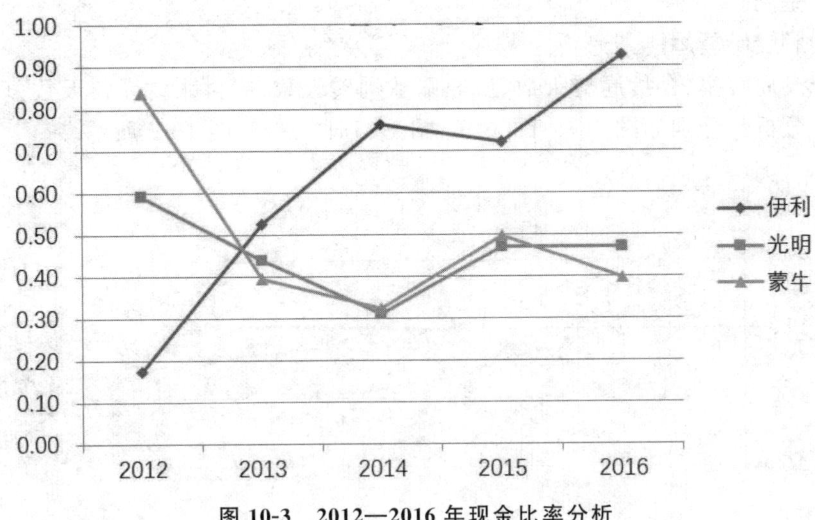

图 10-3 2012—2016 年现金比率分析

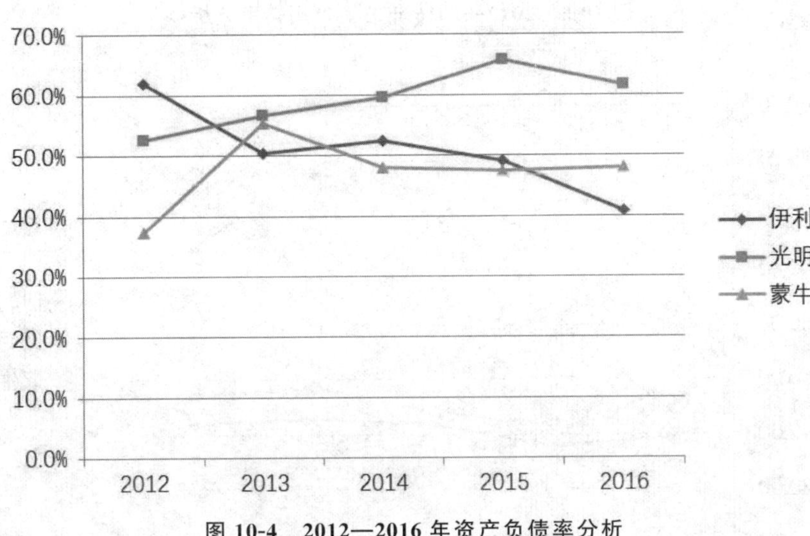

图 10-4 2012—2016 年资产负债率分析

通过图 10-1 至图 10-4 可以看出,伊利股份无论是短期偿债能力还是长期偿债能力,都优于光明乳业和蒙牛乳业。伊利股份的现金类资产充足,现金比率持续提高,并长期远超其他两家企业;流动比率和速动比率也保持增长趋势,虽然在 2016 年以前弱于蒙牛乳业,但是在 2016 年位居三家企业之首。同时,伊利股份反映长期偿债能力的资产负债率也不断下降,2016 年较上年减少 8.4 个百分点,在三家企业中最低。

近年来,受经济大环境影响,全球乳品消费低迷,需求增长放缓。国内乳业经过近二十年的快速成长之后,进入平稳发展阶段。短期内乳品行业及乳品企业面临着消费需求升级与产品同质化的矛盾,发展压力增大。在整体增速放缓的情况下,伊利股份努力降低财务风险,提高企业的流动性,增强企业的偿债能力,并为今后行业内的整合和购并奠定良好的资金基础。

(二)伊利股份营运能力分析

对总资产周转率、存货周转天数、应收账款周转天数、应付账款周转天数、现金周转期等指标进行分析。分别如图 10-5、图 10-6、图 10-7、图 10-8、图 10-9 所示。

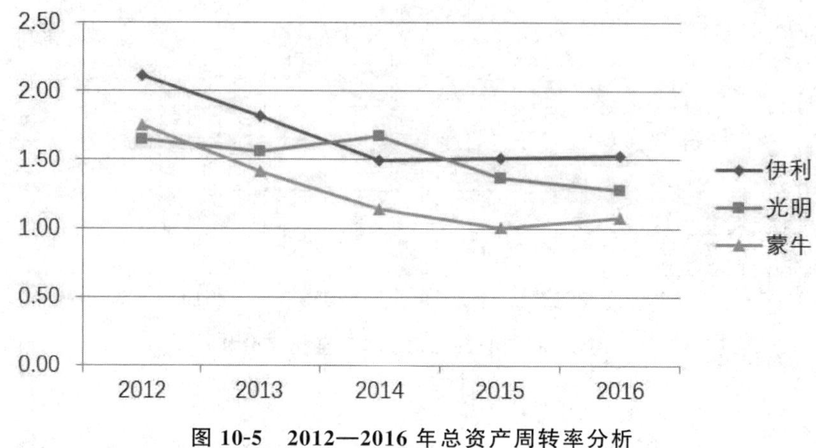

图 10-5 2012—2016 年总资产周转率分析

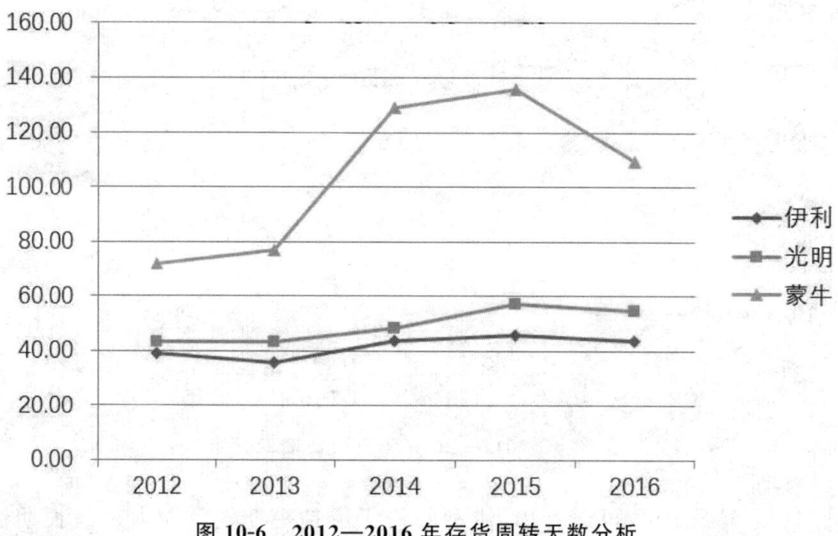

图 10-6 2012—2016 年存货周转天数分析

通过图 10-5 至图 10-9 可以看出，2012—2016 五年来虽然三家公司的总资产周转率都呈总体下降的趋势，但是伊利股份的周转率水平仍然是三家公司中最高的，尤其是近三年来看，在整个行业陷入增长乏力的情况下，伊利股份的总资产周转率还略有上升，显示了公司良好的资产管理能力。通过阅读公司财务报表了解到，公司在 2013 年总资产水平大幅提高，原因在于当年非公开发行股份，同时股权激励对象行权，这两个因素使得公司资本结构大幅改善，资产负债率由上年的 62%降至 50%，公司资本的增加为公司未来发展提供了有利的资金支持并进一步加强了风险把控。

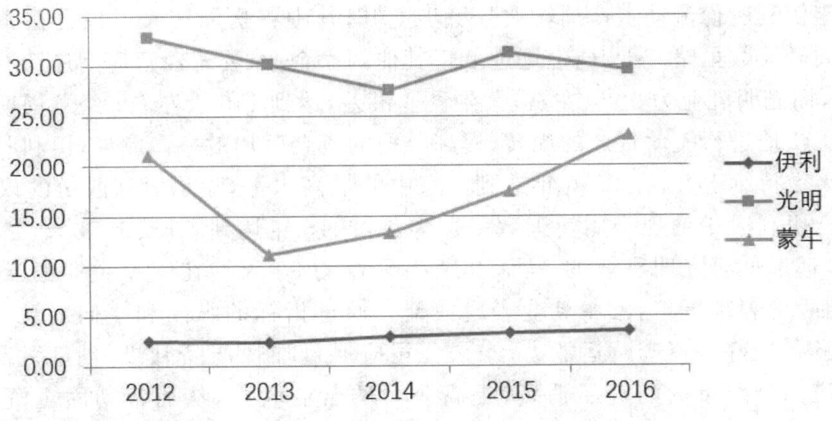

图 10-7　2012—2016 年应收账款周转天数分析

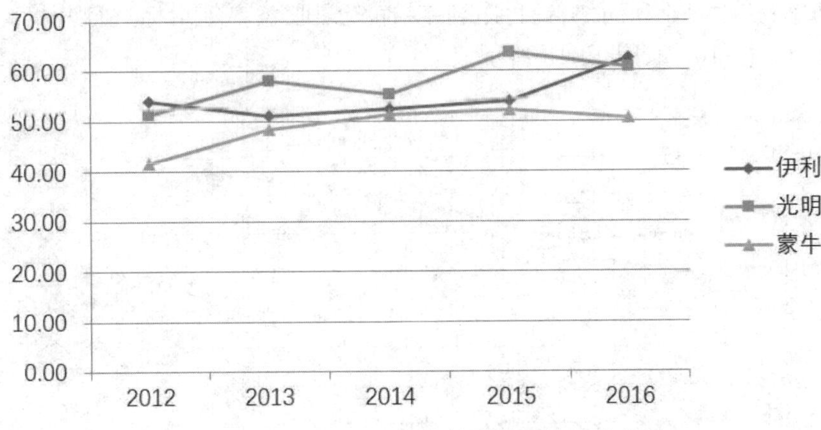

图 10-8　2012—2016 年应付账款周转天数分析

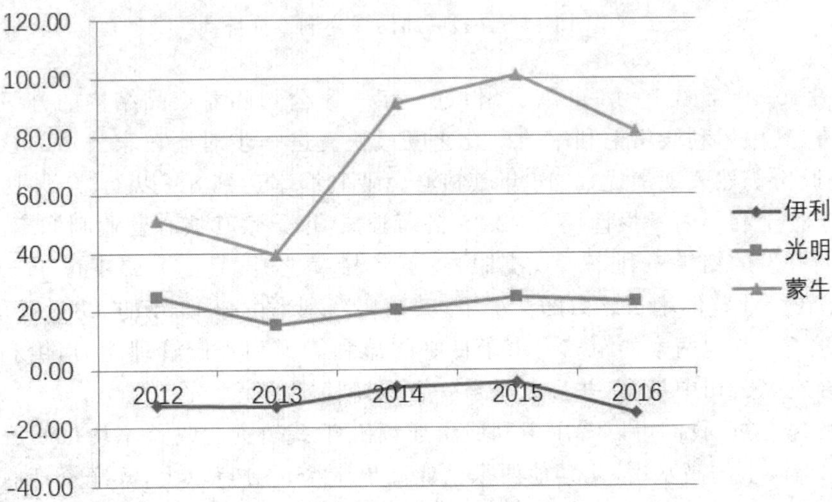

图 10-9　2012—2016 年现金周转期分析

近三年伊利股份流动资产周转次数稳步上升，其中存货周转天数稳定在44天左右，应收账款周转天数虽略有上升，但远远低于其他两家企业，公司经营周期连续五年维持在50天以下，而光明乳业为90天左右，蒙牛乳业最差，达到140天左右。经营周期的缩短可以使公司更快地进行流动资产的周转，提高公司的资金运用效率。此外，伊利股份的应付账款周转天数持续上升，在2016年达到三家中的最高水平，显示伊利股份的议价能力进一步提高。伊利股份的现金周转天数一直为负，2016年达到了－15.28天，是近五年的最低水平，远远低于光明乳业的24天和蒙牛乳业的82天。在三家企业的流动资产周转中，伊利股份表现最佳，蒙牛乳业表现最差。通过指标的纵向和横向对比，可以发现伊利股份具备良好的资产营运能力，未来公司应通过加快产品升级、创新乳品品类、壮大新兴渠道和分级市场的乳品消费，提高公司的营业收入，从而带动固定资产和总资产周转率的进一步提升。

(三)伊利股份盈利能力和发展能力分析

对毛利率、核心营业利润率、销售净利率、净资产收益率等指标进行分析。分别如图10-10、图10-11、图10-12、图10-13所示。

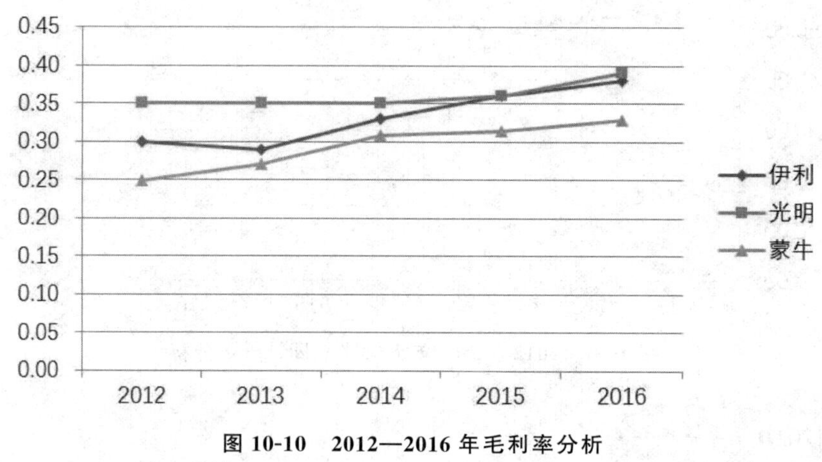

图10-10 2012—2016年毛利率分析

通过图10-10至图10-13可以看出，近三年三家公司随着产品结构的升级均提高了毛利率水平，其中伊利股份毛利率的提升速度最快。进一步对比三家公司的核心营业利润率，伊利股份仍然表现最优，2016年其核心营业利润率达到8%以上，光明股份5%，蒙牛股份由于雅士利年内亏损计提了22.25亿商誉减值，导致其核心营业利润率2016年为负值。伊利股份的销售净利率表现亮眼，近五年持续上升，且上升幅度位于三家企业之首，2016年在行业整体增长乏力的情况下，其销售净利率由2015年的7.8%上升至9.4%，进一步拉开了和其他两家的距离。由于良好的盈利能力和资产管理能力，伊利股份净资产收益率在三家公司中最高，并且五年来一直保持稳定的高水平。

通过杜邦分析，我们可以看出伊利股份连续五年其净资产收益率均位于三家企业之首，达到23%以上的高水平，比其他两家企业高出十个百分点以上，其净资产收益率的优异表现主要归功于销售净利率的提升，2012年销售净利率为4.1%，2016年增至9.4%，约为第二位光明乳业的三倍。同时伊利股份资产管理效率逐步提高，总资产周转率近三年

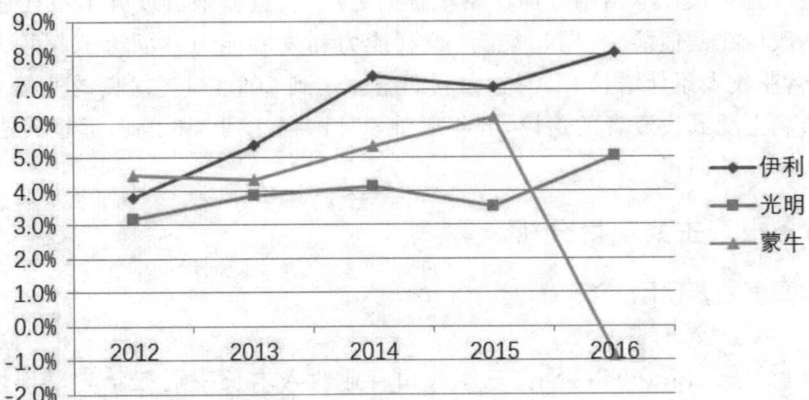

图 10-11　2012—2016 年核心营业利润率分析

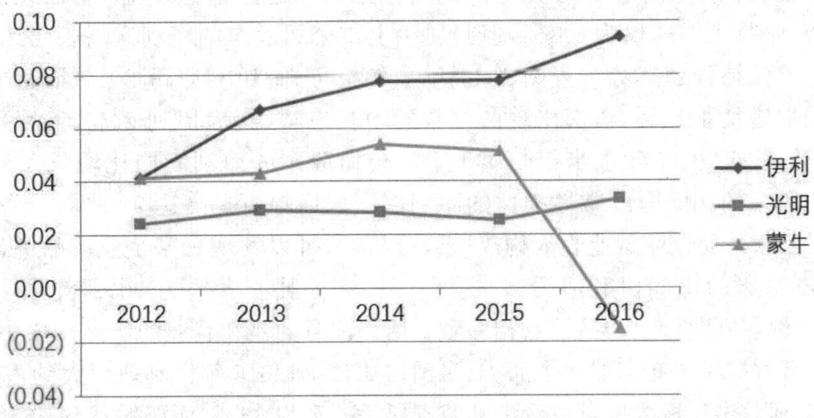

图 10-12　2012—2016 年销售净利率分析

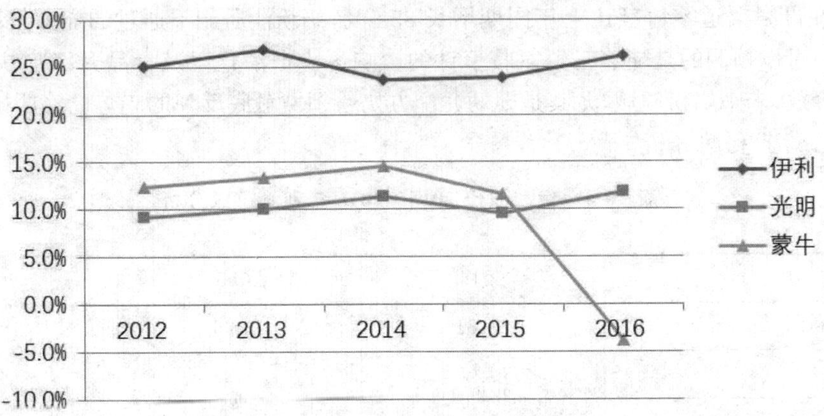

图 10-13　2012—2016 年净资产收益率分析

呈上升趋势。公司在资本结构方面严格把控财务风险，权益乘数近五年一直呈下降趋势。可以说伊利股份在偿债能力、营运能力、盈利能力和发展能力方面近五年均表现非常优秀，五年来营业收入累计增长61.0%，净利润增幅达到209.4%。优良的业绩表现使其股票在资本市场上受到投资者的追捧，五年股价累计涨幅达到246.2%，远超其他两家企业，带给投资者丰厚的回报。

四、财务报表主要项目分析

(一)利润表主要项目分析

1.营业收入分析

通过表10-1至10-3可以看出，三家公司营业收入增长率近三年均呈现增速缓慢的现象，虽然2016年光明乳业和蒙牛乳业实现了营业收入相对较大的增长，但是这种增长是建立在上年较低的基数之上。伊利股份近三年增速下滑，但一直保持了上涨趋势，同时当年处置子公司优然牧业导致合并范围的变化也在一定程度上影响营业收入的增速。虽然2016年营业收入增速仅为0.8%，但归属于上市公司股东的净利润增长了22.2%，公司盈利能力仍然保持强劲态势。查阅2017年半年报可知，伊利股份2017年上半年营业收入较上年同期增长11.3%，再次出现两位数的增长态势，这为伊利2017年的盈利能力打下良好基础。截至2017年上半年归属于上市公司股东的净利润同比增长4.8%，而归属于上市公司股东的扣除非经常性损益的净利润同比增幅更是高达22.3%。

通过对三家乳品企业营业收入构成进行分析后，可以发现三家企业产品中最大的构成为液态奶，液态奶的比例伊利股份大约为80%，蒙牛乳业大约为90%，光明乳业大约为70%，这个比例与乳业行业产品特点相一致。值得注意的是在企业的产品构成中，奶粉一直是乳品企业努力扩大占有率的一个品类，目前占比较小，2016年伊利股份大约占比9%。根据2016年伊利股份年报数据可以看出其液态奶毛利率为36%，而奶粉达到56%，所以伊利股份应进一步加大奶粉的市场份额，尤其是婴幼儿高端奶粉的市场份额，从而使盈利能力达到一个更高的水平。尼尔森数据显示，伊利奶粉业务2017年上半年同比增长20%，婴幼儿配方奶粉在母婴渠道零售额比上年同期增长35.9%，奶粉注册制下通过的配方数量上与蒙牛并列第一。可以预测的是随着三聚氰胺事件的影响逐步被消化以及食品升级加快、“二胎”商机的逐步释放，未来奶粉领域，尤其是婴幼儿配方奶粉领域触底反弹的趋势已经明确显现。

2.核心营业利润分析

表10-4 伊利股份2014—2016年利润总额分析

单位：亿元

项　目	2014	2015	2016
核心营业利润	39.81	42.25	48.70
投资收益	1.08	1.86	3.99
营业外收支净额	3.96	6.29	11.12
利润总额	47.86	55.24	66.32

表10-4列示了伊利股份利润总额的构成情况,根据表10-4可以看出,2016年伊利股份全年利润总额为66.32亿元,其中核心营业利润为48.70亿元,较上年增加6.44亿元,增长15.3%。从规模上看伊利股份的核心营业利润持续增长,且对利润总额的贡献最大。

在核心营业利润的实现过程中,毛利率持续增长,显示公司产品结构合理,成本控制有效。

伊利股份对三项期间费用的控制较好。通过表10-1至表10-3可见:由于乳品行业竞争的加剧,伊利股份近五年不断加大营销费用支出,其销售费用率水平2016年达到该企业最高值,为23.4%,但仍低于蒙牛乳业1.6个百分点、光明乳业4.4个百分点。管理费用方面,伊利的管理费用率在三家企业中最高,但其一直在努力加强管理费用的控制,2014—2016年持续微降后2016年管理费用率达到5.7%,仍比蒙牛乳业高出1.1个百分点,比光明乳业高出1.9个百分点。由此可见,加强管理费用的控制仍将是伊利股份的努力目标之一。在财务费用方面,由于2016年大幅减少借款,导致当年财务费用也较上年减少,由上年的2.97亿元减至本年的0.24亿元。

依托于良好的产品结构和成本费用控制水平,伊利股份核心营业利润率2016年为8.1%,达到最高水平,高出光明乳业3.1个百分点。2017年上半年公司核心营业利润进一步提高,达到34.79亿元(2016年全年48.7亿元)。由于乳品消费受季节性影响很小,所以2017年上半年的业绩再一次验证了公司主营业务优秀的业绩水平。

3.投资收益分析

对于投资收益的分析应结合母公司报表和合并报表进行深入的分析。通过对比伊利股份合并报表和母公司报表中“长期股权投资”项目可以发现,母公司数216.77亿元,远高于合并数16.31亿元,说明母公司是一个投资主导型的公司,其2016年对子公司、联营和合营企业投资额为216.77亿元,较2015年增加70.27亿元,增长48%;同年母公司投资收益达到24.46亿元,较上年增加9.43亿元,增长62.7%。母公司一直坚持投资与主营业务密切相关的上下游产业链投资,投资效益大幅增长。

进一步分析合并报表中长期股权投资质量。2016年较上年合并报表中长期股权投资增加了4.12亿元,主要是对China Youran Dairy Holding Limited新增投资所致;当年投资收益较上年增加了2.13亿元,增幅达到114.5%,主要是集团将辉山乳业和内蒙古优然牧业处置所致。由此可见,集团意图通过调整联营企业的结构达到进一步提升整体投资收益的目的。

4.营业外收支净额分析

观察连续三年伊利股份营业外收支净额的变化及会计报表附注信息,可以发现其主要变动原因为收到的政府补助数额发生变动,而公司政府补助的主要来源为投资建厂时地方政府按承诺扶持条件给予的扶持资金,该类政府补助不是按照国家统一标准定额或定量享受的政府补助,具有不确定性、各期收到的补助金额不均衡的特点。营业外收支净额并非企业的主营业务,伊利股份营业外收支净额对利润总额的贡献并不突出,公司仍然以核心营业利润为其主要利润增长点。

总体而言,伊利股份盈利能力在三家企业中最高,其核心营业利润突出,投资收益良好,成本费用控制水平较高,在管理费用控制方面公司一直在努力降低较其他企业高的管理费用率水平。公司不断调整产品结构、投资结构，2017 年上半年公司业绩已经呈现良好的增长态势，营业收入同比增长 11.3%，管理费用同比下降 3.9%，公司在管理费用控制方面有了进一步的成效。上半年归属于母公司所有者的净利润增长 4.8%，扣除非经常性损益后归属于母公司股东的净利润增长 22.3%。

（二）现金流量表主要项目分析

表 10-5 伊利股份 2012—2016 年三项活动现金流量净额

单位：亿元

项　目	2012	2013	2014	2015	2016
经营活动产生的现金流量净额	24.09	54.75	24.36	95.37	128.17
投资活动产生的现金流量净额	−30.57	−62.60	−9.99	−34.87	−32.43
筹资活动产生的现金流量净额	−9.05	72.41	28.82	−62.79	−88.15

表 10-6 光明乳业 2012—2016 年三项活动现金流量净额

单位：亿元

项　目	2012	2013	2014	2015	2016
经营活动产生的现金流量净额	12.42	13.05	3.36	18.66	26.09
投资活动产生的现金流量净额	−9.10	−10.40	−17.17	−20.28	−10.65
筹资活动产生的现金流量净额	8.94	−0.03	7.83	14.17	−15.39

表 10-7 蒙牛乳业 2012—2016 年三项活动现金流量净额

单位：亿元

项　目	2012	2013	2014	2015	2016
经营活动产生的现金流量净额	18.82	32.84	30.80	19.09	45.13
投资活动产生的现金流量净额	−32.25	−152.69	−64.15	5.37	−40.05
筹资活动产生的现金流量净额	−0.59	123.31	36.18	6.89	−40.37

表 10-5、表 10-6、表 10-7 列示了三家公司 2012—2016 三项活动现金净流量信息，从中可以发现：伊利股份经营活动现金净流量规模最大，2016 年伊利股份全年营业收入是蒙牛乳业的 1.23 倍，而当年经营活动净现金流是蒙牛乳业的 2.84 倍，同时其经营活动净现金流五年间增长了 4.32 倍，增速最高。通过简单的数字对比可以发现，伊利股份经营活动创造了非常好的现金流。

伊利股份投资活动净现金流一直为负，对外投资活动和扩张比较稳健，投资收益持续增长。融资活动净现金流与经营活动、投资活动能够较好地配比，近三年经营活动净现金流的大幅增长足以应对投资活动对资金的需求，所以融资压力不大，融资活动现金流主要发生在借款、还款、支付股利、利息等方面。根据资产负债表可以看出，公司负债中以流动负债为主，长期负债占比非常小，长期借款余额很低，所以可以推测融资的借款主要用于日常生产经营周转，加上公司资产负债率持续下降，在三家企业中保持最低水平，所以公司融资活动净现金流质量较好。

总体来看,伊利股份现金流最健康、最稳定,三项活动净现金流能够较好地匹配。公司收现能力强,资金充裕,发展前景良好。

(三)资产负债表主要项目分析

1.货币资金分析

表 10-8　三家公司 2012—2016 年货币资金分析

单位:亿元

公司	2012		2013		2014		2015		2016	
	金额	比重	金额	比重	金额	比重	金额	比重	金额	比重
伊利	20.04	10.1%	81.73	24.9%	142.73	36.1%	130.84	33.0%	138.24	35.2%
光明	23.39	25.0%	26.00	22.5%	20.02	15.5%	33.20	21.5%	33.66	20.9%
蒙牛	57.52	27.5%	71.02	17.6%	46.50	9.9%	79.31	15.7%	60.70	12.4%

根据表 10-8 可以发现,在三家公司中伊利股份的货币资金最充足,2016 年其占用额是光明乳业的 4.11 倍、蒙牛乳业的 2.28 倍,结合其持续为负的现金周转期和优良的经营活动净现金流,伊利股份的货币资金质量良好。

2.商业债权债务分析

表 10-9　伊利股份 2012—2016 年商业债权债务分析

单位:亿元

	2012	2013	2014	2015	2016
应收账款	2.89	3.40	5.13	5.72	5.72
预付账款	6.48	3.30	3.90	6.15	5.58
应付账款	43.61	51.92	52.81	60.79	67.53
预收账款	25.99	33.47	21.63	20.36	35.92

表 10-9 列示了伊利股份连续五年商业性债权和债务的数据,可以发现:伊利股份在应收账款和预付账款上占用的资金远远小于商业性债务应付账款和预收账款的合计数,公司与其上下游企业的议价能力非常强,营运资金周转顺畅,可以充分利用无成本的商业债务应对营运资金的需求,应收账款周转速度快,现金回款能力强,货币资金充足。

3.存货分析

表 10-10　伊利股份 2012—2016 年存货分析

单位:%

	2012	2013	2014	2015	2016
存货占总资产比重	15.1	11.2	12.7	11.8	11.0
原材料占存货比重	63.6	68.6	68.3	72.7	58.2
半成品占存货比重	6.3	4.7	7.4	4.9	7.1
库存商品占存货比重	30.1	26.5	24.1	22.3	34.6

表 10-10 列示了伊利股份连续五年存货占总资产的比重以及存货中原材料、在产品、库存商品的比重，可以发现：公司存货占总资产比重呈现下降趋势，2016 年为 11.0%，对比货币资金占比水平 35.2%，公司存货变现压力较小。

进一步分析存货的结构：公司存货中一半以上是原材料存货，库存商品占比 2016 年由于备货要求达到其最高水平 34.6%，但仍远低于同行业的光明乳业，后者 2016 年存货占总资产 11.5%，存货中库存商品占 57%，伊利股份存货结构更加合理。结合存货周转速度可以发现，2016 年伊利股份存货周转天数在三家企业中最低，仅为 43.83 天，而光明乳业为 54.52 天，蒙牛乳业达到了 109.42 天，周转速度大大慢于伊利股份，周转一次所需时间是伊利股份的 2.5 倍。因此伊利股份存货结构合理、周转速度快、变现能力强。

结合会计报表附注信息可知，伊利连续五年对存货计提了非常少的减值准备，由于其良好的存货结构和变现能力，这种计提是合理的，不存在人为主观调整的迹象，伊利股份存货质量良好。

4.长期股权投资分析

表 10-11 伊利股份 2012—2016 年长期股权投资分析

单位：亿元

	2012		2013		2014		2015		2016	
	长期股权投资	投资收益	长期股权投资	投资收益	长期股权投资	投资收益	长期股权投资	投资收益	长期股权投资	投资收益
母公司	53.98	6.76	66.8	6.94	128.14	8.14	146.5	15.03	216.77	24.46
合并报表	5.68	0.27	5.58	1.31	0.26	1.08	1.22	1.86	16.31	3.99

通过连续五年母公司与合并报表长期股权投资账面余额可以发现，合并数一直远远小于母公司数，说明母公司对子公司、子公司与子公司之间存在非常密切的投资和被投资关系，母公司通过对外投资与主业密切相关的产业，形成产业链优势，对外投资规模持续增加，五年来增长了 3 倍，投资收益增长了 2.6 倍，投资效益良好。合并报表中企业集团对联营和合营企业的投资规模波动相对较大，但都有盈利，2016 年通过处置优然牧业和辉山乳业股权实现了较高的投资收益。与之形成鲜明对比的是蒙牛乳业，近年来由于投资上游的牧业和下游的雅士利奶粉导致收益大幅下降，2016 年净利润甚至为负。总体而言，伊利股份的投资方向和投资效益均表现良好。

5.固定资产分析

通过表 10-1 伊利股份财务指标数据可以看出：2012—2016 年伊利股份的固定资产周转速度呈下降趋势(固定资产周转次数按原值计算)，公司在连续的扩张中由于规模的扩大导致效率下降。但是仔细分析其变化趋势可以发现，固定资产的周转速度下降的趋势已经逐步减慢，而且从 2015 年开始，公司的流动资产周转率和总资产周转率都逐年提高，说明扩张后通过有效管理运筹已经逐步带动资产管理效率的提高，随着公司核心竞争力的不断提升，固定资产的利用效率也会逐步提高。

固定资产计提的减值准备金额相对于固定资产原值非常低，总体而言，伊利股份的固定资产质量较好。

6.负债分析

伊利股份的资产负债率在三家企业中保持最低水平，仔细分析负债的构成可以发现，其93%的负债都是由流动负债形成，在流动负债中主要由应付、预收款项构成，公司的长短期借款占比都较小，利润表中公司的财务费用很低，利息负担不重。公司的债务结构合理，财务风险小，偿债压力小，公司资本结构很稳健。

7.股东权益分析

表10-12　伊利股份2014—2016年自我积累与原始投入的对比分析

项　　目	2014	2015	2016
原始投入(股本+资本公积)(亿元)	95.45	85.41	85.41
自我积累(盈余公积+未分配利润)(亿元)	90.65	112.46	141.79
自我积累/原始投入	0.95	1.32	1.66

因为其他综合收益属于未实现的利得或损失，所以分析中予以剔除。将自我积累的合计数与原始投入的合计数进行对比，根据表10-12可以发现：公司的自我积累逐年增长，两年内增加51.14亿元，增长56.4%，自我积累与原始投资的比例逐年增长，说明公司的盈利能力、自我发展能力持续增强。

同时公司对投资者的回馈也非常丰厚，近三年股利支付率分别为：59.3%、59.2%和64%，在资本市场上的表现也非常亮眼，公司实现了股东财富最大化的管理目标。

五、对公司的整体评价

总体而言，伊利股份无论从财务指标还是报表主要项目来看，都明显优于另外两家同行业的乳品企业，公司在消费升级的大环境下能紧紧把握产品质量、调整产品结构，专注于主业经营，对外投资也体现了国际化的特征，并且投资的标的都与主营业务密切相关，投资收益较好。公司财务状况稳健，财务风险低，偿债压力小；公司对资产的运营效率逐步提高，尤其是对营运资金的管理效果非常好；公司的现金流转顺畅，经营活动净现金流持续增长，三项活动净现金流有效配比，实现了经营、投资和筹资的良性循环。随着实力的日益壮大，公司在控制管理费用水平、提高固定资产周转率方面也在作出努力。公司对投资者回报高，在资本市场表现优异，从年初至今股价已经累计上涨60%，体现了价值投资的优势所在。

六、对公司的未来展望

在国内乳业发展新常态下，消费升级、城镇化发展以及“二胎”政策将继续驱动乳品行业稳步发展。健康、高品质、具备营养保健功能的高附加值产品，已成为乳品企业持续成长的核心动力。随着生活水平的提升，消费者将更加重视食品安全。当前国家针对上游奶业提出的供给侧结构性改革，以及婴幼儿配方乳粉产品配方注册管理和“国家品牌计划”等一系列举措，将有效地促进原料乳质量和安全水平的进一步提升，提升国内优质乳品品牌形象。伊利股份作为行内龙头企业，品牌效应突出，一直坚持对乳品质量的把控，同时以全球化视野进行国际化投资，对比国际领先质量管控体系，进一步促进转型升级。

根据对伊利股份2016年年报的分析，依托其稳健的资本结构和优异的业绩表现，可以预见伊利股份未来相当长一段时期能保持行业领先对位，实现市场占有率和业绩的整体提升。

乳品企业虽然在2014—2016年行业增速降低，同时国内外宏观经济环境走势尚未明朗，乳品行业受三聚氰胺的影响尚未消退，但伊利2017上半年在面临原材料价格上涨的压力下，其营业收入已恢复两位数增长，达到11.6%，净利润同比增长4.8%。上半年良好的业绩为2017年全年实现盈利目标打下了良好基础，未来需继续关注价格上涨、行业竞争、汇率波动以及经济形势走势对公司的影响。

本章小结

本章选用的分析公司为伊利股份，同时选取同行业的光明乳业和蒙牛乳业作为对比公司，对伊利股份2016年度财务报告进行了全面而深入的分析。采用横向和纵向对比的方式，运用财务报告分析的主要方法，对公司的财务指标和三张主要报表进行了深入的分析。分析结果显示，伊利股份在偿债能力、营运能力、盈利能力和发展能力方面均优于对比公司，属于行业内的绩优股，业绩和资本市场表现均非常优异。公司未来除继续扩大品牌效应、加强质量管理、提升国际化水平、增强市场占有率外，应注意控制其管理费用水平，进一步提高固定资产的利用效率。

章后练习

思考题

1.你认为财务比率分析有什么优点和缺点？它在对企业的综合财务状况的评价中有什么作用？

2.在财务分析中为什么要用横向和纵向对比分析方法？

3.如何分析企业的营运资金周转情况？

4.如何评价长期股权投资的质量？

5.如何分析企业的资本结构？

6.如何理解企业利润的质量？企业利润下降有哪些特征？

7.什么是核心营业利润(率)？如何全面分析核心营业利润？

8.企业为什么会经常出现“有利润而没钱”的情况？

9.为什么经营活动净现金流量的质量对企业整体财务状况非常重要？

10.你认为本章所写案例所采用的评价程序、评价标准及评价方法有何不足之处？

本章作业

案例与分析

1.Excel 实务演练

新建一个 Excel 表格，命名为“综合案例分析”，根据青岛啤酒股份有限公司及其对比公司燕京啤酒有限公司近 3～5 年的年度报告，按照本章的企业财务分析框架，在 Sheet1 中对该公司及其对比公司的财务指标进行分析；在 Sheet2 中结合对比公司的信息，对该公司三张主要报表重要项目进行分析评价。

2.章节报告

结合本书理论分析框架，根据上述分析数据和结果，对青岛啤酒股份有限公司进行整体分析与评价，对公司未来进行展望，撰写青岛啤酒股份有限公司 2016 年财务报告综合分析报告。

附录

案例资料:伊利实业集团股份有限公司(2016)

(资料来源:2017 年 3 月 31 日发布的 2016 年年度报告)

第一部分　伊利股份 2016 年年度报告的主要内容

一、会计数据和业务数据摘要

(一)主要会计数据(单位:元)

表 1　主要会计数据

主要会计数据	2016 年	2015 年	本期比上年同期增减(%)	2014 年
营业收入	60 312 009 671.16	59 863 485 730.88	0.75	53 959 298 690.78
归属于上市公司股东的净利润	5 661 807 747.14	4 631 791 823.05	22.24	4 144 280 536.11
归属于上市公司股东的扣除非经常性损益的净利润	4 526 898 436.24	4 018 368 911.66	12.66	3 767 648 982.96
经营活动产生的现金流量净额	12 817 325 815.25	9 536 498 591.50	34.40	2 436 487 020.35
	2016 年末	2015 年末	本期末比上年同期末增减(%)	2014 年末
归属于上市公司股东的净资产	23 081 766 710.88	19 984 397 434.55	15.50	18 633 924 842.04
总资产	39 262 272 885.74	39 630 968 248.50	−0.93	39 494 298 817.03

(二)主要财务指标

表 2 主要财务指标

主要财务指标	2016 年	2015 年	本期比上年同期增减(%)	2014 年
基本每股收益(元/股)	0.93	0.76	22.37	0.68
稀释每股收益(元/股)	0.93	0.76	22.37	0.68
扣除非经常性损益后的基本每股收益(元/股)	0.75	0.66	13.64	0.62
加权平均净资产收益率(%)	26.58	23.87	增加 2.71 个百分点	23.66
扣除非经常性损益后的加权平均净资产收益率(%)	21.25	20.71	增加 0.54 个百分点	21.51

(三)非经常性损益项目和金额(单位:元)

表 3 非经常性损益项目和金额

非经常性损益项目	2016 年金额	附注(如适用)	2015 年金额	2014 年金额
非流动资产处置损	51 869 775.41		−19 594 529.86	−27 075 103.05
越权审批,或无正式批准文件,或偶发性的税收返还、减免				
计入当期损益的政府补助,但与公司正常经营业务密切相关、符合国家政策规定、按照一定标准定额或定量持续享受的政府补助除外	1 058 264 981.47		656 760 376.87	421 158 490.40
计入当期损益的对非金融企业收取的资金占用费				
企业取得子公司、联营企业及合营企业的投资成本小于取得投资时应享有被投资单位可辨认净资产公允价值产生的收益	63 458 504.64			
非货币性资产交换损益				
委托他人投资或管理资产的损益				63 076 712.33
因不可抗力因素,如遭受自然灾害而计提的各项资产减值准备				
债务重组损益				

续表

非经常性损益项目	2016年金额	附注（如适用）	2015年金额	2014年金额
企业重组费用，如安置职工的支出、整合费用等				
交易价格显失公允的交易产生的超过公允价值部分的损益				
同一控制下企业合并产生的子公司期初至合并日的当期净损益				
与公司正常经营业务无关的或有事项产生的损益				
除同公司正常经营业务相关的有效套期保值业务外，持有交易性金融资产、交易性金融负债产生的公允价值变动损益，以及处置交易性金融资产、交易性金融负债和可供出售金融资产取得的投资收益	194 293 802.29		117 030 426.08	
单独进行减值测试的应收款项减值准备转回	2 710 611.81		131 553.04	545 278.99
对外委托贷款取得的损益				
采用公允价值模式进行后续计量的投资性房地产公允价值变动产生的损益				
根据税收、会计等法律、法规的要求对当期损益进行一次性调整对当期损益的影响				
受托经营取得的托管费收入				
除上述各项之外的其他营业外收入和支出	17 419 536.91		−7 954 352.12	2 115 374.05
其他符合非经常性损益定义的损益项目				
少数股东权益影响额	−2 789 501.49		−2 609 174.51	−124 773.73
所得税影响额	−250 318 400.14		−130 341 388.11	−83 064 425.84
合计	1 134 909 310.90		613 422 911.39	376 631 553.15

二、董事会报告(摘选)

(一)经营情况讨论与分析

报告期,国内宏观经济平稳运行,城乡居民人均可支配收入及消费能力稳步提升。同时,随着社会保障及医疗福利体系的健全和完善,城乡收入和消费支出水平的差距日趋缩小,整体消费品市场保持平稳较快增长态势,消费结构不断升级。

当前乳品消费升级,主要表现为产品品质与需求结构升级、渠道结构升级和三四线市场消费能力升级。

1.报告期消费者更加关注奶源安全,并青睐于乳及乳制品的营养均衡和健康功能。因此,乳品的品质和功能升级,已成为乳品行业发展的主要趋势。凯度调研数据显示,报告期,高端白奶、常温与低温酸奶品类的消费支出分别比上年增长 7.8%、43.1%、9.7%,以上品类销售增速领涨整体乳品市场。

2.当前快节奏、高压力已成为越来越多城市人群的生活新常态,健康营养的乳品与触手可得的电子商务、便利店等新兴渠道相结合,满足了上述人群的日常乳品消费需求。艾瑞电商平台数据监测显示,报告期,液态乳品 B2C 线上交易额比上年增长 61.9%,增速明显高于网购整体水平;同时,尼尔森零研数据也显示,报告期,液态类乳品在便利店的零售额比上年增长 11.3%,增速明显快于其他零售渠道。

3.伴随着城镇化的持续推进,城乡居民收入差距日趋缩小,三四线城市以及乡镇市场的乳品消费能力大幅上升,乳品市场蕴含着新的消费增长机会。凯度调研数据显示,报告期,县级市及县城的液态奶消费支出比上年增长 8.4%。

4.消费升级为国内乳业带来了新的增长动力,但同时也为乳品企业在增强产品创新、优化运营能力等方面,带来了新的挑战:如何识别、洞察消费者需求及变化趋势,并以消费者需求为导向,能够快速、成功实现产品创新;如何借力渠道升级趋势,主动开创新的渠道管理模式,在提升整体供应链运营能力、实现分级市场快速渗透和需求响应的同时,将线上线下营销策略进行深度融合。以上挑战,对乳品企业内部的渠道拓展、市场响应和供应链服务能力提出了更高要求。

5.报告期全球主要乳品出口国采取控产、保价策略,国际乳品供需市场总体趋紧,下半年全球原料乳价格呈回升趋势,受此影响,报告期末国内原料乳价格出现回升势头。

6.报告期,国内奶牛养殖行业继续向现代化和集约化方向推进,随着养殖水平的持续提升,国内奶源发展规划日趋科学合理,奶源供需的保障程度逐步提高。

尼尔森零研数据显示,报告期公司在整体乳品市场的零售额市占份额为 20.0%,比上年增加 1.1 个百分点,位居市场第一。其中,公司常温液态奶零售额市占份额为 31.6%,位居细分市场第一,比上年同期上升 1.8 个百分点;低温液态奶零售额市占份额为16.2%,比上年同期提升 0.6 个百分点;婴儿配方奶粉产品全渠道零售额市占份额为5.0%,比上年同期提升 0.2 个百分点。根据行业信息统计,报告期内,公司冷饮产品销售额蝉联全国第一。

(二)报告期内主要经营情况

报告期内,公司实现营业总收入 606.09 亿元,较上年同期增长 0.41%,实现净利润 56.69 亿元,较上年同期增长 21.80%。

1.主营业务分析

表4 利润表及现金流量表相关科目变动分析表

单位:元 币种:人民币

科 目	本期数	上年同期数	变动比例(%)
营业收入	60 312 009 671.16	59 863 485 730.88	0.75
营业成本	37 427 435 447.17	38 375 578 127.73	−2.47
销售费用	14 114 316 499.65	13 258 334 249.39	6.46
管理费用	3 456 666 028.41	3 456 163 869.74	0.01
财务费用	23 879 679.28	297 162 787.03	−91.96
经营活动产生的现金流量净额	12 817 325 815.25	9 536 498 591.50	34.40
投资活动产生的现金流量净额	−3 243 212 119.84	−3 486 938 748.95	不适用
筹资活动产生的现金流量净额	−8 814 533 066.40	−6 279 015 750.21	不适用
研发支出	171 962 177.71	80 261 682.03	114.25

(1)收入和成本分析

液体乳产品本期实现主营业务收入495.22亿元,较上期增加23.71亿元,同比增长5.03%,本期主营业务成本317.14亿元,较上期增加6.32亿元,同比增长2.03%,其中因销量上升增加收入11.39亿元、增加成本7.51亿元,因产品结构调整增加收入29.46亿元,因销售价格变动减少收入17.14亿元,因材料价格变动以及产品结构调整减少成本1.19亿元。

冷饮产品本期实现主营业务收入41.94亿元,较上期增加0.96亿元,同比增加2.35%,本期主营业务成本23.88亿元,较上期减少2.21亿元,同比下降8.47%,其中因销量下降减少收入3.51亿元、减少成本2.23亿元,因销售价格变动增加收入3.08亿元,因产品结构调整增加收入1.39亿元,因材料价格变动以及产品结构调整增加成本0.02亿元。

奶粉及奶制品本期实现主营业务收入54.56亿元,较上期减少9.91亿元,同比下降15.38%,本期主营业务成本23.91亿元,较上期减少4.48亿元,同比下降15.77%,其中因销量下降减少收入6.88亿元、减少成本3.03亿元,因销售价格变动减少收入4.76亿元,因产品结构调整增加收入1.73亿元,因材料价格变动以及产品结构调整减少成本1.45亿元。

公司于2016年4月处置优然牧业股权,2016年5至12月不再合并优然牧业营业收入,如按同口径对比,假设2015年合并报表不包含优然牧业5至12月营业收入,则2016年度营业收入603.12亿元较2015年度调整后营业收入586.71亿元增加16.41亿元,同比增长2.80%,2016年度主营业务收入596.14亿元较2015年度调整后主营业务收入579.10亿元,增加17.04亿元,同比增长2.94%。

①主营业务分行业、分产品、分地区情况

表 5　主营业务分行业、分产品、分地区情况

单位:元 币种:人民币

主营业务分行业情况						
分行业	营业收入	营业成本	毛利率(%)	营业收入比上年增减(%)	营业成本比上年增减(%)	毛利率比上年增减(%)
液体乳及乳制品制造业	59 172 170 448.34	36 493 255 513.05	38.33	2.56	-0.10	增加1.64个百分点
混合饲料制造业	408 223 168.71	307 551 114.30	24.66	-61.42	-63.65	增加4.61个百分点
担保、保理业务	33 180 183.04		100.00	272.06		
主营业务分产品情况						
分产品	营业收入	营业成本	毛利率(%)	营业收入比上年增减(%)	营业成本比上年增减(%)	毛利率比上年增减(%)
液体乳	49 522 298 467.50	31 713 832 038.62	35.96	5.03	2.03	增加1.88个百分点
冷饮产品	4 194 158 465.22	2 388 417 351.56	43.05	2.35	-8.47	增加6.73个百分点
奶粉及奶制品	5 455 713 515.62	2 391 006 122.87	56.17	-15.38	-15.77	增加0.20个百分点
混合饲料	408 223 168.71	307 551 114.30	24.66	-61.42	-63.65	增加4.61个百分点
担保、保理业务	33 180 183.04		100.00	272.06		
主营业务分地区情况						
分地区	营业收入	营业成本	毛利率(%)	营业收入比上年增减(%)	营业成本比上年增减(%)	毛利率比上年增减(%)
华北	18 686 314 932.93	11 419 950 491.80	38.89	-1.18	-3.83	增加1.69个百分点
华南	16 879 630 380.72	10 556 206 002.19	37.46	-4.05	-9.07	增加3.45个百分点
其他	24 047 628 486.44	14 824 650 133.36	38.35	8.03	6.72	增加0.75个百分点

②成本分析表

表 6　成本分析表

单位：元

分行业情况							
分行业	成本构成项目	本期金额	本期占总成本比例(%)	上年同期金额	上年同期占总成本比例(%)	本期金额较上年同期变动比例(%)	情况说明
液体乳及乳制品制造业	直接材料	31 916 251 084.66	87.46	32 193 110 556.21	88.13	-0.86	
	直接人工	1 229 002 231.23	3.37	1 254 243 461.96	3.43	-2.01	
	制造费用	3 348 002 197.16	9.17	3 082 693 385.44	8.44	8.61	
混合饲料制造业	直接材料	295 106 170.46	95.96	819 768 155.01	96.89	-64.00	
	直接人工	3 881 921.91	1.26	9 533 902.61	1.13	-59.28	
	制造费用	8 563 021.93	2.78	16 715 201.33	1.98	-48.77	

续表

分产品情况							
分产品	成本构成项目	本期金额	本期占总成本比例(%)	上年同期金额	上年同期占总成本比例(%)	本期金额较上年同期变动比例(%)	情况说明
液体乳	直接材料	28 280 708,565.74	89.18	27 959 161 136.15	89.95	1.15	
	直接人工	875 765,505.67	2.76	842 184 162.14	2.71	3.99	
	制造费用	2 557 357 967.21	8.06	2 280 850 107.26	7.34	12.12	
冷饮产品	直接材料	1 719 616 239.01	72.00	1 897 565 383.44	72.72	-9.38	
	直接人工	257 497 913.37	10.78	287 982 870.94	11.04	-10.59	
	制造费用	411 303 199.18	17.22	423 757 186.52	16.24	-2.94	
奶粉及奶制品	直接材料	1 915 926 279.91	80.13	2 336 384,036.62	82.31	-18.00	
	直接人工	95 738 812.19	4.00	124 076 428.88	4.37	-22.84	
	制造费用	379 341 030.77	15.87	378 086 091.66	13.32	0.33	
混合饲料	直接材料	295 106 170.46	95.96	819 768 155.01	96.89	-64.00	
	直接人工	3 881 921.91	1.26	9 533 902.61	1.13	-59.28	
	制造费用	8 563 021.93	2.78	16 715 201.33	1.98	-48.77	

(2)费用

表7 费用表

项目名称	本期数	上年同期数	变动额	变动幅度
税金及附加	420 072 423.22	251 039 621.28	169 032 801.94	67.33%
财务费用	23 879 679.28	297 162 787.03	−273 283 107.75	−91.96%
资产减值损失	45 700 243.62	13 620 769.43	32 079 474.19	235.52%
投资收益	399 261 007.93	186 347 547.36	212 913 460.57	114.26%
营业外收入	1 178 781 540.53	712 271 532.61	466 510 007.92	65.50%

①税金及附加增加主要原因:公司根据《增值税会计处理规定》将 2016 年 5 至 12 月发生的房产税、土地使用税、车船使用税和印花税等从"管理费用"调整至"税金及附加"所致。

②财务费用减少主要原因:一是本期平均借款余额以及借款利率较去年同期下降导致本期利息支出减少;二是上期新西兰元兑美元汇率下降导致上期汇兑损失较大。

③资产减值损失增加主要原因:本期部分子公司对技术性能下降的机器设备计提的减值准备增加,以及本期应收账款增加导致计提坏账准备增加。

④投资收益增加主要原因:本期处置辉山乳业和优然牧业股权所致。

⑤营业外收入增加主要原因:本期收到的政府补助增加所致。

(3)现金流

表 8　现金流

单位：元

项目名称	本期数	上年同期数	变动额	变动幅度
收取利息、手续费及佣金的现金	337 117 728.04	494 460 605.57	-157 342 877.53	-31.82%
收到的税费返还	1 701 488.16	30 826.54	1 670 661.62	5419.56%
收到其他与经营活动有关的现金	1 452 537 922.67	1 019 483 218.00	433 054 704.67	42.48%
经营活动产生的现金流量净额	12 817 325 815.25	9 536 498 591.50	3 280 827 223.75	34.40%
收回投资收到的现金	420 647 517.49	189 944 707.17	230 702 810.32	121.46%
取得投资收益收到的现金	133 210 695.75	63 539 196.10	69 671 499.65	109.65%
处置子公司及其他营业单位收到的现金净额	1 227 900 964.31	44 795 070.64	1 183 105 893.67	2641.15%
投资支付的现金	1 489 238 057.00	159 447 991.00	1 329 790 066.00	834.00%
支付其他与投资活动有关的现金	139 601 930.34		139 601 930.34	100.00%
取得借款收到的现金	550 000 000.00	10 820 824 711.28	-10 270 824 711.28	-94.92%
偿还债务支付的现金	6 588 000 000.00	13 406 493 857.35	-6 818 493 857.35	-50.86%
支付其他与筹资活动有关的现金	300 000.00	1 034 377 314.11	-1 034 077 314.11	-99.97%

①收取利息、手续费及佣金的现金减少主要原因：本期存放同业及中央银行款项下降，以及本期平均利率较上年同期下降影响，使得利息收入减少所致。

②收到的税费返还增加原因：本期子公司收到的房产税、城镇土地使用税返还增加所致。

③收到其他与经营活动有关的现金增加主要原因：本期收到政府补助增加，以及收取供应商和客户的押金、保证金增加所致。

④经营活动产生的现金流量净额增加原因：主要受购买商品、接受劳务支付的现金减少，以及春节前经销商备货增加预收账款，使得经营活动产生的现金流量净额较去年同期增加。

⑤收回投资收到的现金增加主要原因：本期处置辉山乳业股权收回投资所致。

⑥取得投资收益收到的现金增加主要原因：本期收到绵阳科技城产业投资基金投资收益增加所致。

⑦处置子公司及其他营业单位收到的现金净额增加原因：本期处置优然牧业股权所致。

⑧投资支付的现金增加原因：本期投资 China Youran Dairy Holding Limited 股权所致。

⑨支付其他与投资活动有关的现金增加原因：本期子公司 Oceania Dairy Limited 为增加资金收益，在商业银行存入定期存款所致。

⑩取得借款收到的现金减少原因：本期借入的银行短期借款减少所致。偿还债务支付的现金减少原因：本期归还到期的银行短期借款减少所致。支付其他与筹资活动有关的现金减少主要原因：上期公司回购股份导致上年同期现金流出较大所致。

2.资产、负债情况分析

(1)应收利息减少主要原因：本期存放同业及中央银行款项下降导致计提应收利息减少。

(2)一年内到期的非流动资产增加原因：需在一年内摊销的长期待摊费用增加所致。

(3)可供出售金融资产减少原因：主要是本期处置辉山乳业股权所致。

表 9 资产负债情况

单位：元

项目名称	本期期末数	本期期末数占总资产的比例（%）	上期期末数	上期期末数占总资产的比例（%）	本期期末金额较上期期末变动比例（%）	情况说明
应收利息	35 138 313.96	0.09	71 193 654.78	0.18	-50.64	
一年内到期的非流动资产	33 809 934.64	0.09			100.00	
可供出售金融资产	612 364 316.30	1.56	985 423 952.71	2.49	-37.86	
长期应收款			2 640 092.22	0.01	-100.00	
长期股权投资	1 631 100 350.13	4.15	121 879 207.33	0.31	1 238.29	
在建工程	1 343 596 812.57	3.42	776 269 197.23	1.96	73.08	
工程物资	51 897 322.77	0.13	6 685 264.22	0.02	676.29	
生产性生物资产			1,298 538 966.77	3.28	-100.00	
长期待摊费用	109 843 140.65	0.28	216 376 722.70	0.55	-49.24	
其他非流动资产	663 173 098.15	1.69	499 626 415.68	1.26	32.73	
短期借款	150 000 000.00	0.38	6 190 000 000.00	15.62	-97.58	
应付票据	337 619 879.05	0.86	563 109 677.86	1.42	-40.04	
预收款项	3 591 668 262.20	9.15	2 035 534 262.54	5.14	76.45	
应付职工薪酬	2 315 174 484.06	5.90	1 692 010 368.46	4.27	36.83	
应交税费	490 228 209.95	1.25	368 019 071.23	0.93	33.21	
应付利息	67 375.00	0.00	2 931 747.17	0.01	-97.70	
专项应付款			143 300 824.41	0.36	-100.00	

(4)长期应收款、生产性生物资产、长期待摊费用减少原因：主要是本期处置优然牧业股权，其不再纳入合并报表范围所致。

(5)长期股权投资增加主要原因：本期投资 China Youran Dairy Holding Limited 股权所致。

(6)在建工程增加主要原因：本期新西兰液态奶和奶粉项目、华中酸奶项目投资增加所致。

(7)工程物资增加原因：华中酸奶项目购入工程物资增加所致。

(8)其他非流动资产增加原因：本期预付的设备和工程款增加所致。

(9)短期借款减少原因：本期归还到期的银行借款所致。

(10)应付票据减少主要原因：本期采购原辅材料使用自开银行承兑汇票结算的业务量减少所致。

(11)预收款项增加原因：本期预收经销商处于结算中的产品款增加所致。

(12)应付职工薪酬增加主要原因：需在下年度发放的薪酬费用增加所致。

(13)应交税费增加主要原因：期末应交的企业所得税增加所致。

(14)应付利息减少原因：本期归还银行借款使得借款余额下降，导致计提的应付利息相应减少。

(15)专项应付款减少原因：科研等专项资金本期使用所致。

3.投资状况分析

截止到本报告期末公司对外股权投资状况具体见表 10：

表10 投资状况分析

单位：元 币种：人民币

被投资单位名称	会计核算科目	期初余额	增减变动	期末余额	在被投资单位持股比例（%）	减值准备	本期现金红利
呼伦贝尔盛鑫投资有限公司	长期股权投资	18 820 389.40	62 513.61	18 882 903.01	40.00		
山东新巨丰科技包装股份有限公司	长期股权投资	103 058 817.93	13 141 259.17	116 200 077.10	18.00		
China Youren Dairy Holding Limited	长期股权投资		1 447 287 486.99	1 447 287 486.99	40.00		
北京久阳智慧投资基金管理有限公司	长期股权投资		48 729 883.03	48 729 883.03	24.50		
成都银行股份有限公司	可供出售金融资产	81 250 000.00		81 250 000.00	1.00		8 125 000.00
绵阳科技城产业投资基金	可供出售金融资产	131 009 473.73	-40 648 044.68	90 361 429.05	2.22		100 085 695.75
中信产业投资基金管理有限公司	可供出售金融资产	121 500 000.00		121 500 000.00	5.00		25 000 000.00
内蒙古伊生生物科技有限公司	可供出售金融资产	400 000.00		400 000.00	10.00		
深圳市华泰瑞麟股权投资基金合伙企业	可供出售金融资产	50 000 000.00	-16 000 000.00	34 000 000.00	10.00		
合众创亚（呼和浩特）包装有限公司	可供出售金融资产	10 418 992.39		10 418 992.39	18.64		
国开博裕一期（上海）股权投资合伙企业	可供出售金融资产	178 994 980.00	15 238 057.00	194 233 037.00	4.09		
呼市驻海口办事处	可供出售金融资产	50 000.00		50 000.00		50 000.00	
呼市商城房地产	可供出售金融资产	300 000.00		300 000.00	1.37	300 000.00	
协同创新基金	可供出售金融资产	20 000 000.00		20 000 000.00	10.24		
北京华泰新产业成长投资基金（有限合伙）	可供出售金融资产		25 000 000.00	25 000 000.00	10.00		
CITICPE Holdings Limited	可供出售金融资产	30 558 666.01	4 642 191.85	35 200 857.86	5.00		
中国辉山乳业控股有限公司	可供出售金融资产	361 291 840.58	-361 291 840.58				
合计		1 107 653 160.04	1 136 161 506.39	2 243 814 666.43		350 000.00	133 210 695.75

(1)重大的股权投资

√适用 □不适用

公司在2016年4月以自有资金支付14亿元人民币认购 Yogurt Holding (Cayman) Limited 部分增资,持股比例40%,作为长期股权投资按权益法核算,由于投资日投资成本小于应享有其可辨认净资产公允价值产生的收益63 458 504.64元,本期对其计提投资收益−16 171 017.65元。2016年5月 Yogurt Holding (Cayman) Limited 将公司名称变更为 China Youran Dairy Holding Limited,其他情况详见公司于2016年1月9日在上交所发布的《内蒙古伊利实业集团股份有限公司关于认购 Yogurt Holding (Cayman) Limited 部分增资的公告》。

(2)重大的非股权投资

√适用 □不适用

报告期内,公司在建项目情况如下:

表11　报告期内公司在建项目情况

单位:元　币种:人民币

项目名称	项目金额	项目进度	本年度投入	累计投入	资金来源
液态奶项目	481 507.41	43.12%	147 626.99	207 628.75	自有资金
奶粉项目	51 058.63	56.50%	22 265.11	28 847.80	自有资金
冷饮项目	31 816.39	57.02%	16 871.04	18 141.59	自有资金
酸奶项目	216 691.61	21.80%	41 216.33	47 244.83	自有资金
其　他	41 726.50	71.68%	9 076.57	29 907.63	自有资金
合　计	822 800.53		237 056.04	331 770.60	

以上为截止到2016年末按产品类型披露的在建工程分类情况,因在建工程项目较多,不存在金额较大的单项在建工程。

(3)以公允价值计量的金融资产

√适用 □不适用

报告期内,公司持有以公允价值计量的金融资产及取得的投资收益情况如下:

表12　公司持有以公允价值计量的金融资产和投资收益

单位:元　币种:人民币

项　目	初始投资成本	期末占该公司股权比例(%)	期初账面价值	本期发生额	期末账面价值	本期投资收益
CITICPE Holdings Limited	7 630 700.00	5.00	30 558 666.01	4 642 191.85	35 200 857.86	
中国辉山乳业控股有限公司	327 933 608.73		361 291 840.58	−361 291 840.58		194 293 802.29
合　计	335 564 308.73		391 850 506.59	−356 649 648.73	35 200 857.86	194 293 802.29

4.主要控股参股公司分析

(1)主要子公司情况

表13　主要子公司情况

单位：万元 币种：人民币

子公司全称	经营范围	注册资本	总资产	净资产	净利润
潍坊伊利乳业有限责任公司	乳制品（灭菌乳、调制乳）生产及销售；农产品收购及销售；相关原辅料及包装物料的生产及销售；自营和代理各类商品和技术的进出口业务	48 000	132 007	86 883	17 199
伊利财务有限公司	办理成员单位之间的委托贷款、票据承兑和贴现、办理成员单位之间的内部转账结算及相应的结算	100 000	691 758	186 045	23 693
Oceania Dairy Limited	乳制品生产加工、销售	42 354 万新西兰元	200 725	183 971	-2 026
内蒙古金德瑞贸易有限责任公司	预包装食品、乳制品（不含婴幼儿配方乳粉）销售	5 000	197 701	11 871	444
湖北黄冈伊利乳业有限责任公司	乳及乳制品、乳饮料及冰淇淋制造及销售、牛奶收购销售、奶牛饲养等	79 700	151 203	111 744	7 819
香港金港商贸控股有限公司	乳制品贸易、投资	104 824 万美元	700 664	698 864	-3 788
伊利国际发展有限公司	投资	18 384 万美元	135 678	135 660	19 365
宁夏伊利乳业有限责任公司	乳制品（液体乳、灭菌乳、调制乳、其他乳制品（奶油、稀奶油）、饮料（蛋白饮料类）、发酵乳的生产及销售）	28 000	123 870	81 378	25 781
滦县伊利乳业有限责任公司	乳制品，饮料制造销售；牛奶收购销售；包装材料，乳品生产设备销售及进口	37 000	116 237	87 402	22 483
广东伊利乳业有限责任公司	生产、销售：饮料（蛋白饮料类）、乳及乳制品{液体乳（巴氏杀菌乳、酸乳）}，食品用塑料包装容器工具等制品的生产、销售与技术开发，本企业自用设备及自产产品的进出口业务，食品饮料加工设备的销售，牛奶的收购与销售	73 000	102 372	86 307	11 713

（2）新增子公司情况

表 14　新增子公司情况

子公司名称	经营范围	取得方式	注册资本	期末净资产	本期净利润
利质美（上海）投资有限公司	实业投资，食品流通，机械设备的销售，从事货物及技术的进出口业务，国内道路运输，仓储，设计、制作、代理、利用自有媒体发布各类广告，餐饮企业管理，电子商务	投资设立	10 000	8 879	－1 121
沈阳伊利乳品有限责任公司	乳制品、饮料生产、加工、销售；食品、饮料加工设备销售；包装材料生产、加工、销售；自营和代理各类商品和技术的进出口	投资设立	500	498	－2

（3）减少子公司情况

表 15　减少子公司情况

子公司名称	处置原因
呼和浩特市伊利奶业发展有限公司	注销
上海伊利冷冻食品有限公司	注销
北京天兆顺通广告有限公司	注销
内蒙古优然牧业有限责任公司	注销

第二部分　伊利股份 2016 年年度报告（财务报告部分）主要内容

一、审计报告：

公司年度财务报表已经注册会计师审计，并出具了编号为大华审字［2017］002553 号标准无保留意见的审计报告。

二、主要财务报表

1.资产负债表

表 16　合并资产负债表

2016 年 12 月 31 日

编制单位：内蒙古伊利实业集团股份有限公司　　　　单位：元

项　目	附注	期末余额	期初余额
流动资产：			
货币资金		13 823 654 267.84	13 083 666 953.14

续表

项　　目	附注	期末余额	期初余额
结算备付金			
拆出资金			
以公允价值计量且其变动计入当期损益的金融资产			
衍生金融资产			
应收票据		114 360 000.00	147 173 512.55
应收账款		572 137 397.50	572 177 041.87
预付款项		558 390 402.57	614 524 341.58
应收保费			
应收分保账款			
应收分保合同准备金			
应收利息		35 138 313.96	71 193 654.78
应收股利			
其他应收款		38 931 444.07	49 871 200.05
买入返售金融资产			
存货		4 325 780 867.62	4 663 128 747.30
划分为持有待售的资产			
一年内到期的非流动资产		33 809 934.64	
其他流动资产		690 496 007.23	584 416 955.75
流动资产合计		20 192 698 635.43	19 786 152 407.02
非流动资产：			
发放贷款和垫款			
可供出售金融资产		612 364 316.30	985 423 952.71
持有至到期投资			
长期应收款			2 640 092.22
长期股权投资		1 631 100 350.13	121 879 207.33
投资性房地产			
固定资产		13 137 462 025.67	14 558 600 146.77
在建工程		1 343 596 812.57	776 269 197.23
工程物资		51 897 322.77	6 685 264.22
固定资产清理			
生产性生物资产			1 298 538 966.77
油气资产			
无形资产		990 882 120.87	956 425 978.64
开发支出			
商誉		10 678 610.25	10 678 610.25

续表

项　　目	附注	期末余额	期初余额
长期待摊费用		109 843 140.65	216 376 722.70
递延所得税资产		518 576 452.95	411 671 286.96
其他非流动资产		663 173 098.15	499 626 415.68
非流动资产合计		19 069 574 250.31	19 844 815 841.48
资产总计		39 262 272 885.74	39 630 968 248.50
流动负债：			
短期借款		150 000 000.00	6 190 000 000.00
向中央银行借款			
吸收存款及同业存放			
拆入资金			
以公允价值计量且其变动计入当期损益的金融负债			
衍生金融负债			
应付票据		337 619 879.05	563 109 677.86
应付账款		6 752 911 591.08	6 078 848 281.58
预收款项		3 591 668 262.20	2 035 534 262.54
卖出回购金融资产款			
应付手续费及佣金			
应付职工薪酬		2 315 174 484.06	1 692 010 368.46
应交税费		490 228 209.95	368 019 071.23
应付利息		67 375.00	2 931 747.17
应付股利		49 930 411.78	39 647 713.91
其他应付款		1 155 154 021.77	1 147 759 098.56
应付分保账款			
保险合同准备金			
代理买卖证券款			
代理承销证券款			
划分为持有待售的负债			
一年内到期的非流动负债			
其他流动负债		64 700 478.79	84 163 127.43
流动负债合计		14 907 454 713.68	18 202 023 348.74
非流动负债：			
长期借款		289 000.00	289 000.00
应付债券			
其中：优先股			

续表

项 目	附注	期末余额	期初余额
永续债			
长期应付款			
长期应付职工薪酬			
专项应付款			143 300 824.41
预计负债			
递延收益		1 118 641 295.55	1 139 438 768.30
递延所得税负债			
其他非流动负债			
非流动负债合计		1 118 930 295.55	1 283 028 592.71
负债合计		16 026 385 009.23	19 485 051 941.45
所有者权益			
股本		6 064 800 108.00	6 064 800 108.00
其他权益工具			
其中:优先股			
永续债			
资本公积		2 476 360 076.55	2 476 707 919.74
减:库存股			
其他综合收益		361 950 012.64	196 880 591.66
专项储备			
盈余公积		1 885 901 799.54	1 454 897 786.66
一般风险准备			
未分配利润		12 292 754 714.15	9 791 111 028.49
归属于母公司所有者权益合计		23 081 766 710.88	19 984 397 434.55
少数股东权益		154 121 165.63	161 518 872.50
所有者权益合计		23 235 887 876.51	20 145 916 307.05
负债和所有者权益总计		39 262 272 885.74	39 630 968 248.50

表 17 母公司资产负债表

2016 年 12 月 31 日

编制单位:内蒙古伊利实业集团股份有限公司 单位:元

项 目	附注	期末余额	期初余额
流动资产:			
货币资金		3 209 486 731.32	6 652 704 528.90
以公允价值计量且其变动计入当期损益的金融资产			

续表

项　　目	附注	期末余额	期初余额
衍生金融资产			
应收票据		114 360 000.00	146 673 512.55
应收账款		539 049 314.86	401 250 306.56
预付款项		1 415 512 915.26	4 097 804 513.98
应收利息			
应收股利			1 650 000.00
其他应收款		28 287 358.38	32 787 890.72
存货		1 581 349 468.81	1 061 707 048.78
划分为持有待售的资产			
一年内到期的非流动资产			
其他流动资产		472 398 013.48	233 157 329.65
流动资产合计		7 360 443 802.11	12 627 735 131.14
非流动资产：			
可供出售金融资产		281 680 421.44	313 328 466.12
持有至到期投资			
长期应收款			
长期股权投资		21 677 239 273.65	14 649 576 595.63
投资性房地产			
固定资产		1 275 267 090.57	1 295 898 184.54
在建工程		43 220 633.12	25 798 558.00
工程物资		54 522.22	
固定资产清理			
生产性生物资产			
油气资产			
无形资产		114 348 933.90	85 010 099.69
开发支出			
商誉			
长期待摊费用			25 776 758.33
递延所得税资产		215 406 764.23	124 199 538.44
其他非流动资产		256 386 272.92	14 564 322.18
非流动资产合计		23 863 603 912.05	16 534 152 522.93
资产总计		31 224 047 714.16	29 161 887 654.07
流动负债：			
短期借款			4 900 000 000.00

续表

项 目	附注	期末余额	期初余额
以公允价值计量且其变动计入当期损益的金融负债			
衍生金融负债			
应付票据		335 969 879.05	563 369 677.86
应付账款		8 014 274 940.25	4 786 240 235.95
预收款项		3 581 961 224.66	2 029 402 101.45
应付职工薪酬		1 937 277 335.82	1 285 349 725.10
应交税费		249 651 688.07	159 230 312.98
应付利息			2 130 566.61
应付股利		49 930 411.78	35 786 486.08
其他应付款		1 034 471 223.30	989 284 365.22
划分为持有待售的负债			
一年内到期的非流动负债			
其他流动负债		3 188 871.05	1 780 870.84
流动负债合计		15 206 725 573.98	14 752 574 342.09
非流动负债：			
长期借款		289 000.00	289 000.00
应付债券			
其中：优先股			
永续债			
长期应付款			
长期应付职工薪酬			
专项应付款			23 577 212.57
预计负债			
递延收益		120 954 625.04	69 724 999.13
递延所得税负债			
其他非流动负债			
非流动负债合计		121 243 625.04	93 591 211.70
负债合计		15 327 969 199.02	14 846 165 553.79
所有者权益：			
股本		6 064 800 108.00	6 064 800 108.00
其他权益工具			
其中：优先股			
永续债			

续表

项　　目	附注	期末余额	期初余额
资本公积		2 373 007 715.58	2 373 531 380.92
减:库存股			
其他综合收益			
专项储备			
盈余公积		1 885 901 799.54	1 454 897 786.66
未分配利润		5 572 368 892.02	4 422 492 824.70
所有者权益合计		15 896 078 515.14	14 315 722 100.28
负债和所有者权益总计		31 224 047 714.16	29 161 887 654.07

2.利润表

表 18　合并利润表

2016 年 1—12 月

编制单位:内蒙古伊利实业集团股份有限公司　　　　单位:元

项　　目	附注	本期发生额	上期发生额
一、营业总收入		60 609 221 525.26	60 359 873 846.62
其中:营业收入		60 312 009 671.16	59 863 485 730.88
利息收入		297 211 854.10	496 388 115.74
已赚保费			
手续费及佣金收入			
二、营业总成本		55 488 070 321.35	55 651 899 424.60
其中:营业成本		37 427 435 447.17	38 375 578 127.73
利息支出			
手续费及佣金支出			
退保金			
赔付支出净额			
提取保险合同准备金净额			
保单红利支出			
分保费用			
税金及附加		420 072 423.22	251 039 621.28
销售费用		14 114 316 499.65	13 258 334 249.39
管理费用		3 456 666 028.41	3 456 163 869.74
财务费用		23 879 679.28	297 162 787.03

续表

项　　目	附注	本期发生额	上期发生额
资产减值损失		45 700 243.62	13 620 769.43
加：公允价值变动收益（损失以"－"号填列）			
投资收益（损失以"－"号填列）		399 261 007.93	186 347 547.36
其中：对联营企业和合营企业的投资收益		－7 596 496.47	5 777 925.18
汇兑收益（损失以"－"号填列）			
三、营业利润（亏损以"－"号填列）		5 520 412 211.84	4 894 321 969.38
加：营业外收入		1 178 781 540.53	712 271 532.61
其中：非流动资产处置利得		16 022 265.38	7 543 989.64
减：营业外支出		67 121 748.46	83 060 037.72
其中：非流动资产处置损失		43 505 496.33	27 138 519.50
四、利润总额（亏损总额以"－"号填列）		6 632 072 003.91	5 523 533 464.27
减：所得税费用		963 036 767.04	869 108 383.22
五、净利润（净亏损以"－"号填列）		5 669 035 236.87	4 654 425 081.05
归属于母公司所有者的净利润		5 661 807 747.14	4 631 791 823.05
少数股东损益		7 227 489.73	22 633 258.00
六、其他综合收益的税后净额		165 069 420.98	174 282 847.86
归属母公司所有者的其他综合收益的税后净额		165 069 420.98	174 282 847.86
（一）以后不能重分类进损益的其他综合收益			
1.重新计量设定受益计划净负债或净资产的变动			
2.权益法下在被投资单位不能重分类进损益的其他			
综合收益中享有的份额			
（二）以后将重分类进损益的其他综合收益		165 069 420.98	174 282 847.86
1.权益法下在被投资单位以后将重分类进损益的其			
他综合收益中享有的份额			
2.可供出售金融资产公允价值变动损益		－184 008 576.11	159 533 991.82
3.持有至到期投资重分类为可供出售金融资产损益			

续表

项　　目	附注	本期发生额	上期发生额
4.现金流量套期损益的有效部分			
5.外币财务报表折算差额		349 077 997.09	14 748 856.04
6.其他			
归属于少数股东的其他综合收益的税后净额			
七、综合收益总额		5 834 104 657.85	4 828 707 928.91
归属于母公司所有者的综合收益总额		5 826 877 168.12	4 806 074 670.91
归属于少数股东的综合收益总额		7 227 489.73	22 633 258.00
八、每股收益			
(一)基本每股收益(元/股)		0.93	0.76
(二)稀释每股收益(元/股)		0.93	0.76

表 19　母公司利润表

2016 年 1—12 月

编制单位:内蒙古伊利实业集团股份有限公司　　单位:元

项　　目	附注	本期发生额	上期发生额
一、营业收入		60 597 796 104.26	59 209 281 588.27
减:营业成本		45 602 137 667.87	45 390 508 637.16
税金及附加		237 202 429.34	141 003 052.65
销售费用		11 602 185 702.17	10 670 005 033.35
管理费用		1 731 960 487.55	1 557 494 188.15
财务费用		−57 897 952.19	−77 698 134.28
资产减值损失		20 555 343.79	9 493 560.26
加:公允价值变动收益(损失以"—"号填列)			
投资收益(损失以"—"号填列)		2 446 257 752.46	1 502 930 346.49
其中:对联营企业和合营企业的投资收益		−7 659 010.08	6 808 817.93
二、营业利润(亏损以"—"号填列)		3 907 910 178.19	3 021 405 597.47
加:营业外收入		740 110 660.44	374 619 931.97
其中:非流动资产处置利得		9 723 952.79	3 833 953.52
减:营业外支出		14 939 324.43	22 722 795.14
其中:非流动资产处置损失		6 247 074.15	4 466 091.74
三、利润总额(亏损总额以"—"号填列)		4 633 081 514.20	3 373 302 734.30
减:所得税费用		323 041 385.40	257 422 902.13

续表

项　　目	附注	本期发生额	上期发生额
四、净利润(净亏损以"—"号填列)		4 310 040 128.80	3 115 879 832.17
五、其他综合收益的税后净额			−38 412 431.26
(一)以后不能重分类进损益的其他综合收益			
1.重新计量设定受益计划净负债或净资产的变动			
2.权益法下在被投资单位不能重分类进损益的其			
他综合收益中享有的份额			
(二)以后将重分类进损益的其他综合收益		−38 412 431.26	
1.权益法下在被投资单位以后将重分类进损益的			
其他综合收益中享有的份额			
2.可供出售金融资产公允价值变动损益		−38 412 431.26	
3.持有至到期投资重分类为可供出售金融资产损益			
4.现金流量套期损益的有效部分			
5.外币财务报表折算差额			
6.其他			
六、综合收益总额		4 310 040 128.80	3 077 467 400.91
七、每股收益			
(一)基本每股收益(元/股)			
(二)稀释每股收益(元/股)			

3.现金流量表

表 20　合并现金流量表

2016 年 1—12 月

编制单位:内蒙古伊利实业集团股份有限公司　　　　单位:元

项　　目	附注	本期发生额	上期发生额
一、经营活动产生的现金流量			
销售商品、提供劳务收到的现金		67 615 095 171.05	68 921 604 513.68
客户存款和同业存放款项净增加额			
向中央银行借款净增加额			
向其他金融机构拆入资金净增加额			
收到原保险合同保费取得的现金			

续表

项　　目	附注	本期发生额	上期发生额
收到再保险业务现金净额			
保户储金及投资款净增加额			
处置以公允价值计量且其变动计入当期损益的金融资产净增加额			
收取利息、手续费及佣金的现金		337 117 728.04	494 460 605.57
入资金净增加额			
回购业务资金净增加额			
收到的税费返还		1 701 488.16	30 826.54
收到其他与经营活动有关的现金		1 452 537 922.67	1 019 483 218.00
经营活动现金流入小计		69 406 452 309.92	70 435 579 163.79
购买商品、接受劳务支付的现金		45 986 710 849.84	50 843 157 082.83
客户贷款及垫款净增加额			
存放中央银行和同业款项净增加额		−411 890 679.22	−963 028 861.91
支付原保险合同赔付款项的现金			
支付利息、手续费及佣金的现金			
支付保单红利的现金			
支付给职工以及为职工支付的现金		6 001 514 707.40	6 336 623 260.21
支付的各项税费		3 921 744 206.43	3 654 510 250.30
支付其他与经营活动有关的现金		1 091 047 410.22	1 027 818 840.86
经营活动现金流出小计		56 589 126 494.67	60 899 080 572.29
经营活动产生的现金流量净额		12 817 325 815.25	9 536 498 591.50
二、投资活动产生的现金流量			
收回投资收到的现金		420 647 517.49	189 944 707.17
取得投资收益收到的现金		133 210 695.75	63 539 196.10
处置固定资产、无形资产和其他长期资产收回的现金净额		22 875 847.30	26 361 846.79
处置子公司及其他营业单位收到的现金净额		1 227 900 964.31	44 795 070.64
收到其他与投资活动有关的现金			
投资活动现金流入小计		1 804 635 024.85	324 640 820.70
购建固定资产、无形资产和其他长期资产支付的现金		3 419 007 157.35	3 652 131 578.65
投资支付的现金		1 489 238 057.00	159 447 991.00
质押贷款净增加额			
取得子公司及其他营业单位支付的现金净额			

续表

项 目	附注	本期发生额	上期发生额
支付其他与投资活动有关的现金		139 601 930.34	
投资活动现金流出小计		5 047 847 144.69	3 811 579 569.65
投资活动产生的现金流量净额		－3 243 212 119.84	－3 486 938 748.95
三、筹资活动产生的现金流量			
吸收投资收到的现金			
其中:子公司吸收少数股东投资收到的现金			
取得借款收到的现金		550 000 000.00	10 820 824 711.28
发行债券收到的现金			
收到其他与筹资活动有关的现金			
筹资活动现金流入小计		550 000 000.00	10 820 824 711.28
偿还债务支付的现金		6 588 000 000.00	13 406 493 857.35
分配股利、利润或偿付利息支付的现金		2 776 233 066.40	2 658 969 290.03
其中:子公司支付给少数股东的股利、利润		17 225 597.91	29 841 515.70
支付其他与筹资活动有关的现金		300 000.00	1 034 377 314.11
筹资活动现金流出小计		9 364 533 066.40	17 099 840 461.49
筹资活动产生的现金流量净额		－8 814 533 066.40	－6 279 015 750.21
四、汇率变动对现金及现金等价物的影响		235 104 214.87	－14 462 951.21
五、现金及现金等价物净增加额		994 684 843.88	－243 918 858.87
加:期初现金及现金等价物余额		12 216 720 343.48	12 460 639 202.35
六、期末现金及现金等价物余额		13 211 405 187.36	12 216 720 343.48

表 21 母公司现金流量表

2016 年 1—12 月

编制单位:内蒙古伊利实业集团股份有限公司 单位:元

项 目	附注	本期发生额	上期发生额
一、经营活动产生的现金流量			
销售商品、提供劳务收到的现金		68 802 459 745.33	68 427 527 611.76
收到的税费返还			
收到其他与经营活动有关的现金		1 016 688 456.05	746 273 484.79
经营活动现金流入小计		69 819 148 201.38	69 173 801 096.55
购买商品、接受劳务支付的现金		53 988 438 102.98	60 449 758 304.12
支付给职工以及为职工支付的现金		3 497 549 142.57	3 683 116 074.21
支付的各项税费		2 171 406 114.90	2 080 390 897.85
支付其他与经营活动有关的现金		770 032 649.69	761 460 878.00

续表

项　　目	附注	本期发生额	上期发生额
经营活动现金流出小计		60 427 426 010.14	66 974 726 154.18
经营活动产生的现金流量净额		9 391 722 191.24	2 199 074 942.37
二、投资活动产生的现金流量			
收回投资收到的现金		417 179 044.76	179 741 696.17
取得投资收益收到的现金		2 056 849 208.14	1 498 342 861.07
处置固定资产、无形资产和其他长期资产收回的现金净额		4 367 346.31	8 402 784.58
处置子公司及其他营业单位收到的现金净额		1 400 000 000.00	89 242 463.34
收到其他与投资活动有关的现金		200 000 000.00	
投资活动现金流入小计		4 078 395 599.21	1 775 729 805.16
购建固定资产、无形资产和其他长期资产支付的现金		457 798 760.65	169 132 197.45
投资支付的现金		8 364 835 148.83	1 909 881 260.00
取得子公司及其他营业单位支付的现金净额			
支付其他与投资活动有关的现金		450 000 000.00	
投资活动现金流出小计		9 272 633 909.48	2 079 013 457.45
投资活动产生的现金流量净额		−5 194 238 310.27	−303 283 652.29
三、筹资活动产生的现金流量			
吸收投资收到的现金			
取得借款收到的现金		350 000 000.00	9 006 204 476.76
发行债券收到的现金			
收到其他与筹资活动有关的现金			
筹资活动现金流入小计		350 000 000.00	9 006 204 476.76
偿还债务支付的现金		5 250 000 000.00	9 094 493 274.94
分配股利、利润或偿付利息支付的现金		2 740 693 581.23	2 547 962 395.04
支付其他与筹资活动有关的现金			999 999 514.11
筹资活动现金流出小计		7 990 693 581.23	12 642 455 184.09
筹资活动产生的现金流量净额		−7 640 693 581.23	−3 636 250 707.33
四、汇率变动对现金及现金等价物的影响		−8 097.32	
五、现金及现金等价物净增加额		−3 443 217 797.58	−1 740 459 417.25
加：期初现金及现金等价物余额		6 652 704 528.90	8 393 163 946.15
六、期末现金及现金等价物余额		3 209 486 731.32	6 652 704 528.90

4.所有者权益变动表

表22 合并所有者权益变动表

2016 年 1—12 月

单位:元 币种:人民币

项目	本期												
	归属于母公司所有者权益											少数股东权益	所有者权益合计
	股本	其他权益工具			资本公积	减:库存股	其他综合收益	专项储备	盈余公积	一般风险准备	未分配利润		
		优先股	永续债	其他									
一、上年期末余额	6 064 800 108.00				2 476 707 919.74		196 880 591.66		1 454 897 786.66		9 791 111 028.49	161 518 872.50	20 145 916 307.05
加:会计政策变更													
前期差错更正													
同一控制下企业合并													
其他													
二、本年期初余额	6 064 800 108.00				2,476 707 919.74		196 880 591.66		1 454 897 786.66		9 791 111 028.49	161 518 872.50	20 145 916 307.05
三、本期增减变动金额(减少以"－"号填列)					-347 843.19		165 069 420.98		431 004 012.88		2 501 643 685.66	-7 397 706.87	3 089 971 569.46
(一)综合收益总额							165 069 420.98				5 661 807 747.14	7 227 489.73	5 834 104 657.85
(二)所有者投入和减少资本					1 117 200.03							-507 938.01	609 262.02
1.股东投入的普通股												-300 000.00	-300 000.00

续表

2.其他权益工具持有者投入资本													
3.股份支付计入所有者权益的金额					1 117 200.03								1 117 200.03
4. 其他												-207 938.01	-207 938.01
（三）利润分配									431 004 012.88		-3 160 164 061.48	-14 117 258.59	-2 743 277 307.19
1. 提取盈余公积									431 004 012.88		-431 004 012.88		
2.提取一般风险准备													
3.对所有者（或股东）的分配											-2 729 160 048.60	-14 117 258.59	-2 743 277 307.19
4. 其他													
（四）所有者权益内部结转													
1.资本公积转增资本（或股本）													
2.盈余公积转增资本（或股本）													
3.盈余公积弥补亏损													
4. 其他													
（五）专项储备													
1. 本期提取													
2. 本期使用													
（六）其他					-1 465 043.22								-1 465 043.22
四、本期期末余额	6 064 800 108.00				2 476 360 076.55		361 950 012.64		1 885 901 799.54		12 292 754 714.15	154 121 165.63	23 235 887 876.51

续表

项目	上期												
	归属于母公司所有者权益											少数股东权益	所有者权益合计
	股本	其他权益工具			资本公积	减：库存股	其他综合收益	专项储备	盈余公积	一般风险准备	未分配利润		
		优先股	永续债	其他									
一、上年期末余额	3 064 371 033.00				6 481 242 246.74		22 597 743.80		1 143 309 803.44		7 922 404 015.06	187 629 650.42	18 821 554 492.46
加：会计政策变更													
前期差错更正													
同一控制下企业合并													
其他													
二、本年期初余额	3 064 371 033.00				6 481 242 246.74		22 597 743.80		1 143 309 803.44		7 922 404 015.06	187 629 650.42	18 821 554 492.46
三、本期增减变动金额（减少以“－”号填列）	3 000 429 075.00				-4 004 534 327.00		174 282 847.86		311 587 983.22		1 868 707 013.43	-26 110 777.92	1 324 361 814.59
（一）综合收益总额							174 282 847.86				4 631 791,823.05	22 633 258.00	4 828 707 928.91
（二）所有者投入和减少资本	-63 941 958.00				-940 163 294.00							-31 300 463.86	-1 035 405 715.86
1. 股东投入的普通股													
2. 其他权益工具持有者投入资本													
3. 股份支付													

续表

计入所有者权益的金额												
4. 其他	-63 941 958.00				-940 163 294.00						-31 300 463.86	-1 035 405 715.86
（三）利润分配								311 587 983.22		-2 763 084 809.62	-17 443 572.06	-2 468 940 398.46
1. 提取盈余公积								311 587 983.22		-311 587 983.22		
2. 提取一般风险准备												
3. 对所有者（或股东）的分配										-2 451 496 826.40	-17 443 572.06	-2 468 940 398.46
4. 其他												
（四）所有者权益内部结转	3 064 371 033.00				-3 064 371 033.00							
1. 资本公积转增资本（或股本）	3 064 371 033.00				-3 064 371 033.00							
2. 盈余公积转增资本（或股本）												
3. 盈余公积弥补亏损												
4. 其他												
（五）专项储备												
1. 本期提取												
2. 本期使用												
（六）其他												
四、本期期末余额	6 064 800 108.00				2 476 707 919.74	196 880 591.66		1 454 897 786.66		9 791 111 028.49	161 518 872.50	20 145 916 307.05

表23 母公司所有者权益变动表

2016 年 1—12 月

单位:元 币种:人民币

项目	本期										
	股本	其他权益工具			资本公积	减:库存股	其他综合收益	专项储备	盈余公积	未分配利润	所有者权益合计
		优先股	永续债	其他							
一、上年期末余额	6 064 800 108.00				2 373 531 380.92				1 454 897 786.66	4 422 492 824.70	14 315 722 100.28
加:会计政策变更											
前期差错更正											
其他											
二、本年期初余额	6 064 800 108.00				2 373 531 380.92				1 454 897 786.66	4 422 492 824.70	14 315 722 100.28
三、本期增减变动金额(减少以"—"号填列)					-523 665.34				431 004 012.88	1 149 876 067.32	1 580 356 414.86
(一)综合收益总额										4 310 040 128.80	4 310 040 128.80
(二)所有者投入和减少资本					1 117 200.03						1 117 200.03
1. 股东投入的普通股											
2. 其他权益工具持有者投入资本											
3. 股份支付计入所有者权益的金额					1 117 200.03						1 117 200.03
4. 其他											
(三)利润分配									431 004 012.88	-3 160 164 061.48	-2 729 160 048.60
1. 提取盈余公积									431 004 012.88	-431 004 012.88	
2. 对所有者(或股东)的分配										-2 729 160 048.60	-2 729 160 048.60
3. 其他											
(四)所有者权益内部结转											
1. 资本公积转增资本(或股本)											
2. 盈余公积转增资本(或股本)											
3. 盈余公积弥补亏损											
4. 其他											
(五)专项储备											
1. 本期提取											
2. 本期使用											
(六)其他					-1 640 865.37						-1 640 865.37
四、本期期末余额	6 064 800 108.00				2 373 007 715.53				1 885 901 799.54	5 572 368 892.02	15 896 078 515.14

续表

项目	上期										
	股本	其他权益工具			资本公积	减：库存股	其他综合收益	专项储备	盈余公积	未分配利润	所有者权益合计
		优先股	永续债	其他							
一、上年期末余额	3 064 371 033.00				6 373 959 970.03		38 412 431.26		1 143 309 803.44	4 069 697 802.15	14 689 751 039.88
加：会计政策变更											
前期差错更正											
其他											
二、本年期初余额	3 064 371 033.00				6 373 959 970.03		38 412 431.26		1 143 309 803.44	4 069 697 802.15	14 689 751 039.88
三、本期增减变动金额（减少以“—”号填列）	3 000 429 075.00				-4 000 428 589.11		-38 412 431.26		311 587 983.22	352 795 022.55	-374 028 939.60
（一）综合收益总额							-38 412 431.26			3 115 879 832.17	3 077 467 400.91
（二）所有者投入和减少资本	-63 941 958.00				-936 057 556.11						-999 999 514.11
1. 股东投入的普通股											
2. 其他权益工具持有者投入资本											
3. 股份支付计入所有者权益的金额											
4. 其他	-63 941 958.00				-936 057 556.11						-999 999 514.11
（三）利润分配									311 587 983.22	-2 763 084 809.62	-2 451 496 826.40
1. 提取盈余公积									311 587 983.22	-311 587 983.22	
2. 对所有者（或股东）的分配										-2 451 496 826.40	-2 451 496 826.40
3. 其他											
（四）所有者权益内部结转	3 064 371 033.00				-3 064 371 033.00						
1. 资本公积转增资本（或股本）	3 064 371 033.00				-3 064 371 033.00						
2. 盈余公积转增资本（或股本）											
3. 盈余公积弥补亏损											
4. 其他											
（五）专项储备											
1. 本期提取											
2. 本期使用											
（六）其他											
四、本期期末余额	6 064 800 108.00				2 373 531 380.92				1 454 897 786.66	4 422 492 824.70	14 315 722 100.28

三、合并报表主要项目注释

1.货币资金

√适用 □不适用

表 24 货币资金

单位:元 币种:人民币

项 目	期末余额	期初余额
库存现金	3 836.66	187 573.06
银行存款	13 149 879 373.26	12 117 197 099.68
其他货币资金	673 771 057.92	966 282 280.40
合计	13 823 654 267.84	13 083 666 953.14
其中:存放在境外的款项总额	6 610 962 348.57	164 586 387.70

其他说明

其中,其他货币资金明细如下:

表 25 货币资金明细

单位:元 币种:人民币

项 目	期末余额	期初余额
支付易在途资金	201 123 907.78	99 335 670.74
担保保证金	41 141 007.15	23 549 787.45
存放中央银行法定存款准备金	431 506 142.99	843 396 822.21
合 计	673 771 057.92	966 282 280.40

受限制的货币资金明细如下:

表 26 受限制的货币资金明细

单位:元 币种:人民币

项 目	期末余额	期初余额
到期前不可支取的定期存款	139 601 930.34	
存放中央银行法定存款准备金	431 506 142.99	843 396 822.21
担保保证金	41 141 007.15	23 549 787.45
合 计	612 249 080.48	866 946 609.66

受限制货币资金的说明:

到期前不可支取的定期存款是子公司 Oceania Dairy Limited 在澳新银行奥克兰分行存入的定期存款,期限为 105 天至 270 天不等。

存放中央银行法定存款准备金为本公司子公司伊利财务有限公司存放于中央银行的

法定存款准备金。

担保保证金为本公司子公司内蒙古惠商融资担保有限公司为公司的供应商以及客户向银行贷款提供担保所存入银行的保证金。

截至2016年12月31日止,除上述受限制的货币资金外,本公司无其他因质押、冻结等对使用有限制的款项。

2.以公允价值计量且其变动计入当期损益的金融资产

□适用 √不适用

3.衍生金融资产

□适用 √不适用

4.应收票据

(1)应收票据分类列示

□使用 √不适用

表27 应收票据分类

单位:元 币种:人民币

项 目	期末余额	期初余额
银行承兑票据	114 360 000.00	147 173 512.55
商业承兑票据		
合 计	114 360 000.00	147 173 512.55

(2)期末公司已质押的应收票据

□适用 √不适用

(3)期末公司已背书或贴现且在资产负债表日尚未到期的应收票据

√适用 □不适用

表28 期末公司已背书或贴现且在资产负债表日尚未到期的应收票据

单位:元 币种:人民币

项 目	期末终止确认金额	期末未终止确认金额
银行承兑票据	457 850 000.00	
商业承兑票据		
合 计	457 850 000.00	

(4)期末公司因出票人未履约而将其转应收账款的票据

□适用 √不适用

其他说明

□适用 √不适用

5.应收账款

(1)应收账款分类披露

√适用 □不适用

表29 应收账款分类披露

单位：元 币种：人民币

类别	期末余额					期初余额				
	账面余额		坏账准备		账面价值	账面余额		坏账准备		账面价值
	金额	比例(%)	金额	计提比例(%)		金额	比例(%)	金额	计提比例(%)	
单项金额重大并单独计提坏账准备的应收账款										
按信用风险特征组合计提坏账准备的应收账款	621 888 475.54	99.71	49 751 078.04	8	572 137 397.50	621 931 567.20	99.38	49 754 525.33	8	572 177 041.87
单项金额不重大但单独计提坏账准备的应收账款	1 791 513.12	0.29	1 791 513.12	100		3 861 170.56	0.62	3 861 170.56	100	
合计	623 679 988.66	/	51 542 591.16	/	572 137 397.50	625 792 737.76	/	53 615 695.89	/	572 177 041.87

期末单项金额重大并单项计提坏账准备的应收账款

□适用 √不适用

组合中,按账龄分析法计提坏账准备的应收账款;

□适用 √不适用

组合中,采用余额百分比法计提坏账准备的应收账款;

√适用 □不适用

表 30 采用余额百分比法计提坏账准备的应收账款

单位:元 币种:人民币

余额百分比	期末余额		
	应收账款	坏账准备	计提比例
组合 4	621 888 475.54	49 751 078.04	8%
合 计	621 888 475.54	49 751 078.04	8%

确定该组合依据的说明

对性质相同、风险管理方法相似、具有相同信用风险,预计其未来现金流量流入比例相似的应收款项确定为一个组合。组合 4 主要是应收直营商超及电商的贷款。

组合中,采用其他方法计提坏账准备的应收账款:

□适用 √不适用

(2)本期计提、收回或转回的坏账准备状况

本期计提坏账准备金额 20 291 897.50 元;本期收回或转回坏账准备金额 2 601 944.46 元。

其中本期坏账准备收回或转回金额重要的:□适用 √不适用

(3)本期实际核销的应收账款情况

√适用 □不适用

表 31 本期实际核销的应收账款

单位:元 币种:人民币

项 目	核销金额
实际核销的应收账款	93 129.83

其中重要的应收账款核销情况

□适用 √不适用

应收账款核销说明:

□适用 √不适用

(4)按欠款方归集的期末余额前五名的应收账款情况

√适用 □不适用

表 32 按欠款方归集的期末余额前五名的应收账款情况

单位:元 币种:人民币

单位名称	期末金额	占应收账款总额的比例(%)	已计提坏账准备
第一名	58 074 767.66	9.31	4 645 981.41

续表

单位名称	期末金额	占应收账款总额的比例(%)	已计提坏账准备
第二名	38 719 584.16	6.21	3 097 566.73
第三名	31 753 508.59	5.09	2 540 280.69
第四名	29 718 109.03	4.76	2 377 448.72
第五名	22 795 415.96	3.65	1 823 633.28
合 计	181 061 385.40	29.02	14 484 910.83

(5)因金融资产转移而终止确认的应收账款

□适用 √不适用

(6)转移应收账款且继续涉入形成的资产、负债金额

□适用 √不适用

其他说明：

□适用 √不适用

6.预付款项

(1)预付款项按账龄列示

√适用 □不适用

表 33 预付款项按账龄列示

单位:元 币种:人民币

账 龄	期末余额		期初余额	
	金 额	比例(%)	金 额	比例(%)
1 年以内	557 200 208.78	99.79	6S13 947 188.22	99.91
1 至 2 年	635 964.13	0.11	131 216.64	0.02
2 至 3 年	122 892.94	0.02	55 3047.35	0.01
3 年以上	430 336.72	0.08	390 629.37	0.06
合 计	558 390 402.57	100.00	614 524 341.58	100.00

账龄超过 1 年且金额重要的预付款项未及时结算原因的说明：

不适用

(2)按预付对象归集的期末余额前五名的预付款情况

√适用 □不适用

表 34 按预付对象归集的期末余额前五名的预付款情况

单位:元 币种:人民币

单位名称	期末金额	占预付账款总额的比例(%)	预付款时间	未结算原因
第一名	123 422 240.07	22.10	1 年以内	货未到
第二名	114 524 559.16	20.51	1 年以内	服务尚未提供

续表

单位名称	期末金额	占预付账款总额的比例(%)	预付款时间	未结算原因
第三名	70 983 947.61	12.71	1年以内	货未到
第四名	58 758 682.63	10.52	1年以内	货未到
第五名	54 018 867.61	9.67	1年以内	货未到
合　计	421 708 297.08	75.51		

其他说明

□适用 √不适用

7.应收利息

(1)应收利息分类

√适用 □不适用

表35 应收利息分类

单位:元 币种:人民币

项　目	期末余额	期初余额
定期存款	3 850 533.12	
委托贷款		
债券投资		
存放同业及中央银行款项利息	31 287 780.84	71 193 654.78
合　计	35 138 313.96	71 193 654.78

(2)重要逾期利息

□适用 √不适用

其他说明:

√适用 □不适用

应收利息期末余额较期初减少原因:主要是本期存放同业及中央银行款项下降导致计提应收利息减少。

8.应收股利

(1)应收股利

□适用 √不适用

(2)重要的账龄超过1年的应收股利

□适用 √不适用

其他说明:

□适用 √不适用

9.其他应收款

(1)其他应收款分裂披露

√适用 □不适用

表36 其他应收款分裂披露

单位：元 币种：人民币

类别	期末余额					期初余额				
	账面余额		坏账准备		账面价值	账面余额		坏账准备		账面价值
	金额	比例(%)	金额	计提比例(%)		金额	比例(%)	金额	计提比例(%)	
单项金额重大并单独计提坏账准备的其他应收款										
按信用风险特征组合计提坏账准备的其他应收款	47 765 094.01	72.08	8 833 649.94	13.49	38 931 444.07	58 021 097.39	74.83	9 618 422.52	16.58	48 402 674.87
单项金额不重大但单独计提坏账准备的其他应收款	18 503 933.54	27.92	18 503 933.54	100.00		19 518 572.83	25.17	18 050 047.65	92.48	1 468 525.18
合计	66 269 027.55	/	27 337 583.48	/	38 931 444.07	77 539 670.22	/	27 668 470.17	/	49 871 200.05

期末单项金额重大并单项计提坏账准备的其他应收款

□适用 √不适用

组合中,按账龄分析法计提坏账准备的其他应收款

□适用 √不适用

组合中,采用余额百分比法计提坏账准备的其他应收款

√适用 □不适用

断巴彦淖尔伊利乳业有限责任公司对养殖户的上述债权,由其自行追偿。2015 年该项养殖户贷款收回 275 万,2016 年收回 100 万,组合 2 的坏账准备计提比例变为期末的 75.86%。

组合中,采用其他方法计提坏账准备的其他应收款;

□适用 √不适用

(2)本期计提、收回或转回的坏账准备情况

本期集体坏账准备金额 1 029 780.48 元;本期收回或转回坏账准备金额 613 209.16 元。

其中本期坏账准备转回或收回金额重要的;

□适用 √不适用

(3)本期实际核销的其他应收款情况

√适用 □不适用

表 37 本期实际核销的其他应收款情况

单位:元 币种:人民币

项 目	核销金额
实际核销的其他应收款	195 803.39

其中重要的其他应收款核销情况:

□适用 √不适用

其他应收款核销说明:

□适用 √不适用

(4)其他应收款按款项性质分类情况

√适用 □不适用

(5)按欠款方归集的期末余额前五名的其他应收款情况

√适用 □不适用

表 38 按欠款方归集的期末余额前五名的其他应收款情况

单位:元 币种:人民币

单位名称	款项的性质	期末余额	账龄	占其他应收款期末余额合计数的比例(%)	坏账准备期末余额
第一名	处置固定资产款	10 296 000.00	1 年以内	15.54	823 680.00
第二名	押金及保证金	3 070 000.00	1 年以内	4.63	245 600.00
第三名	代垫款项	3 043 496.00	3 年以上	4.59	3 043 496.00
第四名	代垫款项	2 232 400.00	3 年以上	3.37	2 232 400.00
第五名	代垫款项	2 000 000.00	3 年以上	3.02	2 000 000.00
合 计	/	20 641 896.00	/	31.15	8 345 176.00

(6)涉及政府补助的应收款项

□适用　√不适用

(7)因金融资产转移而终止确认的其他应收款

□适用　√不适用

(8)转移其他应收款且继续涉入形成的资产、负债的金额

□适用　√不适用

其他说明:

□适用　√不适用

10.存货

(1)存货分类

√适用　□不适用

表 39　存货分类

单位:元　币种:人民币

项　目	期末余额			期初余额		
	账面余额	跌价准备	账面价值	账面余额	跌价准备	账面价值
原材料	2 237 478 865.42	424 862.10	2 237 054 003.32	3 150 683 674.02	887 158.75	3 149 796 515.27
在产品						
库存商品	1 498 500 812.18		1 498 500 812.18	1 038 892 412.12	65 234.79	1 038 827 177.33
周转材料						
消耗性生物资产				2 840 127.35		2 840 127.35
建造合同形成的已完工未结算资产						
包装材料	281 056 814.41		281 056 814.41	240 308 753.35		240 308 753.35
低值易耗品	806 581.20		806 581.20	1 434 695.19		1 434 695.19
半成品	308 225 484.58		308 225 484.58	230 002 706.24	121 803.91	229 880 902.33
委托加工物资	137 171.93		137 171.93	40 576.48		40 576.48
合　计	4 326 205 729.72	424 862.10	4 325 780 867.62	4 664 202 944.75	1 074 197.45	4 663 128 747.30

(2)存货跌价准备

√适用　□不适用

表 40　存货跌价准备

单位:元　币种:人民币

项　目	期初余额	本期增加金额		本期减少金额		期末余额
		计提	其他	转回或转销	其他	
原材料	887 158.75			366 296.65	96 000.00	424 862.10
在产品						
库存商品	65 234.79			65 234.79		
周转材料						
消耗性生物资产						

续表

项　目	期初余额	本期增加金额		本期减少金额		期末余额
		计提	其他	转回或转销	其他	
建造合同形成的已完工未结算资产						
自制半成品	121 803.91			121 803.91		
合　计	1 074 197.45			553 335.35	96 000.00	424 862.10

其他减少是本期处置的子公司不再纳入合并而减少的存货跌价准备。

(3)存货期末余额含有借款费用资本化金额的说明

□适用　√不适用

(4)期末建造合同形成的已完工未结算资产情况

□适用　√不适用

其他说明:

□适用　√不适用

11.划分为持有待售的资产

□适用　√不适用

12.一年内到期的非流动资产

√适用　□不适用

表 41　一年内到期的非流动资产

单位:元　币种:人民币

项　目	期末余额	期初余额
一年内摊销的长期待摊费用	33 809 934.64	
合　计	33 809 934.64	

其他说明:

不适用

13.其他流动资产

√适用　□不适用

表 42　其他流动资产

单位:元　币种:人民币

项　目	期末余额	期初余额
待抵扣进项税	296 462 928.15	369 574 883.40
预缴所得税	201 398 291.36	181 682 605.53
预缴增值税	1 963 222.20	803 058.41
应收商品服务退税	48 339 380.81	17 333 362.90
应收保理款	140 148 705.67	15 023 045.51
应收代位追偿款	2 183 479.04	
合　计	690 496 007.23	584 416 955.75

其他说明：

(1)应收商品服务退税是子公司 Oceania Dairy Limited 向新西兰税务局申请的应退商品服务税。

(2)应收保理款是子公司惠商商业保理有限公司的经销商和供应商提供应收账款保理业务所形成。

(3)应收代位追偿款是子公司内蒙古惠商融资担保有限公司为公司原材料供应商贷款提供担保形成的代偿款，共计金额 4 727 891.57 元，公司对供应商的资产状况进行分析后，预计产生损失 2 544 412.53 元，并计提相应资产减值准备，剩余 2 183 479.04 元预计仍可收回。

14.可供出售金融资产

(1)可供出售金融资产情况

√适用　□不适用

表 43　可供出售金融资产情况

单位：元　币种：人民币

项　目	期末余额			期初余额		
	账面余额	减值准备	账面价值	账面余额	减值准备	账面价值
可供出售债务工具						
可供出售权益工具	612 714 316.30	350 000.00	612 364 316.30	985 773 962.71	350 000.00	985 423 952.71
按公允价值计量的	35 200 857.86		35 200 857.86	391 850 506.59		391 850 506.59
按成本计量的	577 513 488.44	350 000.00	577 163 488.44	593 923 446.12	350 000.00	593 573 446.12
合　计	612 714 316.30	350 000.00	612 364 316.30	965 773 962.71	350 000.00	985 423 952.71

(2)期末按公允价值计量的可供出售金融资产

√适用　□不适用

表 44　期末按公允价值计量的可供出售金融资产

单位：元　币种：人民币

可供出售金融资产分类	可供出售权益工具	可供出售债务工具	合计
权益工具的成本/债务工具的摊余成本	7 630 700.00		7 630 700.00
公允价值	35 200 857.86		35 200 857.86
累计计入其他综合收益的公允价值变动金额	27 570 157.86		27 570 157.86
已计提减值金额			

(3)期末按成本计量的可供出售金融资产

√适用　□不适用

表45 期末按成本计量的可供出售金融资产

单位：元 币种：人民币

被投资单位	账面余额				减值准备				在被投资单位持股比例(%)	本期现金红利
	期初	本期增加	本期减少	期末	期初	本期增加	本期减少	期末		
成都银行股份有限公司	81 250 000.00			81 250 000.00					1.00	8 125 000.00
绵阳科技城产业投资基金	131 009 473.73		40 648 044.68	90 361 429.05					2.22	100 085 695.75
中信产业投资基金管理有限公司	121 500 000.00			121 500 000.00					5.00	25 000 000.00
内蒙古伊生生物科技有限公司	400 000.00			400 000.00					10.00	
深圳市华泰瑞麟股权投资基金合伙企业	50 000 000.00		16 000 000.00	34 000 000.00					10.00	
合众创亚（呼和浩特）包装有限公司	10 418 992.39			10 418 992.39					18.64	
国开博裕一期（上海）股权投资合伙企业	178 994 980.00	15 238 057.00		194 233 037.00					4.09	
呼市驻海口办事处	50 000.00			50 000.00	50 000.00			50 000.00		
呼市商城房地产	300 000.00			300 000.00	300 000.00			300 000.00	1.37	
协同创新基金	20 000 000.00			20 000 000.00					10.24	
北京华泰新产业成长投资基金（有限合伙）		25 000 000.00		25 000 000.00					10.00	
合计	593 923 446.12	40 238 057.00	56 648 044.68	577 513 458.44	350 000.00			350 000.00	/	133 210 695.75

(4)报告期内可供出售金融资产减值的变动情况

√适用 □不适用

表 46 报告期内可供出售金融资产减值的变动情况

单位:元 币种:人民币

可供出售金融资产分类	可供出售权益工具	可供出售债务工具	合计
期初已计提减值余额	350 000.00		350 000.00
本期计提			
其中:从其他综合收益转入			
本期减少			
其中:期后公允价值回升转回	/		
期末已计提减值金余额	350 000.00		350 000.00

(5)可供出售权益工具期末公允价值严重下跌或非暂时性下跌但未计提减值准备的相关说明

□适用 √不适用

其他说明:

√适用 □不适用

可供出售金融资产期末账面价值期初减少原因:主要是本期处置辉山乳业股权所致。

15.持有至到期投资

(1)持有至到期投资情况

□适用 √不适用

(2)期末重要的持有至到期投资

□适用 √不适用

(3)本期重分类的持有至到期投资

□适用 √不适用

其他说明:

□适用 √不适用

16.长期应收款

(1)长期应收款情况

√适用 □不适用

表 47 长期应收款情况

单位:元 币种:人民币

项 目	期末余额			期初余额			折现率区间
	账面余额	坏账准备	账面价值	账面余额	坏账准备	账面价值	
融资租赁款							
其中:未实现融资收益							
分期收款销售商品				2 640 092.22		2 640 092.22	
分期收款提供劳务							
合 计				2 640 092.22		2 640 092.22	/

(2)因金融资产转移而终止确认的长期应收款

□适用 √不适用

(3)转移长期应收款且继续涉入形成的资产、负债金额

□适用 √不适用

其他说明:

√适用 □不适用

长期应收款期末账面价值较期初减少原因:本期处置的子公司不再纳入合并报表范围所致。

17.长期股权投资

√适用 □不适用

表 48 长期股权投资

单位:元 币种:人民币

被投资单位	期初余额	本期增减变动								期末余额	减值准备期末余额
		追加投资	减少投资	权益法下确认的投资损益	其他综合收益调整	其他权益变动	宣告发放现金股利或利润	计提减值准备	其他		
一、合营企业											
二、联营企业											
呼伦贝尔盛鑫投资有限公司	18 820 389.40			62 513.61						18 882 903.01	
山东新巨丰科技包装股份有限公司	103 058 817.93			8 782 124.54		4 359 134.63				116 200 077.10	
China Youran Dairy Holding Limited		1 400 000 000.00		-16 171 017.65					63 458 504.64	1 447 287 486.99	
北京久阳智慧投资基金管理有限公司		49 000 000.00		-270 116.97						48 729 883.03	
小计	121 879 207.33	1 449 000 000.00		-7 596 496.47		4 359 134.63			63 458 504.64	1 631 100 350.13	
合计	121 879 207.33	1 449 000 000.00		-7 596 496.47		4 359 134.63			63 458 504.64	1 631 100 350.13	

其他说明:

公司在 2016 年 4 月支付了认购 Yogurt Holding (Cayman) Limited 部分增资的款项,具体详见公司于 2016 年 4 月 26 日发布的《内蒙古伊利实业集团股份有限公司关于内蒙古优然牧业有限责任公司增资等事项进展情况的公告》,2016 年 5 月 Yogurt Holding (Cayman) Limited 将公司名称变更为 China Youran Dairy Holding Limited,其他项 63 458 504.64 元为投资成本小于取得投资时应享有被投资单位可辨认净资产公允价值份额产生的收益。

长期股权投资期末余额较期初增加原因:主要是本期投资 China Youran Dairy Holding Limited 股权所致。

18.投资性房地产

投资性房地产计量模式

不适用

19.固定资产

(1)固定资产情况

√适用 □不适用

表 49　固定资产情况

单位:元　币种:人民币

项　　目	房屋及建筑物	机器设备	运输工具	电子设备	其他	合计
一、账面原值						
1.期初余额	8 524 799 821.58	11 475 198 091.60	354 200 200.59	151 997 904.82	976 732 048.71	21 482 928 067.30
2.本期增加金额	246 583 813.66	1 534 457 207.41	18 389 000.87	32 048 277.64	111 196 368.87	1 942 674 668.45
(1)购置	11 859 967.36	78 911 578.53	15 772 352.18	26 592 602.84	73 557 364.23	206 693 865.14
(2)在建工程转入	206 253 914.35	1 413 524 539.46	2 161 621.10	4 106 593.53	35 407 707.05	1 661 454 375.49
(3)企业合并增加						
(4)外币报表折算差额	28 469 931.95	42 021 089.42	455 027.59	1 349 081.27	2 231 297.59	74 526 427.82
3.本期减少金额	1 776 792 708.51	620 769 146.61	100 392 424.57	9 335 006.35	101 985 561.49	2 609 274 847.53
(1)处置或报废	9 154 540.87	289 114 359.48	19 082 847.87	5 375 943.94	46 716 741.85	369 444 434.01
(2)处置子公司减少	1 767 638 167.64	331 654 787.13	81 309 576.70	3 959 062.41	55 268 819.64	2 239 830 413.52
4.期末余额	6 994 590 926.73	12 388 886 152.40	272 196 776.89	174 711 176.11	985 942 856.09	20 816 327 888.22
二、累计折旧						
1.期初余额	1 422 182 460.50	4 708 534 920.39	180 944 847.84	75 994 116.72	512 307 857.44	6 899 964 202.89
2.本期增加金额	293 335 218.77	976 430 623.98	35 684 906.17	23 781 501.34	144 034 899.46	1 473 267 149.72
(1)计提	291 411 839.26	968 872 124.91	35 492 535.59	23 313 903.00	143 640 093.44	1 462 730 496.20
(2)外币报表折算差额	1 923 379.51	7 558 499.07	192 370.58	467 598.34	394 806.02	10 536 653.52
3.本期减少金额	271 551 591.04	337 856 511.16	44 550 790.13	8 001 301.49	67 598 995.89	729 559 189.71
(1)处置或报废	5 556 122.34	241 719 254.02	17 879 550.52	5 365 161.55	44 794 621.56	315 314 709.99
(2)处置子公司减少	265 995 468.70	96 137 257.14	26 671 239.61	2 636 139.94	22 804 374.33	414 244 479.72

续表

项　　目	房屋及建筑物	机器设备	运输工具	电子设备	其他	合计
4.期末余额	1 443 966 088.23	5 347 109 033.21	172 078 963.88	91 774 316.57	588 743 761.01	7 643 672 162.90
三、减值准备						
1.期初余额	8 077 041.10	15 535 784.90	320 523.78	10 241.04	420 126.82	24 363 717.64
2.本期增加金额	1 924 944.01	17 921 201.75				19 846 145.76
(1)计提	1 924 944.01	17 921 201.75				19 846 145.76
3.本期减少金额	346 498.53	8 280 456.64	311 450.59	2 069.85	75 688.14	9 016 163.75
(1)处置或报废	346 498.53	7 862 036.45	311 450.59	2 069.85	75 688.14	8 597 743.56
(2)处置子公司减少		418 420.19				418 420.19
4.期末余额	9 655 486.58	25 176 530.01	9 073.19	8 171.19	344 438.68	35 193 699.65
四、账面价值						
1.期末账面价值	5 540 969 351.92	7 016 600 589.18	100 108 739.82	82 928 688.35	396 854 656.40	13 137 462 025.67
2.期初账面价值	7 094 540 319.98	6 751 127 386.31	172 934 828.97	75 993 547.06	464 004 064.45	14 558 600 146.77

(2)暂时闲置的固定资产情况

□适用 √不适用

(3)通过融资租赁租入的固定资产情况

□适用 √不适用

(4)通过经营租赁租出的固定资产

□适用 √不适用

(5)未办妥产权证书的固定资产情况

√适用 □不适用

表 50 未办妥产权证书的固定资产情况

单位:元 币种:人民币

项目	账面价值	未办妥产权证书的原因
房屋及建筑物	1 328 237 616.27	新建项目投入使用时间较短,正在办理

其他说明:

□适用 √不适用

20.在建工程

(1)在建工程情况

√适用 □不适用

表 51 在建工程情况

单位:元 币种:人民币

项 目	期末余额			期初余额		
	账面余额	减值准备	账面价值	账面余额	减值准备	账面价值
液态奶项目	668 739 472.53		668 739 472.53	444 025 204.52	1 241 030.35	442 784 174.17
奶粉项目	267 204 455.47		267 204 455.47	65 826 876.91		65 826 876.91
冷饮项目	45 814 288.86		45 814 288.86	12 549 651.69		12 549 651.69
酸奶项目	263 794 970.87		263 794 970.87	46 797 948.11		46 797 948.11
其他	98 043 624.84		98 043 624.84	208 310 546.35		208 310 546.35
合 计	1 343 596 812.57		1 343 596 812.57	777 510 227.58	1 241 030.35	776 269 197.23

(2)重要在建工程项目本期变动情况

√适用 □不适用

表 52　重要在建工程项目本期变动情况

单位：元　币种：人民币

项目名称	预算数	期初余额	本期增加金额	本期转入固定资产金额	本期其他减少金额	期末余额	工程累计投入占预算比例(%)	工程进度	利息资本化累计金额	其中：本期利息资本化金额	本期利息资本化率(%)	资金来源
液态奶项目	4 815 074 123.97	444 025 204.52	1 476 269 868.77	1 250 314 570.41	1 241 030.35	668 739 472.53	43.12	43.12%				自由资金
奶粉项目	510 586 263.48	65 826 876.91	222 651 149.83	21 273 571.27		267 204 455.47	56.50	56.50%				自由资金
冷饮项目	318 163 861.83	12 549 651.69	168 710 400.10	135 445 762.93		45 814 288.86	57.02	57.02%				自由资金
酸奶项目	2 166 916 076.66	46 797 948.11	412 163 292.88	195 166 270.12		263 794 970.87	21.80	21.80%				自由资金
其他	417 265 020.72	208 310 546.35	90 765 710.05	59 254 200.76	141 778 430.80	98 043 624.84	71.68	71.68%				自由资金
合　计	8 228 005 346.66	777 510 227.58	2 370 560 421.63	1 661 454 375.49	143 019 461.15	1 343 596 812.57	/	/			/	/

(3)本期计提在建工程减值准备请款

□适用　√不适用

其他说明：

√适用　□不适用

其他减少金额说明：本期处置的子公司不再纳入合并报表范围而减少的在建工程141 778 430.80元，在建工程减值准备核销1 2410 030.35元。

再见工程期末余额较期初增加原因：主要是本期新西兰液态奶和奶粉项目、华中酸奶项目投资增加所致。

21.工程物资

√适用　□不适用

表53　工程物资

单位：元　币种：人民币

项　目	期末余额	期初余额
专用材料	2 975 476.41	6 307 378.08
专用设备	48 198 272.00	345 392.98
工器具	723 574.36	32 493.16
合　计	51 897 322.77	6 685 264.22

其他说明：

工程物资期末余额较期初增加原因：华中酸奶项目购入工程物资增加所致。

22.固定资产清理

□适用　√不适用

23.生产性生物资产

(1)采用成本计量模式的生产性生物资产

√适用　□不适用

表54　采用成本计量模式的生产性生物资产

单位：元　币种：人民币

项　目	种植业	畜牧养殖业				合　计
	苜蓿草	后备牛	泌乳牛	成年牛	犊牛	
一、账面原值						
1.期初余额	19 937 831.89	480 032 863.39	1 149 375 090.78	2 344 496.10	42 090 423.29	1 693 780 705.45
2.本期增加金额		166 034 661.96	167 909 204.28	3 164 650.22	53 856 920.14	390 965 436.60
(1)外购						
(2)自行培育		114 144 694.00			53 856 920.14	168 001 614.14
(3)转群增加		51 889 967.96	167 909 204.28	3 164 650.22		222 963 822.46
3.本期减少金额	19 937 831.89	646 067 525.35	1 317 284 295.06	5 509 146.32	95 947 343.43	2 084 746 142.05
(1)处置		17 922 555.79	118 218 559.75	385 301.20	3 307 990.61	139 833 407.35

续表

项目	种植业	畜牧养殖业				合计
	苜蓿草	后备牛	泌乳牛	成年牛	犊牛	
(2)其他						
(3)转群减少		167 240 662.27	139 455.65	3 693 736.58	51 889 967.96	222 963 822.46
(4)处置子公司减少	19 937 831.89	460 904 307.29	1 198 927 279.66	1 430 108.54	40 749 384.86	1 721 948 912.24
4.期末余额						
二、累计折旧						
1.期初余额	2 263 577.53		392 869 460.77	66 240.22		395 199 278.52
2.本期增加金额	1 238 950.81		62 116 653.35	101 167.59		63 456 771.75
(1)计提	1 238 950.81		61 998 994.18	101 167.59		63 339 112.58
(2)转群增加			117 659.17			117 659.17
3.本期减少金额	3 502 528.34		454 986 114.12	167 407.81		458 656 050.27
(1)处置			48 283 930.94	16 720.36		48 300 651.30
(2)其他						
(3)转群减少				117 659.17		117 659.17
(4)处置子公司减少	3 502 528.34		406 702 183.18	33 028.28		410 237 739.80
4.期末余额						
三、减值准备						
1.期初余额		5 455.52	37 004.64			42 460.16
2.本期增加金额						
(1)计提						
3.本期减少金额		5 455.52	37 004.64			42 460.16
(1)处置		5 455.52	7 989.69			13 445.21
(2)其他						
(3)处置子公司减少			29 014.95			29 014.95
4.期末余额						
四、账面价值						
1.期末账面价值						
2.期初账面价值	17 674 254.36	480 027 407.87	756 468 625.37	2 278 255.88	42 090 423.29	1 298 538 966.77

(2)采用公允价值计量模式的生产性生物资产

□适用 √不适用

其他说明：

√适用 □不适用

生产性生物资产期末账面价值较期初减少原因：本期处置的子公司不再纳入合并报表范围所致。

24.油气资产

□适用 √不适用

25.无形资产

(1)无形资产情况

√适用　□不适用

表 55　无形资产情况

单位:元　币种:人民币

项　目	土地使用权	专利权	非专利技术	软件资料及开发	商标权	许可权	合计
一、账面原值							
1.期初余额	1 054 947 533.54		10 100 000.00	55 509 919.72	18 596.74	3 051 380.59	1 123 627 430.59
2.本期增加金额	46 557 318.70			25 747 852.21	1 625.00	266 632.63	72 573 428.54
(1)购置	46 557 318.70			24 756 935.39			71 314 254.09
(2)内部研发							
(3)企业合并增加							
(4)外币报表折算差额				990 916.82	1 625.00	266 632.63	1 259 174.45
3.本期减少金额	13 478 698.26						13 478 698.26
(1)处置							
(2)处置子公司减少	13 478 698.26						13 478 698.26
4.期末余额	1 088 026 153.98		10 100 000.00	81 257 771.93	20 221.74	3 318 013.22	1 182 722 160.87
二、累计摊销							
1.期初余额	127 406 781.42		10 100 000.00	29 499 696.21		194 974.32	167 201 451.95
2.本期增加金额	22 110 333.78			5 223 738.66		176 045.42	27 510 117.86
(1)计提	22 110 333.78			5 038 881.04		152 574.96	27 301 789.78
(2)外币报表折算差额				184 857.62		23 470.46	208 328.08
3.本期减少金额	2 871 529.81						2 871 529.81
(1)处置							
(2)处置子公司减少	2 871 529.81						2 871 529.81
4.期末余额	146 645 585.39		10 100 000.00	34 723 434.87		371 019.74	191 840 040.00
三、减值准备							
1.期初余额							
2.本期增加金额							
(1)计提							
3.本期减少金额							
(1)处置							
4.期末余额							
四、账面价值							
1.期末账面价值	941 380 568.59			46 534 337.06	20 221.74	2 946 993.48	990 882 120.87
2.期初账面价值	927 540 752.12			26 010 223.51	18 596.74	2 856 406.27	956 425 978.64

本期末通过公司内部研发形成的无形资产占无形资产余额的比例 0%

(2)未办妥产权证书的土地使用权情况

√适用 □不适用

表 56 未办妥产权证书的土地使用权情况

单位:元 币种:人民币

项 目	账面价值	未办妥产权证书的原因
土地使用权	1 763 384.55	新建项目手续正在办理中

其他说明:

□适用 √不适用

26.开发支出

□适用 √不适用

27.商誉

(1)商誉账面原值

√适用 □不适用

表 57 商誉账面原值

单位:元 币种:人民币

被投资单位名称或形成商誉的事项	期初余额	本期增加	本期减少	期末余额
		企业合并形成的	处置	
Oceania Dairy Limited	10 678 610.25			10 678 610.25
合 计	10 678 610.25			10 678 610.25

(2)商誉减值准备

□适用 √不适用

说明商誉减值测试过程、参数及商誉减值损失的确认方法

√适用 □不适用

公司对被投资单位 Oceania Dairy Limited 未来 5 年的现金流量进行预测,同时使用一个适当的反映当前市场货币时间价值和资产特定风险的折现率,计算出被投资单位预计未来现金流量现值,以确定可收回金额。经测试,本期未发现被投资单位可收回金额低于其账面价值,故未计提商誉减值损失。

其他说明:

√适用 □不适用

2013 年 4 月,本公司全资子公司伊利国际发展有限公司、香港金港商贸控股有限公司向新西兰 Oceania Dairy Limited 的原股东购买 Oceania Dairy Limited 共计 100%股权,该项交易属非同一控制下的企业合并,合并成本折合为人民币 3 274 694.72 元,与被合并公司 Oceania Dairy Limited 合并日净资产公允价值折合为人民币−7 403 915.53 元的差额 10 678 610.25 元确认为商誉。

28.长期待摊费用

√适用 □不适用

表 58　长期待摊费用

单位:元　币种:人民币

项　目	期初余额	本期增加金额	本期摊销金额	其他减少金额	期末余额
租入固定资产改良支出	34 785 111.27	30 000 000.00	14 804 477.59	16 374 754.83	33 605 878.85
装修费	21 115 741.37		21 115 741.37		
租赁费	151 527 283.88	320 000.00	16 559 989.70	109 760 228.69	25 527 065.49
代理权转让费		58 537 735.84	4 191 960.64	7 186 218.24	47 159 556.96
其他	8 948 586.18	3 407 313.13	1 737 365.05	7 067 894.91	3 550 639.35
合　计	216 376 722.70	92 265 048.97	58 409 534.35	140 389 096.67	109 843 140.65

其他说明:

其他减少金额为本期处置的子公司不再纳入合并范围而减少的长期待摊费用,以及需在一年内摊销的长期待摊费用。

29.递延所得税资产/递延所得税负债

(1)未经抵消的递延所得税资产

□适用　√不适用

表 59　未经抵消的递延所得税资产

单位:元　币种:人民币

项　目	期末余额		期初余额	
	可抵扣暂时性差异	递延所得税资产	可抵扣暂时性差异	递延所得税资产
资产减值准备	114 332 686.90	17 966 109.68	97 133 753.96	15 964 939.04
内部交易未实现利润	232 061 807.77	50 074 433.20	153 840 644.60	32 720 562.12
可抵扣亏损	130 775 641.76	28 481 270.37	145 408 618.88	32 425 883.95
计提未发放工资	1 127 177 496.86	169 076 624.53	590 442 925.93	88 566 438.89
递延收益	1 093 368 696.05	252 978 015.17	1 039 133 282.87	241 993 462.96
合　计	2 697 716 329.34	518 576 452.95	2 025 959 226.24	411 671 286.96

(2)未经抵消的递延所得税负债

□适用　√不适用

(3)以抵消后净额列示的递延所得税资产或负债

□适用　√不适用

(4)未确认递延所得税资产明细

√适用　□不适用

表 60　未确认递延所得税资产明细

单位:元　币种:人民币

项　目	期末余额	期初余额
可抵扣暂时性差异		
可抵扣亏损	348 223 497.60	304 535 230.87

续表

项　目	期末余额	期初余额
资产减值准备	8 412 492.40	11 179 357.54
合　计	356 635 990.00	315 714 588.41

(5)未确认递延所得税资产的可抵扣亏损将于以下年度到期

√适用　□不适用

表 61　未确认递延所得税资产的可抵扣亏损将于以下年度到期

单位:元　币种:人民币

年份	期末余额	期初余额	备注
2016		17 120 037.05	
2017	61 380 719.00	69 673 471.07	
2018	30 673 751.89	31 681 832.47	
2019	29 786 657.73	30 016 614.26	
2020	11 151 261.40	11 388 391.39	
2021	45 880 615.40		
合计	178 873 005.42	159 880 346.24	/

其他说明:

□适用　√不适用

30.其他非流动资产

表 62　其他非流动资产

单位:元　币种:人民币

项　目	期末余额	期初余额
预付设备及工程款	663 173 098.15	499 626 415.68
合　计	663 173 098.15	499 626 415.68

其他说明:

不适用

31.短期借款

(1)短期借款分类

√适用　□不适用

表 63　短期借款分类

单位:元　币种:人民币

项　目	期末余额	期初余额
质押借款		
抵押借款		

续表

项 目	期末余额	期初余额
保证借款		238 000 000.00
信用借款	150 000 000.00	5 952 000 000.00
合 计	150 000 000.00	6 190 000 000.00

短期借款分类的说明：

不适用

(2)已逾期未偿还的短期借款情况

□适用 √不适用

其中重要的已逾期未偿还的短期借款情况如下：

□适用 √不适用

其他说明：

√适用 □不适用

短期借款期末余额较期初减少原因：本期归还到期的银行借款所致。

32.以公允价值计量且其变动计入当期损益的金融负债

□适用 √不适用

33.衍生金融负债

□适用 √不适用

34.应付票据

√适用 □不适用

表 64 应付票据

单位：元 币种：人民币

种 类	期末余额	期初余额
商业承兑汇票		
银行承兑汇票	337 619 879.05	563 109 677.86
合 计	337 619 879.05	563 109 677.86

本期末已到期未支付的应付票据总额为 0 元。

35.应付账款

(1)应付账款列示

√适用 □不适用

表 65 应付账款

单位：元 币种：人民币

项 目	期末余额	期初余额
原辅材料等货款	3 982 923 186.62	3 650 092 447.67
营销及运输费	1 793 451 063.87	1 425 944 874.24

续表

项　目	期末余额	期初余额
工程及设备款	666 733 695.45	788 963 391.46
其他	309 803 645.14	213 847 568.21
合　计	6 752 911 591.08	6 078 848 281.58

(2)账龄超过1年的重要应付账款

□适用　√不适用

其他说明:

□适用　√不适用

36.预收款项

(1)预收账款项列示

√适用　□不适用

表66　预收账款项

单位:元　币种:人民币

项　目	期末余额	期初余额
经销商货款	3 591 668 262.20	2 035 534 262.54
合　计	3 591 668 262.20	2 035 534 262.54

(2)账龄超过1年的重要预收款项

□适用　√不适用

(3)期末建造合同形成的已结算未完工项目情况

□适用　√不适用

其他说明:

□适用　√不适用

37.应付职工薪酬

(1)应付职工薪酬列示

√适用　□不适用

表67　应付职工薪酬

单位:元　币种:人民币

项　目	期初余额	本期增加	本期减少	期末余额
一、短期薪酬	1 670 625 349.80	5 686 015 327.13	5 050 877 910.83	2 305 762 766.10
二、离职后福利—设定提存计划	19 487 093.54	538 379 087.54	548 944 035.93	8 922 145.15
三、辞退福利	1 897 925.12	48 691 764.71	50 100 117.02	489 572.81
四、一年内到期的其他福利				
合　计	1 692 010 368.46	6 273 086 179.38	5 649 922 063.78	2 315 174 484.06

(2)短期薪酬列示

√适用　□不适用

表 68　短期薪酬

单位:元　币种:人民币

项　目	期初余额	本期增加	本期减少	期末余额
一、工资、奖金、津贴和补贴	1 407 773 381.22	4 891 635 746.73	4 278 473 514.86	2 020 935 613.09
二、职工福利费		242 108 887.31	242 108 887.31	
三、社会保险费	10 993 930.38	255 582 737.21	262 548 527.47	4 028 140.12
其中:医疗保险费	7 699 857.71	208 025 801.11	212 308 413.57	3 417 245.25
工伤保险费	1 373 095.95	15 232 189.46	16 391 304.73	213 980.68
生育保险费	1 124 478.76	16 297 178.72	17 173 028.16	248 629.32
少儿英才险		259 658.76	259 658.76	
残疾人保障基金	796 497.96	15 767 909.16	16 416 122.25	148 284.87
四、住房公积金	3 998 298.05	145 893 584.98	145 918 885.56	3 972 997.47
五、工会经费和职工教育经费	245 994 039.13	117 987 022.19	87 615 777.26	276 365 284.06
六、短期带薪缺勤				
七、短期利润分享计划				
八、劳务派遣费	1 865 701.02	32 724 166.74	34 130 935.82	458 931.94
九、其他		83 181.97	81 382.55	1 799.42
合　计	1 670 625 349.80	5 686 015 327.13	5 050 877 910.83	2 305 762 766.10

(3)设定提存计划列示

√适用　□不适用

表 69　设定提存计划

单位:元　币种:人民币

项　目	期初余额	本期增加	本期减少	期末余额
1.基本养老保险	16 346 037.43	511 670 958.24	519 406 702.01	8 610 293.66
2.失业保险费	3 141 056.11	26 708 129.30	29 537 333.92	311 851.49
3.企业年金缴费				
合　计	19 487 093.54	538 379 087.54	548 944 035.93	8 922 145.15

其他说明:

√适用　□不适用

应付职工薪酬期末余额较期初增加原因:需在下年度发放的薪酬费用增加所致。

38.应交税费

√适用　□不适用

表 70　应交税费

单位:元　币种:人民币

项　目	期末余额	期初余额
增值税	106 339 121.65	162 453 980.41
消费税		

续表

项　目	期末余额	期初余额
营业税		886 146.37
企业所得税	308 065 848.93	128 291 926.08
个人所得税	7 941 340.99	12 319 917.82
城市维护建设税	10 981 936.61	10 335 694.82
印花税	5 951 728.99	5 895 665.16
土地使用税	4 978 696.05	4 061 389.20
房产税	5 442 575.52	4 249 926.39
教育费附加	8 388 140.44	8 296 663.63
水利建设基金	30 682 135.83	27 615 996.83
其　它	1 456 684.94	3 611 764.52
合　计	490 228 209.95	368 019 071.23

其他说明：

应交税费期末余额较期初增加原因：主要是期末应交的企业所得税增加所致。

39.应付利息

√适用　□不适用

表 71　应付利息

单位：元　币种：人民币

项　目	期末余额	期初余额
分期付息到期还本的长期借款利息		
企业债券利息		
短期借款应付利息	67 375.00	2 931 747.17
划分为金融负债的优先股/永续债利息		
合　计	67 375.00	2 931 747.17

重要的已逾期未支付的利息情况：

□适用　√不适用

其他说明：

√适用　□不适用

应付利息期末余额较期初减少原因：本期归还银行借款使得借款余额下降，导致计提的应付利息相应减少。

40.应付股利

√适用　□不适用

表 72 应付股利

单位:元 币种:人民币

项 目	期末余额	期初余额
普通股股利	49 930 411.78	35 786 486.08
划分为权益工具的优先股/永续债股利		
子公司应付少数股东股利		3 861 227.83
合 计	49 930 411.78	39 647 713.91

其他说明,包括中药的超过 1 年未支付的应付股利,应披露未支付原因:

股东未办理取款手续。

41.其他应付款

(1)按款项性质列示其他应付款

√适用 □不适用

表 73 按款项性质列示其他应付款

单位:元 币种:人民币

项 目	期末余额	期初余额
押金及保证金	1 059 926 731.02	1 015 926 834.54
员工代垫费用	25 738 102.65	42 425 806.85
代扣款项	17 425 130.01	19 907 053.44
其 他	52 064 058.09	69 499 403.73
合 计	1 155 154 021.77	1 147 759 098.56

(2)账龄超过 1 年的重要其他应付款

√适用 □不适用

表 74 账龄超过 1 年的重要其他应付款

单位:元 币种:人民币

项 目	期末余额	未偿还或结转的原因
押金及保证金	56 382 123.56	仍在合作的供应商或客户
合 计	56 382 123.56	/

其他说明:

□适用 √不适用

42.划分为持有待售的负债

□适用 √不适用

43.1 年内到期的非流动负债

□适用 √不适用

44.其他流动负债

其他流动负债情况

√适用 □不适用

表 75　其他流动负债

单位:元　币种:人民币

项　目	期末余额	期初余额
短期应付债券		
与资产相关的递延收益	53 435 084.66	76 576 258.53
未到期责任准备金	4 567 358.36	4 025 397.90
担保赔偿准备金	6 698 035.77	3 561 471.00
合　计	64 700 478.79	84 163 127.43

短期应付债券的增减变动:

□适用　√不适用

其他说明:

√适用　□不适用

未到期责任准备金为本公司子公司内蒙古惠商融资担保有限公司按担保收入的50%计提的准备金,于担保到期解除责任时转回。

担保赔偿准备金为本公司子公司内蒙古惠商融资担保有限公司按担保余额的1%计提的准备金。

45.长期借款

(1)长期借款分类

√适用　□不适用

表 76　长期借款分类

单位:元　币种:人民币

项　目	期末余额	期初余额
质押借款		
抵押借款		
保证借款		
信用借款	289 000.00	289 000.00
合　计	289 000.00	289 000.00

长期借款分类的说明:

不适用

其他说明,包括利率区间:

□适用　√不适用

46.应付债券

(1)应付债券

□适用　√不适用

(2)应付债券的增减变动:(不包括划分为金融负债的优先股、永续债等其他金融工具)

□适用　√不适用

(3)可转换公司债券的转股条件、转股时间说明：

□适用　√不适用

(4)划分为金融负债的其他金融工具说明：

期末发行在外的优先股、永续债等其他金融工具基本情况

□适用　√不适用

期末发行在外的优先股、永续债等金融工具变动情况表

□适用　√不适用

其他金融工具划分为金融负债的依据说明

□适用　√不适用

其他说明：

□适用　√不适用

47.长期应付款

(1)按款项性质列示长期应付款：

□适用　√不适用

48.长期应付职工薪酬

□适用　√不适用

49.专项应付款

√适用　□不适用

表 77　专项应付款

单位:元　币种:人民币

项　目	期初余额	本期增加	本期减少	期末余额	形成原因
政府配套资金	30 000 000.00		30 000 000.00		
其他项目	113 300 824.41	28 219 000.00	141 519 824.41		
合　计	143 300 824.41	28 219 000.00	171 519 824.41		/

其他说明：

专项应付款期末余额较期初减少原因:科研等专项资金本期使用所致。

50.预计负债

□适用　√不适用

51.递延收益

递延收益情况

√适用　□不适用

表 78　递延收益

单位:元　币种:人民币

项　目	期初余额	本期增加	本期减少	期末余额	形成原因
与资产相关的政府补助	1 139 438 768.30	75 432 471.60	219 101 452.41	955 770 057.49	各公司所在地政府部门给予的基金、资产补贴款

续表

项　目	期初余额	本期增加	本期减少	期末余额	形成原因
与收益相关的政府补助		140 232 558.65	17 3613 320.59	122 871 238.06	政府给予的科研项目资金
合计	1 139 438 768.30	215 665 300.25	236 462 773.00	1 118 641 295.55	/

涉及政府补助的项目：

√适用　□不适用

表 79　涉及政府补助的项目

单位：元　币种：人民币

负债项目	期初余额	本期新增补助金额	本期计入营业外收入金额	其他变动	期末余额	与资产相关/与收益相关
(1)投资建厂时地方政府按承诺扶持条件给予的基础设施配套资金	996 948 396.29	64 390 000.00	65 659 971.83	－42 745 483.30	952 932 941.16	与资产相关
(2)投产后对新增基建项目政府给予的财政扶持资金	50 062 469.98	4 122 741.60	6 876 626.94	－10 589 854.97	36 718 729.67	与资产香瓜
(3)奶牛标准化养殖小区基建专项资金	92 212 962.36		2 910 430.79	－89 302 531.57		与资产相关
(4)为地方经济发展做出贡献获得的政府非货币性奖励	214 939.67		301 143.67	91 924.00	5 720.00	
(5)质量提升与技术改造项目		6 920 000.00	115 333.34	－692 000.00	6 112 666.00	
(6)乳业技术专项科研资金		111 875 825.13	14 670 454.08		97 205 371.05	与收益相关
(7)现代农业技术体系建设专项资金		1 034 320.01	291 501.50		742 818.51	与收益相关
(8)物联网发展专项资金		4 697 413.51	2 399 365.01		2 298 048.50	与收益相关
(9)节能环保项目专项资金		2 625 000.00			2 625 000.00	与收益相关
(10)乳制品质量检测全称管控平台专项资金		20 000 000.00			20 000 000.00	与收益相关
合　计	1 139 438 768.30	215 665 300.25	93 224 827.16	－143 237 945.84	1 118 641 295.55	/

其他说明：

√适用　□不适用

其他变动是本期处置的子公司不再纳入合并范围而减少的递延收益以及本期新增的重分类至一年内转入损益的政府补助。

52.其他非流动负债

□适用　√不适用

53.股本

√适用 □不适用

表 80 股本

单位:元 币种:人民币

	期初余额	本次变动增减(+、-)					期末余额
		发行新股	送股	公积金转股	其他	小计	
股份总数	6 064 800 108.00						6 064 800 108.00

其他说明:

不适用

54.其他权益工具

(1)期末发行在外的优先股、永续债等其他金融工具基本情况

□适用 √不适用

(2)期末发行在外的优先股、永续债等金融工具变动情况表

□适用 √不适用

其他权益工具本期增减变动的情况、变动原因说明,以及相关会计处理的依据:

□适用 √不适用

其他说明:

□适用 √不适用

55.资本公积

√适用 □不适用

表 81 资本公积

单位:元 币种:人民币

项 目	期初余额	本期增加	本期减少	期末余额
资本溢价(股本溢价)	2 343 013 348.96			2 343 013 348.96
其他资本公积	133 694 570.78	5 476 334.66	5 824 177.85	133 346 727.59
合 计	2 476 707 919.74	5 476 334.66	5 824 177.85	2 476 360 076.55

其他说明:包括本期增减变动情况、变动原因说明:本期资本公积的变动包括确认股权激励费用增加的资本公积、按权益法核算山东新巨丰科技包装股份有限公司产生的其他权益变动增加的资本公积以及因处置和注销子公司减少的资本公积。

56.库存股

□适用 √不适用

57.其他综合收益

√适用 □不适用

表82　其他综合收益

单位：元 币种：人民币

项目	期初余额	本期发生金额					期末余额
		本期所得税前发生额	减：前期计入其他综合收益当期转入损益	减：所得税费用	税后归属于母公司	税后归属于少数股东	
一、以后不能重分类进损益的其他综合收益							
其中：重新计算设定受益计划净负债和净资产的变动							
权益法下在被投资单位不能重分类进损益的其他综合收益中享有的份额							
二、以后将重分类进损益的其他综合收益	196 880 591.66	351 633 563.26	186 564 142.28		165 069 420.98		361 950 012.64
其中：权益法下在被投资单位以后将重分类进损益的其他综合收益中享有的份额							
可供出售金融资产公允价值变动损益	211 578 733.97	2 555 566.17	186 564 142.28		-184 008 576.11		27 570 157.86
持有至到期投资重分类为可供出售金融资产损益							
现金流量套期损益的有效部分							
外币财务报表折算差额	-14 698 142.31	349 077 997.09			349 077 997.09		334 379 854.78
其他综合收益合计	196 880 591.66	351 633 563.26	186 564 142.28		165 069 420.98		361 950 012.64

其他说明,包括对现金流量套期损益的有效部分转为被套期项目初始确认金额调整:
不适用

58.专项储备

□适用 √不适用

59.盈余公积

√适用 □不适用

表 83 盈余公积

单位:元 币种:人民币

项 目	期初余额	本期增加	本期减少	期末余额
法定盈余公积	1 296 120 334.90	431 004 012.88		1 727 124 347.78
任意盈余公积	158 777 451.76			158 777 451.76
储备基金				
企业发展基金				
其他				
合 计	1 454 897 786.66	431 004 012.88		1 885 901 799.54

盈余公积说明,包括本期增减变动情况、变动原因说明:
本期增加数位公司本期按弥补亏损后的净利润 10%提取的法定盈余公积。

60.未分配利润

√适用 □不适用

表 84 未分配利润

单位:元 币种:人民币

项 目	本期	上期
调整前上期末未分配利润	9 791 111 028.49	7 922 404 015.06
调整期初未分配利润合计数(调增+,调减-)		
调整后期初未分配利润	9 791 111 028.49	7 922 404 015.06
加:本期归属于母公司所有者的净利润	5 661 807 747.14	4 631 791 823.05
减:提取法定盈余公积	431 004 012.88	311 587 983.22
提取任意盈余公积		
提取一般风险准备		
应付普通股股利	2 729 160 048.60	2 451 496 826.40
转作股本的普通股股利		
期末未分配利润	12 292 754 714.15	9 791 111 028.49

调整期初未分配利润明细:

1.由于《企业会计准则》及其相关新规定进行追溯调整,影响期初未分配利润 0 元。

2.由于会计政策变更,影响期初未分配利润 0 元。

3.由于重大会计差错更正,影响期初未分配利润 0 元。

4.由于同一控制导致的合并范围变更,影响期初未分配利润0元。

5.其他调整合计影响期初未分配利润0元。

61.营业收入和营业成本

√适用 □不适用

表85 营业收入和营业成本

单位:元 币种:人民币

项目	本期发生额		上期发生额	
	收入	成本	收入	成本
主营业务	59 613 573 800.09	36 800 806 627.35	58 763 507 895.03	37 376 064 662.56
其他业务	698 435 871.07	626 628 819.82	1 099 977 835.85	999 513 465.17
合计	60 312 009 671.16	37 427 435 447.17	59 863 485 730.88	38 375 578 127.73

62.利息转入

表86 利息转入

单位:元 币种:人民币

项目	本期发生额	上期发生额
利息收入	297 211 854.10	496 388 155.74

其他说明:

以上项目为本期子公司伊利财务有限公司对商业银行和中央银行实现的利息收入。

利息收入减少原因:本期存放同业及中央银行款项下降,以及本期平均利率较上期下降导致利息收入减少。

63.税金及附加

√适用 □不适用

表87 税金及附加

单位:元 币种:人民币

项目	本期发生额	上期发生额
消费税		
营业税	6 773 600.00	9 852 743.00
城市维护建设税	161 488 829.38	131 534 504.32
教育费附加	132 464 464.79	105 632 926.52
资源税		
房产税	33 356 820.37	
土地使用税	30 176 756.36	
车船使用税	297 380.31	
印花税	40 372 323.64	
水利建设基金	11 172 656.18	342 776.62

续表

项　目	本期发生额	上期发生额
其　他	3 969 592.19	3 676 670.82
合　计	420 072 423.22	251 039 621.28

其他说明：

税金及附加增加主要原因：公司已根据《增值税会计处理规定》，将 2016 年 5 月 1 日之后发生的房产税、土地使用税、车船使用税和印花税等从“管理费用”调整至“税金及附加”104 588 429.12 元；对于 2016 年 1 月 1 日至 4 月 30 日期间发生的交易，不予追溯调整；对于 2016 年财务报表中可比期间的财务报表也不予追溯调整。

64.销售费用

√适用　□不适用

表 88　销售费用

单位：元　币种：人民币

项　目	本期发生额	上期发生额
职工薪酬	2 569 728 336.22	2 183 192 047.83
折旧修理费	102 043 836.02	105 046 330.65
差旅费	238 826 333.08	247 463 930.80
物耗劳保费	16 036 225.48	18 985 273.86
办公租赁费	200 899 974.48	233 080 407.79
广告营销费	7 634 186 461.54	7 275 537 375.25
装卸运输费	3 288 035 083.36	3 139 458 004.84
其　他	64 570 249.47	55 570 878.37
合　计	14 114 316 499.65	13 258 334 249.39

其他说明：

不适用

65.管理费用

√适用　□不适用

表 89　管理费用

单位：元　币种：人民币

项　目	本期发生额	上期发生额
职工薪酬	1 522 883 424.34	1 568 599 725.65
折旧修理费	1 071 946 451.99	896 443 975.59
差旅费	134 889 624.04	150 824 616.15
物耗、劳保费	36 349 417.20	57 309 617.12
办公租赁费	96 085 742.76	125 350 822.34

续表

项　目	本期发生额	上期发生额
咨询审计费	74 928 918.69	86 346 314.67
无形资产摊销	27 301 789.78	26 143 711.59
税费	70 293 794.93	169 070 769.05
生物资产损失	9 040 958.27	41 004 356.59
研发支出	171 962 177.71	80 261 682.03
其　他	240 983 728.70	254 808 278.96
合　计	3 456 666 028.41	3 456 163 869.74

其他说明：

不适用

66.财务费用

√适用　□不适用

表 90　财务费用

单位：元　币种：人民币

项　目	本期发生额	上期发生额
利息支出	41 126 973.42	169 245 822.19
利息收入	－51 508 270.60	－31 962 108.75
汇兑净损失	26 536 312.69	146 469 172.75
手续费	7 733 839.69	15 134 671.30
现金折扣	－9 175.92	－1 724 770.46
合　计	23 879 679.28	297 162 787.03

其他说明：

财务费用减少主要原因：一是本期平均借款余额以及借款利率较去年同期下降导致本期利息支出减少；二是上期新西兰元兑美元汇率下降导致上期汇兑损失较大。

67.资产减值损失

√适用　□不适用

表 91　资产减值损失

单位：元　币种：人民币

项　目	本期发生额	上期发生额
一、坏账损失	18 106 524.36	5 462 844.43
二、存货跌价损失	－148 869.41	3 028 507.29
三、可供出售金融资产减值损失		
四、持有至到期投资减值损失		

续表

项 目	本期发生额	上期发生额
五、长期股权投资减值损失		
六、投资性房地产减值损失		
七、固定资产减值损失	19 846 145.76	5 129 417.71
八、工程物资减值损失		
九、在建工程减值损失		
十、生产性生物资产减值损失		
十一、油气资产减值损失		
十二、无形资产减值损失		
十三、商誉减值损失		
十四、其他	7 896 442.91	
合 计	45 700 243.62	13 620 769.43

其他说明：

其他项包括应收代位追偿减值损失和保理风险准备金：

应收代位追偿减值损失是子公司内蒙古惠商融资担保有限公司的贷款担保中，代客户代偿后，本期预计产生损失 2 544 412.53 元并计提减值准备。

保理风险准备金子公司惠商商业保理有限公司期末按未解除保理余额 1%计提的准备金，本期计提保理风险准备金 5 352 030.38 元。

资产减值损失增加主要原因：本期部分子公司对技术性能下降的机器设备计提的减值准备增加，以及本期应收账款增加导致计提坏账准备增加。

68.公允价值变动收益

□适用 √不适用

69.投资收益

√适用 □不适用

表 92 投资收益

单位：元 币种：人民币

项 目	本期发生额	上期发生额
权益法核算的长期股权投资收益	−7 596 496.47	5 777 925.18
处置长期股权投资产生的投资收益	79 353 006.36	−1 457 660.35
以公允价值计量且其变动计入当期损益的金融资产在持有期间的投资收益		
处置以公允价值计量且其变动计入当期损益的金融资产取得的投资收益		
持有至到期投资在持有期间的投资收益		

续表

项　目	本期发生额	上期发生额
可供出售金融资产等取得的投资收益	133 210 695.75	63 539 196.10
处置可供出售金融资产取得的投资收益	194 293 802.29	118 488 086.43
丧失控制权后,剩余股权按公允价值重新计量产生的利得		
合　计	399 261 007.93	186 347 547.36

70.营业外收入

营业外收入情况

√适用　□不适用

表 93　营业外收入

单位:元　币种:人民币

项　目	本期发生额	上期发生额	计入当期非经常性损益的金额
非流动资产处置利得合计	16 022 265.38	7 543 989.64	16 022 265.38
其中:固定资产处置利得	16 022 265.38	7 543 989.64	16 022 265.38
无形资产处置利得			
债务重组利得			
非货币性资产交换利得			
接受捐赠			
政府补助	1 058 264 981.47	656 760 376.87	1 058 264 981.47
违约金赔偿款收入	7 232 194.61	9 002 229.27	7 232 194.61
经批准无法支付的应付款项	30 396 735.60	34 057 043.14	30 396 735.60
其他	66 865 363.47	4 907 893.69	66 865 363.47
合　计	1 178 781 540.53	712 271 532.61	1 178 781 540.53

计入当期损益的政府补助

√适用　□不适用

表 94　计入当期损益的政府补助

单位:元　币种:人民币

补助项目	本期发生金额	上期发生金额	与资产相关/与收益相关
1.递延收益摊销:			
(1)投资建厂时地方政府按承诺扶持条件给予的基础设施配套资金	65 659 971.83	64 415 525.33	与资产相关
(2)投产后对新增基建项目政府给予的财政扶持资金	6 876 626.94	8 585 254.70	与资产相关

续表

补助项目	本期发生金额	上期发生金额	与资产相关/与收益相关
(3)奶牛标准化养殖小区基建专项资金	2 910 430.79	7 057 872.76	与资产相关
(4)为地方经济发展做出贡献获得的政府非货币性奖励	301 143.67	187 924.00	与资产相关
(5)质量提升与技术改造项目	115 333.34		与资产相关
(6)乳业技术专项科研资金	14 670 454.08		与收益相关
(7)现代农业技术体系建设专项资金	291 501.50		与收益相关
(8)物联网发展专项资金	2 399 365.01		与收益相关
2.税收返还	1 701 488.16	30 826.54	与收益相关
3.贷款利息补贴	1 492 400.00	16 883 600.00	与收益相关
4.财政扶持资金			
(1)投资建厂时地方政府按承诺扶持条件给予的扶持资金	901 256 672.97	490 446 671.26	与收益相关
(2)为地方经济发展做出贡献获得的政府现金奖励	3 338 934.07	6 625 532.00	与收益相关
(3)农业产业化、龙头企业扶持资金	7 490 000.00	5 980 000.00	与收益相关
(4)科技项目、技术改造扶持资金	3 799 466.15	748 800.00	与收益相关
(5)工业、信息化发展扶持资金	24 582 526.98	23 272 600.00	与收益相关
(6)节能、环保补助	5 237 989.50	6 445 840.00	与收益相关
(7)见习、就业、稳岗、培训补贴	14 601 368.40	9 599 913.51	与收益相关
(8)生鲜乳收购、乳粉发展补贴	385 000.00	13 780 100.00	与收益相关
(9)内蒙古自治区“质量奖”		1 000 000.00	与收益相关
(10)驰名商标认定企业奖励	500 000.00	1 000 000.00	与收益相关
(11)其他财政补贴	654 328.08	699 916.77	与收益相关
合　计	1 058 264 981.47	656 760 376.87	/

其他说明：

√适用　□不适用

营业外收入增加主要原因:本期收到的政府补助增加所致。

公司政府补助的主要来源为投资建厂时地方政府按承诺扶持条件给予的扶持资金，该类政府补助不是按照国家统一标准定额或定量享受的政府补助，具有不确定性、各期收到的补助金额不均衡的特点。

营业外收入中的“其他”项中包括公司取得联营企业 China Youran Dairy Holding Limited 的投资成本小于取得投资时应享有被投资单位可辨认净资产公允价值产生的收益 63 458 504.64 元。

71.营业外支出

√适用　□不适用

表 95 营业外支出

单位:元 币种:人民币

项 目	本期发生额	上期发生额	计入当期非经常性损益的金额
非流动资产处置损失合计	43 505 496.33	27 138 519.50	43 505 496.33
其中:固定资产处置损失	43 505 496.33	27 138 519.50	43 505 496.33
无形资产处置损失			
债务重组损失			
非货币性资产交换损失			
对外捐赠	8 017 410.99	16 378 685.61	8 017 410.99
非常损失		24 618 625.04	
盘亏损失		22 466.27	
罚没支出	231 034.79	4 256 192.38	231 034.79
违约金支出	13 944 688.46	7 539 351.63	13 944 688.46
其他	1 423 117.89	3 106 197.29	1 423 117.89
合 计	67 121 748.46	83 060 037.72	67 121 748.46

其他说明:

不适用

72.所得税费用

(1)所得税费用表

√适用 □不适用

表 96 所得税费用表

单位:元 币种:人民币

项 目	本期发生额	上期发生额
当期所得税费用	1 073 764 835.88	592 938 544.34
递延所得税费用	−110 728 068.84	276 169 838.88
合 计	963 036 767.04	869 108 383.22

(2)会计利润与所得税费用调整过程

√适用 □不适用

表 97 会计利润与所得税费用调整过程

单位:元 币种:人民币

项 目	本期发生额
利润总额	6 632 072 003.91
按法定/适用税率计算的所得税费用	994 810 800.59

续表

项　　目	本期发生额
子公司适用不同税率的影响	313 747 401.23
调整以前期间所得税的影响	－8 466 574.74
非应税收入的影响	－43 036 131.56
不可抵扣的成本、费用和损失的影响	15 783 981.50
使用前期未确认递延所得税资产的可抵扣亏损的影响	
本期未确认递延所得税资产的可抵扣暂时性差异或可抵扣亏损的影响	14 529 596.46
减、免税项目所得影响	－324 332 306.44
所得税费用	963 036 767.04

其他说明：

□适用　√不适用

73.其他综合收益

√适用　□不适用

详见附注(七)57

74.现金流量表项目

(1)收到的其他与经营活动有关的现金

√适用　□不适用

表 98　收到的其他与经营活动有关的现金

单位:元　币种:人民币

项　目	本期发生额	上期发生额
押金、保证金	248 001 424.65	155 063 598.51
利息收入	46 659 223.40	31 962 108.75
政府补助	1 044 978 830.74	770 987 823.89
奶农归还往来款		9 150 448.11
收回经销商保理款	77 268 499.50	18 963 347.52
其　他	35 629 944.38	33 355 891.22
合　计	1 452 537 922.67	1 019 483 218.00

收到的其他与经营活动有关的现金说明：

收到的其他与经营活动有关的现金增加主要原因:本期收到政府补助增加,以及收取客户和供应商的押金、保证金增加所致。

(2)支付的其他与经营活动有关的现金

√适用　□不适用

表 99　支付的其他与经营活动有关的现金

单位:元　币种:人民币

项　目	本期发生额	上期发生额
押金、保证金	209 585 186.78	51 700 010.65
差旅费	396 984 424.46	398 288 546.95
绿化保洁、消防安保费	38 078 792.18	90 158 995.16
咨询设计费	99 509 558.62	86 346 314.67
银行手续费	8 034 099.60	15 134 671.30
捐赠支出	8 017 410.99	16 378 685.61
违约金及罚没支出	3 109 038.95	11 795 544.01
水电暖费	20 170 679.46	37 318 365.35
办公、劳保费	38 108 579.70	89 951 232.81
支付给经销商保理款	80 060 000.00	33 427 000.00
其　他	189 389 639.48	197 319 474.35
合　计	1 091 047 410.22	1 027 818 840.86

支付的其他与经营活动有关的现金说明:

不适用

(3)收到的其他与投资活动有关的现金

□适用　√不适用

(4)支付的其他与投资活动有关的现金

√适用　□不适用

表 100　支付的其他与投资活动有关的现金

单位:元　币种:人民币

项　目	本期发生额	上期发生额
到期前不可支取定期存款支出	139 601 930.34	
合　计	139 601 930.34	

支付的其他与投资活动有关的现金说明:

不适用

(5)收到的其他与筹资活动有关的现金

□适用　√不适用

(6)支付的其他与筹资活动有关的现金

√适用　□不适用

表 101　支付的其他与筹资活动有关的现金

单位:元　币种:人民币

项目	本期发生额	上期发生额
子公司注销时归还给少数股东的投资款	300 000.00	
股份回购		999 999 514.11

续表

项目	本期发生额	上期发生额
购买子公司少数股东股权		34 377 800.00
合 计	300 000.00	1 034 377 314.11

支付的其他与筹资活动有关的现金说明：

支付的其他与筹资活动有关的现金减少主要原因：2015 年 9 至 11 月公司进行股份回购所致。

75.现金流量表补充资料

(1)现金流量表补充资料

√适用 □不适用

表 102 现金流量表补充资料

单位：元 币种：人民币

补充资料	本期金额	上期金额
1.将净利润调节为经营活动现金流量		
净利润	5 669 035 236.87	4 654 425 081.05
加：资产减值准备	45 700 243.62	13 620 769.43
固定资产折旧、油气资产折耗、生产性生物资产折旧	1 526 069 608.78	1 698 212 805.97
无形资产摊销	27 301 789.78	26 143 711.59
长期待摊费用摊销	58 409 534.35	56 484 411.53
处置固定资产、无形资产和其他长期资产的损失(收益以“－”号填列)	7 187 054.15	41 786 992.01
固定资产报废损失(收益以“－”号填列)	29 337 135.07	18 811 894.44
公允价值变动损失(收益以“－”号填列)		
财务费用(收益以“－”号填列)	67 663 286.11	315 714 994.94
投资损失(收益以“－”号填列)	－399 261 007.93	－186 347 547.36
递延所得税资产减少(增加以“－”号填列)	－110 728 068.84	276 169 838.88
递延所得税负债增加(减少以“－”号填列)		
存货的减少(增加以“－”号填列)	－234 635 137.55	344 328 411.20
经营性应收项目的减少(增加以“－”号填列)	2 906 012 704.30	682 573 986.49
经营性应付项目的增加(减少以“－”号填列)	3 288 691 941.18	1 594 573 241.33
其他	－63 458 504.64	
经营活动产生的现金流量净额	12 817 325 815.25	9 536 498 591.50
2.不涉及现金收支的重大投资和筹资活动		
债务转为资本		
一年内到期的可转换公司债券		
融资租入固定资产		

续表

补充资料	本期金额	上期金额
3.现金及现金等价物净变动情况		
现金的期末余额	13 211 405 187.36	12 216 720 343.48
减:现金的期初余额	12 216 720 343.48	12 460 639 202.35
加:现金等价物的期末余额		
减:现金等价物的期初余额		
现金及现金等价物净增加额	994 684 843.88	−243 918 858.87

其他项为本期投资 China Youran Dairy Holding Limited 的投资成本小于取得投资时应享有其可辨认净资产公允价值产生的收益。

(2)本期支付的取得子公司的现金净额

□适用 √不适用

(3)本期收到的处置子公司的现金净额

√□适用 不适用

表 103 本期收到的处置子公司的现金净额

单位:元 币种:人民币

	金 额
本期处置子公司于本期收到的现金或现金等价物	1 400 000 000.00
减:丧失控制权日子公司持有的现金及现金等价物	172 099 035.69
加:以前期间处置子公司于本期收到的现金或现金等价物	
处置子公司收到的现金净额	1 227 900 964.31

其他说明:

上述为本期处置子公司内蒙古优然牧业有限责任公司股权收到的现金净额。

(4)现金和现金等价物的构成

√适用 □不适用

表 104 现金和现金等价物的构成

单位:元 币种:人民币

项 目	期末余额	期初与额
一、现金	13 211 405 187.36	12 216 720 343.48
其中:库存现金	3 836.66	187 573.06
可随时用于支付的银行存款	6 997 034 750.58	1 198 865 623.09
可随时用于支付的其他货币资金	201 123 907.78	99 335 670.74
可用于支付的存放中央银行款项		
存放同业款项	6 013 242 692.34	10 918 331 476.59
拆放同业款项		

续表

项　目	期末余额	期初与额
二、现金等价物		
其中:三个月内到期的债权投资		
三、期末现金及现金等价物余额	13 211 405 187.36	12 216 720 343.48
其中:母公司或集团内子公司使用受限制的现金和现金等价物		

其他说明:

□适用　√不适用 76.所有者权益变动表项目注释

说明对上年期末余额进行调整“其他”项目名称及调整金额等事项:

□适用　√不适用

77.所有权或使用权受到限制的资产

√适用　□不适用

表 105　所有权或使用权受到限制的资产

单位:元　币种:人民币

项　目	期末账面价值	受限原因
货币资金	612 249 080.48	存放中央银行法定存款准备金、定期存款、担保保证金不能随时支取
应收票据		
存　货		
固定资产		
无形资产		
合　计	612 249 080.48	

其他说明:

不适用

78.外币货币性项目

(1)外币货币性项目

√适用　□不适用

表 106　外币货币性项目

单位:元　币种:人民币

项目	期末外币余额	折算汇率	期末折算人民币余额
货币资金			
其中:美元	833 808 930.38	6.9370	5 784 132 550.01
欧元	290 975.29	7.3068	2 126 098.25
港币	10 528 887.48	0.89451	9 418 195.14
新西兰元	57 793 051.51	4 8308	279 186 673.24

续表

项目	期末外币余额	折算汇率	期末折算人民币余额
印度尼西亚盾	278 298 489.25	0.0005163	143 685.51
应收账款			
其中:美元			
欧元			
港币			
新西兰元	2 296 201.95	4.8308	11 092 492.38
长期借款			
其中:美元			
欧元			
港币			
应收利息			
美元	612.50	6.9370	4 248.91
新西兰元	796 200.26	4.8308	3 846 284.21
其他应收款			
美元	115 007.84	6.9370	797 809.39
应付账款			
美元	2 391 700.95	6.9370	16 591 229.49
新西兰元	33 472 892.79	4.8308	161 700 850.49
印度尼西亚盾	456 796 133.50	0.0005163	235 843.81
其他应付款			
美元	91 025.38	6.9370	631 443.04
新西兰元	500 000.20	4.8308	2 415 400.97
印度尼西亚盾	163 304.00	0.0005163	84.31

其他说明:

不适用

(2)境外经营实体说明,包括对于重要的境外经营实体,应披露其境外主要经营地、记账本位币及选择依据,记账本位币发生变化的还应披露原因。

√适用 □不适用

公司在新西兰的全资子公司 Oceania Dairy Limited,经营地为新西兰,记账本位币为新西兰元,记账本位币依据境外经营实体的主要经济环境决定,本年度未发生变化。

四、母公司财务报表主要项目注释

1.应收账款

(1)应收账款分类披露

√适用 □不适用

表107　应收账款分类披露

单位：元 币种：人民币

种类	期末余额					期初余额				
	账面余额		坏账准备		账面价值	账面余额		坏账准备		账面价值
	金额	比例(%)	金额	计提比例(%)		金额	比例(%)	金额	计提比例(%)	
单项金额重大并单独计提坏账准备的应收账款	95 111 992.84	13.93	95 111 992.84	100		89 073 992.15	16.88	89 073 992.15	100	
按信用风险特征组合计提坏账准备的应收账款	585 923 168.34	85.81	46 873 853.48	8	539 049 314.86	436 141 637.54	82.62	34 891 330.98	8	401 250 306.56
单项金额不重大但单独计提坏账准备的应收账款	1 761 470.21	0.26	1 761 470.21	100		2 617 509.89	0.50	2 617 509.89	100	
合计	632 796 631.39	/	143 747 316.53	/	539 049 314.86	527 833 139.58	/	126 582 833.02	/	401 250 306.56

期末单项金额重大并单项计提坏账准备的应收账款

√适用 □不适用

表 108 期末单项金额重大并单项计提坏账准备的应收账款

单位:元 币种:人民币

应收账款（按单位）	期末余额			
	应收账款	坏账准备	计提比例	计提理由
第一名	79 589 015.79	79 589 015.79	100%	子公司净资产出现负数且经营环境变化,收回的可能性较小。
第二名	15 522 977.05	15 522 977.05	100%	子公司净资产出现负数且经营环境变化,收回的可能性较小。
合计	95 111 992.84	95 111 993.84	/	/

组合中,按账龄分析法计提坏账准备的应收账款:

□适用 √不适用

组合中,采用余额百分比法计提坏账准备的应收账款:

√适用 □不适用

表 109 采用余额百分比法计提坏账准备的应收账款

单位:元 币种:人民币

余额百分比	期末余额		
	应收账款	坏账准备	计提比例
组合 4	585 923 168.34	46 873 853.48	8%
合 计	585 923 168.34	46 873 853.48	8%

确定该组合依据的说明:

对性质相同、风险管理方法相似、具有相同信用风险,预计其未来现金流量比例相似的应收款项确定为一个组合。组合 4 主要是应收直营商超及电商的货款。

组合中,采用其他方法计提坏账准备的应收账款:

□适用 √不适用

(2)本期计提、收回或转回的坏账准备情况:

本期计提坏账准备金额 19 765 427.97 元;本期收回或转回坏账准备金额 2 600 944.46 元。

其中本期坏账准备收回或转回金额重要的:

□适用 √不适用

(3)本期实际核销的应收账款情况

□适用 √不适用

其中重要的应收账款核销情况

□适用 √不适用

(4)按欠款方归集的期末余额前五名的应收账款情况

√□适用 不适用

表 110 按欠款方归集的期末余额前五名的应收账款情况

单位:元 币种:人民币

单位名称	期末金额	占应收账款总额的比例(%)	已计提坏账准备
第一名	79 589 015.79	11.66	79 589 015.79
第二名	58 074 767.66	8.51	4 645 981.41
第三名	38 719 584.16	5.67	3 097 566.73
第四名	31 753 508.59	4.65	2 540 280.69
第五名	29 718 109.03	4.35	2 377 448.72
合　计	237 854 985.23	34.84	92 250 293.34

(5)因金融资产转移而终止确认的应收账款

□适用 √不适用

(6)转移应收账款且继续涉入形成的资产、负债金额

□适用 √不适用

其他说明:

□适用 √不适用

2.其他应收款

(1)其他应收款分类披露

√□适用 不适用

表 111 其他应收款分类披露

单位:元 币种:人民币

类别	期末余额					期初余额				
	账面余额		坏账准备		账面价值	账面余额		坏账准备		账面价值
	金额	比例(%)	金额	计提比例(%)		金额	比例(%)	金额	计提比例(%)	
单项金额重大并单独计提坏账准备的其他应收款										
按信用风险特征组合计提坏账准备的其他应收款	30 847 609.53	63.84	2 560 251.15	8.30	28 287 358.38	35 787 636.33	68.33	2 999 745.61	8.38	32 787 890.72
单项金额不重大但单独计提坏账准备的其他应收款	17 470 308.70	36.16	17 470 308.70	100.00		16 590 028.01	31.67	16 590 028.01	100.00	
合计	48 317 918.23	/	20 030 559.85	/	28 287 358.38	52 377 664.34	/	19 589 773.62	/	32 787 890.72

期末单项金额重大并单项计提坏账准备的其他应收款

□适用 √不适用

组合中,按账龄分析法计提坏账准备的其他应收款

□适用 √不适用

组合中,采用余额百分比法计提坏账准备的其他应收款

√□适用 不适用

表 112　采用余额百分比法计提坏账准备的其他应收款

单位:元　币种:人民币

余额百分比	期末余额		
	其他应收款	坏账准备	计提比例
组合 3	100 480.87	100 480.87	100%
组合 4	30 747 128.66	2 459 770.28	8%
合　计	30 847 609.53	2 560 251.15	8.30%

确定该组合依据的说明:

对性质相同、风险管理方法相似、具有相同信用风险,预计其未来现金流量流入比例相似的应收款项确定为一个组合。组合 3 是奶户购牛贷款,组合 4 是押金、保证金、支持奶户发展往来款和代垫款项等正常款项。

组合中,采用其他方法计提坏账准备的其他应收款:

□适用　√不适用

(2)本期计提、收回或转回的坏账准备情况

本期计提坏账准备金额 739 811.96 元;本期收回或转回坏账准备金额 108 667.34 元。

其中本期坏账准备转回或收回金额重要的:

□适用　√不适用

(3)本期实际核销的其他应收款情况

√□适用　不适用

表 113　本期实际核销的其他应收款情况

单位:元　币种:人民币

项　　目	核销金额
实际核销的其他应收款	190 358.39

其中重要的其他应收款核销情况:

□适用　√不适用

其他应收款核销说明:

□适用　√不适用

(4)其他应收款按款项性质分类情况

√□适用　不适用

表 114　其他应收款按款项性质分类情况

单位:元　币种:人民币

款项性质	期末账面余额	期初账面余额
押金及保证金	11 605 786.28	8 224 476.75
代垫款项	20 157 306.42	36 496 130.39
奶户购牛贷款	100 480.87	148 624.68
支持奶户发展往来款	6 158 344.66	7 508 432.52

续表

款项性质	期末账面余额	期初账面余额
处置固定资产款	10 296 000.00	
合 计	48 317 918.23	52 377 664.34

(5)按欠款方归集的期末余额前五名的其他应收款情况：

√适用 □不适用

表 115 按欠款方归集的期末余额前五名的其他应收款情况

单位:元 币种:人民币

单位名称	款项的性质	期末余额	账龄	占其他应收款期末余额合计数的比例(%)	坏账准备期末余额
第一名	处置固定资产款	10 296 000.00	1 年以内	21.31	823 680.00
第二名	押金及保证金	3 070 000.00	1 年以内	6.35	245 600.00
第三名	代垫款项	3 043 496.00	3 年以上	6.30	3 043 496.00
第四名	代垫款项	2 232 400.00	3 年以上	4.62	2 232 400.00
第五名	代垫款项	2 000 000.00	3 年以上	4.14	2 000 000.00
合计	/	20 641 896.00	/	42.72	8 345 176.00

(6)涉及政府补助的应收款项

□适用 √不适用

(7)因金融资产转移而终止确认的其他应收款

□适用 √不适用

(8)转移其他应收款且继续涉入形成的资产、负债金额

□适用 √不适用

其他说明：

□适用 √不适用

3.长期股权投资

√□适用 不适用

表 116 长期股权投资

单位:元 币种:人民币

项 目						
	账面余额	减值准备	账面价值	账面余额	减值准备	账面价值
对子公司投资	20 081 587 366.09	16 565 539.56	20 065 021 826.53	14 563 083 317.26	16 565 539.56	14 546 517 777.70
对联营、合营企业投资	1 612 217 447.12		1 612 217 447.12	103 058 817.93		103 058 817.93
合 计	21 693 804 813.21	16 565 539.56	21 677 239 273.65	14 666 142 135.19	16 565 539.56	14 649 576 595.63

(1)对子公司投资

√适用 □不适用

表 117　对子公司投资

单位:元　币种:人民币

被投资单位	期初余额	本期增加	本期减少	期末余额	本期计提减值准备	减值准备期末余额
包头伊利乳业有限责任公司	126 878 802.93			126 878 80.93		
杜尔伯特伊利乳业有限责任公司	208 397 331.92			208 397 331.92		
廊坊伊利乳品有限公司	33 748 000.00			33 748 000.00		
内蒙古领鲜食品有限责任公司	5 317 116.52			5 317 116.52		
呼和浩特市伊利奶业发展有限公司	10 920 100.00		10 920 100.00			
内蒙古青山乳业有限责任公司	10 584 208.17			10 584 208.17		10 584 208.17
上海伊利冷冻食品有限公司	880 000.00		880 000.00			
天津伊利康业冷冻食品有限公司	16 500 000.00			16 500 000.00		
内蒙古伊利福贝尔乳品有限公司	11 361 345.46			11 361 345.46		
大庆市伊利乳业有限责任公司	5 981 331.39			5 981 331.39		
扎兰屯伊利乳业有限责任公司	11 230 232.00			11 230 232.00		
肇东市伊利乳业有限责任公司	130 517 827.26			130 517 827.26		
内蒙古伊利企业发展有限责任公司	6 114 929.41			6 114 929.41		
西安伊利泰普克饮品有限公司	133 003 100.00			133 003 100.00		
朔州伊利乳业有限责任公司	4 800 000.00			4 800 000.00		
林甸伊利乳业有限责任公司	40 484 678.30			40 484 678.30		
齐齐哈尔伊利乳业有限责任公司	24 525 247.18			24 525 247.18		
赤峰伊利乳业有限责任公司	31 993 214.15			31 993 214.15		
安达伊利乳业有限责任公司	30 100 000.00			30 100 000.00		

续表

被投资单位	期初余额	本期增加	本期减少	期末余额	本期计提减值准备	减值准备期末余额
定州伊利乳业有限责任公司	205 335 036.44			205 335 036.44		
伊利苏州乳业有限责任公司	320 000 000.00			320 000 000.00		
济南伊利乳业有限责任公司	189 999 805.07			189 999 805.07		
内蒙古金川伊利乳业有限责任公司	160 368 832.01			160 368 832.01		
内蒙古金山乳业有限责任公司	101 698 311.45			101 698 311.45		
佛山伊利乳业有限责任公司	159 916 647.37			159 916 647.37		
合肥伊利乳业有限责任公司	265 943 098.69			265 943 098.69		
辽宁伊利乳业有限责任公司	70 000 000.00			70 000 000.00		
湖北黄冈伊利乳业有限责任公司	797 000 000.00			797 000 000.00		
内蒙古盛泰投资有限公司	360 000 000.00			360 000 000.00		
成都伊利乳业有限责任公司	130 000 000.00			130 000 000.00		
乌鲁木齐伊利食品有限责任公司	90 000 000.00			90 000 000.00		
河南伊利乳业有限公司	130 550 000.00			130 550 000.00		
阜新伊利乳业有限责任公司	46 038 596.00			46 038 596.00		
内蒙古优然牧业有限责任公司	1 000 000 000.00		1 000 000 000.00			
多伦县伊利乳业有限责任公司	17 000 000.00			17 000 000.00		
内蒙古金海伊利乳业有限责任公司	120 000 000.00			120 000 000.00		
锡林浩特伊利乳品有限责任公司	50 000 000.00			50 000 000.00		
滦县伊利乳业有限责任公司	370 000 000.00			370 000 000.00		

续表

被投资单位	期初余额	本期增加	本期减少	期末余额	本期计提减值准备	减值准备期末余额
兰州伊利乳业有限责任公司	100 000 000.00	90 000 000.00		190 000 000.00		
杜尔伯特金山乳品有限责任公司	60 000 000.00			60 000 000.00		
伊利国际发展有限公司	1 079 276 869.54	413 863 789.79	360 531 000.00	1 132 614 659.33		
天津伊利乳业有限责任公司	100 000 000.00			100 000 000.00		
陕西伊利乳业有限责任公司	170 000 000.00			170 000 000.00		
巴彦淖尔伊利乳业有限责任公司	15 000 000.00			15 000 000.00		
浙江伊利乳业有限公司	100 000 000.00			100 000 000.00		
天津伊利乳品有限责任公司	265 000 000.00			265 000 000.00		
阜新伊利乳业有限责任公司	210 000 000.00			210 000 000.00		
潍坊伊利乳业有限责任公司	480 000 000.00			480 000 000.00		
宁夏伊利乳业有限责任公司	280 000 000.00			280 000 000.00		
黑龙江伊利乳业有限责任公司	365 000 000.00			365 000 000.00		
张北伊利乳业有限责任公司	130 000 000.00			130 000 000.00		
广东伊利乳业有限责任公司	730 000 000.00			730 000 000.00		
咸阳伊利乳业有限责任公司	60 000 000.00			60 000 000.00		
香港金港商贸控股有限公司	711 618 656.00	6 281 966 359.04		6 993 585 015.04		
济源伊利乳业有限责任公司	400 000 000.00			400 000 000.00		
广西伊利冷冻食品有限公司	212 000 000.00			212 000 000.00		
内蒙古金德瑞贸易有限责任公司	50 000 000.00			50 000 000.00		

续表

被投资单位	期初余额	本期增加	本期减少	期末余额	本期计提减值准备	减值准备期末余额
云南伊利乳业有限责任公司	270 000 000.00			270 000 000.00		
梅州伊利冷冻食品有限责任公司	460 000 000.00			460 000 000.00		
长春伊利冷冻食品有限责任公司	410 000 000.00			410 000 000.00		
龙游伊利乳业有限责任公司	423 000 000.00			423 000 000.00		
晋中伊利乳业有限责任公司	425 000 000.00			425 000 000.00		
内蒙古乳业技术研究院有限责任公司	30 000 000.00			30 000 000.00		
伊利财务有限公司	1 000 000 000.00			1 000 000 000.00		
内蒙古惠商融资担保有限公司	300 000 000.00			300 000 000.00		
惠商商业保理有限公司	300 000 000.00			300 000 000.00		
利质美(上海)投资有限公司		100 000 000.00		100 000 000.00		
沈阳伊利乳品有限责任公司		5 000 000.00		5 000 000.00		
合　计	14 563 083 317.26	6 890 835 148.83	1 372 331 100.00	20 081 587 366.09		16 565 539.56

(2)对联营、合营企业投资

√适用 □不适用

表 118 对联营、合营企业投资

单位：元 币种：人民币

投资单位	期初余额	本期增减变动								期末余额	减值准备期末余额
		追加投资	减少投资	权益法下确认的投资损益	其他综合收益调整	其他权益变动	宣告发放现金股利或利润	计提减值准备	其他		
一、合营企业											
小计											
二、联营企业											
山东新巨丰科技包装股份有限公司	103 058 817.93			8 782 124.54		4 359 134.63				116 200 077.10	
China Youran Dairy Holding Limited		1 400 000 000.00		-16 171 017.65					63 458 504.64	1 447 287 486.99	
北京久阳智慧投资基金管理有限公司		49 000 000.00		-270 116.97						48 729 883.03	
小计	103 058 817.93	1 449 000 000.00		-7 659 010.08		4 359 134.63			63 458 504.64	1 612 217 447.12	
合计	103 058 817.93	1 449 000 000.00		-7 659 010.08		4 359 134.63			63 458 504.64	1 612 217 447.12	

其他说明：

不适用

4.营业收入和营业成本

√适用 □不适用

表 119 营业收入和营业成本

单位：元 币种：人民币

项 目				
	收入	成本	收入	成本
主营业务	58 930 248 326.58	43 992 160 886.90	57 509 216 763.35	43 825 403 761.67
其他业务	1 667 547 777.68	1 609 976 780.97	1 700 064 824.92	1 565 104 875.49
合 计	60 597 796 104.26	45 602 137 667.87	59 209 281 588.27	45 390 508 637.16

其他说明：

不适用

5.投资收益

√适用 □不适用

表 120　投资收益

单位:元　币种:人民币

项　目	本期发生额	上期发生额
成本法核算的长期股权投资收益	1 924 586 737.42	1 319 109 633.30
权益法核算的长期股权投资收益	－7 659 010.08	6 808 817.93
处置长期股权投资产生的投资收益	399 030 390.72	14 292 463.34
以公允价值计量且其变动计入当期损益的金融资产在持有期间的投资收益		
处置以公允价值计量且其变动计入当期损益的金融资产取得的投资收益		
持有至到期投资在持有期间的投资收益		
可供出售金融资产在持有期间的投资收益	125 085 695.75	44 231 345.49
处置可供出售金融资产取得的投资收益		118 488 086.43
丧失控制权后,剩余股权按公允价值重新计量产生的利得		
委托贷款收益	5 213 938.65	
合　计	2 446 257 752.46	1 502 930 346.49

委托贷款收益为本期公司给子公司惠商商业保理有限公司提供委托贷款产生的利息收益。

参考文献

[1]财政部.企业会计准则[M].上海:立信会计出版社,2017

[2]财政部会计资格评价中心.中级会计实务[M].北京:经济科学出版社,2017

[3]谢示杰.读懂财务报表看透企业经营[M].北京:人民邮电出版社,2017

[4]张新民.从报表看企业数字背后的秘密[M].北京:中国人民大学出版社,2017

[5]刘永泽 陈立军.中级财务会计[M].大连:东北财经大学出版社,2015

[6]姜国华.财务报表分析与证券投资[M].北京:北京大学出版社,2011

[7]张新民、钱爱民.财务报表分析[M].北京:中国人民大学出版社,2011

[8]兰舒琳、陆勇.基于会计信息质量视角的财务报告供应链优化研究[J].财务与会计,2011(12):9-31

[9]李进营.财务报告透明度形成机制的探讨[J].财务与会计,2010(1):32-33

[10]企业财务会计报告的现状与前景分析[EB/OL].清华大学领导力培训网.http://www.thldl.org.cn/news/1103/53001-2.html

[11]陆正飞.财务报告与分析[M].北京:北京大学出版社,2010

[12]徐泓.解读财务报告[M].北京:中国人民大学出版社,2011

[13]袁天荣.企业财务分析[M].北京:机械工业出版社,2011

[14]李桂荣.财务报告分析(第二版)[M].北京:清华大学出版社,北京交通大学出版社,2010

[15]张新民,钱爱民.财务报告解读与分析[M].北京:电子工业出版社,2011

[16]葛家澍,陈守德.财务报告质量评估的探讨[J].会计研究,2001(11):9-18

[17]张旭蕾,冯建.企业财务核心能力的形成与发展——基于财务可持续发展的视角[J].工业技术经济,2008(2):158-161

[18](美)林恩.M.弗雷泽.财务报表解析(第8版)[M].王立彦,等译.北京:北京大学出版社,2010

[19]赵国忠.财务报告分析[M].北京:北京大学出版社,2010

[20]姚天美.杜邦财务分析体系存在的问题及改进措施[EB/OL].清华大学领导力培训网.http://www.thldl.org.cn/news/1103/53001-2.html

[21]张先治,陈友邦.企业财务分析(第2版)[M].大连:东北财经大学出版社,2010

[22]刘晓春.企业财务报告分析[M].北京:机械工业出版社,2010

[23]李丽霞,李宁.管理用财务报表应用实例——以陕鼓动力为例[J],财会月刊,

2015(10):76-78

[24]金永,玄立平.管理用财务报表编制解析[J],财会月刊,2011,11(中旬),62-64

[25]邹伟娟.杜邦分析体系的不足及其改进[J],经营管理者,2016.6,8-9

[26]张原,王小娟.改进的杜邦分析体系及其应用[J],财会月刊,2014,1,上,11-14

[27]蒋云杰.网络游戏企业盈余管理的方法及动机研究[D].上海财经大学,2010

[28]栾宝伟.从所有者权益变动表看全面收益的理念[J].中国新技术新产品,2011(8):214

[29]郭泽光.财务报告分析[M].北京:高等教育出版社,2010

[30]徐晶晶.关于现金流量表的趋势分析[J].科技创业月刊,2006(12):79-80

[31]刘金芹.基于所有者权益变动表的财务分析[J].会计之友,2010(6):61-62

[32]孙福明,张颖微,刘谨.财务报表分析[M].北京:清华大学出版社,2010

[33]Stephen H.Penman.Financial Statement Analysis And Security Valuation[M].北京:北京大学出版社,2011

[34]徐光华,柳世平,刘义娟.财务报表解读与分析[M].北京:清华大学出版社,2009

[35]胡玉明.财务报表分析[M].大连:东北财经大学出版社,2009

[36] MBA 智库百科:http://wiki.mbalib.com

[37]百度百科:http://baike.baidu.com